U0619832

一本书读完

特种作战的历史

崔佳◎编著

中华工商联合出版社

图书在版编目（CIP）数据

　　一本书读完特种作战的历史／崔佳编著. — 北京：
中华工商联合出版社，2014.11
　　（小故事，大历史）
　　ISBN 978 - 7 - 5158 - 1132 - 1

　　Ⅰ．①—… Ⅱ．①崔… Ⅲ．①特种战争 - 战争史 - 世界 - 通
俗读物 Ⅳ．①E19 - 49

　　中国版本图书馆 CIP 数据核字（2014）第 244710 号

一本书读完特种作战的历史

作　　者：崔　佳
责任编辑：于建廷　臧赞杰
封面设计：映象视觉
责任印制：迈致红
出版发行：中华工商联合出版社有限责任公司
印　　刷：天津市天玺印务有限公司
版　　次：2014 年 12 月第 1 版
印　　次：2024 年 2 月第 2 次印刷
开　　本：710mm×1000mm　1/16
字　　数：500 千字
印　　张：19
书　　号：ISBN 978 - 7 - 5158 - 1132 - 1
定　　价：98.00 元

服务热线：010—58301130
销售热线：010—58302813
地址邮编：北京市西城区西环广场 A 座
　　　　　19—20 层，100044
http：//www. chgslcbs. cn
E - mail：cicapl202@ sina. com（营销中心）
E - mail：gslzbs@ sina. com（总编室）

序　言

出其不意、大胆穿插、断其后路、分进合围、贴身近战、速战速决……这是一个个威震敌胆的战术手段；口袋阵、掏心战、奇袭战、运动战、心理战……这又是一个个刁钻狠辣的战斗类型……所有这一切，都是出自特种作战的一个个经典战例。

《一本书读完特种作战的历史》正是用一个个战例的形式，为读者讲述自古至今，世界各国最具代表性的特种作战大事件。

人类的特种作战的历史，是从特洛伊木马计开始的，而印第安人的"游击战术"堪称最早的一次经典特种作战案例。

严格意义上的特种作战，最早始于"二战"。当时，纳粹德国每发起入侵战役时，其特种部队也屡屡担当先锋角色，充当法西斯魔头希特勒的鹰犬，他们曾经参与"咬"死丘吉尔的行动，虽然行动失败，但英国人还是见识了特种作战的厉害。

很快，英国的"沙漠鼠"特种部队出现在北非沙漠，他们的攻击目标直指"沙漠之狐"隆美尔。当"沙漠鼠"队员攻击隆美尔的司令部时，一个个似猛虎下山，顿时间，枪声爆炸声大作，到处是一片火光，德军很快丧失反抗的能力。但遗憾的是，这座司令部里没有出现隆美尔的身影。

英国的特种部队不会每次都失手的，1942年，英国安全协调局的秘密行动小组就成功地暗杀的希特勒的接班人海德里希，开创了"斩首"袭击的先河。

这以后，英国爆炸纳粹德国核裂变实验的重水工厂，成功阻止了纳粹研制核武器的计划。而执行炸毁重水厂任务的，就是英国的特种部队。

日本在"二战"末期黔驴技穷，组成"神风"特攻队，在世界特战史上留下了最野蛮、最残酷、最疯狂的一幕。用狂热的武士道和法西斯军国主义思想武装的"神风"特攻队队员们，带着"大东亚共荣圈"的迷梦，不顾一切地驾机对目标进行飞蛾扑火式的自杀袭击。

世界首次反劫机的特种作战发生在卢德机场，时间是1972年。当时，一架载有99名乘客和10名机组人员的飞机被巴勒斯坦"黑九月"组织劫持，以色列特种部队人员攻进飞机，迅速排除了炸弹，整个行动仅用了90秒。以色列特种部队也因为这次反劫机而闻名于世。

苏联的特种作战部队的战例更为经典。1979年12月27日，苏军进入阿富汗，其袭击阿富汗总统府，暗杀总统阿明的特种作战，就是一场非常成功的特种作战案例。

1983年10月25日凌晨，美国对加勒比海岛国格林纳达采取突袭之前，特战部队采取"斩首袭击"的行动，从空中和海上提前登陆，完成了控制机场、捣毁电台、营救总督等任务，为美军攻占格林纳达创造了有利的战争形势。

1992年3月，美国已退役的海军陆战队特勤突击队员基特受命万里奔袭非洲之角，一举捣毁了前美军某部军需处上校约翰·福特苦心经营的图巴尔军火中转站，使这宗令美国军方难堪了多年的军火案得以破获。

1997年4月22日，在秘鲁首都利马，秘鲁特种部队队员在藤森总统的亲自指挥下，对日本驻秘鲁大使馆官邸实施了闪电般的奇袭，一举全歼了14名恐怖分子，成功地营救出了被扣押长达126天的72名人质。

2003年12月13日晚，美军第121特遣队和第4步兵师600多人实施"红色黎明"行动，在提克里克东南部16千米处的达瓦尔镇，将躲藏在山洞里的伊拉克前总统萨达姆成功抓获。

2003年4月1日深夜，驻伊美军第20特遣队中的"三角洲"部队、海军特种作战大队，与美军海军陆战队、第75游骑兵团、空军第24特别战术总队展开联合行动，突击了伊拉克南部城市纳西里耶的萨达姆医院，成功营救出被俘的美国女兵杰西卡·林奇，成为当时世界上多军种联合特种行动的一次精彩典范。

……

这一个个精彩纷呈的特种作战的战例，让我们目不暇接。我们就翻开这本《一本书读完特种作战的历史》，慢慢阅读吧。

✷✷✷ 目 录 ✷✷✷

了德军的火力，时间越来越紧迫，已经可以听到机动车的声音，增援的德军已经上路。蒂摩西中尉的阻击部队投入了战斗，他们以密集的火力猛烈地扫射增援的德军，尽最大努力为拆卸雷达的队友赢得时间……

西摩尔的方案

突然，"塔培拉塔温号"舰首炮位稍后仓内的延期引爆雷管，引爆了油仓上的24枚深水炸弹，随之而来的巨响震动大地，火光扑向天空，使敌我双方的射击一下子都停顿了下来。这声巨响使诺曼底船坞大约有四五年的时间才能修复。这声巨响也使迷惑了很久的德军如梦初醒，他们终于弄清楚了这支舰队如此拼命的真实目的……

开创"斩首"袭击的先河

"射人先射马，擒贼先擒王。"着眼于最大程度地从心理上震慑敌人，使用非常的手段除掉危险凶狠的对手，这种"斩首"袭击，已经成为特种作战的重要样式。1942年5月，英国安全协调局的秘密行动小组就成功地暗杀了希特勒的接班人海德里希，开创了"斩首"袭击的先河。

港口上的突袭

趁着岸上一阵混乱，队员们带着威力强大的磁性炸弹，潜游到间谍船底部，将装有定时起爆装置的炸弹吸附在每艘船的推进器和油箱等部位，然后迅速撤离港口。随着一声沉闷的爆炸声，最南端的一艘间谍船首先爆炸起火，紧接着，又接二连三地传来阵阵爆炸声……

"神鹰"出击

1940年，纳粹德国开始了核裂变的实验，并建立了重水厂。希特勒下令："必须保护好这个工厂，不能让丘吉尔发现它。"丘吉尔说："英国政府不能漠视这种行为。漠视就是放纵，放纵就等于帮助希特勒。我们必须破坏掉这个工厂。"最后，炸毁重水厂的任务交给了两个空军特务排……

"橡树"计划

斯科尔兹内发现对面的窗口上露出墨索里尼的面孔，便喊道："快从窗子里跳出来！"同时跑步登上附近的台阶。从两个年轻的意大利军官手里救出了墨索里尼。这时，所有起飞的10架滑翔机均已着陆。到此，整个营救行动只用了4分钟！柏林的报纸把斯科尔兹内的这次奇袭称为"魔鬼的杰作"。

国宴上的枪声

"哥曼德"队员大叫一声："抓住侍者！"话音未落，一声震耳欲聋的枪声"砰"的在大厅中震响了，灯光熄灭！整个大厅一片混乱。当灯光再次亮起来时，只见在丘吉尔、斯大林、罗斯福身边都立满了"哥曼德"队员，他们排成一道密不透风的墙，无懈可击地保卫着3位领袖。那个私人秘书被"哥曼德"的神枪手当场击毙在椅子底下……

袭击布劳恩机场

日军这次进攻夺取了一些阵地，但在一个野战医院附近慢慢停下来，因为遭到由一位美军中尉指挥并坚守环形防御阵地的40名司令部人员的抗击。对于日军来说，第26师的进攻是布劳恩战斗中由顶峰向下跌落的转折。日军指挥官带领着疲惫不堪的士兵向机场冲锋，遭到重大伤亡后，只好从山区向西撤退。

最后的疯狂

日本在"二战"末期黔驴技穷之际成立的"神风"特攻队，在世界军事史上留下了最野蛮、残酷、疯狂的一幕。那些用狂热的武士道和法西斯军国主义思想武装的年轻飞行员们，带着"大东亚共荣圈"的迷梦，不顾一切地驾机对目标进行飞蛾扑火式的自杀撞击，至今仍冲击着所有爱好和平的人们的心灵……

世界上第一次反劫机成功战例

一架载有99名乘客和10名机组成员的飞机被"黑九月"组织中的劫机"专家"劫持，经过一系列的较量：爆破专家进入了飞机，人质告诉了他们炸药安放的位置。专家们迅速排除了炸弹。从巴拉克发出突击信号到任务完成，共用了90秒。击毙恐怖分子2名，生擒2名。这次人质解救行动，是世界上第一次反劫机成功的战例。

"斯芬克斯"行动

在1972年的赎罪日战争中，阿拉伯联军本打算一举消灭以色列，夺回伊斯兰的圣地耶路撒冷，同时再次将犹太人从这片土地上驱逐出去。然而事与愿违，沙龙的以色列装甲部队破坏了阿拉伯军队的进攻，在以色列空军的配合下最终扭转了战局，以色列再次顽强地生存下来，并且为了自身安全，随后组织特种作战队成功炸毁了伊拉克核工厂。

通岛大行动

美国有着雄厚的经济实力和强大的军事力量，其特种部队则常常在针对其他国家的军事行动中充当重要角色。"通岛之战"就充分说明了这一点。

"霹雳"行动

以色列派出近200名特种部队突击队员，从敌对国家上空机动达几千千米，以闪电般的行动偷袭了乌干达的恩德培机场，当场击毙所有劫机犯，炸毁机场上十余架飞机，打死打伤乌军100余人，救出全部人质，并安全返回，把一个不可能的冒险计划变成了现实，在国际上引起极大反响。

"魔火"行动

率先闯入前舱门的韦格纳上校举枪向驾驶舱连续射击，一名恐怖分子被击中头部，当场死亡。后续队员用MP-5冲锋枪击毙了"船长"。从机舱后部冲进去的突击队员，击毙了一名正迎向机身后段紧急出口的女性恐怖分子，另一名女性恐怖分子乘机躲入机上的洗手间，并向外射击，但因狭小空间内的跳弹造成了自身的伤害而失去了战斗能力。至此，四名恐怖分子，三死一伤，营救行动宣告结束。整个行动只用了1分46秒。

失败的"蓝光"行动

一声巨响，迸出2个巨大的火球，犹如冲天的焰火，直上夜空。贝克韦斯痛苦地闭上了眼睛。"大力神"上的5名突击队员和"海马"上的3名机组人员转眼被大火吞噬了，另有4人严重烧伤……经过长达5个月周密计划和精心准备的"蓝光行动"，以失败而告终了。

同时射向了阿尔瓦罗，还未等他反应过来，一排子弹狠狠地钻进了他的胸膛。

波音 737 事件

——一次伤亡惨重的尴尬营救 / 187

正在待命的警车、消防车、救护车，一齐奔向了波音 737。知道特种部队冲上来的劫机犯，向乘客中间投了 3 枚手榴弹，乘客一个接着一个倒在了血泊中。冲上来的埃及士兵向劫机犯开了火。但目标并不明确，无疑是盲目射击，导致大量的乘客死亡。

"草原烈火"和"黄金峡谷"行动

——美军空袭卡扎菲营帐 / 194

"草原烈火"和"黄金峡谷"行动是美国与利比亚之间在特定条件下爆发的一场以空袭和反空袭为主要形式的特种作战，也是美国海、空军自越南战争后组织实施的一次规模最大的联合作战，虽说其持续时间很短暂，然而其组织之严密，行动之突然，空袭之巧妙，展示了"空中闪击"这一未来特种作战新样式的特点。

巴基斯坦特种部队出击

——饮恨卡拉奇机场 / 200

1986 年 9 月 5 日，在卡拉奇国际机场上，特种部队强行对劫持飞机的恐怖分子发起攻击。由于指挥失误，组织不严密，尽管最终全歼了歹徒，但却导致了伤亡 160 多名人质的惨剧。这次事件后，巴基斯坦改组了特种部队领导机构，并聘请外国反恐怖专家担任教官，强化特种部队反恐怖训练。

"黑鸟"行动

——巴解突击小组夜袭以军军营 / 205

"黑鸟行动"以亡 2 人的代价取得击毙以军 6 人，击伤 7 人的战果。虽然这一胜利是微不足道的，但却使以色列人在军事上和心理上受到近年来最沉重的打击，同时，也大大地鼓舞了巴勒斯坦反以色列斗争的决心和信心。

多箭齐放

——美军入侵巴拿马 / 209

自从 1982 年以来，巴拿马先后 6 位总统中，4 人就是迫于诺列加的压力而辞职的。这导致诺列加在拉美国家中的处境孤立。在这种形势下，为拉拢拉美其他国家，美国人权衡利弊，决定出动特种作战部队抓获诺列加……

"沙漠风暴"行动

——多国部队在海湾战争中 / 217

在这场战争中，以美军为首的多国部队部署了有史以来规模最大的特种作战部队，广泛使用于战争各个阶段和主要环节，担负纵深侦察、目标引导、战场救援、行刺暗杀、心理战、破袭伊军重要目标等特殊任务，起到了其他部队和高技术兵器不能起到的作用，为"沙漠风暴"行动平添了一道神秘之光。

"重现希望"行动

——美国在索马里的遭遇 / 227

1992 年 10 月 2 日，为使美国在索马里的救援行动更好地实施，参谋长联席会议主席鲍威尔将军指示要改善、加强在摩加迪沙的运输设施。这个行动被命名为"重现希望"。这一行动使"联合国索马里行动"得以进行，有效地缓解了索马里的饥饿问题和种族屠杀问题。

奔袭图巴卡尔岛

——老牌杀手显神威 / 233

1992 年 3 月，一宗令美国军方难堪了多年的军火案得以破获。已退役的前美国海军陆战队特勤支队突击队员基特受命万里奔袭非洲之角，一举捣毁了前美军某部军需处上校约翰·福特苦心经营的图巴卡尔军火中转站。基特作为著名的老牌突击队杀手，曾受到美国前总统里根的嘉奖。

决战马赛机场

劫机分子在释放了60余名老弱人质后，飞机载着其余172名人质飞往法国马赛机场降落加油，法国反恐怖突击部队——"黑衣人"随即对劫机分子发起攻击。最后，4名劫机分子被击毙，172名人质全部获救，只有17名人质受轻伤，9名突击队员负伤。法国"黑衣人"取得了这次反恐行动的完全胜利。

深入虎穴

格罗兹尼城建于1918年，是按照作战要塞来设计的，城内堡垒密如蛛网，易守难攻。"格罗兹尼"在当地方言里就是"可怕和残酷"的意思，这个车臣的首府早已注定将成为嗜血之城。1995年，这里爆发的战争，堪称越战后最血腥的战役。在战役中，俄军与车臣狙击手之间上演了精彩的巅峰对决……

耗资60亿美元的营救

为了营救自己的飞行员奥格雷迪，美国海军陆战队派遣了40名队员，海、空军动用了40架飞机，消耗总值达60亿美元。美国以经济为实力，宣扬政府、军界珍惜军人生命的价值，宣扬其军事装备的先进性能，宣扬其军人素质的过硬。

秒杀劫匪

随着一道强烈的闪光和沉闷的爆炸，恐怖分子被炸倒。隐身于车后和四周的阿尔法小组突击队员迅速冲进了车内。同时，一辆早就作好准备的无篷卡车从黑暗中高速驶来，在旅游车左侧的最近位置上戛然而止。车上几名身着迷彩服、脸上蒙着黑面罩、手持铁锤的阿尔法小组成员在同车战友的掩护下，三两下便把旅游车左侧的车窗玻璃砸碎……突击队员及时作出反应，将恐怖分子击毙。从临时指挥中心发出攻击命令到行动结束，总共只用了45秒钟。

反分裂战争中的利剑

俄罗斯联邦为维护民族统一，消灭车臣民族分裂主义分子和恐怖分子，分别于1994—1996年和1999—2000年两次在北高加索地区进行了大规模反分裂和反恐怖战争。在这些作战行动中，俄罗斯特种部队在战争中神勇出击，屡建奇功，令车臣非法武装分子闻风丧胆，塑造了俄罗斯特种部队的荣光，被誉为反分裂战争中的"利剑"。

"查宾·德万塔尔行动"计划

1997年4月22日15时左右，秘鲁首都利马，约140名秘鲁军警特种部队队员，在阿尔贝托·藤森总统的亲自指挥下，对日本驻秘鲁大使官邸实施了闪电般的突袭，一举全歼了14名恐怖分子，成功地营救了被扣押长达126天的72名人质。

"雷雨"行动

"雷雨"行动历时40分钟，俄军参战官兵无一阵亡。据事后俄罗斯总检察院公布的调查结果，共有41名恐怖分子被当场击毙（其中包括19名女性），3人被生擒。普京总统高度评价了这次解救行动，称赞特种队员"完成了一件几乎不可能完成的事——解救出几百名人质"，并坚定地表示，"我们以行动证明,任何人都无法使俄罗斯屈服","恐怖分子只有死路一条,而我们前途无量!"

"联合行动"的一次精彩典范

2003 年 4 月 1 日深夜,驻伊美军第 20 特遣队中的"三角洲"部队、海军特种作战发展大队,与美军海军陆战队、第 75 游骑兵团、空军第 24 特别战术中队展开联合行动,突击了伊拉克南部城市纳西里耶的萨达姆医院,成功营救出被俘的美军女兵杰西卡·林奇,成为当今世界上各军种联合行动的一次精彩典范。

"红色黎明"行动

2003 年 12 月 13 日晚上 6 时,美军第 121 特遣队和第 4 步兵师 600 多人实施"红色黎明"行动,在提克里克东南部 16 千米处的达瓦尔镇将躲藏在地洞里的伊拉克前总统萨达姆成功抓获。至此,美军一次规模空前的大搜捕终于画上了句号,标志着驻伊美军在伊拉克战场上获得了一次重大胜利。

希腊人开启特种作战的先河
——特洛伊木马计

希腊士兵打开了马肚里的机关，只见全副武装的士兵一个接一个轻轻地跳出了木马。他们先到城门边和城墙缺口处，消灭了醉意朦胧的特洛伊守军。然后，会合从战船登陆的希腊军队，兵分几路，向那些熟睡的人们挥舞着大刀和利剑。特洛伊城成了一座不设防的城市，能攻善守的士兵还没有来得及组织抵抗就被歼灭了，全城被焚掠一空。这次木马计开创了特种作战的先河，影响深远。

为了海伦发动战争

公元前 12 世纪，希腊半岛上有许多小王国，其中有一个小国名叫斯巴达。有一天，斯巴达王宫里来了一位不速之客，特洛伊王子帕里斯。特洛伊位于小亚细亚西北，是个富庶的城市。斯巴达国王墨涅拉俄斯出于尊重，与王后海伦一起热情地接待了这位来自异国他乡的王子。海伦是当时世界上最美丽的女子，帕里斯对她一见钟情。海伦见帕里斯年轻英俊，也喜欢上了这位王子。帕里斯趁墨涅拉俄斯外出的机会，带着海伦坐船回到了特洛伊。

墨涅拉俄斯回宫后，得知帕里斯拐走了妻子，感到很耻辱。他立即向自己的哥哥阿伽门农求援，决心报仇雪耻，夺回心爱的妻子。阿伽门农是强大的迈锡尼国国王，他召集来希腊半岛上的许多盟国，组成希

▲海伦

腊联军，并亲自担任统帅，率领由十万士兵和数千艘战船组成的大军，东渡爱琴海，浩浩荡荡地向特洛伊城进发。

特洛伊城垒坚固，面向平原，背靠峻岭，是一座易守难攻的古城。双方的军队就在城外的平原上展开了厮杀。鏖战了 9 年，互有胜负，但都没有彻底击败对方。希腊军队虽然包围了特洛伊城，但始终没能越过城墙一步。战争进行到了第十个年头，被拖得筋疲力尽的希腊军队发起了一次又一次的进攻，可还是没能攻破坚固的特洛伊城。再这样下去，希腊军队非拖垮不可。

僵持中俄底修斯献奇计

该怎样打破僵局尽快结束这场可怕的战争？希腊联军的英雄们费尽了心机。预言家卡尔卡斯提出建议："这种艰苦的作战是没有用的，你们不能再用武力夺取特洛伊城，只有使用妙计来达到目的。"于是他讲了鹰如何运用计谋捕捉鸽子的故事。当鹰追击鸽子而鸽子躲到岩穴藏匿不出的时候，聪明的鹰并不是愚蠢地等在洞穴边，而是机智地隐蔽在附近的丛林中伺机而动。过了一些时候，鸽子以为鹰无计可施飞走了，便从洞穴中飞出来，可它万万没有想到刚一飞出洞穴就被鹰的利爪攫住。

预言家的这个故事说明了什么呢？众英雄们陷入了沉思。智慧的俄底修斯眼前一亮，悟出了其中的道理。他想出了一条破敌的妙计，一条开特种作战先河的妙计——"木马计"。

俄底修斯的设想是，建造一个巨大的木马，让最勇敢的英雄隐藏在马腹中，然后将木马丢弃在军营中，其他人在焚毁军营中的物品后乘船佯装撤退。再让一名勇敢的

▲特洛伊城遗址

战士冒充逃难者逃到特洛伊城去，向他们谎称自己是为了逃避希腊阿开亚人的迫害，躲藏在木马下面而逃脱出来的，并设法让特洛伊人将木马拖进城中。趁特洛伊人晚上熟睡之际，按照预先约定的暗号，打开木马放出里边的战士，并燃起火把召回自己的队伍，用火与剑将特洛伊城攻克。

众英雄非常惊叹他的巧思和妙计。于是决定按照他的设想建造木马并组建执行此项战斗任务的"特种部队"。然而，在实施过程中却遭到了一些人的反对。他们认为：英勇的战士必须在光天化日下与敌人作战。违背"游戏"规则，运用计谋是卑鄙的，不能说明我们是最优良正直的战士。

面对这样的观点，俄底修斯坚持自己的观点，反复强调"并不是所有的事情都能仅仅靠着勇敢就可以完成的"。在取得众英雄的理解与支持下，他们开始实施这一计划。

他们用3天的时间建造好木马，一切准备就绪，等待投入战斗。可是在确定"逃难者"人选时，俄底修斯遇到了难题。他动员几次都没人肯出来承担任务，因为这是一项艰巨而冒险的任务，它不仅需要勇气，而且更需要智慧。

"只留下一个大无畏的人在木马附近，按照我所吩咐的去做。难道就没有一个人敢担任这个任务吗？"俄底修斯使用起了激将法。

一阵沉默后，一名小将站了出来，勇敢地接受了任务，他就是年轻的西农。他的

出现使希腊众英雄感到非常震惊，心里都充满质疑："他能完成这一使命吗?"

特洛伊人中计

这天，希腊军队拆毁军营，突然撤离了特洛伊附近的海滩，只在海滩边留下一匹巨大的木马。特洛伊人蜂拥出城，一边欢呼着胜利，一边围着木马议论纷纷。这时，人们抓来了一个希腊俘虏。这个俘虏正是西农，他供称："这匹木马是希腊人献给雅典娜女神的，他们想让你们中计，将木马毁掉。如果是这样的话，天神就会惩罚你们，毁灭特洛伊城。但他们又怕你们真的把木马拉进城内，得到天神的保护，所以就把马造得很高大，使你们不能如愿。"

特洛伊国王听信了这番话，就下令释放了西农，让手下的人把木马拉进城去。这时，祭司拉奥孔从山上飞奔下来，再次提醒大家别上希腊人的当，赶快把木马烧掉，不然的话，就会大祸临头。他甚至边跑边向木马投去长矛。就在这时，一件令人恐惧的意外事情发生了。两条巨大的水蛇从海里游窜出来，直扑到拉奥孔两个儿子的身边，紧紧缠着孩子的身体。拉奥孔赶过去援救，也被水蛇缠住。结果可怜的父子三人就在痛苦中挣扎着死去。奇怪的是，两条水蛇没有袭击其他的人，而是爬到雅典娜的神庙里，隐藏在女神像的脚下。

▲特洛伊木马

特洛伊人被眼前这一幕景象吓呆了。那个希腊俘虏乘机煽动，说是拉奥孔触犯了给神的献礼，所以受到了神的惩罚。于是，包括国王在内，特洛伊人不再怀疑了。

特洛伊人现在忙开了，有的人给木马装上轮子，有的人编着粗大的绳索给木马上套，有的人在城墙上凿洞拓宽城门，大家七手八脚、连推带拉地把木马弄进了城内，恭恭敬敬地把木马停放在雅典娜神庙附近。

士兵从马肚中跳出突袭

看到围城的敌军退得无影无踪，献给女神的礼物也到手了，满城的人们欢天喜地，载歌载舞，痛吃豪饮，狂欢庆贺，直到深夜才意犹未尽地回家休息。这天夜里，特洛伊城显得十分平静，没有巡逻的士兵，也没有打更的人，只有少数人守卫着那段缺口城墙。

在特洛伊人进入梦乡后不久，夜雾笼罩着的黑沉沉的海面上，出现了神秘的灯火。原来，希腊战船没有走远，就隐藏在附近的一些小岛旁边。这时，他们看到城墙上点燃了火把，就按事先的约定火速地杀了回来。

　　潜伏在城内的西农看到时机成熟，便蹑手蹑脚地走到那匹木马前，在马身上轻轻敲了三下。马肚里的人听到了这个事先约定好的暗号，打开了马肚里的机关，只见全副武装的士兵一个接一个轻轻地跳出了木马。他们先到城门边和城墙缺口处，消灭了醉意朦胧的特洛伊守军。然后，会合从战船登陆的希腊军队，兵分几路，向那些熟睡的特洛伊挥舞着大刀和利剑。由于此时的特洛伊城是一座不设防的城市，特洛伊人还没有来得及组织抵抗就被歼灭了，随后全城被焚掠一空。

　　这场战争在以步战、车战、骑战、火战、城战为主要作战样式的年代，开创了以神秘木马破敌的"特种作战"的先河，给后来的作战以巨大的启迪。

印第安人的"游击战术"
——特种作战的前奏

孙子说："凡战者，以正合，以奇胜。故善出奇者，无穷如天地，不竭如江河。"印第安人虽然没学过孙子兵法的"奇正"之术，在作战中却照样懂得随机应变，出奇制胜。他们从不发动也不接受正面进攻。强敌当头，决不死守硬拼，而是选择白人殖民者防御最薄弱的居民点进行游击式的散兵战，时而骚扰，时而偷袭，打得敌人措手不及，使他们无法与殖民当局联系，无法得到及时的援助。他们独特的"游击战术"可视为现代特种作战的前奏。

毒蛇来了!

在欧洲殖民者侵占美洲大陆之前，印第安人居住的地区是一个和谐安宁的世界。他们世世代代在这里捕鱼狩猎，从事农业生产，创造了灿烂的精神文明和物质文明。

可是，殖民者的侵占，却给这片美丽的土地带来了空前的浩劫与灾难。他们所到之处都留下了毁灭性的遗物——天花、麻疹、火药等，播下了仇恨的种子。

这年的一个寒冷的冬夜，在俄勒冈北疆的哥伦比亚河边。大雪随着凛冽的寒风洒向棚屋外的独木舟、捕鱼台、晒物架和通往内陆南方的小径。

▲哥伦比亚河

棚屋内，一位印第安老人蹲坐在火堆旁，火堆中散发出辛辣的烟味和食物的味道，他的身边围坐着几位年轻人。老人正给他们讲述着本部落优美的传说。

突然，一阵激烈的枪声从远处传来，打断了老人的叙述。

"殖民者来了，毒蛇来了!"棚外的人们高声喊着。

老人停止了讲述，向自己身边的几个年轻人做了个手势，年轻人迅速起身拿起武器，向枪声最激烈的地方奔去。他们为保卫家园而投入了战斗。

"殖民者是毒蛇"，这一观念来自印第安人最质朴的乡土情怀和敏锐的直观判断。这条毒蛇抢占了印第安人的领地，还反问印第安人从哪里来，并把他们赶到深山里去。

事实就是如此。当早期的英国殖民者来到这个新世界后，他们很快就建立了自己的根据地。为了解除欧洲敌国和印第安人的军事威胁，他们建立了早期的民兵部队。

民兵部队虽不是战斗单位，但它拥有燧发枪、马刀、短柄斧等优良武器，由步兵和骑兵混编而成，在对印第安人的作战中非常有效。它的出现使印第安人丧失了自己的家园。英国殖民者不仅血腥地屠杀印第安武士，而且残酷地铲除印第安人的社会基础。他们攻打印第安人的村庄和食品供应点，杀死老人、妇女和儿童，烧毁房屋，捣毁玉米地和食品库，使那些幸存者因得不到食物饥饿而死。

出奇制胜

因为殖民者对印第安人太残忍，杀人太多，为了保卫自己的家园，印第安人被迫拿起了武器。他们像捕获野兽那样，与殖民者展开游击战，向殖民者复仇。

以往印第安部落之间打仗往往是比较温和的，很少造成生命财产的损失，从不打全面战争，就像一位殖民军所说的那样，"他们说不定打上 7 年仗也打不死 7 个人，他们从不彼此靠近，不像我们通常那样作近距离平射，而是在很远的地方朝天射箭，然后盯着天上，看箭在哪里落下，不到箭落地就不射第二支箭。这种战斗简直是在消磨时间，而不是要战胜和征服敌人"。这种说法虽有些夸张，但也在一定程度上反映了当时印第安人的战争方式。

尽管印第安人打仗缺少政治上的战略眼光，不善于组织大规模的战争，但他们懂得如何搞突然袭击，而且个个都身强体壮，擅长射箭和搏斗，都是出色的游击战士。

孙子说："凡战者，以正合，以奇胜。故善出奇者，无穷如天地，不竭如江河。"印第安人虽然没学过孙子兵法的"奇正"之术，在作战中却照样懂得随机应变，出奇制胜。他们从不发动也不迎击正面进攻。强敌当头，决不死守硬拼，而是选择殖民者防御最薄弱的区域进行游击式的散兵战，时而骚扰，时而偷袭，打得敌人措手不及，使他们无法与殖民当局联系，无法得到及时的援助。

两次成功的突袭

1622 年 3 月 22 日——耶稣蒙难日的前夜，整个弗吉尼亚万籁俱寂，人们静静地等待着上帝赐福。突然，一阵"嗷嗷"的叫声和急促的马蹄声划破了寂静的夜空，泰德沃特地区的印第安人在酋长奥皮钱肯纳夫安带领下袭击了这里的毫无防备的殖民者，几小时内杀死了弗吉尼亚 25% 的居民。那些惊恐的幸存者丢弃了自己的种植园，逃向坚固的堡垒。于是，持续 10 年之久的第一次泰德沃特战争爆发了。

1644 年的一天，印第安人又一次袭击了弗吉尼亚殖民地边界的一座堡垒。他们组成几个小的出征队，每个出征队都单独行动，而且不停地运动，行动诡秘，相互间拉开很大距离，以免遭到殖民者意外的伏击。在接近目标后，他们快速集结，快速攻击，然后快速撤退，消失在空旷的原野中。他们使用的武器有弓箭，也有燧发枪，战斗中充分运用"打了就跑"的战术，打得殖民者不知所措，无法还击。他们杀死了近 500

名殖民者，比 1622 年基督耶稣蒙难日杀死的还多。这一仗充分显示了印第安"游击战术"的威力。

经验诚可贵，应变更重要

面对印第安人的战术，习惯于正规战术作战的英国殖民者虽不缺乏"勇气和决心"，但受到不断骚扰，却苦于无法识别和发现，以便与之决一死战。他们的正规战术在北美大陆的荒野中根本无法发挥它在欧洲大陆开

▲印第安武士偶

阔平原上的那种奇效。他们顽固地认为印第安人的这种游击战术是野蛮人的战术，不愿意根据美洲大陆的实际情况改变战术，一味地按照欧洲常规的方式进行演练和作战，尽管一次次受到印第安人的伏击，他们仍然保持密集的作战队形前进。一位印第安人曾嘲笑这些妄自尊大的英国人："打中他们太容易了，简直像朝一所房子开枪。"可见，任何战争经验都是一定时间、地点和条件的产物。冷兵器时代，密集队形在战场上可以发挥巨大威力，而热兵器出现后，就应该以散兵队形为主，所以，经验诚可贵，应变更重要。

现代特种作战的开端
——捣毁意军导水管

　　真正具有现代意义的特战出现在"二战"初期，英国是最早创建特种部队的国家，捣毁意军导水管的"巨人"计划，就是英国特种部队创建时的一个"试水"之作。

"巨人"计划出炉

　　1940年6月10日，意大利与德国结成同盟，宣布与英法开战，开始侵吞英、法国控制下的一些小国、弱国。当时，意大利军队主要通过塔兰托、布林迪西、巴里等军港被海运至阿尔及利亚、利比亚等国，在那里发动侵略战争，并使战争不断升级。

▲塔兰托

　　英国袭击队指挥部决心对上述军港进行破坏活动，延缓意军的出征行动。然而兵力太少，加之意大利军港重兵把守，戒备森严，偷袭成功的可能性很小。该如何有效实施敌后破坏作战呢？指挥部派出多个行动小组，分头潜入那些军港，进行详细认真的勘查，结果发现塔兰托、布林迪西、巴里等军港有一个致命的弱点——缺乏淡水。

　　原来，这些军港使用的淡水主要靠一条从沃尔图诺山上通下的导水管供应，若将这条导水管破坏，就可切断这些军港的淡水供应。军港得不到淡水，必然会陷入半瘫痪状态。这真是一个天赐神助、不可多得的绝好机会。

　　机不可失，时不我待。指挥部司令官罗杰·凯斯海军上将决心抓住这个机会，给意大利军港制造一个"水荒"。在伦敦一家自来水公司的大力帮助和指导下，袭击队确定了攻击地段。为此，凯斯海军上将亲自挑选了空降突击小支队。小支队由6名军官、32名士兵组成，由普里查德少校指挥。这是空降伞兵连成立以来执行的第一次作战行动，它无论对袭击队还是对处在低潮的英军，都具有十分重要的意义。因此，凯斯将军严肃地正告他们："这次行动只许成功，不许失败！"

　　指挥部迅速拟定好了一份作战方案。其方案主要内容如下：

　　突击小支队乘8架威特雷式轰炸机于2月7日飞抵马耳他机场，在那里进行作战的最后准备并待命出击。2月10日晚，6架轰炸机运载突击小支队，另两架则装满炸弹准备实施牵制性攻击或对地面进行火力支援。突击小支队跳伞着陆后，立即对沃尔图诺山腰处两条平行设置的导水管实施爆破。完成任务后，小支队从陆路赶到塞列河口，登上一艘在那里接应他们的英军"胜利"号潜艇。然后，由潜艇运送他们回国。由于此次行动仅是针对一条水管，英军自我解嘲地称其为"巨人"计划。

2月6日，小支队如期抵达马耳他机场。

"巨人"作战正在有条不紊地进行着。

行动中的变数

2月10日夜晚，天气晴朗，皓月当空，朔风飕飕，寒气逼人。马耳他机场上，英国突击小支队精神抖擞地登上了轰炸机。片刻之后，8架威特雷式轰炸机发出震耳欲聋的隆隆吼声，呼啸着腾空而起，直刺夜空。转眼间，机群便消失在茫茫夜空里。

轰炸机在高空发出沉闷的声音，迎着凛冽的寒风，直扑意大利的海岸线。当飞机快到目标上空时，突击小支队小心翼翼地打开飞机底舱上的门，一阵寒风袭进炸弹舱，队员们一个个冷得缩起了脖子。

"准备跳伞！"指挥官厉声命令。

于是，第一批跳伞的几名队员马上面对面地蹲在敞开的底舱门两侧，准备跳伞。从轰炸机狭窄的炸弹舱里往外跳伞，既需要勇气和胆量，更需要技术和经验。如果跳离飞机时用力过猛，机外气流会形成一股很大的力，像抓住你似的，把你扔到与跳出方向相

▲伞兵队员与猎犬

反一侧的舱门边缘上，撞得你头破血流。如果跳出舱门时用劲过小，背后笨重的伞包又容易挂在舱门上，使你悬挂在飞机上，被强大气流抛向机身，撞得鼻青脸肿。因此，这些伞兵在跳伞训练阶段，常常伤筋动骨，遍体鳞伤，真是吃了不少苦头。经过严格训练，现在大部分袭击队的伞兵基本上都能熟练地掌握跳伞的技巧。

飞机掠过大雪覆盖的皑皑群山。

机舱里的红灯亮了。它告诉队员们再有5秒钟就要到达伞降地域。也许是第一次进行空降作战，队员们个个都有点紧张。第一名队员开始向前移动，将双腿悬挂在舱外，完全做好了下跳的准备。显示跳伞的绿灯一亮，他便弓腰跳了下去。紧接着，其他队员一个接一个地跳了下去。

张开的白色降落伞就像一朵朵绽开的大白花，在寒冷的空中飘荡，徐徐下降。由于山坡上积雪较厚，有的地方结着冰，这给队员们安全着陆带来了很大困难。大多数

队员着陆技术发挥得不好，一个个摔得浑身是雪，受轻伤的不少，有一名队员甚至小腿骨折。尽管如此，整个伞降还是比较成功的。

然而，更糟糕的是，普里查德少校在清点队伍时，发现负责爆破的戴利上尉和工兵们不在集合的队列中。原来，戴利乘坐的飞机因发生机械故障未能按时起飞。后来好不容易升空后，飞机又迷航飞错了地方。于是戴利和他的爆破组全部稀里糊涂地空降到距目标数十千米的山谷中。

爆破成功

没有爆破组和工兵人员，等于失去了最后的进攻破坏手段，对完成任务带来了极大的困难。"这次行动只许成功，不许失败！"普里查德想起了凯斯将军最后的叮嘱。执行这么一个小小的任务居然还会出这么大的差错，这如何是好？真的见鬼！普里查德少校气得暴跳如雷，七窍生烟，急得团团转，但又无可奈何。

正当少校焦急万分之际，帕特森少尉走上前来，自告奋勇地要求担任爆破任务，并反复解释他有几个月的工兵经历，完全能胜任爆破作业。普里查德立刻转怒为喜，按帕特森的要求，重新挑选了8名队员组建了爆破组。

突击小支队爬上了沃尔图诺山腰，此时天已破晓。不久，他们来到了预定的目标地点，两条平行设置的粗大水管展现在眼前。帕特森少尉发现，水管的支座远比想象的要坚固得多。它根本不是原先想象的那样是用石块砌成，而是由钢筋水泥浇筑而成的。帕特森少尉感到十分棘手，不由得皱起了眉头。原用于爆破的炸药及爆破器材全在戴利的爆破组那里，而他们现在不知在何方。可眼下连一点炸药也没有，这么坚固的大水管如何摧毁它呢？

大家都把热切期待的眼光投向了帕特森少尉。少尉没有辜负大家的期望，突然灵机一动，想到了一个可行的办法。他让突击队员将手雷、手榴弹全部集中起来，绑扎成捆，作为爆破器材。在爆破地点附近，横躺着一座小桥，估计敌军很可能会利用这座小桥送来修筑材料，将毁坏的水管重新修复。因此，少尉建议把这座小桥也一并炸掉。普里查德少校同意了他的要求。在伞兵突击队员的警卫下，临时组成的8名爆破组成员在帕特森少尉的带领下，开始了紧张的爆破准备工作。

▲MK2型手榴弹

爆破工作进行得非常顺利，可以说是天衣无缝。中午12点30分，在山谷中突然出现了三声惊天动地的巨响。其响声沿山谷回荡开来，传向远方。

"爆破成功了!""爆炸成功啦!"突击队员们欢呼起来。在爆炸的一瞬间,水管断裂,水柱冲天而起,约有数十米高,在明媚的阳光下,场面十分壮观。但是,由于缺少炸药,爆炸当量不够,水管的破损程度并不十分理想,也许短期内就能修复。此时此刻,普里查德少校也顾不了这些,急令他的小支队立即撤离这个已暴露的危险区。于是,突击小支队分成两个小组,分头钻进山沟,向着塞列河口方向撤退。

被迫当了俘房

山地陡峭,天气寒冷,已经劳累了一天的突击队员们又饥又累,前进速度十分缓慢。为了能迅速逃离虎口,指挥官催促着他们快走。然而,士兵们总是觉得迈不开步子。他们实在是太累了,需要充饥,需要休息。可是,情况紧急,意大利追兵随时可能出现。指挥官只得像赶鸭子一般地强迫部下继续前进。

第二天清晨,有一路突击队员又饿又渴,再也挪不动步子了,他们累得东倒西歪,指挥官只得让他们坐下休息一会儿。这时,一群去赶集的意大利山民正巧路过这儿,发现了他们。山民们好奇地围观着这支衣冠不整的部队,越看越觉得令人生疑,于是有人报告去了。英军突击队的小伙子们,此时累得都快要趴下来了,既懒得招惹他们,也顾不了许多。不多时,一支意大利巡逻队赶来了。抵抗是无用的,又累又饿的突击队员们无路可寻,万般无奈,只好选择投降,他们将武器稀里哗啦地丢在山坡上,举着双手走下山来。

另一路突击队员的情况也十分不妙,他们晕头转向地闯进一个山村,正好遇上了意大利警察。没有力气进行战斗,抵抗只是死路一条,他们也向警察缴了械。

这两路队员在意大利的一个战俘营相聚,真有说不出的滋味儿。而且,参加"巨人"作战的全部突击队员均在那里会合了。因为戴利上尉带领的爆破组也在那儿。原来,他们着陆后,像一群无头苍蝇似的在山区转悠了几天,没吃没喝,最后在饥寒交迫中被迫向意大利巡逻队缴了枪。

虽败犹荣

这次"巨人"作战没有完全达到原定的目的,而且所有突击队员全部成为意军的俘房,对意大利军港没有造成什么重大影响。就在军港的蓄水池即将干涸之际,被英军炸坏的导水管就被修复了,淡水仍源源不断流向各个军港。军港也仍和往日一样地发挥着战争的特殊效用。

尽管如此,"巨人"作战是在盟军连遭败绩、士气十分低落的情况下进行的,虽然其规模较小,战果也不甚明显,却向敌人显示出了盟军与敌战斗到底的决心,并且或多或少地给意大利带来了心理上的冲击。因此,从某种意义上来讲,这也可以说是一次较为成功的空降突击作战,起到了扰乱敌方补给供应、延缓敌人行动的作用。

令人恐惧的"沙漠鼠"
——猎杀"沙漠之狐"隆美尔

"沙漠鼠"队员一个个似猛虎一样，扑向前方一幢黑色的楼房。指挥部里枪声、爆炸声大作，到处是一片火光。莱伊克带领4名突击队员从右侧进入了楼房一楼，在大厅内正好与下楼的几名德军相遇，短兵相接，一阵枪战……然而，令人遗憾的是，在这座被认为是"司令部"的楼房建筑物中，始终没有出现隆美尔的身影。经审讯被俘的德军上尉军官方知，就在前天晚上，隆美尔临时到前线视察去了……

悄悄越海而来

1941年3月25日凌晨，有4个黑点悄悄浮出地中海水面，这是"沙漠鼠"在夜幕掩护下，搭乘潜艇驶近了利比亚的预定登陆点，岸上的接应人员按计划不停地闪动着手电筒，发出了可以登陆上岸的信号。

可是，海面正值风大浪急，波涛汹涌，要想登陆到100多米远的岸上确实太危险了，此时离天亮也仅剩下半个小时。莱伊克中校望着眼前汹涌翻滚的波浪，听着震耳欲聋的涛声，一种不祥的忧虑油然而生。他认为，可利用夜幕掩护的时间不多了，此地绝对不能久留，无论如何也要组织队员登上海岸。于是，他立刻命令队员从潜艇中取出了橡皮艇。

海风在不停地怒吼。队员们奋力地划着划板，劈波斩浪，艰难地驶向岸边。由于波浪险急，有3艘橡皮艇被2米高的海浪打翻，12名队员瞬间被海水吞噬，一直没能露出水面。其他橡皮艇在极端不利的条件下，经过奋勇搏击，总算靠到了岸边。

登陆上岸后，在接应人员的引导下，"沙漠鼠"急行军2千米，到达了一个叫"洼地"的狭窄河谷。海风吹拂潮湿的衣服，寒气侵袭着肌体，队员们可以在这里避避风寒。莱伊克中校派出一个先遣侦察小组了解情况。其他人员就地休整潜伏，养精蓄锐，准备于第3天夜晚袭击托卜鲁克要塞外围的德军。

▲英国特战队队员

突袭巴尔迪亚港

3月27日夜晚，"沙漠鼠"兵分三路，突然袭击了托卜鲁克附近的德军重要据点巴尔迪亚港。莱伊克中校亲自率领其中一个小队，袭击了位于港口西南角上的德军通信站。顷刻间，巴尔迪亚地区的德军指挥陷入瘫痪。

第2小队隐蔽抵近港口东侧200米处的后勤基地，利用喷火器和燃烧弹，点燃了德军几个巨大的军用仓库。仓库顿时火光冲天，浓烟滚滚而起，4辆刚刚装载完的卡车也很快化为灰烬。第3小队在夜幕的掩护下，摸到了位于东南侧的巴尔迪亚河大桥，以迅雷不及掩耳之势歼灭了守桥德军，并快速装填好足量的炸药，在离开不到3分钟，就发出了惊天动地的爆炸声，巴尔迪亚河上唯一的通道被"沙漠鼠"切断了。刹那间，骄横自大

▲英国特战队员操控车载M2重机枪

的德军惊慌失措，乱作一团，急忙使用一部备用电台，发报到了驻利比亚海岸城市拜达的隆美尔指挥作战总部："一支不明身份的突击队，今天凌晨突然袭击了巴尔迪亚港，我军通讯设备及军用物资受到了极大的破坏，托卜鲁克要塞被困英军也已突围。"号称"沙漠之狐"的隆美尔得到消息后火冒三丈，大骂其下级指挥不利，警惕性不高，并立即命令派出几支搜索部队追查"这支不明身份"的突击部队，一旦发现踪迹将不惜一切代价予以歼灭。但是，"沙漠鼠"就好像钻进了茫茫沙海之中，无影无踪了。

目标直指隆美尔

一个月后，这只"沙漠鼠"突然又冒了出来，他们非但没有减弱，而且又招募了一批非洲志愿人员，壮大了力量。由于沙漠上缺乏水源，他们始终没有刮胡子，满脸的胡须成了其队员的特征，这更增添了他们的神秘色彩。

5月20日黄昏，太阳的余晖恋恋不舍地照射在沙漠上，形成了一道美丽的风景线。一支由83人组成的"沙漠鼠"小分队紧急出动，突袭了托卜鲁克要塞以南50千米处的由隆美尔指挥的意大利军队驻地。在意大利驻军正吃晚饭的时机，"沙漠鼠"小分队驾着特制的沙漠越野吉普，用车上的机关枪扫射意军，用燃烧弹打击各种易燃目标，然后似阵风在沙漠中消失了，几个据点大火熊熊，映红了半边天。

▲隆美尔（左）在研究作战计划

深夜，告急的电话把进入梦乡的隆美尔吵醒了。他抄起电话，一听又是"一支不明身份的袭击部队"，"不知逃到哪里去了"，不由得恼羞成怒，大骂意军。可是，隆美尔怎么也没有想到，"沙漠鼠"袭击的下一个目标竟然是他"沙漠之狐"本人。

"狐狸" 不在巢

擒贼先擒王。莱伊克中校亲自制定了奇袭隆美尔的计划，并决定立即展开行动，直奔德军非洲战场指挥司令部所在地拜达，试图以此行动扭转非洲战局。

11月16日，夜幕缓缓升起，繁星在天空闪烁。20名"沙漠鼠"队员急速行走在茫茫沙漠上。然而，到了半夜，云头越来越低，能见度变得非常低。前方侦察引导队员已迷失了方向，队员们不得不停下来。莱伊克打开地形图，掏出了指北针，准备重新判断一下方向。

伸手不见五指，四周一片黑暗，又没有可利用的方位物，很难辨别方位。大家正在焦急之时，突然右前方20米处闪动着一双双绿油油的眼睛，并发出令人毛骨悚然的吼叫。不好，狼来了，两名队员立刻举起装有消声器的"斯特灵"冲锋枪，"噗、噗、噗、噗"打了几个点射，绿油油的眼睛顿时消失了。

不一会儿，天气突变，雷雨交加，莱伊克把队员们带到了一个小小的沙丘下，看来只能等到天亮后再前进了。

黎明过后，队员们补充了些食品，打点好行装，又开始前进。天有不测风云。9时，突然刮起了龙卷风，飞沙走石，天昏地暗，队员被吹得站不住脚，赶紧躲到一块洼地。风沙过去后，他们又背起了40多千克重的装具，缓缓地行进着。

到了中午，骄阳似火，气温高达45℃，队员们被烤得浑身冒汗，随身携带的一壶壶水都喝光了，口干得张不开，头几乎处于半昏迷状态，两条腿也开始不听使唤。到了14时，有2名队员实在坚持不住了，一头栽倒在了沙滩上。莱伊克不得不让队伍停下来，照顾好昏迷的队员，自己带着3个队员走向沙丘的后面，去寻找水源。

水终于找来了，队员们喝了水，体力也逐渐恢复。在寻找水源的时候，莱伊克有一个意外的收获，那就是发现了一条通往德军司令部背后的小路，从这里接近可以出其不意，攻敌不备。

11月18日凌晨，德军在拜达的总司令部里灯火通明，"嘀嘀嗒嗒"的电报声和汽车、摩托车的马达声交织在一起，显得特别紧张和忙碌。这时，莱伊克中校带领"沙漠鼠"突击队已经摸到了这里。他首先命令3名队员

▲皇家空降特勤队战争日记

潜入指挥部中探明情况，准备以小群多路、突然袭击的方式，围歼这只给英军造成重创的"沙漠之狐"。

3名先遣侦察队员在夜色掩护下，悄悄杀死德军警戒哨，摸进了德军指挥部。过了很久还不见他们回来，莱伊克中校心急如焚，"怎么啦？难道他们被德军抓住了？"正想看，突然里面响起了一阵激烈的枪声。原来先遣小组秘密干掉德军警戒人员后，交替掩护，跨越篱笆，进入楼房，正准备上楼梯时，一个头戴钢盔、身穿大衣的德国军官突然出现在他们面前，正想掏枪射击，最前面的一名"沙漠鼠"队员用 L1A1 自动步枪"叭"的一枪打死了德国军官。顿时，德军指挥部内骚动起来，警笛声和叫喊声响成一片。

莱伊克中校知道3名队员暴露了，于是命令一个突击组在正面掩护，其他3个组从不同方向向指挥大楼发起攻击。很快，"沙漠鼠"队员一个个似猛虎一样，扑向前方一幢黑色的楼房。指挥部里枪声、爆炸声大作，到处是一片火光。他自己带领4名突击队员从右侧进入了楼房一楼，在大厅内正好与下楼的几名德军相遇，一阵枪战，一层楼中的德军全被歼灭。没有遇到抵抗，他们就上了二楼。

莱伊克中校悄悄打开作战指挥室的一扇门，两名队员闪身进入，但在里面没有发现什么，可隔壁的房屋门缝透出微弱的灯光，原来里面竟有6名德军从窗口向外射击。莱伊克迅速躲在门口一侧，一名队员飞起一脚，把门突然蹬开，举枪一阵扫射，另一名队员吼叫道："还是这玩意痛快。"话音未落，一颗手雷飞进那个房间，还没等闪身离开，就被德军一颗子弹射中心脏，立刻倒在地上。

▲英军特种部队刺杀隆美尔前的空降演练

此时只听一阵轰响，同时，室内的灯也熄灭了。

他们正要抢救倒下的队员，突然从3楼的楼梯上传出下楼的皮鞋声。莱伊克一个眼神，两名队员心领神会，一个箭步冲到楼梯，举枪快速射击，定眼一看竟是5名"沙漠鼠"队员正押着一名德军上尉军官下楼，可这时已经晚了。只听"叭"的一声，一名队员的腿部受了重伤。原来这几名队员从楼后攀登上了3楼，只捉捕到一名德军军官，没有发现其他敌人，没有想到在楼梯上出现了误伤。

外面的枪声逐渐稀小，莱伊克中校感到不太对劲，立即命令抬上伤亡队员，押上被俘军官，快速进行撤离。

各组队员都已撤到预定集合点。然而，令人遗憾的是，在这座被认为是"司令部"的楼房建筑物中，始终没有出现隆美尔的身影。经审讯被俘的德军上尉军官方知，就在前天晚上，隆美尔临时到前线视察去了。上苍保佑了"沙漠之狐"，隆美尔免遭一劫。

上天入地捕鼠

指挥总部遭袭击的消息传来，隆美尔深知是幸运之神保佑了自己，他马上急电命令北非、中东一带的德军，不惜一切代价歼灭这支袭击部队，是要看看到底是"沙漠之狐"厉害，还是"沙漠鼠"厉害。

于是，德国海军舰船严密封锁海面，空军在空中搜索突击队员，地面部队则对"沙漠鼠"躲藏的"洼地"重重包围，发动了一场全方位的搜剿战。

据说，莱伊克中校带领特种队员顽强地抵挡德军一波猛过一波的潮涌般攻击，阵地上尸体累累，在弹尽粮绝的危境下，"沙漠鼠"两三个人一个小组，利用夜色实施突围。然而，绝大多数队员在分散逃离途中，遭到德军的阻击、追杀和搜捕，一个个悲壮地战死于沙漠之中。只有两名队员得以生还，令敌胆战的"沙漠鼠"至此走出了历史舞台。

"沙漠鼠"

"哥曼德"特种部队在欧洲战场上多次越海对德军实施远程突袭，有效打击和牵制了敌人的兵力，也极大鼓舞了全世界反法西斯人们的信心。于是，英军又抽调第7、第8和第11"哥曼德"部队组成专门在沙漠进行袭击作战的部队，由莱伊克中校率领，计划迅速潜入非洲战场，袭击和骚扰驻利比亚的德国军队，以化解托卜鲁克受困英军之围。这支特殊部队的代号叫"沙漠鼠"。

"极点" 行动
——捣毁德国细菌武器基地

苏联科学家萨弗罗诺夫说："我愿意为把祖国从化学战中拯救出来而战斗！"

半夜时分，一阵沉闷的爆炸声划破了黑林山的寂静。过了一会儿，又一声巨响震得大地颤动。顷刻间，纳粹的细菌实验楼倒塌，化为废墟。

历兵秣马

1941 年冬，德国的重兵集团在斯大林格勒城下被歼，这对希特勒来说，无异于当头一棒。但他并不就此而甘心失败，遂下令加快研制新式"无声"武器，并打算在近期内就使用这种武器，为斯大林格勒城下的惨败进行复仇。法西斯武装力量的将军们也狂热地把报复的希望寄托在他们的元首身上，他们相信他能够用这种"无声"武器把苏联从地球上抹掉。

这一消息传到了苏联最高统帅部，斯大林十分震惊，立即下令查明"无声"武器的情况。前苏军总参情报部反间谍局局长卡尔涅夫将军受领任务后，马上召见其得力助手格里高利耶夫中校，要求他从斯大林格勒战役抓获的俘虏口中打开突破口。

格里高利耶夫在审阅战俘档案时，德军上校阿依泽巴赫的经历引起了他的注意。这位上校调来东线之前，曾领导柏林附近的一个建筑工程队，格里高利耶夫立即审问了他。阿依泽巴赫坦白地说，他在建筑工程队时曾问过总工程师他们所进行的工程是干什么用的，以便计算出建筑物的坚固程度，备齐有关的材料，但是总工程师没有告诉他。后来他再次遇到总工程师时，工程师叮嘱他，以后不要再问这样的问题了。著名的德国化学家施密特教授也在为纳粹的此项工程出力，施密特从第二次世界大战开始就失去了踪影，很可能是被迫为纳粹卖力。阿依泽巴赫和施密特很熟，他向格里高利耶夫介绍了施密特家人的一些情况。施密特和他的女儿一起生活，他的弟弟早年由于爱上一个歌星而去了美国。他对此很不满意，自那以后就没有和他弟弟联系过，他弟弟

▲德国黑林山地区

有个儿子，在美国一所大学化学系毕业。

阿依泽巴赫交代德国在柏林附近的黑林山建造了一个能容纳上千人的战俘集中营。他还供出，他的上司黑林山的特别工程警卫队队长法尔凯考斯上校现在也在苏联战俘里，他可能知道得更多。

格里高利耶夫据此推测，在黑林山附近正在建造的是一个用人做实验的大型生物实验室。或许这个实验室就是研制希特勒将要使用的那种"无声"新式武器——细菌武器的地方。

为了更详细地了解，格里高利耶夫叫人带来了法尔凯考斯。此人一开始很顽固，但经过几个回合的较量，他最终承认黑林山的德国的细菌研制中心。格里高利耶夫随后又审讯了曾在黑林山地区居住过的战俘里哈德·福雷托。通过审讯，格里高利耶夫又得到了一些关于黑林山的详细情况。著名的蒂费尔德施泰因男爵夫人的庄园坐落在黑林山附近。男爵的私生子巴雷姆迪克尔是德国党卫军中尉，现担任黑林山集中营的训导主任。黑林山东侧有一片森林，森林旁边有一个禁区，施密特教授就住在禁区附近，禁区里的设施是保密的。

晚上，格里高利耶夫把近日从战俘那里了解到的关于纳粹在黑林山附近研制细菌武器的情况向卡尔涅夫将军作了详细汇报。将军听后，沉思片刻，然后激动地从桌旁站起来，他说："看来希特勒知道情况不妙，因此才急急忙忙地制造新的细菌武器。这个情况很重要，应立即报告最高统帅部。"

午夜12点，卡尔涅夫回到他的办公室。他马上召见了格里高利耶夫，严峻地说："最高统帅部命令我们要不惜一切代价摧毁希特勒在黑林山的细菌武器研制基地。格里高利耶夫，我决定由你拟定行动计划，并具体指挥这次行动。"

格里高利耶夫以前曾经学过微生物和化学，特别是在军事院校学习时，接触过许多这方面的知识。凭着他对专业知识的了解和从事特工活动的经验，他认为：要摧毁德国细菌实验中心，必须派遣一个破坏小组到那里去。因为，即使是最能干的侦察员，也不能单独完成这项艰巨的任务，并且决定在细菌武器实验室安插自己的人，以便里应外合。

格里高利耶夫把这个行动计划汇报给卡尔涅夫将军，他打算挑选一些爆破能手，成立破坏小组。这些小组成员将装扮成被纳粹从白俄罗斯强行抓来并送往德国的劳工，打入德国建筑工地。

卡尔涅夫同意这项计划，并将这次行动命名为"极点"行动。他告诫格里高利耶夫："行动细节要事前安排好，要注意人员的挑选。微小的疏忽，都可能使我们付出沉重的代价。"

格里高利耶夫挑选德国人海因里希·齐默尔曼担任破坏小组组长。齐默尔曼是德国共产党员，毕业于柏林大学建筑系，从30年代起即在苏联的冶金厂工作。他的儿子也在德国学习过，后来回到苏联，现在成了军队中的一名中尉，他们一家人都希望早日结束战争，过上和平幸福的生活。因此，齐默尔曼十分愿意参加这次破坏活动。

为了使破坏任务顺利完成，根据德国战俘的口供，格里高利耶夫决定派一名年轻的化学家冒充施密特教授的侄子，打入德国细菌实验中心。施密特教授同他弟弟之间多年没有书信来往，也没有见过侄子的面。于是中央方面军反间谍局机关侦察员亚历山大·萨弗罗诺夫成了最好的人选。萨弗罗诺夫刚刚从大学化学系毕业，他长着一双浅蓝色的眼睛，外表端庄而漂亮，德语说得很流利，看上去很像德国人。他的父亲是一位工程师，曾在柏林工作过，因此他对德国十分熟悉。当得知自己被委以重任时，他毫不犹豫地说："我愿意为把祖国从化学战中拯救出来而战斗！"

▲德国集中营中的劳工

卡尔涅夫将军最后给行动规定了期限：必须在半年内完成。就这样，一场向德国细菌武器研制基地的作战渗透行动开始了。

深入虎穴

在达到黑林山之前，齐默尔曼声称自己是被流放在西伯利亚的德国人，刚从布尔什维克手中逃跑出来。在莫吉廖夫，他受到当地警察局的严格检查，直到柏林答复后，才被吸收为莫吉廖夫劳工处办事处的职员，专门负责招募斯拉夫劳工并送往德国。不久，办事处主任向他下达了一项任务：迅速挑选300名熟练的反俄罗斯劳工，然后送到埃尔伯费尔德参加一项重要的工程。齐默尔曼感到这是个很好的机会。

招募工作很快完成了，破坏小组成员顺利地混进了由300人组成的反俄罗斯劳工队中。齐默尔曼很快地认识了他的两名助手——卢卡绍诺克和帕尔切夫斯基，他们还是游击队的领导人。

莫吉廖夫警备司令看到齐默尔曼招募劳工很卖力，就决定由他押送这批劳工到目的地。就这样，齐默尔曼终于接近了黑林山。

一到埃尔伯费尔德，齐默尔曼就把劳工们安置在各个临时工棚里。建筑工程队队长柳德尔中校很快就发现齐默尔曼办事灵活，很能干，同时柳德尔还了解到齐默尔曼是德国人，曾被流放到西伯利亚，并从那里逃了出来，便决定把他也留下来，负责管理斯拉夫劳工。

为了"不负"柳德尔中校的希望，齐默尔曼更加卖力地管理这批劳工，他建立起极严格的制度，任何人犯了微小的过失都要受到惩罚，他还按军队编制把劳工编成了

100 人队、50 人队和 10 人队，指定可靠的人担任各队队长。卢卡绍诺克和帕尔切夫斯基分别担任了 100 人队队长。

德国人为看守这批劳工派了一个党卫军警卫班，班长是党卫军预备役军士卡姆普斯，他当时患有严重的脊椎神经炎。为了讨好这位军士，齐默尔曼把从白俄罗斯带来的蛇毒药膏送给了他，治好了他的病。军士因此对他十分感谢，并且更加信任他。

劳工们住在森林湖畔的 3 个很大的工棚里。湖两岸长满了灌木丛，离工棚不远的黑林山集中营里关押着 1000 多名战俘。在装有探照灯的瞭望塔上，由于工程保密性很强，党卫军士兵得到命令：无需警告就可以向任何企图逃跑的人开枪。

尽管劳工们起早贪黑，拼命干活，但柳德尔中校仍然不满意他们的工作进度。齐默尔曼解释说，因为树根太深，影响工作进度，劳工们已竭尽全力了。要想加快进度，只有改变工作方法。最后他补充说："我担心工程会误了元首和您规定的工程期限。"

"期限不能推迟！"柳德尔边说边注视着劳工费力地挖着树桩。突然，他自言自语地说："要是用炸药怎么样？"

"炸药？"齐默尔曼谨慎地重复了一遍，随后附和道，"这是个好办法。只要两箱炸药就可以把树桩全炸掉。"

柳德尔思索了好一阵子，最后他下定决心同意采用炸药炸，但是他郑重其事地说："你要亲自负责爆破工作。"

齐默尔曼"啪"的一声来了个立正姿势："请您放心！一克炸药也不会从我手上丢失。"

第二天，一辆卡车运来了两箱炸药。炸药卸下后，堆成一堆，盖上帆布，由党卫军士兵看守。

齐默尔曼指派卢卡绍诺克在工地附近修建了一个存放炸药的仓库，自己与帕尔切夫斯基商量如何把这些炸药尽快取走，藏在安全地带。

为了掩人耳目，帕尔切夫斯基想出了一个好主意：把梯恩梯（TNT）炸药压成一小块一小块，制成"砖"块状。由于这种"砖"与普通的砖颜色很相近，都是黄色，因而在搬运时不易被察觉，而且能够在工地上就完成这项工作。

于是，齐默尔曼向柳德尔建议，把梯恩梯炸药压制成砖块，以便在使用时不用现从筐子里凿出一块，这样使用既方便，又安全。柳德尔很欣赏这个主意，他们挑选了几名制作爆竹的能手，很快把炸药制成了砖块。这其中，最高兴的人是齐默尔曼。因为在他来之前，格里高利耶夫已答应等他到了目的地后马上给弄点炸药，但却一直杳无音信，因此齐默尔曼便一直在找寻机会，自己想办法弄到炸药，因为炸药是实施破坏行动的基本武器。现在，总部不必为炸药的事担心了。齐默尔曼把偷出的炸药藏到了安全的地方。

李代桃僵

在齐默尔曼领导的破坏小组成功地在工地上站稳脚跟的时候，萨弗罗诺夫还没有达到德国。格里高利耶夫为了以防万一，拟增加人到黑林山，协助齐默尔曼完成任务。一周以后，萨弗罗诺夫以施密特教师的侄子——"勒勃沃尔"的身份出现在施密特教授的家里。

当"勒勃沃尔"走下汽车时，受到了施密特一家的热烈欢迎。对于侄子第一次从海外来到德国，施密特显得格外兴奋。他紧紧地拥抱着这个年轻人，久久没有放手。在场的人都被这一情景所感动，流下了眼泪。

回到家后，"勒勃沃尔"和施密特一家围坐在桌旁，一直谈到深夜。他激动地说："伯父，我一眼就认出了您，您的模样和照片完全一样，见到你们我是多么的高兴啊！遗憾的是，我的父亲再也见不到你们了！""勒勃沃尔"讲述了他的"父亲"费里茨·施密特的生活，施密特的弟弟跟随歌星在美国一直过着漂泊不定的生活，后来由于政治上的原因而离了婚，一个人过着孤独的生活，最后得了不治之症。"勒勃沃尔"的叙述既动人，又富有戏剧性，因而使教授对"勒勃沃尔"一点儿也没有怀疑。

第二天早晨，施密特教授带着"勒勃沃尔"参观了自己的私人化学实验室。里面的情景令他惊叹不已：装备的全是现代化的设备和仪器，施密特就是在这里研制出了扬名世界的除莠剂和植物生长调节剂及消灭田鼠的药剂。他们来到温室，温室里长着许多植物，有小麦、豌豆、玉米等，长势都很好。随后，施密特又带他到用木板隔开的温室的另一边。一跨进门槛，他就闻到一股腐烂味。在一块地畦里，"勒勃沃尔"看到那些草本科植物和蔬菜全像得了一种古怪的病似的。黑麦和大麦的茎上都长了赤褐色的木瘤，茄子和西红柿胖得像长着绿色的脓疮似的，从破裂的脓疮里流出一种臭不可闻的黑色液体。施密特说，如果在田地里不适当地施放除莠剂和植物生长调节剂便会出现这种情况。

施密特告诉"侄子"，他一直在试验多种有机磷化合物，研制新型杀虫剂。1936 年，他发现了有一组化合物的毒性异常大，他用这种化合物的稀释液喷洒在植物茎叶上，结果茎叶上所有的寄生虫都被杀死了。1937 年 1 月，他着手进行第一次生产性试验，但很快发现了这种化合物对人的副作用：它能使人的视力明显减退，并令人感到呼吸困难。这便是他最早发明的"神经错乱性毒气"——塔崩。

柏林知道此事后将施密特教授调到鲁尔区的埃尔德的新工厂，从事秘密的有机磷化合物的研究工作。

一年以后，他又发现了一种与塔崩有关的化合物——甲氟膦酸异丙酯，它的毒性几乎是塔崩的 10 倍，施密特把这种新毒剂命名为"沙林"。

▲"沙林"毒气流弹

1939 年 9 月，德军对波兰发动侵略战争，第二次世界大战拉开了帷幕。德国化学家再度处于实施国家计划的要害地位。希特勒于 9 月 12 日公开叫嚣："德军已掌握一种令人恐怖的新武器，德国的敌人是无法防御的。"显然，希特勒炫耀的就是他研制的毒气。

当天晚上，他们从实验室很晚才回来。吃过晚餐后，他同女儿勒吉娜又陪"勒勃沃尔"一起聊天，施密特对这位已成孤儿的侄子给予了父亲般的疼爱与关怀，勒吉娜也把他当成了最亲近、最关心的弟弟。此时，"勒勃沃尔"已成为施密特一家的成员了，并会时刻受到伯父的保护。

从此以后，施密特每天都到侄子的房间去一趟，他们经常谈到深夜。教授时常埋怨战争，并提到纳粹正迫使他们研制威力强大的毒气武器，而他的学生施泰尼茨正在从事致病细菌武器的研制工作。了解了教授的心理之后，"勒勃沃尔"在一次谈话中故意表示要去东线，他说："每个人都应当为伟大的祖国贡献自己的一切力量，我来这里是为了能与亲爱的同胞共同作战，反对俄国的异教徒。"

"你难道打算去东线吗？"教授惊异地问道。

"是的，伯父。"

施密特突然从安乐椅上站了起来，激动地说："不行，不行！绝对不行！我已经失去了你父亲，我不能再失去你！"他在房间里踱来踱去，最后决定向上级请示，把侄子留在他的实验室里，作他的助手管理业务方面的事情。一周以后这个请示得到批准。就这样，"勒勃沃尔"如愿以偿地成了施密特教授的助手。

第二天，施密特就把"勒勃沃尔"带到他的化学实验室里，把他介绍给两位助手。施密特在向侄子介绍研究工作程序的同时，强调他的主要任务是制造极强的毒剂。他已制造出了四种流质毒剂，其毒性比有名的"芥子气"还要大数千倍。现在正在进行毒瓦斯的研制工作。此种毒剂的毒性更大，人吸入少量就会马上瘫痪，尔后死去。细菌武器目前正由施泰尼茨进行研制，研究致病细菌的工作即将结束，很快就将开始对战俘进行试验。

▲ "二战"德军的芥子气袋

不速之客

在萨弗罗诺夫到达施密特教授家的一周前，为了配合齐默尔曼共同完成破坏细菌武器研制基地的任务，格里高利耶夫决定再派一人去黑林山。为了找到合适的人选，格里高利耶夫再次审讯了战俘里哈德·福雷托。里哈德详细讲述了他的家庭情况，并多次提到男爵夫人家里的管家奥托·费希纳。里哈德的父亲就是通过他到教授家里当花匠的，费希纳战前住在柏林，在一家工厂里当锻工。在纳粹上台前，他曾在苏联的一个拖拉机厂实习过。

格里高利耶夫对费希纳很感兴趣。通过调查，得知费希纳确实于1931年在斯大林格勒拖拉机厂实习过。他在苏联工人中有许多朋友，最要好的是锻工费多尔·拉杜什金。费希纳过去经常到他家里做客。

为了打听关于拉杜什金的一些情况，格里高利耶夫很快就同斯大林格勒拖拉机厂的领导取得了联系。了解到拉杜什金出身于一个农民家庭，曾在白俄罗斯家乡米哈利什金村的集体农庄工作过一段时期。后来国家号召青年参加建设拖拉机厂的时候，他来到了这个厂，并且成为厂里最好的生产者之一。战争一开始，他就要求上前线，但工厂管理处把他留了下来。

格里高利耶夫马上通知兵役局把他征召入伍，并把他安排在一个后方的建筑部队里接受短期的训练，随后又让他参加兽医速成班的学习，在短短的时间里，他就学会了畜牧专家所教授的一些课程而成为了一个十分合适的人选。格里高利耶夫随即命令拉杜什金以一名畜牧师的身份设法打入男爵的牧场。

拉杜什金接到命令后，迅速返回家乡。为了不让人产生疑问，他逢人便讲，战争开始时，工厂准许他缓期服役，而等到缓征期满时，他就从兵役站跑了回来。在通过前线时，他打死了两名追捕他的红军士兵。

为了能到德国，当招募劳工的人来到他家乡时，拉杜什金便主动报了名。果然不久，他就被送到柏林郊区的羁押站。这里聚集着从各地招来的廉价的东方劳工，开始了酷似中世纪的"人口贩卖"。拉杜什金自称他是一个有较长工龄的畜牧师，希望能在畜牧场工作，羁押站主任认为把他卖给男爵夫人最有利可图，可以向她讨个好价。于是，他对拉杜什金说："你到埃尔伯费尔德去，在男爵夫人的牧场里工作。"

▲在山区坚持战斗的苏联游击队

拉杜什金几乎不敢相信自己的耳朵，这一切都太顺利了，真是幸运！在拟订计划时，给他提出的任务是在男爵夫人庄园附近的地方定居下来，然后通过好友费希纳的帮助，再到埃尔伯费尔德。现在一切难题都解决了。

拉杜什金乘着火车，傍晚时分来到埃尔伯费尔德。在那里，他见到了男爵夫人的管家，他的老朋友费希纳，他看上去明显是老了，背有些弯曲。费希纳在接收这些归管理的劳工时，只是稍微瞟了一眼拉杜什金，并没有对他说什么，好像不记得他了。

拉杜什金暗暗地想，从斯大林格勒分手后已经过去好多年了，不知费希纳是否还能认出自己。

男爵夫人乘坐马车来了。管家让劳工们作自我介绍，拉杜什金有意用德语发了言，给女主人留下了深刻的印象。

第二天天一亮，费希纳坐着一辆马车就来到劳工们的简易的木房。他把一张工作时间表交给了拉杜什金，并告诉他，必须严格遵守这上面的作息时间，否则将受到处罚。说完他就离开了。这使拉杜什金有些纳闷：不知是费希纳真心没有认出自己，还是对自己的突然出现感到意外。毕竟这是非常时期，人人都必须小心谨慎。拉杜什金一时还顾不上想那么多，就跟随劳工们去牧场干活了。

为了尽快地在牧场站稳脚跟，拉杜什金主动地承担了一些工作。除了以一名畜牧师的身份检查所有的牲口外，他常常和劳工们一起冲洗畜栏，用推车推粪。当男爵夫人到来的时候，他总是毕恭毕敬，并常常为男爵夫人赶马车。因此，他很快博得了女主人的信任。

有一天，费希纳没有给劳工们送派工单，而是送他的妻子去亲戚家了。到了天黑的时候，拉杜什金悄悄地来到费希纳的房前。门开着，拉杜什金大胆地跨进了门。没等他开口说话，费希纳就把房门关上了。两个人警惕试探的目光碰到了一块，彼此都显得有点紧张。

▲苏联官兵在研究作战方案

沉默了好一会儿，拉杜什金首先打破沉闷说："您为什么开着门？"

"我在等您。"费希纳冷静地答道。

"您已经认出了我？"

"就像您认出我一样。"

两位久别重逢的老朋友紧紧地拥抱地一起，为彼此没有认错人而高兴。经交谈，拉杜什金才知道费希纳原以为自己是心甘情愿地为纳粹工作的，所以没有立即相认。拉杜什金表示能够理解。随后费希纳直爽地问他是不是施泰尼茨的事业引起了他的兴趣。拉杜什金笑而不答，两个老朋友聊得很愉快，后来还喝了一瓶红葡萄酒。

拉杜什金在蒂费尔德施泰因男爵的庄园里牢牢地扎下了根。他不仅与费希纳站到了一边，而且还很快地与齐默尔曼和萨弗罗诺夫取得了联系。这一切使格里高利耶夫十分吃惊，表明他对拉杜什金寄予的希望没落空。

现在，这3个重要人物都已各就各位，摧毁德国细菌武器研制基地的行动可以付诸实施了。格里高利耶夫的破坏小组随时都能让正在修建的生产细菌武器的工厂飞上天。但是为了谨慎起见，格里高利耶夫仍想按原来的计划行动。卡尔涅夫将军同意他的想法。因为最重要的目标是，施泰尼茨实验室的保险柜里藏有第三帝国细菌武器的绝密资料。但现在，他们还没有人能够进入该实验室：或许萨弗罗诺夫最终能在细菌实验室进行破坏，但这还需要点时间。就在这时，情况有了转机。

原来，最近施泰尼茨在动物饲养房里对家禽进行的实验很不顺利。施泰尼茨认为不成功的原因是动物本身。在动物饲养房里，没有一个会饲养动物的专家，并且由于担心会被传染上细菌，接受了细菌疫苗的动物往往得不到精心的照顾。于是他决定到男爵夫人的牧场去找一位会饲养动物的斯拉夫劳工。

施泰尼茨一到埃尔伯费尔德，就向男爵夫人宣传在研究所搞动物试验对第三帝国来说是多么重要，而作试验的动物需要有人精心照料。于是男爵夫人把拉杜什金送给了他。拉杜什金为能有机会进入细菌实验室而十分情愿地听从了女主人的安排。尽管他心里清楚，进入动物饲养房就有染上致病细菌的可能，但到动物饲养房后便能够寻找机会尽快地完成破坏细菌实验中心的任务。为完成这一任务应不惜一切代价。

战局变化

希特勒早就着手准备库尔斯克大会战。他不断给他的将帅们鼓气说："会战的胜利应成为全世界的一把火炬。"

但是战争形势却不理想，并没有按希特勒的计划进行。如果说在进攻的第一个星期希特勒的坦克师确实突破了苏联人的防御的话，后来的形势则发生了急剧的变化，苏军转入强大的反攻，德军开始撤退，已经没有任何力量能够阻挡苏联人势如破竹的攻势。

希特勒为此勃然大怒，只好朝那些使他进攻库尔斯克的计划毁于一旦的将军们发泄愤恨。将军们只好极力安慰元首，他们想让希特勒相信，只要新式"无声"武器研制成功，辉煌的胜利就在前面等候着他。

为了加快细菌武器的研究工作，希特勒亲自出马接见细菌武器研制基地的负责人，

▲德军的毒气工厂

了解"无声"武器研制的进展情况。被紧急召回柏林的施泰尼茨来到帝国办公大楼，他简短地向希特勒报告了致病细菌效力的情况：本周将在实验室里和当地靶场对战俘进行试验；第一批细菌武器今年秋天就可以用来对付敌人，到那时，细菌工厂将转入成批生产，储存新式武器的军需仓库也将竣工。

希特勒有些兴奋起来，他走到放有东方战线大幅地图的桌子跟前，对施泰尼茨

说："到了秋天，我们的部队就可以撤到第聂伯河。细菌武器使用后多长时间可以见效？"

"我们这种武器是直接在前线使用的，考虑到近战，它在使用后的几个小时内就可以给德国带来胜利。"施泰尼茨答道。

希特勒立即来了精神，他迅速离开地图，看着自信的施泰尼茨，追问："不用说，你已经考虑到了我的士兵们的安全了？"

"是的，元首。您的士兵将得到完全能够排除细菌进入呼吸道的特殊面具，而失去活动能力的苏联红军将躺在战壕里任人宰割。"

▲毒气实验中丧生的战俘

希特勒顿时高兴得手舞足蹈起来，好像他已经看到这种新式武器正在发挥威力。

最后，希特勒迫不及待地命令施泰尼茨在9月初就制造出这种武器。施泰尼茨知道，在完成工作的时间上同元首讨价还价是没有什么好结果的。只有压缩工作计划，尽快开始对人进行试验。

回到黑林山后，他叫来了集中营训导主任，要求他把实验用的战俘带到他的实验室去。晚上，一辆小型卡车来到集中营，装着为施泰尼茨的首次试验挑选的8名战俘。就这样，细菌武器研制已进入最后也是最重要的阶段——试验阶段。施泰尼茨很快就要实现其罪恶的目标，成为世界历史上大规模杀伤人类的最强大武器的制造者。

8名战俘被带进了实验室。施泰尼茨把他们分成两组，分别绑在实验场两侧的柱子上。在右边的4个人为一组，假设为"德国人"，身着防护衣，而且其中2人还带有施泰尼茨发明的能中和致病细菌的特殊附加器。另外4人属于第2组，他们代表"苏联人"，其中2人暴露在地面，第3人坐在车上，第4人在掩体的侧面。

▲防毒罩

试验预定在早晨6点钟开始。一架飞机从森林上空紧贴着树梢一掠而过，一股病毒白烟从飞机的尾部冲了出来。"苏联人"这一组中，有一个人冲到一边，向铁丝网跑去。显然系在他身上的绳子没系紧，已经染上病毒的"苏联人"会翻过铁丝网跑到森林中，从而成为传染病的媒介。施泰尼茨马上命令助手按动试验场警卫指挥室的按钮。一阵自动枪声响起，那位逃跑者马上倒下了。其他被试验者明白了，如果他们逃跑，也会有同样的下场。施泰尼茨举起望远镜，只见暴露在地面上的两个"苏联人"也开始抽搐。惨无人道的施泰尼茨却高兴得叫了起来，为他首次试验就取得成功而兴奋不已。"德国人"这一组中戴着防毒罩的两个人也开始狂乱起来，有一个人用手用力从脸上扯掉了面具。戴着防毒面具并安有附加器的那一对"德国人"，则安然无恙地站在柱子旁边。

施泰尼茨记下了试验体受菌作用的时间的外表特征，然后得意洋洋地对他的助手们说："现在可以让忠于元首的士兵拿着苍蝇拍代替冲锋枪去进攻了。"命令把两个无事的"德国人"送回细菌实验的小医院里，其他的人则留在这里过夜，以待进一步对他们进行试验。

细菌实验中心为了在9月份完成大批用于近战的细菌武器，加速实验工作。施泰尼茨要求施密特教授加快试验的进度，施密特知道，施泰尼茨的特种细菌加上他研制的瓦斯毒气，会使纳粹的"无声"武器变得更加可怕，他借口订购的一些仪器和试管还没到，表示不能马上就出结果，以拖延时间。

化为废墟

完成总部任务的规定时间越来越逼近了。如果要摧毁德国的细菌实验中心，就必须把炸药安放在施泰尼茨的实验室里。

拉杜什金每天都要到实验室的动物饲养房里照料做试验用的动物，给他们喂食。动物饲养房分为两部分：第一部分关着准备试验用的动物；第二部分关着已经染上病毒的动物。进入第二部分必须穿着特制的衣服，戴上防毒面具。而平常拉杜什金都是用半自动的饲料槽小斗与沿着半圆形的窄轨铁道把食物送进去。

从观察饲料运送的过程中，拉杜什金想出了安放炸药的一个好办法：炸药只有放到饲料槽里，进入饲养房的第二部分才不会被人轻易发现。因为目前接触这部分饲料槽的只有他一个人。但是怎样才能将炸药装在饲料槽里呢？如果能在饲料槽上再装上一个底，就可以把炸药放在饲料槽的两层底之间，送入饲养房的第二部分。于是，拉杜什金借口槽坏了，请他的老朋友费希纳在男爵夫人的小工厂里帮忙修理一下，同时偷偷地再安上一层底。从外观上看，它还是原来的样子。

正当行动小组忙于做最后的准备工作时，萨弗罗诺夫得知，实验室两位负责人紧急前往帝国大厦，向希特勒报告实验进展情况。他预感到希特勒会再次催促科学家们加快完成试验工作，因为东线战事变得对德军极为不利，他马上把这一情况汇报给总部。总部当机立断，决定破坏小组提前行动。

就在施泰尼茨和施密特动身前往柏林的当天晚上，卢卡绍诺克送来了炸药。拉杜什金偷偷地把炸药放在饲料槽的两层底之间，而与此同时，齐默尔曼小组在细菌武器

▲毒气厂房被炸

生产厂也安放了炸药和定时装置。

当天晚上半夜时分，一阵沉闷的爆炸声划破了黑林山的寂静。过了一会儿，又一声巨响震得大地直颤动。顷刻间，纳粹的细菌实验楼倒塌，化为废墟。

爆炸声过后，党卫军的值班人员向柏林报告："发生了两起爆炸。一起在实验室，一起在工厂。"细菌武器实验室的警卫迅速封锁了实验室的大门，不许任何人出去，以免把病菌带出来，慌慌张张跑出来的两个实验员立即被卫兵打死。

拉杜什金把炸药放在饲料槽里后，一直守候在饲养房里，直到夜幕降临以后，他才将定时爆炸装置与炸药连接起来。爆炸前10分钟，他和萨费罗诺夫离开了危险区，按预定的撤离方案，到森林中去找游击队。

希特勒接到这个消息后气急败坏，大骂帝国安全部长卡尔登勃鲁纳，而此时格里高利耶夫怀着兴奋的自豪的心情走进卡尔涅夫将军的办公室，向将军汇报了刚刚收到的胜利完成"极点"行动的英雄们撤离的情况。卡尔涅夫立即把这次行动的情况报告给最高统帅，斯大林非常满意。

以牙还牙
——"咬掉"德国的伍兹伯格雷达

队员们立马开始拆卸雷达，借着手电筒微弱的灯光，他们拆下了雷达的一个个重要部件。然而光线却引来了德军的火力，因为德军已从梦中惊醒。时间越来越紧迫，已经可以听到机动车的声音，增援的德军已经上路，并且正向雷达站走来，不一会就要到了。蒂摩西中尉的阻击部队投入了战斗，他们以密集的火力猛烈地扫射增援的德军，尽最大努力为拆卸雷达的队友赢得时间……

目标锁定

1941 年年尾，英国情报部门从潜伏在柏林的间谍那里获得了一张重要的照片。从照片上可以明显地看出，在柏林动物园的高射炮台上，安装了一个碟形装置。电子技术专家一看就知道，那是一种雷达天线。后来经过深入地查证，终于确认出那正是德军刚开始服役的新型的伍兹伯格雷达！

英国皇家空军对获得如此重要的情报，兴奋不已。自"二战"开战以来，皇家空军就千方百计地想把战争带到德国本土。尤其是在法国沦陷后，英国在欧洲更显得势单力孤，而且被迫采取守势，于是更急于将战火烧到德国本土。然而，1941 年至 1942 年之间，英国要想集结一支规模大的部队对欧洲大陆进行大规模的反攻，简直比登天还难。此时，英国唯一能采取的进攻行动，显然只有空中轰炸了。

显而易见，要想对德军实施有效的战略轰炸，以最小的代价获取最大的成功，皇家空军面临的首要问题就是对付德国精密而强大的防空警戒系统。

而此时德国的防空网，由于部署了一种新型雷达而得到了极大的改进。希特勒深知拥有高精度的先进防空预警系统的重要意义，也深知保守此项军事秘密的意义何在，因此，德军始终对其装备的新型雷达系统采取了严格的保密措施。尽管英军想尽千方百计想探寻德军雷达的秘密，但始终未能如愿。德军雷达始终笼罩在神秘色彩之中。

德军的雷达站沿欧洲大陆占领区的海岸线零星分布。到 1941 年 10 月，皇家空军的

▲二战后废弃的雷达站的残余

喷火战斗机已发现并辨别出大约27处德军雷达站的位置。以往,皇家空军的飞机在飞越德军占领区时,曾侦测到其雷达的电讯号,并且想尽办法企图确定它的频率,然而直到1941年底仍无法取得结果。

时间已经愈来愈紧迫了,如果要使预定在1942年春实施的轰炸行动取得成功,并使损失减少到最低限度,最重要的事情显然就是尽快获取德军第一线的防空雷达的详细资料,以便找到对付的办法。

正当皇家空军为难以锁定目标而苦恼时,间谍雪中送炭,提供了他们一直梦寐以求的第一手情报——德军防空警戒系统的新型装备:伍兹伯格雷达。

低空侦察

其实早在1941年11月,英国电子技术专家查尔斯·法兰克博士在检查一张从中高度拍摄到的航空照片,那是德军设置在圣布宜诺佛附近的佛瑞亚雷达站的照片。此张照片只是皇家空军驻在牛津郡班森基地的照相侦察大队在例行的侦照飞行中所拍摄到的一系列照片中的一张。由于拍照高度太高,很难从其中明确地看出德军到底在搞什么名堂。但是这位细心的科学家突然发现,在一栋独立的房子附近有一个特别可疑

▲ "二战"期间的英国皇家空军

的建筑物,他认为那很可能就是一座雷达天线的一部分。于是他立刻打电话报告联合作战总部,建议对当地再进行一次特别的低空拍照,以取得更多的详细资料,但是低空拍照相当不易,不仅危险而且容易暴露,对于这种不大可靠的猜测,皇家空军没有给予特别重视。

现在结合间谍提供的情报,皇家空军一见事情非同小可,立即给予高度重视,决定派遣班森基地中经验最丰富的侦察照相飞行员来完成这一特别任务。中尉飞行员东尼希尔受命驾驶着他的飞机悄然来到佛瑞亚。一天,他驾驶飞机低低地掠过峭壁,不偏不倚地从雷达站的正上方通过。但是,正当他调转机头,准备再度进入并开始拍照时,却突然发现那该死的照相机竟在这一紧要关头出故障了!尽管他又急又气,但也毫无办法。他只好对那个被称为"电碗"的东西匆匆看了几眼之后就悻悻然返航。"我非要把它拍下来不可!"归途中,他暗自狠狠下定了决心要进一步揭开伍兹伯格雷达之谜。

第二天一大早,东尼希尔打破不成文的惯例,单枪匹马又对当地德军的雷达站进行了一次空中侦察。这一次,他成功地拍摄了二次大战中最著名、并足以使他本人及整个皇家空军引以为荣的绝妙的超低空侦察摄影照片。

这张斜角度照片，清楚地显示出那座伍兹伯格雷达天线、独立房屋以及附近的地形与道路。这帧照片为英国情报部门了解伍兹伯格雷达提供了详细的资料数据，并且为后来的空袭行动提供了可靠的依据。

运筹帷幄

1942 年 1 月的一天，在英军联合作战总部的办公室里，英国皇家海军大臣路易斯·蒙特贝登爵士正在召开一次非常机密的会议。会议气氛紧张而热烈，出席会议的是他的高级助手及参谋人员，会议内容是拟订夺取德军伍兹伯格雷达的方案。

在仔细查看航空照片和有关资料后，参谋们大都主张发动一次空降突袭，而不要采用当时惯用的海上登陆突击。"这是由于虽然伍兹伯格雷达站距海岸只有不到 100 米，但是海岸陡峭的悬崖和德军配置在那里的强大防御兵力，使得海上突击很难奏效。"一位来自特空团的有经验的参谋十分肯定他说。

"是的，我也认为是这样。"联合作战总部的首脑蒙特贝登点点头。他还提请大家注意，"从东尼希尔中尉拍摄的照片来看，虽然不难推测出德军的指挥所就在那栋独立房屋中，但还驻扎着大约 100 名德国兵，里面包括一个海防连的一部分，他们控制着当地的海防哨；另外还包括一部分未执勤的信号手和雷达操作员。此外还有更危险的，那就是在距雷达站大约 3 千米的南面的圣布宜诺佛村里，驻扎有一个连的预备队，并且配备有装甲车辆。该村既有便道可通农庄，又有便道可通海岸。而在南方稍远的地方还有一个预备步兵团，负责当地的防务。面对如此强大的防御力量，这次行动势必采用'打了就跑'的作战战术。而这种战术要想成功，就得靠事前周密的策划与异常明快的决断力。"

根据这一提议，会议决定挑选一支技术高超、训练有素的伞兵部队来执行这次任务，并计划进行一次陆、海、空联合作战。联合作战总部将此次突击行动的代号秘密命名为"狠咬"。不言而喻，英军准备去"狠咬"纳粹的伍兹伯格雷达这块硬骨头。

由于这次行动的目的十分特殊，因此一群英国科学家在琼斯博士的率领下，就如何夺取雷达的技术问题进行了详细研究，并且特别列出了一些必须弄到手的最重要的零部件。当然，最理想的做法，莫过于把整个雷达站拆掉，完完整整地带回英国。但是从一开始这种做法就被否决了，因为德国雷达又大又重。要在那么仓促的时间里用人力搬上海岸根本是不可能的。最后，琼斯博士又建议说："为了确保这次行动能带回足够有用的情报，还必须要有一位专家随行。"

联合作战总部采纳了这一意见，而且皇家空军的一位雷达专家、年轻的柯克斯自告奋勇要求前往。作为袭击部队的一员，他立即熟悉了有关情况，并在凌威训练中心接受特殊跳伞训练。在顺利进行了 5 次跳伞后，他正式取得了人人羡慕的英国伞兵的蓝色伞徽，并在即将实施的夺取纳粹雷达突袭战斗中立下了汗马之功。

整装待发

对于谁将去啃希特勒的这块硬骨头，联合作战总部经过一番热烈讨论，最后选定号称"红色恶魔"的特别空勤团第 2 伞兵大队 C 连作为执行此次突击任务的主力部队。

领受任务后，C 连便开始了与其说是严格，不如说是严酷的战前强化训练，只是此时连里的士兵们不知道眼前这次任务的具体内容。为了掩护这次行动的真正意图，总部对 C 连士兵们说，要为皇室举行一次御前示范表演。

这对英国士兵来说，当然是一件十分光荣的事情，因此大家训练起来特别认真、特别卖劲，每天花大量时间反复演练同样的课目。负责督导训练的是该连军士长史玉钦，他是从著名的"黑表团"调来的，是个不知疲倦为何物，一旦相识便令人永远忘不了的人物。

训练进行了一段时间以后，连队长官终于透露了此行的真正目的。大家第一次看见了他们这次行动的目标，就是在皇家空军的侦照部内特地为他们设置了一个布宜诺佛的地形模型。这个模型是由在战前当过雕刻师的中尉飞行官乔佛瑞狄莱和一群专家一起精心制作的，与东尼希尔中尉所拍摄的照片一模一样，分毫不差。凭借这具模型和航空照片的帮助，担任这次突袭作战指挥官的约翰·佛斯特少校和其他军官们一起拟定出了整个行动的细节部分。

准备参与这次行动的人员，官、兵合计 119 人，编成 3 个攻击组，每个组都以英国历史上著名的水手的名字命名。预定将这支奇兵送到目标区上空的是皇家空军第 51 轰炸中队，乘坐的是双螺旋桨的"惠特利"型轰炸机。该中队队长为皮卡德少校，他在当时就已经是一个著名的轰炸高手。负责将突击队接回英国本岛的则是皇家海军舰艇部队。海军也要派出一支特别分遣船队直接参与作战。这支船队包括数艘攻击登陆艇和机动炮艇，并由两艘驱逐舰担任后援。此外，登陆艇上还搭载有由所谓的"皇家燧石枪兵"和"南威尔士边民"下来的突击队员。

毫无疑问，这是一次极为罕见的特种作战。因为它不仅是一次陆、海、空三军的联合行动，要求各参战部队之间必须进行密切配合，而且也是英军自开战以来，第一次以这样大的规模来实施如此困难的突击作战。

▲ "惠特利"型轰炸机

以牙还牙

1942 年 2 月 11 日，德国袖珍战列舰夏恩霍斯特号和格而斯努号从母港布列斯特起锚出海，根本无视英国皇家海空军的存在，竟在光天化日之下，耀武扬威，堂而皇之地通过英吉利海峡，并且还严重干扰了仅仅 30 千米之外的英国海岸线上的雷达！这种明目张胆的挑衅行为严重地挫伤了英国人的自尊心。

昔日不可一世的日不落帝国，而今却受到如此不堪承受的屈辱，作为首相的丘吉尔得知德国人的行径后，感觉无地自容。盛怒之下，他立即命令英军必须对德军的飞扬跋扈作出反应，并督促英军对纳粹雷达迅速采取突击行动，以牙还牙，以显示不列颠大帝国的存在。

遵照丘吉尔首相的指示，准备执行突击任务的部队，于 2 月 15 日在萨斯柏瑞平原完成了最后一次跳伞演习后，便开始了临战前的最后准备。到 2 月 23 日，战前准备一切就绪。

负责指挥此次突袭行动主力攻击部队的指挥官是佛斯特少校。他的父亲曾是皇家空军飞行大队长，第一次世界大战期间曾指挥过多次著名战役，并立下了赫赫战功，成为皇家空军功勋卓著的飞行员。耳濡目染的熏陶，使佛斯特从少年起便对飞机、对蓝天产生了浓厚的兴趣，立志长大后要像父亲那样驾机飞上蓝天，成为一名杰出的空战指挥员。大战开战至今，佛斯特一直还没有机会参加能足以使他痛快淋漓的过瘾战斗。如今，机会终于来了，佛斯特欣喜若狂。他暗暗下定决心，要在空战史上为皇家空军再添光彩。

佛斯特的主力支队由 50 名成员组成，其下再分为两组：一组负责攻击雷达站，另一组负责进攻独立房屋。该支队的成员包括雷达专家柯克斯上士及一群来自第 1 空降野战大队的队员。这些队员由丹尼斯·福伦上尉指挥，主要任务是拆卸柯克斯上士所指定的雷达零部件。这帮埋头苦干的青年人曾经用一套英国炮兵的雷达做过特殊训练。在英国科学家的想象中，这具雷达与德国的伍兹伯格雷达是极相似的。

指挥第 2 支攻击支队的是查特利中尉，他同他所率领的 40 名伞兵的主要任务是攻占德军防守的海岸地带，并掩护部队撤离战场。

第 3 支支队由约翰·蒂摩西中尉率领，成员 30 人，主要进行迟滞作战，以封锁整个行动地区，并阻滞德军的增援部队。

攻击部队共分成 3 个部分，但要降落在同一指定地区。着陆区一方面要深入内陆，以使德军不易发现，但同时又不能离目标太远，以使部队能迅速对目标发动袭击。此外，在目标区内要预先设置在夜间也能明显识别的标志。

"咬"下雷达

"狼咬"行动计划部署好以后，由于天气原因，行动一再延推。最终，英军决定在 2 月 27 日展开行动。这天夜晚，满月高挂天际，海水正好是涨潮期，目标区则白雪皑皑，天气状况完全适合执行任务。在惠特夏郡皇家空军楚克斯顿基地，12 架双发动机的惠特利轰炸机在柏油跑道上一字排开，升火待发，所有参与行动的人员，个个精神抖擞，信心十足，鱼贯登机。装载完毕后，12 架满载的飞机在迷茫的夜色中逐一升空。

在惠特利机群隆隆地飞向法国海岸之际，皇家海军的接应舰队早已出发，准备不久在海岸边会师。为了分散德军的注意力，皇家空军的轰炸机事先在目标区的南面和北面做了一些骚扰性轰炸。因此，在午夜过后不久，当真正的攻击主力来到目标区上空的时候，就只碰到德军的一些零星的高射炮火。有几架飞机被击中，但是并没有造成真正的损失。

然而，有两架飞机为躲开高射炮火而采取惊险的闪避动作，因而稍稍偏离了航线，没能把查特利中尉的第 2 攻击支队准确地空投在目标区内。

佛斯特少校所乘飞机到达预定上空时，他挡着机舱门，带头一跃而下。紧跟着，他的队员也一一跳出，安静而准确地降落在预定地点，全体队员在雪地上毫发无损。

而此时此刻，德军早就听惯了夜里来来去去的飞机声，根本就没有注意到天外来客的降临。于是英军突袭部队的"狠咬"行动正式拉开帷幕。

英国皇家海军特别舟艇中队（SBS）

1942 年，为了突袭被德军占领的波尔多港，英国海军陆战队派出了一支临时的海上舟艇突击队。整个行动由陆军统一指挥。这些海军突击队员偷渡到法国，袭击了一批德国运输船。他们虽然自身伤亡惨重，但也使德军船只遭到了重大损失。从此，这些从海上发起攻势的海军陆战队突击队员名声大噪，英国人亲切地称他们为"扁舟勇士"。这也就是特别舟艇中队的前身。它在行动时，通常采取 4～6 人的小组分散隐蔽活动。各组均配有超高速发报机，侦察的敌情可随时报告上级。因此，特别舟艇中队素有"两栖作战部队的耳目"之称。灵活精悍、行动诡秘是这支突击部队的特点。"不靠强力，靠诈术"是它的行动口号。

惠特利机群隆隆的发动机声逐渐消失在夜空中。此时，佛斯特少校轻声地向周围的 4 位领队发出了行动的命令，各人便分别率队向各自的目标前进。少校一马当先，带着 4 个队员以迅雷不及掩耳之势冲进那栋房屋，当场击毙在门口的一个卫兵。外面的杨格中尉一听见枪声大作，便立刻带领他的队员扑向雷达站。等到少校回头来加入到他们的行列的时候，此地的敌人已被肃清，6 个德国兵有 5 个被击毙，1 个早已吓得魂飞魄散，乖乖地做了俘虏，只能眼睁睁地看着柯克斯上上下下地搬弄那部雷达。

此时，队员们立马开始拆卸雷达，借着手电筒微弱的灯光，他们拆下了雷达的一个个重要部件。然而光线却引来了德军的火力，因为德军已从梦中惊醒。时间越来越紧迫，已经可以听到机动车的声音，增援的德军已经上路，并且正向雷达站走来，不一会就要到了。

蒂摩西中尉的阻击部队投入了战斗，他们以密集的火力猛烈地扫射增援的德军，尽最大努力为拆卸雷达的队友赢得时间。佛斯特少校催促着柯克斯等人加快动作，因为枪声愈来愈近，情势愈来愈紧张。整个突击行动已进行了 15 分钟，必须立刻撤退，否则就来不及了。此时大家也顾不得那么多了，腰圆膀大的士兵们用铁撬把重要零件整组整组地从机器里扯出来，背在背上就走，大伙儿急匆匆连拖带拉地带着这批宝贵的战利品向海岸边撤退。

途中，他们遇到了德军相当顽强的抵抗，因为查特利中尉空降时偏离了方位，未能按时攻占海岸线。当佛斯特正命令部队准备自行向海岸线的德军发起攻击时，查特利带着他的队员已快速赶到了海边，他们爬到峭壁顶部开始向德军猛烈射击。在两面夹击下，海岸线很快被英军占领。

到了凌晨两点，袭击部队集结在海岸等待海军前来接应。他们几次试图与海军联络，但是均告失败。正在万分焦急之时，海军舰艇终于出现，并且立刻向海岸峭壁顶部提供火力掩护，而此时大批德军也刚好赶到。佛斯特立即指挥装载及登舰作业，不一会儿，所有人员均已上船，舰艇马上撤退，很快就驶出了德军的射程之外。

这次袭击行动，英军特种部队大获全胜，几乎创造了一个奇迹，因为他们把所有指定的雷达零部件都弄到手了。至此，整个"狠咬"突击作战行动圆满结束。英军除了夺取了几乎一部完整的雷达外，还逮到了 3 个俘虏，其中包括一名雷达操作员。

英军在这次奇袭行动中所得到的伍兹伯格雷达及相关资料，在日后的整个战争中，都对英国空军战略轰炸司令部的行动及电子战的作战方式，产生了深远的影响。就连德军也对英国佬的这次行动有了很深的印象，不得不钦佩突击部队精确无误的配合和极高的行动效率。

西摩尔的方案
——喋血圣纳泽尔港口

突然，"堪培拉塔温号"舰首炮位稍后仓内的延期引爆雷管，引爆了油仓上的24枚深水炸弹，随之而来的巨响震动大地，火光扑向天空，使敌我双方的射击一下子都停顿了下来。这声巨响使诺曼底船坞大约要有四五年的时间才能修复。这声巨响也使迷惑了很久的德军如梦初醒，他们终于弄清楚了这支舰队如此拼命的真实目的……

心腹之患，必欲除之

1942年3月，虽说已经入春了，但位于法国西海岸比斯开湾卢瓦尔河河口的重要

▲圣纳泽尔港口所在的卢瓦尔河口

港口圣纳泽尔依然寒气袭人，如在冬天。德国海军的舰船载着即将出征的官兵、载着送往前线的军火及战略物资，正耀武扬威地频繁穿梭于海面上。

圣纳泽尔所在的卢瓦尔河口，河口宽500米，有沙泥浅滩，主滩在低潮时方露出水面。河口的卡喷特水道弯曲，长约2.5千米，水道大部靠近北岸，通过莱斯摩里浅滩灯塔之北，易于设防。

港口内的诺曼底船坞是通入内渠的第3个入口，长350米，宽50米，是世界上最大的船坞之一，可容纳约9万吨的船只进入维修。两端有闸门，可将船拉入西岸的隐坞内。如果用作船坞，可关闭两端闸门，将水抽出；如果用作入口，在船只通过时，闸门交互开闭即可。

圣纳泽尔的地理位置也十分优越，战略地位极其重要。它离英国最近的港口法耳默思只有400千米，位于卢瓦尔河河口10千米处，是法国西海岸入海口的必经之地。同时，由于其重要的战略地位，所以，法军在投降前，在这里建起了可供袭击登陆之敌的坚固的防御工事，是易守难攻之地。

德军占领法国后，当然不会放弃这一天赐良港。如今，这里成了德国海军重要的海军基地，有法国唯一可容纳德国战舰德尔贝茨号的诺曼底船坞，还有德国潜艇的隐蔽所。德军在此对军舰进行维修，官兵也在此进行整训。

德军在该地区的存在，自然对近在咫尺的英国皇家海军造成了极大威胁，圣纳泽尔港无疑成了英军的心腹之患，他们一直在寻找机会，准备向德军发动一次大规模攻击，使圣纳泽尔陷于瘫痪，使强大的德国海军部队在此葬身海底，以解心头之患。于是，奇袭圣纳泽尔港的秘密作战计划于1942年初春，在英军中孕育形成了。

精心准备，声东击西

要袭击圣纳泽尔港的德国海军基地了，这是英军将士的夙愿，他们个个跃跃欲试，纷纷请缨。英军战时指挥部在进行了周密细致的研究之后，决定将这项艰巨的任务交给在战争初期建立，但却已屡建奇功的特种作战部队"哥曼德"。

▲ 圣纳泽尔港

一接到作战命令，艾·西摩尔中校兴奋得辗转反侧，彻夜难眠。是啊，作为"哥曼德"富有经验的著名指挥官之一，他对于要率领突击队袭击防御坚固的圣纳泽尔港、摧毁德军船坞这样重要而艰巨的任务，不能不做周密的思考和充分的准备……

天还没亮，重任在身且有着早起习惯的西摩尔就已洗漱完毕。原本不修边幅的他今天特意刮了胡子，换上崭新的衬衫，从来不照镜子的他竟也破例走到镜子前面，仔细端详了一番后嘴里喃喃自语道："小伙子，蛮不错吗！"

的确，他要给未来的部属们一个新的印象，他要以崭新的姿态率领他的部队去完成一项艰巨而光荣的使命。

他三步并作两步奔向车库，敏捷而迅速地跳上越野吉普车，随着一阵隆隆的马达声过后，西摩尔中校的座驾便像离弦的利箭一般，向着肩负此次重任的特种作战部队"哥曼德"第2中队飞奔而去，不一会便消失在浓浓的晨雾之中。

特战部队"哥曼德"第2中队的驻地坐落在一个峡谷之中。西摩尔到达时，该中队正在进行山地作战训练。西摩尔观看了攀登、袭击、捕俘等课目。

忙活了一整天，经过精心、仔细地考核、检验之后，西摩尔从2中队几百名战士中选出了155名出类拔萃的精兵强将。这样，加上总部推荐来协助他完成任务的80名骁勇善战的精锐之师，西摩尔的队伍足以组成一支精悍的袭击突击队了。

带着满意的结果，西摩尔回到专为执行此次任务新组建的指挥部，还没进门，电话就来了。指挥部通知他，根据空军侦察机的航空侦察，从对圣纳泽尔地区的航空照片判断的结果发现，除原已了解的德军阵地情况外，德军又在船坞附近增设了5个大炮阵地。为此，指挥部建议再增补30名队员。至此，西摩尔的突击队已拥有官兵近300人。

然而，西摩尔深深意识到，人多，并不是优势。特种作战的成员首先要精，精兵良将才是夺取胜利的根本。前年，也就是 1940 年秋天，在特别任务旅旅长亨顿准将的直接组织下，特种作战部队进行了整顿，将部队数量从 10 个减为 6 个，从而使部队更加精悍，战斗力大增。第二年，在袭击挪威西北方向的罗弗群岛的战斗中，西摩尔荣立了战功，并提前晋升一级。这是他军旅生涯中最值得骄傲的一页。

▲ "二战"期间的英国"哥曼德"特种部队

西摩尔是个有自知之明的人，那次行动，他负责的是山地作战，捕俘偷袭对于他来说的确是驾轻就熟，而这次奇袭圣纳泽尔行动却是登陆和海上作战，他的经验和能力远不如上次，甚至他的游泳技术都过不了关，万一……

所以，他在突击队组成不久，就组织官兵们进行海上训练，并特别强调对游泳技术的提高和进行海上作战的实战训练。在 3 月 12 日至 25 日的训练计划中，西摩尔主要安排了夜间靠离码头以及燃料补给等夜间机动训练和远航、反潜、射击等训练。

对于究竟如何实施此次突击任务，西摩尔早已成竹在胸。经过一番冥思苦想之后，一项周密审慎的作战计划已在他的脑海里酝酿成熟。西摩尔作战计划的主要内容是：由于诺曼底船坞长 51 米，高达 16 米半，厚足有 11 米，要想使如此坚固的建筑长期陷于瘫痪状态，除了使用重载船只冲撞外别无选择，因此，西摩尔决定利用驱逐舰强行攻击诺曼底船坞，随后，利用延期炸药，炸毁驱逐舰部分舰体，使之下沉，与此同时，炸毁坞门及附近岸壁。在摧毁坞门的同时，突击队强行登陆，破坏船坞内的水泵车间、动力车间及油罐。完成任务后，如果情况允许，破坏德军潜艇基地以扩大战果。

为了保证突击任务的顺利完成，在英国靠近法国的岱翁港，西摩尔指挥突击队依据作战计划进行了一次代号为"逼真"的实战演习，堪培拉塔温号驱逐舰做了冲击船坞闸门的试验。

为了隐蔽伪装，使这次战斗中使用的驱逐舰堪培拉塔温号同德国的鱼雷艇相似，西摩尔建议将该舰的烟囱削短一截，并涂成与德国鱼雷艇相近的颜色。

他的提议很快被付诸实施。

在专门技术人员参与下，堪培拉塔温号进行了改装。

为了通过河口的浅滩，拆去了原装的 3 门 100 毫米火炮、全部鱼雷发射管、深水炸弹投掷器等，使吃水由 4 米变为 2 米，并在前甲板和舰桥上装上能挡 20 毫米子弹穿透力的防弹板。

为了声东击西，迷惑敌人，隐蔽作战企图，在集结、训练、出发基地的法耳默恩港口，英军将西摩尔的"哥曼德"突击队命名为"第10舰艇攻击队"，并大张旗鼓地宣布这是在英吉利海峡西侧入口处的海面上实施潜艇扫荡作战的部队。

另外，英国人还放风说，这支部队将开赴海外，目前正在大量采购夏令装备。这些迹象都毫无遗漏地通过德国间谍网反馈到希特勒的办公室里。然而，正在进行军事扩张的战争狂人并没有把这些放在眼里，更不可能去对英国人的所作所为进行更仔细的研究和推敲。德国人万万没有想到，圣纳泽尔军港已在劫难逃，诺曼底船坞将毁于一旦。

临阵部署，各负使命

▲ 英军"哥曼德"突击队的徒手训练

1942 年 3 月 20 日下午 2 时整，灿烂的阳光洒落在法耳默恩港平静的海面上。西摩尔中校率领突击队向着目标圣纳泽尔港悄悄地启航出发了。这里没有送行的队伍，没有欢呼的人群，一切都是在极其隐秘的情况下进行的。

兵不厌诈，兵贵在奇，偷袭是英国人惯用的战术。

西摩尔的突击舰队摆成三列纵队，纵队中间是西摩尔中校乘坐的旗舰阿萨斯顿号驱逐舰，西侧是 14 艘汽艇和 74 号鱼雷艇。整个编队以 13 节的速度向着位于比斯开湾的圣纳泽尔港破浪前进。

英军指挥部曾就指挥舰的问题进行过一番争论，最后还是采纳了西摩尔的方案。根据英军的惯例，应以较大舰只作为指挥舰，但西摩尔坚持认为，堪培拉塔温号虽已经过改装，但在涨潮时通过浅滩仍有搁浅的可能，况且冲撞坞门后，指挥战斗不便，最好使用 314 号炮艇，因为该艇航速 24 节，备有雷达、测深仪，便于指挥。航渡中先以堪培拉塔温号为指挥舰，在卢瓦尔河口外改炮艇为指挥舰。

大战临头，西摩尔的心情如大海翻滚的波涛，难以平静。要给不可一世的德国人以重创谈何容易，况且他们拥有最坚固的防御工事和最强大的海军力量。

这是一场恶战，这是一场你死我活的大博斗。

西摩尔向着渐渐消失的国土投去了深情的一瞥——他已做好了一切准备，就像堪培拉塔温号驱逐舰一样，只加满了单程的油量……

驶离港湾不久，浪涛汹涌澎湃，直扑甲板，7 级大风像是考验这些突击队员似的骤然来临。在汽艇上的士兵除了颠簸之苦外，还要经受倾入海浪中的考验，他们随时都有被波涛汹涌的大海吞没的危险。

天将黄昏，刚刚还是惊涛拍岸、咆哮不止的大海，突然变得风平浪静，简直像是进入了海市蜃楼一样的梦幻般的境地。经过数小时的海洋颠簸之后，突击队员们早已精疲力竭，西摩尔中校命令突击队员们抓紧时间休息，随时准备迎接突如其来的战斗。

翌日，平静的海上泛着晨光，海风习习，格外清爽，尤其是那些初次下海的突击队员，简直被大自然的神奇迷住了，尽管大战将至，他们还是纷纷来到甲板上，欣赏这如诗如画的良辰美景。

而此时此刻，西摩尔中校与海军舰艇指挥官莱伊德中校正在驾驶舱的海图前复议着抵达比斯开海域时的停泊队形。"报告！"他们正谈得热烈的时候，一声急促的声音打断了他们的谈话，"请进！"职业的敏感性使西摩尔中校马上意识到了什么，他立即招呼来人进屋。担任侦察任务的观察员进屋后，脚跟尚未站稳甚至忘了行军礼便气喘吁吁地大声呼叫道："报告指挥官，前方不远处发现情况。"莱伊德中校随声抬眼望去，只见前方约450米处出现的黑色物体是一艘正在上浮的潜艇。"是德国人的潜艇！"他当即下令迪尔艇向目标射击，并迅速投下水雷。

与此同时，德国潜艇也发现了英国人的舰队，紧急下潜。

一切又恢复了平静。

思维敏锐的西摩尔的心情并未因此而感到有丝毫的轻松，因为他知道，如果德国潜艇没被击沉的话，他们一定会向圣纳泽尔港指挥部发出电报，通告他们，有一支舰队正驶向圣纳泽尔港。果真如此的话，那么，他的突击舰队可就等着挨打吧。

比斯开湾依然风平浪静，卢瓦尔河冲刷下来的泥沙使这片海底显得比较平坦。西摩尔率舰队比预定计划提前了一个半小时到达。舰队依照规定位置停泊后，西摩尔的指挥所按原计划转移到了314号炮艇上，其他人员也相继从驱逐舰转移到汽艇上。

西摩尔与莱伊德进行了战前的最后部署。西摩尔负责突击队的突袭，莱伊德负责接应。舰船上的海军官兵做好了协同作战的战斗准备，此外他们还负责看管好法国船员。这些船员是这天中午被英军截获的。当时，他们乘3艘拖船与舰队遭遇，突击队员们登上拖船进行搜索，船上是德军的后勤补给物资。根据事先制定的原则："如遇西班牙和中立国渔船，由挺迪尔号派检查组检查；若是德国渔船则将船员俘虏，将船击沉。"西摩尔决定，将船员转移到驱逐舰上，然后炸毁了3艘拖船。

西摩尔与莱伊德对好表，决定晚上10时出击。到那时，为了增援西摩尔的突击舰队作战，"按计划英军要对圣纳泽尔港进行轰炸，意在使西摩尔的突击队在突袭作战时不被在克多西克角的德军雷达发现，并能掩盖汽艇行进的巨大声响。

抓住时机，捣毁船坞

时钟慢慢爬向了22时。

"启航!"西摩尔看了手表,坚定地下达了命令。

舰艇在换上了德军舰旗后,由"斯特约"号在右侧引导,向卢瓦尔河挺进。314号炮艇率先冲向目标,它后面是"堪培拉塔温号",14艘汽艇摆成两列纵队阵形,最后是74号鱼雷艇。

就在这时,一队轰炸机轰鸣着从他们头上掠过,西摩尔根据声音判断,一共有7架"威灵顿"式飞机。不一会,卢瓦尔河上游被爆炸声吞没,圣纳泽尔上空被映得通红,探照灯划破夜空,高射炮、高射机枪响个不停。

不久,英国空军顺利完成轰炸任务后,又轰鸣着从突击队头上返航了。

西摩尔望着一片死寂的两岸,又看了看夜光表,已是28日深夜1时20分了。

不知是被刚才的轰炸炸蒙了,还是德军没有在河口部署,舰队驶进卢瓦尔河后,没有遇上任何阻力。

"好静啊!"西摩尔内心想着。就在他为此纳闷的时候,从卢瓦尔河西岸突然射来几束探照灯光,在探照灯的强烈照射下,密集的炮火向舰队无情地倾泻过来,有两艘汽艇在突然袭击下中弹。

"赶快按德军信号灯编码向德军发信号。我们是德军的鱼雷艇,紧急呼救,受伤舰两艘,请准许进港勿延……"

西摩尔急忙命令314号炮艇用1941年攻击挪威卑尔根以北的博库塞岛时从德国武装拖船上缴获的信号与德军联系。

一会儿,德军回了信号,大部分炮台停止了射击,只有西海岸的炮击没有停止。

于是,314号炮艇又用国际信号发出"我部因遭自己的炮击,蒙受损失"的信号。

德军的炮击暂时停止了。西摩尔仔细地观察岸上德军的动静。下一步他们的行动会怎样呢?是观察动静还是请示报告?

不出西摩尔中校所料,狡猾的德军把他们这支舰队正在靠近码头的情况报告了指挥部。情报系统以最快的速度向各情报网点搜集情报,仅5分钟的时间就证实,这确实是支可疑的舰队,要立即阻止它靠近码头。

1时27分,德军两岸炮火突然对突击队发出了密集的炮火攻击。

"堪培拉塔温"号驱逐舰被最激烈的炮火所包围。

"中校不能再迟疑了,与德军通话已不再可能。我们应当以最快速度接近诺曼底船坞,否则只有挨打。"舰长请求西摩尔中校说。

"马上降下德军舰旗,升起英国国旗。"西摩尔同意了舰长的意见。

"对着岸上的德军猛烈轰击!"

水手和突击队员们早就按捺不住了,将仇恨化作力量,奋起还击。

炮弹准确而猛烈地射向各目标。德军阵地炮火很快被压制下来。在德军的炮火间歇之际,袭击部队抓紧时间迅速前进。

▲英国驱逐舰"堪培拉塔温"号撞击"诺曼底船坞"水门

前面不远处就是诺曼底船坞了，黑暗中西摩尔中校隐约看到它庞大的身躯。

"撞毁它！"西摩尔不失时机地命令"堪培拉塔温号"发起攻击。

1时34分，"堪培拉塔温号"驱逐舰以19节的速度，朝船坞的水闸猛烈撞击，舰首撞到船坞的门上发出巨响，火花四溅，站在船上的队员被强大的震动摔倒在甲板上。

船坞被严重毁坏，"堪培拉塔温号"舰首撞裂11米，锚链甲板搭于坞门之上，虽然便于突击队员登陆，但却妨碍驱逐舰的自沉。

西摩尔率8名突击队员跃出炮艇，冲向船坞旁的德军指挥所。德军的火力一起转向了指挥所，挡住了西摩尔的进攻。

突然，"堪培拉塔温号"舰首炮位稍后仓内的延期引爆雷管，引爆了油仓上的24枚深水炸弹，巨响震动了大地，火光扑向了天空，敌我双方的射击顿时都停顿下来。

这声巨响使诺曼底船坞大约要有四五年的时间才能修复。

这声巨响也使迷惑了很久的德军如梦初醒，他们终于弄清楚了这支舰队如此拼命的真实目的，紧急调集各方炮火来阻止突击队员的登陆。

就在此时，从汽艇上冲下的 A 小队已经炸毁了水闸的控制室；从"堪培拉塔温号"下来的 B 小队也冲入德军的供水站，消灭了零星守敌，迅速炸坏了供水系统。

喋血港口，英名远扬

看到顺利得手的"哥曼德"突击队员实施强行登陆，德军集中猛烈的火力向突击队员的舰艇射来，炮火犹如凶猛的火蛇在突击队员面前立起了一道死亡的屏障。

192 号汽艇首先被击中起火，左转离开队列，并抢滩于旧码头之南。

156 号汽艇也被击中，操舵装置失灵，突击队员大部负伤后，转出舰队队列撤退。另有 1 艘汽艇被炸浪掀翻，突击队员摔入水中。

西摩尔看到自己的汽艇一艘艘被击中，心急如焚。在这种情况下，汽艇要强行登陆是极为困难的。

在已经登陆的突击小队中，只有西摩尔率领的 A 小队和"堪培拉塔温号"舰载的 B 小队形成左右两个纵队。

西摩尔急令两支小队汇合，并迅速清点了一下人数，连30多名轻重伤员一起，共有 72 人。现在，按第一方案，实施完突袭后迅速撤回海上是不可能的了。由于德军炮火强烈，预定撤回登陆队的汽艇或被击沉，或被迫中途返回，撤退的路已被切断。只有实施第二方案，进行地面战斗，迂回撤退。

西摩尔中校下令，马上向接应的莱伊德中校发出信号。

莱伊德接到信号后，立即指挥"阿萨斯顿"和"挺迪尔"两艘战舰向敌人炮击，掩护突击队员们后撤，接应和收容那些未能登陆的队员，并联络其余的汽艇返回海上。

这时，英国空军接到指令，也出动了21架次飞机进行空中掩护，由于敌我混战，在击落了德军5架飞机后返航。

西摩尔带领突击队员边打边撤，决定徒步向西班牙边境迂回，这样可以分散德军对袭击舰队的打击，也可以避开德军的重火力圈。

为了尽快进入平原地带，他决定带队员们先进入船坞南面的圣纳泽尔旧城，然后向右拐，进入市中心。到这时，跟随西摩尔中校的队员只剩下20人了。

他感到队员们都很疲劳了，就决定先找一处隐蔽所，略为休整一下，等第二天天黑再行动。

突然他们发现了一座防空洞，西摩尔率突击队员们钻了进去。防空洞里有现成烹饪设备和就寝用具，环境比较适合休息。

西摩尔布置好岗哨后，让队员抓紧时间休息，等天黑后2人一组行动。

然而，就在他们进入防空洞后还不到1小时，一队德国兵发现并包围了他们。

西摩尔看到反抗已经没有任何意义，就让队员们缴械投降了。

他们被带到了德军司令部，德军对他们进行了简单的审讯，而后就用车把他们送到圣纳泽尔以西20千米处的巴哈城镇的一家餐馆。这儿已经关押着许多被俘的袭击队员。

当天下午4时30分和5时30分，圣纳泽尔船坞又发生了两次爆炸。这是袭击队在午夜进攻时从鱼雷艇上发射到旧入口的定时鱼雷产生的爆炸。船坞旧入口的外闸门被炸毁，入口被封锁。坞门的开闭机器也被炸坏，在场的德军被炸死大半。

惊慌失措的德军以为突击队又来偷袭了，就盲目炮击，结果打死打伤了正在船坞内外工作的300多名法国工人。

听到外面的爆炸声，西摩尔和他的队员们脸上露出了欣慰的笑容。

在袭击圣纳泽尔港的战斗中，英国付出了

世界特种部队"鼻祖"哥曼德

现代特种部队起源于英国，英国的"哥曼德"是特种部队的鼻祖。"哥曼德"原本是英国人给对手取的绰号。1899－1902年，在非洲南部的阿扎尼亚（今南非），英国为了独霸这块黄金产地，向先到这里的荷兰殖民主义者发起了凶猛的进攻。在这场战争中，荷兰人的后裔布尔人，凭着熟悉地形的有利条件，化整为零，组成五人一群、十人一队的袭击队，用简陋的武器，对25万之众的英军频频发起攻击，来无影去无踪，打了就跑，给英军造成了很大的损失。初来乍到的英国人对此大伤脑筋，他们把这些布尔人叫作"哥曼德"。后来英国在组建自己的特种部队时，由于对被他们称为"哥曼德"的布尔人的灵活机动的作战特点印象深刻并且有意模仿，于是就起用了这一名称。

巨大的代价。海军丧失了 3 名军官，751 名士兵。"哥曼德"部队失去 34 名军官，178 名士兵。最后逃脱德军关押，辗转西班牙回国的西摩尔中校只带回了 4 名队友。

虽然损失巨大，但正如西摩尔中校预料的那样，这次大胆的作战基本取得了预期的效果，使德军心惊胆战。特种作战部队"哥曼德"的名字也由此传遍了英伦三岛乃至欧洲大地。

开创"斩首"袭击的先河
——暗杀纳粹头目海德里希

　　暗杀行动很容易被归入恐怖主义行径，但在战争状态下，或军事冲突中，则另当别论。"射人先射马，擒贼先擒王。"着眼于最大程度地从心理上震慑敌人，使用非常的手段除掉危险凶狠的对手，这种"斩首"袭击，已经成为特种作战的重要样式。1942年5月，英国安全协调局的秘密行动小组就成功地暗杀了希特勒的接班人海德里希，开创了"斩首"袭击的先河。

野心勃勃的海德里希

▲海德里希

　　1941年，海德里希正在成为一颗冉冉升起的纳粹"政治新星"，并最有可能成为纳粹头子希特勒的接班人。于是，捷克抵抗运动领袖和英国安全协调局决定干掉他，以打击德国纳粹的嚣张气焰。

　　为了顺利实施暗杀行动，安全协调局下令各情报站秘密搜集有关海德里希的情报。不久，安全协调局内就建立起了海德里希的秘密档案。

　　1931年，年仅27岁的海德里希参加了德国党卫军，成为一名海军中尉。当时，党卫军还是一个小小的组织，其中的大部分成员都是头脑简单的乡下人。因此，海德里希很快便出人头地，受到了党卫军首领希姆莱的赏识。而海德里希也极力为希姆莱效命。他的第一个行动就是试图说服希姆莱组建德国秘密警察部队。

　　虽然海德里希野心勃勃，对自己的未来有明确的抱负，但他并不锋芒毕露，仅是向希姆莱提供连篇累牍的备忘录，阐述在德国建立秘密警察部队的必要性以及如何组织等问题。希姆莱最终被说动了心，他向海德里希授权，让他先在党卫军内建立一个安全部，并答应在纳粹执政以后由海德里希组建一支秘密警察部队。

　　希特勒上台后，就发出过一道通令，把海德里希所主管的党卫军安全部改为情报总局，纳粹党和冲锋队的其他情报组织也一并撤销。但直到此时，海德里希究竟是什么人，包括纳粹党内，都没有多少人清楚，而这正合海德里希的心愿。

　　1933年3月，希姆莱就任慕尼黑警察总监。他随即派海德里希接管警察总部的政治处。海德里希执掌这个部门以后，在短短的几个月内，就创立了一个办事效率极高的机构——新巴伐利亚政治警察局。

成立新巴伐利亚警察局后，海德里希开始扩大自己的地盘，他扩张的第一个目标就是接管德国最大的州——普鲁士州的政治警察机构。当时，赫尔曼·戈林作为普鲁士的总理，名义上也是普鲁士政治警察机构的最高首脑，但事实上，这个组织是由鲁道夫·狄尔斯博士主管的。经过一番明争暗斗，1934年4月，戈林终于同意把普鲁士州政治警察的领导权交给海德里希。狄尔斯被排挤出去，到科隆去担任地区行政长官。随后，海德里希又成为国家安全部门的首脑，并将全国的警察组织和情报机构都掌握到自己的手中。

此时的海德里希，已不满足在希姆莱的手下默默无闻地工作了，他开始寻找机会，直接为希特勒效劳。他预感到冲锋队参谋长罗姆和希特勒关系紧张的局面已到了危急关头。于是，他便向希特勒建议先下手为强，无论如何要防止发生"二次革命"。他还提醒希特勒说，一旦发生革命，将无法控制住局面，并且会失去个人独裁的大权。希特勒也意识到，坐等罗姆发动"二次革命"实在太危险了。为了对付可能发生的危机，防患于未然，希特勒决定让海德里希放手去干。

在1934年6月30日的"长刀之夜"，海德里希开始了大规模的逮捕和处决行动，德国处于一片恐怖之中。在海德里希亲自拟定的处决人员黑名单中，不但列入了冲锋队中的"阴谋分子"，而且只要是他认定的"危险人物"，不管是否与这场"叛变"有关，也都一律被列入。因此，这次枪杀行动实际上成了海德里希剪除异己的一次大清洗。

从此，海德里希就开始了他一生都没有停止过的谋杀活动：谋杀和他争夺权力的人，他所不喜欢的人，甚至他认为不可靠的人。

1941年海德里希的权力到了登峰造极的地步，他成为希特勒提出的"新型统治者"的象征："年轻、自信、不为传统所束缚，且凶残无比，使世人战栗……实行恐怖统治，眼里闪烁着傲慢的光芒和猛兽般残忍的自恃。"

▲海德里希在举行仪式

海德里希的最终目标是什么，没有人能够肯定回答。他曾一度提出一种理论，认为德国元首和总理的职权应该分开。这种主张的实质就是元首应该成为有名无实的德国总统，而总理应该是独揽大权的人物。成为德国总理也许就是他梦寐以求的目标。

然而，海德里希绝不只是一个梦想家，他更是一个实干家。为了成为德国总理，第一步他要实现的目标就是当上内政部长。这个职务将统辖保安警察和整个正规警察部队。然而，内政部长的头衔并非随便什么人都能担当，他必须证明自己有领导公共事务的突出才能。为了实现这一目标，海德里希一心想担任德国驻波西米亚和摩拉维亚的总督。

于是，他给希特勒呈上一份备忘录，说德国驻那里的总督冯·牛莱特一个人不可能完成任务。而希特勒本来就喜欢把一切重要职位安排给两个人担任，所以很快任命海德里希为波希米亚和摩拉维亚的总督。1941 年 9 月，他带着他的家人在布拉格的赫拉卡尼堡安了家。这个末日将到的人在古堡里举行宴会，并提醒他的下属们记住希特勒对他的称颂："你具备第三帝国元首的一切素质。"

"类人猿"行动计划

就在海德里希不可一世之时，英国安全协调局已经把他列入了应处决者的名单中。安全协调局首脑斯蒂文森负责制定以暗杀海德里希为目标的"类人猿"行动计划。为此，在纽约的总部里，他召见了一位捷克籍教授。教授向他详细汇报了海德里希的种种劣迹，并建议尽快干掉海德里希。斯蒂文森问道：

"请您直接告诉我，现在干掉海德里希的理由是什么？"

"这将是对占领者的警告，同时会给被占领区的人民带来希望。"教授回答道。

"希特勒会拿那些我们正需要的人开刀。我们是迫不得已，只能以恐怖对付恐怖。"教授慷慨陈词。

斯蒂文森细细地打量了这位教授一番。

"要消灭恶魔，我们就得变成恶魔。"教授继续强调说。斯蒂文森当然清楚地知道海德里希是何许人也。他是德国最重要的领导人之一，掌握着纳粹侦察、情报、审讯和处决的全部权力。斯蒂文森同样也知道暗杀海德里希的巨大军事价值。此时，德国的军队正在横扫欧洲，干掉海德里希，就能从根本上打破希特勒不可战胜的神话，从而促使国际形势发生重大变化。

英国安全协调局认为，要保证"类人猿"计划顺利实施，必须首先剪除他的党羽，最终才能干掉海德里希。斯蒂文森首先选择了布拉格傀儡政府的总理阿洛瓦·艾利亚——捷克的头号卖国贼。

借刀杀人

斯蒂文森想到了一个借刀杀人的"反间计"。他打算给艾利亚起个代号——"犹大"，然后安排人冒名给"犹大"写几封信，借纳粹之手把他搞掉。

这事极其秘密地展开了，安全协调局的伪造专家伪造了 3 封给"犹大"的信。这些信由专人从加拿大送到智利，再从那里陆续寄给在布拉格的"犹大"，德国特务四处出没的智利是"犹大"的情妇必然要去的地方。这些假信就由犹大的情妇"安娜"署名。"安娜"事实上是安全协调局虚构出来的。

这些陆续从智利寄来的假信件，使德国邮检官渐渐相信艾利亚将军必定同德国的敌人有秘密的通信联系。信中有一些读起来好像是暗号的短语和数字，譬如："17 日星期三父亲钓到 75 条鱼。兄弟身体欠安，但也抓到 82 条。"于是当即将艾利亚抓捕。在盖世太保审讯艾利亚时，他当然无法解释这些神秘的句子。

德国人坚信这些信件说明艾利亚在用暗语与英国特工通信。否则如何解释这样的话："我给卡尔织了一件毛衣，用 14 股线，每股长 60 英尺，不过有两股只有 28 英尺。"

艾利亚有口难辩，他否认认识"安娜"。但"安娜"好像对他无所不知，在信中，"安娜"说出他前妻的生活习惯，他兄弟死于非命的情况。因此，有人认为艾利亚与英国特工有着不可告人的联系。

1941 年 10 月 1 日，艾利亚被捷克人民法庭第一分庭起诉。紧接着就以通敌罪名被判处死刑，并于次日早晨被枪毙。

"布拉格的屠夫"被屠杀

就这样，海德里希干掉了一个本来可能帮他保住性命的人。而在短短的两个星期内，海德里希消灭了绝大部分参加抵抗运动的捷克人，并且枪杀示威的学生，将大批进步人士和犹太人投进集中营，因而被捷克人民称为"布拉格的屠夫"。

狂妄自大的海德里希并没有感觉到危险的临近，仍然穿梭于布拉格和柏林之间，执行各种使命。1941 年 12 月，他还召集了一次纳粹党高级官员会议，商讨"最后解决"犹太人以及"从东到西横扫欧洲"的具体办法。

1942 年 1 月 20 日，在纳粹秘密警察的首脑们秘密会议上，海德里希发布了一道简单的命令："经过长时间的思考，元首已经决定：对那些反对第三帝国或在被占领地区反对占领军的罪犯必须从严处理。元首认为，对这样的犯人，判处徒刑或终生劳役过于宽宏大量，只有死刑或采取使家属和居民对犯人的命运无法捉摸的措施，才是比较有效的和有威慑性的办法。"

海德里希对他统治下的臣民也绝不怜悯，他同时拟定了一份收拾捷克人的方案，报给了希特勒。希特勒的答复是：

"我同意你关于毁灭捷克民族的计划。但这个计划必须保证以下三点：一、使尽可能多的捷克人日耳曼化；二、驱逐或消灭那些不可能归化的捷克人和敌视帝国的知识分子；三、采取这些措施后腾出来的地方，安置有优良血统的德国人。在此基础上，我命令，对那些从种族观点看可疑的捷克人或者对帝国采取对抗态度的人，必须排除在同化范围之外，务必斩尽杀绝。"

英国安全协调局的破译中心译出了这道残酷的命令，它使"类人猿"行动计划的实施开始提速。

1942 年 5 月 31 日，一辆敞篷的曼塞德斯牌赛车正从乡村驶往布拉格古堡，当汽车进入弯道减速时，从路旁突然跃出一个人来，用枪射击汽车，汽车还没停稳，从路旁又跃出第二个人，迅速把一个球状的炸弹滚向汽车，刚到汽车底下就爆炸了。浓烟没散，从汽车里跳下一个人，他胡乱地放了几枪，就

▲海德里希被刺身亡

昏倒在地上。这个人就是德国法西斯盖世太保头子、杀人恶魔海德里希，由于被击中要害，没几天就结束了他罪恶的一生。

希特勒的报复

心腹爱将海德里希的被杀，让歇斯底里的希特勒展开了疯狂的报复。他下令："把这个保护国心脏地区的脓疮统统刳掉。"

随后，德国占领军实施惩罚的规模达到了极限。纳粹警察部队首脑卡尔·弗兰克封锁了所有通往城市里的道路，停止一切公共交通，只允许从柏林和东欧其他地区运载党卫军增援部队的火车通过。公共场所一律关闭。所有的公民都被勒令回家，等候盖世太保光临，除非他或她能证明自己所从事的是必不可少的战时劳动。在城里巡回的高音喇叭车上，德国人宣布悬赏 100 万克朗，缉捕杀手。

突击队员事先已同当地的游击队共同制定了脱身计划。他们被带到卡尔·博罗默斯教堂的地下室，更换衣服和新证件，打扮成伏尔塔瓦河上的驳船工，打算在避过风头之后，顺流而下，脱离险境。在此期间，他们躲藏在教堂的地下室。这座教堂属希腊东正教。党卫军和盖世太保得到指示，出于政治上的原因，不要去招惹希腊东正教徒。这座教堂同所有的建筑物一样都有德国人严加看守，但并未遭到搜查。神父们在随后几天中，偷偷地把 80 多名抵抗运动的成员也带进了地下室。因为，从刺杀海德里希那天起，每天夜里都有 100 个捷克人被枪毙。

十几天后，卡尔·弗兰克终于调查清楚，刺客是由英国人空投到布拉格西北 32 千米的利迪策村的。

▲希特勒

于是，6月8日夜间，海德里希的保安总署特警队包围了该村。每座房子里的人都被赶了出来，工人们从当地矿井下班回家时，就被赶到村里的广场上，同妇女和孩子们待在一起。夜晚，男人们被迫同他们的家人分开，女人们被锁在村里的学校里，孩子们被赶进村公所。拂晓时分，男子们每10人一批在他们的亲人面前被枪杀。处决了190人之后，指挥这次行动的马克斯·罗斯托克上尉认为这样太慢了，于是便将剩下的男子统统押解到一家农户的谷仓里，然后点燃谷仓，数百名无辜者就这样被活活地烧死在里面。所有的妇女一律被送到拉文斯布吕克的瓦斯室。最后，利迪策村被火焰喷射器夷为一片废墟。

突击队员们最终没有逃脱魔掌。党卫军帝国师根据告密者提供的情报，捣毁了他

▲德军攻击英军特战队员藏身地后的现场

们躲藏的教堂，德军用机枪朝地窖里疯狂扫射，并用汽油点起了大火。躲在里面的人一个也没有活着走出来。

显然，这次特种作战行动付出了惨重代价。战后，英国议会工党议员罗伯特·佩吉特对派遣特工人员去执行暗杀任务，刺激纳粹进行报复，提出异议，并断言："在我们空投一批人去暗杀海德里希时，我们应该想到，捷克抵抗运动的主力是党卫军报复的直接目标。"

"丧失这么多无辜的生命值得吗？"这是佩吉特提出的主要问题。

对此，有一位曾参与此事的人回答说："打死海德里希是正义行动，它给我们的黑夜带来了光明，给我们以希望。"

的确，这次代价巨大的行动具有重要的意义。因为在纳粹法西斯最为猖狂的时候，干掉希特勒最器重的助手，对希特勒无疑是当头一棒。它严重地削弱了德国最高层的领导力量，沉重地打击了德国安全部门的嚣张气焰。同时，这次行动也增强了各国人民战胜法西斯的信心，并为世界特种作战的历史留下了一页光辉的篇章。

港口上的突袭
——炸毁日军间谍船

趁着岸上一阵混乱，队员们带着威力强大的磁性炸弹，潜游到间谍船底部，将装有定时起爆装置的炸弹吸附在每艘船的推进器和油箱等部位，然后迅速撤离港口。随着一声沉闷的爆炸声，最南端的一艘间谍船首先爆炸起火，紧接着，又接二连三地传来阵阵爆炸声……

侦知间谍船

1942 年 6 月 25 日夜晚，12 艘运输船满载美军太平洋舰队的武器、弹药、军服、食品等军用物资，沿着秘密海上供应线，迎着蒙蒙细雨，悄悄地驶向中途岛。当距中途岛还有 100 海里时，运输船队突然遭到日军 30 余架飞机的袭击，一串串炸弹从天而降，顿时 12 艘运输船全部被炸沉海底，无一逃脱。运输船队受拦截的报告送到了英美太平洋联合舰队司令切斯特·尼米兹海军上将那里，他立即召集情报与作战部门的参谋人员，商讨面临的局势。

参谋长查理·肖尔中将首先汇报了情况，他说："将军，我们这支运输船队采取了严格的保密措施，日军是如何获得这一情报的呢？更奇怪的是，从去年 12 月份以来，我们的港口、舰队、运输船队经常不断地遭到日军的突然袭击，目前已损失 300 多艘运输船、1 艘航空母舰、4 艘作战舰艇，我们的海上运输线几乎陷于瘫痪。"根据情报部门的调查，这十有八九是日军的间谍船在作怪。1941 年底，日军向太平洋海域派出了几十艘伪装成渔船或民用商船的武装间谍船。中途岛战役失利后，日本人为了挽回败局，加紧了对美国海军的谍报活动，将间谍船增加到 200 多艘。它们广泛地搜集美国海军的兵力部署、舰队和运输队的航线与运动规律等情报，引导其各类袭击支队进行骚扰破坏。

1942 年 5 月，英军司令部曾提出过一份关于歼灭日军间谍船队的建议报告和计划，但未能引起尼米兹的重视。现在吃了大亏以后，英国人拟定的那项计划重新被提出来，并迅速得到批准。

第二天，6 月 26 日，英军前线司令部收到了一份敌占区送来的情报："在菲律宾的达沃港有一个日军间谍船基地。活动在太平洋海域的间谍船大都从这里出发去搜集情报，完成任务后又返回这里休整。港内经常保持有 20 艘左右待命出发的间谍船。"

很快，这份情报就转到了尼米兹司令和肖尔参谋长的手中，他们立即向英军司令部去电："速以'哥曼德'袭击达沃港"。

达沃港位于菲律宾南部棉兰老岛的东南端，这里水深岸陡，港湾平缓，是一个天然良港。它可以同时停泊10多艘大型军舰，另外还有修理船坞和造船厂。战前，达沃港是菲律宾对外贸易的重要集散地。日军侵占菲律宾后，这里便成了日军在太平洋重要的海军基地。在日军铁蹄践踏下，美丽的港口满目疮痍，往日的繁荣景象再也不见了。高楼上孤零零地挂着太阳旗，港内一队队头戴钢盔、荷枪实弹的日本兵穿梭往来，进行警戒巡逻。为了保证基地的安全，原来居住在港口附近的码头工人，早已被迁到别的地方去了。一到夜间，整个码头区就实行戒严，除了日军巡逻兵外，其他任何人不得进入港口。但是，达沃港并不平静。

领命出击

仲夏时节的太平洋，晴空万里，丝丝白云慢悠悠地飘浮在蓝天之中；一望无垠的海面在微风吹拂下，掀起了一朵朵白色的浪花；成群结队的海鸥在远处追逐着航行的渔船，自由自在地嬉戏着……这一切，形成了一幅美丽的图画。然而，此时从印度出发来到太平洋的英军特种部队的队员们，却无暇欣赏这迷人的景色。接到出击命令以后，他们就乘上一艘丝毫不引人注意的旧渔轮，化装成逃难的渔民，悄悄地向目的地驶进。

这次担负炸毁日军间谍船作战任务的突击队由18名队员组成，他们是从"哥曼德"部队中挑选出来的优秀突击队员。从1940年6月"哥曼德"部队成立以来，他们已参加了一系列奇袭作战，一个个可谓经验丰富、身手不凡。经过10多天艰难的海上航行，突击队员们发现，菲律宾群岛已遥遥在望了。

7月6日深夜，载着18名队员的旧渔船从西南方向悄悄地接近了棉兰老岛。待驶至水深只有2米多处的时候，突击队队长克拉克轻声下达了命令："隐蔽渔轮，准备登岛侦察！"

队员们迅速打开渔轮下层外部通水孔，海水猛然灌进舱内，很快将船沉没在海滩上。原来这艘船经过特殊改装，船舱分两层，下层为贮水层，灌满水后能使整条船沉入离水面0.5米的水中，这样在深水中抛锚或浅水中搁浅即可隐蔽起来，准备撤离时，数名队员一齐摇动排水轮，关闭通水孔，将下层舱内的水排出，渔轮自然又漂浮起来。因此，这条船被"哥曼德"队员称为"土潜艇。"

将渔轮隐蔽好后，在周围做上不显眼的记号，队员们便拉开间隔向棉兰老岛上登去。前面是一片海滩，坡度5~10度，宽约数千米，到棉兰老岛山脚约有200米。穿过这200米海滩，便是悬崖陡壁。在数千米的海滩上，每隔500米就有一座小地堡，从小地堡里射出来的探照灯光在海滩上扫来扫去，还有巡逻队不时地穿过海滩。看来，想越过这片平缓的海滩，真是比登天还难！

18 名"哥曼德"队员很快将衣服脱下反穿上，立刻变成了日本兵。他们一个个肩扛日军步枪，扮成日军巡逻队，大摇大摆地向滩上走去。幸运的是，他们没遇到什么麻烦，不一会儿就来到了悬崖陡壁跟前。他们摸着黑，凭着飞爪绳、多用刀，施展练就的攀登绝技，很快便爬上了棉兰老岛岛上顶峰。偏巧岛上是一片齐腰深的茅草以及一堆堆的树丛，真是隐蔽侦察的好地方。

这时，天已蒙蒙亮。他们回头向上看，只见岛上碉堡林立，最近的距他们只有200 米。向下望去，达沃港港区尽收眼底。

港口面向西南，正面宽约 800 米，纵深约 1000 米。港口四周设置了三层障碍：内层是三列桩蛇腹形铁丝网，铁丝网上悬挂着许多爆炸物；中层水上为带有钢筋混凝土角锥的斜木架，滩上为多列拒马角锥体；外层是雷区（水上为水雷，滩上为地雷）。港口西北侧山腰上有三处岸炮阵地。港口外水面上巡逻艇不断往来行驶，港口内建有一座三层楼的中心指挥部及一座二层高的通信、警卫楼。日军间谍船均停靠在港口的左侧，巡逻队不时地出现在间谍船周围。突击队员们还发现，每艘间谍船上只有一个人在活动，估计是夜间值班的，其余的船员大概都在通信楼里休息。

从侦察到的上述情况看，无论是从岛上还是从水上，都很难进到港口内，更难接近那些间谍船。突击队经过仔细研究，决定分成岸上、水下两个组同时行动。现在，他们趁着太阳还没有爬出海面，迅速找好各自的潜伏位置，一动不动地趴在深草中、树丛里、坑洞里，以耐心地等待白天的过去。深草和树丛为他们提供了良好的隐蔽条件，但其中的蚱蜢、蚊子却给他们带来了许多麻烦，那滋味真叫人够受。忽然，一个队员觉得腿上紧绷绷的，向下一看，惊出了一身冷汗，原来一条近 1 米长的蛇正在缠绕他的左腿。他的右手急忙从上衣口袋内掏出袭蛇器瞄向左腿，只听见"啪"的一声，一枚毒针射进了蛇的脑袋……

天渐渐黑了，B 组队员悄悄动作起来，沿着上来的原路向海中摸去……

勇炸间谍船

夜幕降临时分，港口内警卫楼上的探照灯又亮了起来。港口外海面上，巡逻艇也开始了例行巡逻。港口内日军巡逻队不停地在间谍船停靠的码头周围巡逻。

克拉克率领 A 组 9 名队员从岸上潜入港内，伺机捣毁间谍船。潜入港内并不难，难就难在如何对付巡逻队和每艘间谍船上的一个值班员。为此，他们又研究了一个岸上袭击的方案。

他们沿着一条雨水冲刷而成的沟，悄悄地向港口摸去。他们绕过大炮阵地，很快来到第一道障碍物（地雷带）前。两名队员迅速掏出轻便排雷器材，将一个个地雷排除，很快穿过地雷带。越过拒马角锥体障碍之后，来到三列桩铁丝网面前，又有两名队员迅速掏出钳子、剪刀等工具，将一个个挂雷排除，将一根根铁丝剪断，大家又很快穿过了铁丝网。然后，9名队员分成两个小组，一个小组由3人组成，向指挥楼潜行；另一小组由6人组成，向间谍船疾进。

克拉克看了看夜光表，时针指向12点，这时，附在耳朵上的微型无线通话器里，传来"噗！噗！噗!"三声暗号，表明B组已顺利到达预定位置。

指挥楼门口一左一右站着两名日军哨兵，他们两眼环顾着周围。突然从黑暗处飞来两颗手雷，随着"轰！轰"两声巨响，两名哨兵被炸得血肉横飞，门口一侧的墙壁也被炸塌了一个缺口。紧接着楼上警报凄厉，划破夜空。间谍船附近的巡逻队迅速向指挥楼赶来。间谍船上的值班员，一个个都跑到船头向指挥楼方向望去，不知发生了什么事。就在这时，只听见一阵"噗！噗!"的声响，数名值班员一个个应声倒在甲板上。原来，当那3名队员将巡逻队吸引到指挥楼以后，克拉克等6名队员发起攻击，用消音枪将那些日本人一一击毙。然后，他们从暗处一跃而起，扑向间谍船。当他们冲到距间谍船停靠的码头不远处时，遭到日军火力拦截，两名队员当即中弹身亡，其余的队员也被敌人火力压得抬不起头来。

趁着岸上一阵混乱，B组的队员带着威力强大的磁性炸弹，潜游到间谍船底部，将装有定时起爆装置的炸弹吸附在每艘船的推进器和油箱等部位，然后迅速撤离港口。

随着一声沉闷的爆炸声，最南端的一艘间谍船首先爆炸起火，紧接着，又接二连三地传来阵阵爆炸声。所有的"哥曼德"突击队员趁着混乱，脱离敌人，摸回到"土潜艇"，很快地离开了港口。

"神鹰"出击
——炸毁德国重水厂

1940 年，纳粹德国开始了核裂变的实验，并建立了重水厂。希特勒下令："必须保护好这个工厂，不能让丘吉尔发现它。"丘吉尔说："英国政府不能漠视这种行为。漠视就是放纵，放纵就等于帮助希特勒。我们必须破坏掉这个工厂。"最后，炸毁重水厂的任务交给了两个空军特务排……

首战失利

20 世纪 40 年代初，世界上仅有挪威的诺尔斯克电气化工厂能从含有特殊矿物质的普通水中提取重水。

1940 年，纳粹德国为了研制更具杀伤力的武器，开始了核裂变的实验，并向诺尔斯克电气化工厂大量订购重水，使诺尔斯克重水厂的重水年产量由 140 千克一下子猛增到 4540 千克。

▲挪威重水工厂

"我不要买它的重水，我要它成为我的重水加工厂。"希特勒站在地图前用手指着挪威对他的将军们咆哮着。不久，德军就占领了挪威，也占领了诺尔斯克重水厂。

这个工厂位于挪威奥斯陆西部约 110 千米的险峻的丛山中。钢筋混凝土建成的 7 层楼房和同样坚固的电解水工厂，就隐藏在 300 米高的山崖上。

"必须保护好这个工厂，不能让丘吉尔发现它。"希特勒下令，对这个工厂要严加防范，防止英国人和挪威秘密抵抗组织的破坏，同时要求工厂扩大重水的生产。

德国船只的频繁出入，引起了英美两国情报机关的注意。经过侦察，盟军大吃一惊，原来德国船只在从挪威往德国运输重水，这重水主要用于核裂变的实验。如果德国原子核裂变研究成功的话，它不仅是盟军的灾难，也是全世界的灾难。

"英国政府不能漠视这种行为。漠视就是放纵，放纵就等于帮助希特勒。我们必须破坏掉这个工厂。"丘吉尔捻了捻手中的雪茄，对他的联合作战司令部的幕僚们说。

最后，炸毁电解水厂的任务交给了 2 个空军特务排。

为了使行动成功率更高，英军首先动用各种力量广泛搜集情报。这时，挪威抵抗运动组织为英军提供了一份非常有价值的重水厂生产设备安装图。布朗宁少将拿到这张图后，与诺曼上校对它进行了认真细致的分析与研究。

他们认为，由于德军在挪威的防空警报设施没有雷达装置，可以派滑翔机把作战队员运送到那里去，并由挪威抵抗组织在工厂的北侧高地负责接应。但考虑到挪威属于高纬度国家，中部沿海地带天气恶劣多变，高地上沟壑纵横，碎石遍野，装载作战队员和炸药的滑翔机着陆时要冒很大的风险，而且炸毁目标需要大量的炸药又不宜于伞降，他们决定使用2架滑翔机，由轰炸机拖曳，把32名作战队员分成2组，每组16人。最后，他们共同制定了行动计划。

经过紧张而秘密的训练，1942年10月19日，英国皇家空军2架"哈利法克斯"轰炸机牵引着2架滑翔机，从苏格兰最北部一个军用机场起飞，向挪威奥斯陆西部飞去。

队员们根据预先计划要在目标区附近一个地点着陆。这个着陆点由挪威秘密抵抗组织成员负责用篝火进行标示，并由一名特工控制一个小型无线电信标机，给飞机指示位置，以确保滑翔机在预定空域与轰炸机脱离。

▲ "哈利法克斯"轰炸机

就要接近预定空域了，轰炸机机组人员开始紧张起来。

"见鬼，导航系统出问题了。接收不到地面信号。"第一机组的驾驶员突然发现飞机上的导航器不工作了。

"依靠地图飞行，接近着陆点。"机长毫不犹豫地说。

"云层太厚，我们什么也看不清。"黑暗中驾驶员轻声说。

飞机在密云中毫无目标地飞着，就像只疲惫的大笨鸟拖着一只刚刚学飞的小云雀，在夜空中寻找回家的路。

"不好，飞机结冰了。"冷重的空气将飞机紧紧地裹住了。

在斯塔万格北部上空，飞机像重重的铅块往下坠落。这时，拖曳滑翔机的绳索突然断落，滑翔机在毫无牵引的情况下，向黑暗的大地滑去。随后在几声轰响中，2名驾驶员、6名作战队员光荣牺牲，4名身负重伤。

这时，第二机组已经飞进了目标区。他们看到同伴遇难后，个个心情非常沉重。由于急于着陆，滑翔机与轰炸机过早地脱离，在赫莱兰德附近降落。就在3名队员刚跳下飞机时，雨点般的子弹将他们击倒。随后，一队德国兵向飞机扑了过来，把其余的作战队员全部捉住。整个偷袭行动失败了。德国兵又用截获的英军无线电信号，找到失事的英国另一架滑翔机，将炸药和受伤的作战队员一起押运到爱格尔宋德市的德军城防司令部，并开始了审讯。然而队员们面对德军拷问，并没有屈服，他们视死如归。

"按照元首的命令，把他们统统枪毙。"在得不到任何情报的情况下，德军下令处决了被俘的英国空军作战队员。

行动的失利，使英国再一次感受到了巨大的压力。战争是无情的，要赢得战争的胜利，就必须对敌人进行不懈的打击。

组建"神鹰队"

1942 年 6 月 18 日晚，英国首相丘吉尔的专机匆匆降落在华盛顿机场，他是前来与罗斯福总统进一步探讨开辟第二战场可能性的。

随后，盟军在非洲打响了"火炬"战役，11 月英军第 8 集团军在埃及取得重大胜利，并向西追击意大利军队。

1942 年冬，苏联武装力量在斯大林格勒粉碎了德国法西斯军队的战略围攻。德国损失了当时苏德战场的 1/4 的兵力。德军有 32 个师和 3 个旅全部歼灭，16 个师遭受重创，第二次世界大战开始发生根本性的转折。

1943 年 2 月，盟军加大了在北非的攻击力度，并为 3 月 21 日突破马雷斯防线作准备。

然而，希特勒并不甘心自己的失败。他继续集中大量的物力、财力，任用一批科学家，加紧研制 V—QSQS2 火箭和大规模杀伤武器——原子弹，企图依靠新式武器来挽救战争的败局。而此时英美的原子弹研究才刚

▲ 华盛顿机场

刚起步，希特勒的计划一旦成功，首先研制出原子武器用于战场，战争将发生不可预料的逆转，所以，必须进一步阻止希特勒对原子弹的研制。于是，英国总参谋部又制定了一份摧毁德国原子弹原料基地——重水工厂的行动计划。

鉴于第一次突袭的教训，联合作战司令部决定挑选 6 名经验丰富的曾在该地区居住过的"哥曼德"特种队员组成代号为"神鹰队"的特种突击队，用伞降的方式深入到德占区，去炸毁重水工厂。然后根据特工人员提供的情报，制作了一个重水工厂的立体模型，让这几名特种队员利用模型反复演练，使他们熟记德军警卫人员的位置及换岗的时间，掌握工厂每一扇门的开关方法。同时，为了转移德军的视线，联合作战

司令部还有意制造要破坏工厂附近堤坝的假情报，以迷惑德军，使他们把工厂的警卫支队抽调到堤坝上。

英国战时内阁联合作战司令部坚固的地下作战室里，丘吉尔低沉的声音又响了起来：

"先生们，英国的命运和盟军的胜利将取决于你们的行动。我和我的内阁成员们等着你们的好消息。"

他表情严肃地看着眼前的这6名信心十足的"哥曼德"。6名特种队员感到责任更加重大了。队长威廉·卡里用力点了点头。

天黑进城

1943年2月14日午夜，英军一架远程轰炸机爬高后，在万米高空朝挪威方向急速飞去。机上载着6名化了装的特种队员，他们是执行首相的命令，去摧毁德军重水工厂的神鹰突击队。

队长卡里和一名队员化装成德国士兵，另外4名，2名化装成挪威工人，2名化装成挪威学生。他们每人都随身携带无声手枪、定时炸弹、攀登器材等特殊武器装备。此时，他们神情庄重，飞机轰隆的马达与他们的心一起跳动。

"001，001，距一号地区还有30千米。请作好准备！"

卡里耳机里传来飞行员的声音。

一号地区——距诺尔斯克30千米的斯库利凯湖，就要到了。

"神鹰注意，准备跳伞！"卡里发出了命令。

飞机呼啸着打开舱门，6个黑点飘向漫漫的夜空。

几分钟后，黑点徐徐降落在斯库利凯湖厚厚的冰面上，随后他们迅速围拢在一起。卡里取出地图和指北针，判明准确方位后，吩咐队员们藏好降落伞，快速离开湖面，踏入宽约40千米、纵深25千米雪封冰冻的原始森林。

他们知道，要完成炸掉重水工厂这一任务，必须首先战胜眼前这一片白皑皑的林海雪原。他们向严酷的大自然发起了挑战。

森林里，齐膝深的积雪覆盖了整个地面，纵横交错的冰锥挂满树枝。要走出这个地狱般的原始森林，不仅要有顽强的意志，而且要有战胜困难的勇气和能力。

2名队员手持刨冰斧在前面开路，遇到冰锥疏松的地方，他们就小心翼翼地从冰锥缝中钻过去；遇到冰锥稠密难以过去的地方，他们就打掉冰尖从冰锥下面爬过去。

夜晚北欧的寒风凛冽而刺骨，队员们迎着寒风向前艰难地行进着。此时，天色渐亮，他们才走完四分之三的路程。稍作停留后，他们加快了前进的步伐。

然而，刚穿过冰封的密林，一道长约几十千米、高约300米的冰墙又横在队员们的面前。

"上!"队长卡里说了一声。

队员们迅速取出冰钉、绳索、挠爪绳，然后把所有的绳索连接起来，并将挠爪在绳端固定好，绑在一枚小火箭上，瞄准好方向，把火箭发射出去。"嗖"的一声，火箭带着挠爪绳射向了冰墙的顶部。待挠爪抓牢冰墙顶部时，3名队员又一起上去拉了拉绳索，证实挠爪扎紧后，他们2人一组，借助冰钉，分别爬上了冰墙。

随后，队员们冒着寒风继续向诺尔斯克城前进。

在爬过一道山梁后，他们登上了一座山峰。从山顶望去，前面是平坦的雪原，诺尔斯克就在离此10千米的地方。

"天黑进城。"队长卡里放下手中的望远镜说。

按照行动计划，突击队要在晚上跟挪威秘密抵抗组织接头，得到重水工厂的布局图。

夜幕很快降临了。诺尔斯克城剧院里，音乐四起，这里正上演歌舞节目。观众都专心地欣赏着。

这时，一位年轻的姑娘轻轻地来到一个空座边坐下，顺手把一块白色手帕塞到身边坐的一位"青年学生"的手里，然后，自己专注地欣赏着节目。一会儿，这位"青年学生"起身离开剧院，很快消失在夜色中。这位"青年学生"就是英国特种队员。

拿到手帕后，他返回到挪威地下组织提供的秘密地下室里，把白手帕浸放到药水里。不一会儿，手帕上呈现出一段文字和一幅示意图。

上面说，工厂位于城西8千米的达麦山洼里，厂里驻扎着德军的一个加强连。重水提炼车间就设在这里面，车间与地面工厂有500米长的地道连接，提炼车间经常需要锯末，每周六要运进一卡车。

示意图上显示，重水提炼车间的电缆管道从地下车间连到地面工厂。车间右侧是水槽，左侧是各路出水管，中间是大型重水提炼机，正面是操作台，车间4个角各有一名德军监守。

"看来，我们要进入工厂必须乘坐运送锯末的卡车。"卡里看完示意图后说。

"哪儿有呢?"队员们疑惑地问。

"路上拦截。"

▲勃朗宁手枪

截车入厂

2月17日上午7时，正是重水厂工人上班的时间。工人们一个个接受德军岗哨的严格检查后，有秩序地走向各自的车间。

在诺尔斯克城通向达麦的山路上，一辆载满锯末的军用卡车，正向重水工厂驶来。

山路崎岖，卡车缓缓地行驶着。在山路的一个拐弯处，开车的司机突然发现前面有两个士兵在向卡车招手。卡车在他们跟前停了下来。这两名士兵一下子跳到卡车驾驶室的踏板上。

"能带段路吗?"话音未落，"噗、噗"两声，子弹已射入了司机和押车军官的胸膛。然后，他们将尸体拖到隐蔽的地方，拿上证件，迅速返回卡车。这时他们的同伴也爬上了卡车，躲在木屑里。这几个人正是卡里和他的神鹰队员们。

傍晚时分，这辆卡车缓慢地开到了工厂门口，这时工厂里的工人都已经下班了。

"怎么这么晚才来?"门岗的卫兵拦住卡车不解地问。

"汽车出了问题，所以耽搁了。"司机把车窗摇开一条缝，回答说。

"真是的!"卫兵边往驾驶室里看边嘟囔着。然后挥了一下手，让卡车开了进去。

卡车驶进工厂后，直奔地道口而去。

"喂，车开错地方了。锯末不是卸在这里，是那边，那边。"地道口的两名卫兵冲着卡车喊叫着。

"就是这儿，没错。"卡车里的军官对这两名卫兵不耐烦地说。

两名卫兵看到卡车就要开过来了，赶快上前拦挡。卡车里的军官拔出手枪，对着他们就是两枪，两个卫兵应声倒地。

躲在锯末包里的四名队员，也迅速钻了出来。两人留在地道口冒充卫兵，负责警戒，其余两人跟随队长卡里向地道里冲去。

他们冲到离地道里二道门不远的地方，就被正在站岗的两名卫兵看到了。

"你们不是下岗了吗? 还来这儿干嘛?"两名卫兵不解地问。

"我们是来取忘记的东西。"卡里沉着地回答。

在距离两名卫兵20多米的时候，队员们用无声手枪将他们击毙了。

随后，队员们继续向地下车间的提炼室走去。他们轻轻地走进每一层车间，把那些毫无防备的卫兵干掉。

在提炼车间，四名监护员在忙碌着。卡里他们突然闪了进来。没等这几名监护员反应过来，子弹已经射入了他们的体内。第四名监护员在被子弹射中的同时，突然意识到这是敌人来破坏，就用力踩响脚下的警报器。顿时，尖厉的警报声响彻整个厂区。

听到刺耳的警报声，警卫工厂的德军知道工厂出事了，马上集合队伍，向地道里冲来。

"快，安放炸弹!"队长卡里命令队员们马上行动。他们很快就把大型提纯器、操作台、水槽上都安装好了高爆定时炸弹。

"撤!"一会儿工夫,他们就撤出地道,跳上拉锯末的卡车,向工厂门口冲去。

行动成功

在快要接近工厂门口时,隐蔽在地堡里的德军向卡车扔出了两颗手雷。"轰、轰"两声,卡车的前轮被炸坏,而后,两侧地堡里又喷出两条火舌。

驾驶室里,卡里和驾车队员差点被炸中,惊悸中他们迅速跳下卡车,几个滚动战术动作,避开了两侧地堡里的火力,闪到一座二层楼的楼梯口。

此时,德军加强连在连长的指挥下也围了过来。双方展开了激烈的战斗。队员们用手枪、手雷进行还击。撂倒了三四十个德国兵,但终因寡不敌众,边打边撤,撤到了楼里。

"头儿,子弹快用完了。"一名队员急切地报告。

"快往楼上撤!"卡里高声喊道。他知道,到了二楼就有逃脱的希望,因为这楼的东边还连着五座楼房,楼和楼的距离只有1.5米。

▲反映捣毁德军重水厂的漫画

"不能让他们上楼!"德军指挥官似乎看出了卡里的意图,迅速抢入一楼警卫室,打开了二楼火爆器按钮。顷刻,二楼一片火海。

"拉下防火面罩,往上冲!"卡里从帽子里拉下防火罩,将后脑、脖子和脸部盖得严严实实,然后迅速穿过火海。其他队员跟着也穿过了火海。他们身上穿的衣服是自动降温服,可以经得住烈火3~5秒钟的熏烤。

通过二楼窗台,他们跳到另一座楼上。

这时,楼下的德军以为这几个特种队员被烈火困在里面,兴奋地大喊大叫。

"报告,他们已经跑到另一座楼上了。"

"什么?给我追!"德军指挥官发狂地喊着。

卡里他们一连跳跃了四座楼顶。当准备向第五座楼顶跳跃时,突然发现第5座楼顶上有四五名德军爬了上来。

"干掉他们!"卡里话音未落,四把匕首

> ### 重水
>
> 重水主要是指氧化氘,即氢的同位素(氘)和氧的化合物。普通水中重水约占0.015%。其物理性质和普通水有一定的差异,熔点是3.82℃,沸点是101.42℃,密度为1.10445千克每立方米(25℃)。重水可用作原子核反应堆的中子减速剂和获得重氢(氘)的原料,因此成为制造原子弹必不可少的物质。

已经向德国兵飞去，德国兵摔到楼下。

再跳上最后一座楼就可以逃出这地狱了。卡里他们以极快的速度跃到了第6座楼的楼顶，楼的东侧就是工厂的围墙。围墙高2米，距楼只有1.2米。

"跳！"

队员们奋身一跃从楼顶跳到围墙上，又从围墙上纵身一跳跳到了地面上，然后迅速向达麦山中奔去。刚跑出不远，6名德军驾驶的2辆摩托车从工厂里朝他们追了过来。

"卧倒！"队员们快速趴下。待摩托车快要驶到跟前时，他们用无声手枪把6个德国兵全部击中，摩托车在毫无控制的情况下冲向路边。

这时，大地一阵震颤，工厂里传出一连串沉闷的爆炸声。队员们知道，这是他们安放的定时炸弹爆炸了。卡里脸上露出了欣喜的笑容。

"撤！"卡里挥了一下手，然后跨上德国人送来的摩托车，沿着山路朝东方疾驶而去。

他们的行动，打破了希特勒研制原子武器的美梦，给欧洲人民和世界人民带来了胜利的曙光与和平的希望。

"橡树"计划
——营救墨索里尼

　　斯科尔兹内发现对面的窗口上露出墨索里尼的面孔，便赶忙用德语喊道："快从窗子里跳出来！"墨索里尼呆若木鸡，憔悴的脸上露出麻木的神情。斯科尔兹内跑步登上附近的台阶，从两个年轻的意大利军官手里救出了墨索里尼，并要突击队员施贝尔中尉保护墨索里尼进入到一个房间里。这时，所有起飞的10架滑翔机均已着陆。至此，整个营救行动只用了4分钟！柏林的报纸把斯科尔兹内的这次奇袭称为"魔鬼的杰作"。

崩溃中的意大利

　　1921年，贝尼特·墨索里尼成立了法西斯党。次年，他开始上台执政。此后经过18年的时间，意大利成为世界强国之一。与此同时，墨索里尼政府对内加紧实行法西斯统治，对外实行侵略扩张的强权政策。但是，意大利在政治上、经济上和军事上均没有能力像希特勒的德国一样发动大规模的侵略战争。因此，第二次世界大战爆发时，意大利对是否参战迟迟犹豫不决。

▲墨索里尼

　　1940年，他追随德国挑起第二次世界大战。他曾进兵希腊，遭到希腊军队的英勇抵抗，损失惨重。4月10日，面对英法联军节节败退的战局，以为有机可乘的墨索里尼政府宣布站在轴心国一边，对英法宣战。

　　墨索里尼非常嫉妒德国取得的巨大胜利，忍不住也想更多地对别国进行占领和掠夺。同年10月28日，他不顾军方和政府中大多数人的反对进兵希腊。结果，遭到希腊军队的英勇抵抗，损失惨重。直到1941年4月，德军大举入侵南斯拉夫和希腊，才使意大利军队挽回败局，但却也使其大为丢脸。

　　希特勒根本看不起和信不过意大利，意大利人因此一再蒙受屈辱。为了振奋国威，墨索里尼坚持派出军队与德军并肩作战。除了在东部战线意军并没有取得任何像样的成果之外，在北非战场上，从1940年12月到第二年年初，意大利军队被韦维尔将军指挥的英军打得大败。意大利不得不向德军求援。1941年2月，德国的埃尔温、隆美

▲艾森豪威尔

尔前往非洲，德军很快就扭转了战局，这又一次使意大利人丢尽了脸面。不但如此，德意军队的好景不长，不久，蒙哥马利的英军很快就席卷了北非。到1943年5月15日，突尼斯的陷落使德意联军注定了全军覆没的命运，意大利本土即将面临美英盟军的进攻。

7月10日，美军艾森豪威尔将军统率的盟军在西西里登陆，这使得国内局势本来就动荡不安的意大利惊恐万状，在一片混乱之中，意大利陆军总参谋长安布罗西奥将军认为，要把意大利从崩溃中拯救出来，只有更换领袖。

意大利国王埃曼努尔三世对内外局势忧心忡忡，曾考虑要墨索里尼卸任。在法西斯党内部也有人指责墨索里尼，要求解除他的职务。同时，一些人要采取措施，遏制墨索里尼的国民军司令加鲁维亚扩充势力。一个驱逐墨索里尼的计划正在逐步形成。

墨索里尼被捕

1943年7月13日，墨索里尼接到最高委员会的委员们要求召开会议的请求。他心情不佳，勉强答应在7月24日星期六下午开会。

实际上，以工会主席迪诺·格兰第和德·波诺将军、德维埃凯将军等为代表的一批政界及军界要人早已进行了秘密协商，要求墨索里尼下台。

▲德国特种作战队员准备出发

在7月24日召开的最高委员会会议上，墨索里尼与反对派进行了激烈的辩论。25日表决的结果，以墨索里尼的失败而告结束。这天下午，墨索里尼接到国王埃曼努尔的通知，要立即接见他。他驱车前往国王居住的萨沃亚宫，想到最高委员会的表决结果，想到连他的女婿、前外交部长齐亚诺也反对他，一路上忐忑不安。

这是一个宁静而又十分闷热的星期天。国王亲自来到宫门迎接。墨索里尼这时发现，国王不但身着元帅服，而且宫里布置了警察。第一次见到这种反常的情况，他不免更增加了几分紧张。

在同国王谈了一会儿以后，国王笑容可掬地对墨索里尼说："亲爱的元首，内外形势正面临严重关头，军队士气低落，最高委员会已决定解除你的职务。现在，人们对你怨声载道，我成了你仅有的一个支持者。处于对你的安全的考虑，我来保护你吧！我打算请巴多利奥元帅接替你。"墨索里尼脸色苍白，呆若木鸡，他立即意识到一切都完了。

接见仅进行了几分钟。墨索里尼同秘书一起走出宫门，朝自己的汽车走去。但皇宫卫队长和几个荷枪实弹的卫兵拦住了他，将他带进一辆敞着后门的"红十字"白色救护车。直到此时此刻，墨索里尼仍然相信，是国王在保护他。

墨索里尼就这样被捕了。这位不可一世，以"凯撒大帝"自誉，执掌意大利政权达21年之久、并最终将意大利带入战争深渊的法西斯头目，如今成了阶下囚。

营救计划半途而废

希特勒得知墨索里尼被解职和囚禁的消息后，为了维护法西斯侵略者的利益，立即召开了军事会议，制定了"橡树"计划，另有"黑色"计划和"轴心"计划等辅助营救计划。从特种部队里选派奥托·斯科尔兹内担任营救行动的组织指挥官。

奥托·斯科尔兹内于7月25日受领任务，第二天就着手进行准备工作。他从第7空降团1营挑选了60名特种部队队员，又物色了10名谍报专家，组成了一支营救特种队。

他在拟定行动计划时，首先遇到的难题就是不知墨索里尼被囚禁的具体地方，鉴于隐蔽行动企图，只能秘密地组织展开侦察活动，不允许队员随便向人打听，只能若无其事地偷听。在毫无线索的情况下搜索了3周以后，斯科尔兹内搞到一份情报。

在濒临卡塞塔湾的一座小镇上，有一个水果贩子。据他说，在其大主顾家里住着的一位女佣人同在蓬察岛上执行任务的一个警察订了婚，他们近二三周没有约会了。斯科尔兹内从这一情况推测，这个警察在蓬察岛上可能担当重要的任务。几天后，一位年轻的海军军官透露，墨索里尼是由"柏赛福纳号"猎潜艇送走的。这使上述判断得到了证实。

这个情报立即被报告给了希特勒的大本营。希特勒立即命令："用德国军舰抢回墨索里尼。"事出意

▲德军特种作战队员装备

外，第二天获悉墨索里尼又被从蓬察岛转移到别的地方去了。营救计划半途而废。

大胆的营救方案

生怕德军营救墨索里尼的意大利政府，在8月6日那天，就把他转移到不大出名

的撒丁岛上的小鱼村里。然后又把他带到北面 5 千米处建有海军基地的拉·马达累纳岛上。墨索里尼在这个岛上，被监禁在一个叫作凯伦山庄的一个很大却非常俗气的公馆里。

斯科尔兹内听到了墨索里尼被监禁在该岛上的情报，心想这次必须加紧营救，否则，有可能再次被转移。于是，他装扮成一名船员，陪同海军军官瓦尔干中尉到了撒丁岛，访问驻守该岛的德军海军分遣队。斯科尔兹内借了一艘摩托艇侦察了海岸地形。平日不喝酒的瓦尔干中尉也在岛上转了几家酒馆，以便探听消息。

瓦尔干中尉在一家酒馆里遇到了一位农夫。农夫常常去凯伦山庄送蔬菜和水果。他告诉瓦尔干，好像有什么大人物住在这个岛上。瓦尔干中尉被农夫灌得酩酊大醉，但农夫的话还是记下来了。

凯伦山庄由地面部队和重型火器严密把守着，斯科尔兹内计划避开正面攻击，用伞兵特种部队袭击。为了这一计划的早日实行，他立刻返回了德国。

▲亨克尔—111 轰炸机

8 月 18 日，伞兵特种部队乘坐亨克尔—111 轰炸机，在斯科尔兹内率领下从德国出发，朝拉·马达累纳岛方向飞去。突然，传来了"敌机两架从背后接近"的喊声，斯科尔兹内回头一看，原来是英国的战斗机来进攻了。他抓住机枪一阵扫射。突然，自己搭乘的飞机左边引擎停转，机体急速下降，连跳伞都没来得及，飞机就猛地跌落到海面上。

结果，他们被一艘意大利的航船救起来。据说这艘船恰巧是来转移墨索里尼的。但船员们对斯科尔兹内一伙一点都没怀疑，反而热情地给了些衣服，让他们在撒丁岛上岸。斯科尔兹内摔断了一根肋骨，两天后同一名叫拉道尔的队员一起返回了德国进行治疗。

这时，希特勒元首来信说："据德国国防军谍报部长威摩·卡纳里斯提供报告，墨索里尼被关在曾禁闭过拿破仑的厄尔巴岛上，立即拟派伞兵特种部队实施营救。"然而，斯科尔兹内却对此加以否定。他通过施托尔滕上将联系，就墨索里尼的下落拜见元首。请求得到了批准。

斯科尔兹内在元首大本营面对希特勒及其并排就座的阁僚和将军，足足花了 30 分钟列举了墨索里尼被囚禁在拉·马达累纳岛上的根据，强调他的情报准确无误。希特勒走过来，握住斯科尔兹内的手说："我相信你，停止用伞兵特种部队袭击厄尔巴岛，可是你有没有袭击拉·马达累纳岛的计划呢？"

斯科尔兹内振振有词："首先向拉·马达累纳岛派出一艘礼节性访问的德国军舰，同时让满载党卫军和特种部队队员的 R 艇（高速扫雷艇）进港。当天，舰长去访问意大利海军基地司令部。晚上，舰艇临时停泊在港口。翌日清晨，载有袭击队员的 R 艇在港内的德舰支援下冲向栈桥，队员上岸后，在白天公然向凯伦山庄行进，以突然袭击的方式救出墨索里尼。"斯科尔兹内最后强调，部队突然袭击行动，能够震慑住意大利守备部队，使之措手不及。

同希特勒并排坐在一起的高级官员，尽管对这一大胆的方案十分吃惊，但最后还是批准了。希特勒最后告诫他："意大利还是德国的盟邦，从国家的角度而言，不可侵犯意大利的主权。这次尝试如能成功，将会听到赞誉，倘若失败则招致谴责，那时便不容你辩解，我将不得不解除你的职务。"斯科尔兹内确认墨索里尼被软禁在这座饭店以后，于 9 月 10 日乘飞机侦察了附近一带的地形和意军防守情况。上山的各条路口都有重兵把守，如果强攻，需要一个师的兵力，况且需要花费时间，即使成功，墨索里尼也早已被杀害。

在空中侦察时，斯科尔兹内发现旅馆后面有一块杂草丛生的三角形空地，是一个理想的空降场地，他的脑际浮现出了用滑翔机营救的方案。

▲斯科尔兹内

回到基地后，斯科尔兹内立即开始制定具体营救计划。空军参谋们的意见是："若地面作战难以实施，只有两种方法可供选择：或是伞兵跳伞，或是用滑翔机机降。但是，旅馆后面的着陆场对这两种方法来说都太小了。再说，对付 200 人的警卫部队，至少要用同等数量的兵力。然而，无论是伞兵跳伞还是滑翔机着陆，由于着陆场的关系，都只能限制在 20 人左右。"斯科尔兹内对上述意见很不满，他毅然决定大胆采用滑翔机着陆的办法。

他计划用"汉莎"轻型飞机拖曳 12 架滑翔机，每架滑翔机机载 11 名官兵。各滑翔机的任务如下：一、二号机先行着陆，掩护后续机着陆；三、四号机一起负责营救墨索里尼，斯科尔兹内坐镇三号机指挥整个营救行动。其他各机负责掩护，压制守军火力。他还进一步研究了打进旅馆、撤出战斗、掩护支援等地面作战的要领以及各有关问题的细节。关于撤出方案，决定事先由伞兵部队压制大萨索山以南 20 千米处的阿奎机场，用"汉莎"轻型飞机或"费赛勒怪岛"联络机来接应。

营救只用了 4 分钟

袭击前夕，9 月 11 日夜里，斯科尔兹内集合起 132 名袭击队员以及全体飞行员，详细说明了这一行动计划及其巨大危险性。最后他表示："我们务必要争取成功。"他还指出不愿参加者可以退出，决不强求，但没有一人退缩。

9月12日，斯科尔兹内预定奇袭的日子终于到了。然而，意外的事情发生了：从里维拉飞来的滑翔机没有按照斯科尔兹内的营救计划准时到达罗马以南25千米的普拉特克·马雷基地，因而清晨偷袭无法实现，可能要在白天强袭。

意大利人午饭后有长时间休息的习惯，这反倒是一个有利的机会。利用袭击时间的推迟，斯科尔兹内派副手拉道尔奔赴罗马，找到对德国素怀好意的意大利苏莱蒂将军，告诉了他即将发起的袭击计划，要求他予以合作，到时说服监禁墨索里尼的意大利卫兵不要反抗。苏莱蒂将军听了这个大胆的计划惊愕不已，但又不得不答应拉道尔的要求。他立即被两大汉带上了等候在门口的吉普车。

中午12时30分，所有的飞机全部到齐。盟军空袭过后，下午2时，大多数飞机凌空而起，但最后两架因陷在空袭时被炸开的大弹坑里，无法起飞。

飞行时，机舱内闷热难受，队员们昏然无力。肥胖的苏莱蒂将军面色苍白。当飞到亚平宁山脉上空时，斯科尔兹内取出伞兵用的匕首，在帆布舱底和舱壁上刺穿了几个洞，机舱吹进一股新鲜空气。大家感到好受多了，苏莱蒂将军的脸色也渐渐恢复正常。

半小时后，阿奎拉山谷呈现在眼下，大萨索山快到了。斯科尔兹内看不到一、二号机，决定三号机第一个着陆。他让队员们戴上头盔，使滑翔机与拖曳机脱了钩。滑翔机缓缓地画着圆圈，开始降落。尽管康因特莱旅馆后面的空地实在太小，但现在已无法返回。突然，机轮触地，飞机摇晃着向前滑行，舱底裂开了，机翼也受了伤，但总算平安着陆，人员无损。飞机在距旅馆40米处停了下来。

由于一、二号机没有降落，他们必须在无掩护的情况下发动突击。斯科尔兹内第一个跃出机舱，向大门冲去。门口的卫兵不知怎么回事，以为是飞机遇险迫降，反而跑过来准备救援。他们立即被解除了武装。后面的4个突击队员迅速占领了门口的机枪阵地。门左边的土堆上有一个哨兵，似乎刚反应过来，举枪准备射击。苏莱蒂将军高喊："不要开枪！"迅即，他也束手就擒。

▲营救墨索里尼的德国滑翔机

斯科尔兹内带队冲入院内，靠门口的耳房里，一个意大利士兵正坐在电台前。斯科尔兹内一脚踢翻了他的座椅，顺手用枪托捣毁了电台。这时斯科尔兹内看到室外有个阳台，便踩着一个队员的肩膀跳了出去。他发现对面的窗口上露出墨索里尼的面孔，便赶忙用德语喊道："快从窗子里跳出来！"墨索里尼呆若木鸡，憔悴的脸上露出麻木的神情。后续的突击队员们成群结队涌进旅馆，同卫兵交火，并冲散了从山下上来的援兵。卫兵的抵抗不一会儿就结束了。

斯科尔兹内跑步登上附近的台阶，从两个年轻的意大利军官手里救出了墨索里尼，并要突击队员施贝尔中尉保护墨索里尼进入到一个房间里。这时，所有起飞的10架滑翔机均已着陆。到此，整个营救行动只用了4分钟！

安全返回

所有意大利士兵在一个上校的带领下全部投降以后，斯科尔兹内来到墨索里尼所在的房间，他跑到这位胡子老长的可怜的领袖面前，"啪"地一个法西斯举手礼，大声喊道："尊敬的领袖，元首希特勒命令我营救您，您自由了！"墨索里尼激动得紧紧抱住斯科尔兹内说："元首没有抛弃我！元首没有抛弃我！"他哽咽着，再也说不出话来。不无巧合的是，警卫墨索里尼的负责人库那里将军，这天因偶然到大萨索山来，不幸也乖乖地做了德军的俘虏。

现在的问题是，必须尽快逃出去。由于同罗马无法联系，不知道阿奎拉机场是否已经占领。斯科尔兹内只好决定飞往普拉特克·马雷基地。预定用于营救的"汉莎"轻型飞机降落架受损不能起飞，于是决定调用在空中盘旋的"费塞勒怪鸟"式飞机。斯科尔兹内拥着墨索里尼，钻进这架飞机，并命令这架飞机冒险强行起飞。

飞机吼叫着，在卵石地面上蹦跳着向前滑行，未等完全加速，就已滑离崖边，直向山谷底下跌去，墨索里尼惊恐地捂上双眼。慢慢地，机头终于拉了起来，迎着午后耀眼的阳光咆哮而去。起飞居然奇迹般地成功了！

"怪鸟"式飞机小，速度慢，到达普拉特克·马雷机场时，已快到下午4点钟了。墨索里尼和斯科尔兹内在这里换乘一架德国的亨克尔轰炸机，向维也纳飞去。

当晚，他们二人住进了帝国饭店。希特勒、希姆莱、戈林、凯特尔等相继打来电话向他二人表示祝贺。

翌日，墨索里尼飞往慕尼黑，见到了已逃出意大利的妻子拉凯莱和两个孩子。9月14日，他在腊斯登堡同"没有抛弃他"的希特勒重逢。

突袭成功了，斯科尔兹内因此而被希特勒授予骑士十字勋章，并晋升为少校。对他的祝贺从各方面纷至沓来。在柏林和维也纳，庆祝大会接连不断。

柏林的报纸把斯科尔兹内的这次奇袭称为

墨索里尼

墨索里尼（1883－1945），意大利法西斯党魁，第二次世界大战的元凶。1922年至1943年期间任意大利王国首相。在1925年1月他宣布国家法西斯党为意大利唯一合法政党，从而建立了意大利法西斯主义独裁的统治。他与德国总理希特勒于1939年5月22日签订意德钢铁条约。1940年6月10日意大利正式加入轴心国进入第二次世界大战。随后他在意大利北部建立意大利社会共和国。1945年4月27日在逃往德国途中为意大利游击队捕获。次日被处决并暴尸于米兰广场。

"魔鬼的杰作"。

　　墨索里尼被救出来了。但马多利奥政府已向盟军投降，罗马不久也将由盟军接管，墨索里尼于 9 月 17 日宣布，在罗马以北 500 千米的撒罗湖畔建立共和国政府，并就任总理。然而不久，整个意大利均被盟军占领，大独裁者墨索里尼最终被人民押上了历史的审判台，死在绞刑架下。

国宴上的枪声
——暗杀与保护丘吉尔

"哥曼德"队员大叫一声："抓住侍者!"话音未落,一声震耳欲聋的枪声"砰"的在大厅中震响了,灯光熄灭!整个大厅一片混乱。当灯光再次亮起来时,只见在丘吉尔、斯大林、罗斯福身边都立满了"哥曼德"队员,他们排成一道密不透风的墙,无懈可击地保卫着3位领袖。那个私人秘书被"哥曼德"的神枪手当场击毙在椅子底下,太阳穴上的弹孔中流出了一滩鲜血和脑浆……

希特勒的暗杀令

1943年初冬,位于厄尔布尔士山南麓的德黑兰,依然到处盛开着芬芳袭人的玫瑰花。但是,在这个城市的每一条街道的十字路口上,都布满了身穿各国军装的特别值勤戒严部队,他们驾驶着敞篷吉普车和轻型坦克,在路口、街头、巷尾紧张地来回巡逻。

原来,这里正在召开反法西斯的盟国"三巨头"最高元首会议——德黑兰会议。苏联大元帅斯大林、美国总统罗斯福和英国首相丘吉尔在此聚会,讨论决定了最后消灭纳粹德国的战略计划,发表了著名的《德黑兰宣言》。说来也巧,英国首相丘吉尔的69岁寿辰正好是11月30日。为了庆贺会议的圆满成功和自己的生日寿辰,丘吉尔决定举行一次盛大的国宴,并邀请斯大林和罗斯福等各国首脑出席。

▲德黑兰

在此期间,希特勒多次发出暗杀苏、美、英三国元首的密令。但是,派遣出去的许多间谍和杀手不是被盟军反谍报机构破获逮捕,就是在严密的警戒下无法靠近会议中心。当希特勒通过谍报网得知丘吉尔将举行国宴庆祝寿辰时,他又下了一道命令:"启用隐蔽最深的高级间谍MS,在丘吉尔的生日典礼上安放烈性定时炸弹!"

一个极其重大的暗杀行动开始了!

"哥曼德"严阵以待

11月29日,国宴典礼的一切都准备就绪。这时,丘吉尔首相的侍卫长汤普森竟然接到了一份极其秘密的情报：据潜伏在德国柏林的英国高级谍报人员急电，这次参加德黑兰会议的一位盟军领袖的私人秘书被德国间谍机关用几十万英镑和美女收买拉

▲叼着烟斗的丘吉尔

下了水，并且答应亲手制造这一起"领袖爆炸案"。汤普森看着电文，不禁冷汗直流。

他立即驱车前往丘吉尔的下榻之处，向他报告这一重大情况。汤普森对丘吉尔说："首相，这个盟军领袖的私人秘书也是应邀出席国宴34人中的一个，如果他在现场，那将会带来巨大的危险。我建议明天用特别手段将他隔开，使他无法出席宴会，如果必要的话，就立即逮捕他！"

丘吉尔手拿燃着青烟的烟斗，沉思良久。最后他严肃冷静地对汤普森说："我们现在还没有确凿的证据，不宜匆忙下手。"他指示汤普森要严格做好国宴的保卫工作，如那人要下手，立即逮捕他，此事务必万无一失，不能伤害盟国的其他客人。

肩负着重大责任的汤普森，立刻驱车离开丘吉尔，去布置保卫工作。曾经作为"哥曼德"一名成员的汤普森，首先想到的就是英军中最精锐的特种部队——哥曼德。汤普森将这些身怀绝技，有很强战斗力的特种兵部署在会议中心的最重要的各个场所，以防止出现万一。这时处于高度紧张的汤普森才感到轻松多了。于是，"哥曼德"特种兵换上了英军普通的军装，戴上铮亮的钢盔，手持轻机枪和特种微型无声手枪，像一只只跃跃欲试的猎豹，奔赴各自的岗位，警惕注视着角角落落一切可疑的迹象。

黑暗中的较量

11月30日，丘吉尔的生日庆贺国宴如期举行。整个大厅里装饰一新，光彩夺目。大厅正中的一张巨大的圆桌上，放着一只精制的大蛋糕，蛋糕上69支红烛跳动着明亮的火焰，使大厅的气氛更为喜气洋洋。橡树木大门开了，丘吉尔和斯大林、罗斯福等34位客人谈笑着步入了大厅。当丘吉尔兴高采烈地吹灭一根根红烛时，掌声充满了大厅。

可是，紧张万分的汤普森和"哥曼德"队员这时根本无心关注这一热烈的场面，而一直严密监视着那个私人秘书及大厅中间任何一个有一丝一毫可疑迹象的人。那个笑容满面的秘书，似乎没有一点要动手制造"领袖爆炸案"的行为，只见他在丘吉尔切割蛋糕仪式完毕后，就轻松自在地坐在座位上不停地为丘吉尔鼓掌。这时，一名细心的"哥曼德"队员发现：这个私人秘书似乎并没有像其他客人一样在尽情品味着山珍海味，而是若有所思。更重要的是：他坐在大厅的最后一道门边的座位上，而这里不是他该坐的位置！特种兵的手插进了宽大的裤袋，紧紧攥着一支打开了保险的微型手枪。

大厅的南门打开了，只见一个身穿白色西装的瘦小侍者手托着一只大盘缓缓走进了大门，一名"哥曼德"队员立刻用鹰一般的眼睛盯上了这个侍者。当侍者偶尔抬头

看到在人群中有一双锐利的目光正对着他时，他的脸色突然"刷"地一下变白了。他浑身一哆嗦，脚步一踉跄，连人带盘跌倒在了旁边一位盟军将军身上。周围的客人一见，都为侍者和将军的狼狈相而大笑起来。笑声未停，大厅中辉煌夺目的灯光突然全部熄灭了，顿时大厅中一片漆黑。只听得早就盯上侍者的"哥曼德"队员大叫一声："抓住侍者！"

话音未落，一声震耳欲聋的枪声"砰"的一声在大厅中震响了，整个大厅一片混乱。

▲德黑兰会议上的三巨头

当灯光再次亮起来时，只见在丘吉尔、斯大林、罗斯福身边都立满了"哥曼德"特种兵，他们排成像一道密不透风的藩篱，无懈可击地保卫着3位领袖。那个私人秘书被"哥曼德"的神枪手当场击毙在椅子底下，太阳穴上的弹孔中流出了一滩鲜血和脑浆。他的手中还握着一支发烫冒烟的勃朗宁手枪。那个侍者也倒毙在惊魂未定的盟军将军身旁。不过他是在"哥曼德"队员用铁掌抓住他时，在黑暗中不知被何人用一根钢针刺进喉咙而丧命的。

若无其事的丘吉尔缓步走向前，与镇定自如的斯大林和罗斯福握了握手，抱歉地说：

"实在对不起，在这时发生了一点小事，让诸位扫兴了！"

他说完回头看了一眼虎气生生的"哥曼德"特种部队队员们，欣慰地笑了。

事后，经检查发现，那个侍者手托的大盘子底下，装有一枚小型烈性定时炸弹。炸弹上的爆炸时间定在12时上，而当"哥曼德"队员大叫"抓住侍者"时，离起爆的时间仅仅只有3分钟了！如果稍微迟疑一些的话，那么整个大厅中的人将会无一幸免！

当丘吉尔返回伦敦时，他特地嘉奖了这支立有显赫功绩的特种部队。"哥曼德"也因此在自己的战功史册上增添了光辉的一页！

丘吉尔

丘吉尔（1874-1965），政治家、演说家、作家、画家、记者，1940-1945年及1951-1955年期间两度出任英国首相，被认为是20世纪最重要的政治领袖之一，带领英国取得"二战"的胜利。被美国杂志《展示》列为近百年来世界最有说服力的八大演说家之一。他的《二战回忆录》，结构宏大，语言优美，内涵丰富，从而获得1953年诺贝尔文学奖。此外，他还被称为预言家、发明家、战略家、外交家。丘吉尔是一位人生内涵极为丰富的传奇人物。2002年，BBC举行了一个名为"最伟大的100名英国人"的调查，结果丘吉尔获选为有史以来最伟大的英国人，他已然成为英国精神的化身。

袭击布劳恩机场
——日军作战计划的破产

日军这次进攻夺取了一些阵地，但在一个野战医院附近慢慢停下来，因为遭到由一位美军中尉指挥并坚守环形防御阵地的 40 名司令部人员的抗击。对于日军来说，第 26 师的进攻是布劳恩战斗中由顶峰向下跌落的转折。日军指挥官带领着疲惫不堪的士兵向机场冲锋，遭到重大伤亡后，只好从山区向西撤退。

日军大批增兵

1944 年 10 月 20 日麦克阿瑟实现了他重返菲律宾的誓言，果然派了 4 个师进驻莱特岛。11 月中旬，登陆地已扩大到包括莱特岛东侧的主要地区。当时的日军，一方面在山的中心地段进行自卫战，一方面又在西部通过沃谋克港实施增援。美军负责作战的指挥官约翰·霍奇将军指挥着克鲁格的第 6 集团军第 14 军，他所守卫的地区，北从塔克洛班开始，沿莱特海湾向南穿过杜拉格，然后到内陆中央山脉麓下的布劳恩。

▲吕宋岛

最初，日军山下将军计划将菲律宾的吕宋岛作为决战的主要战场，对其余岛屿则采取迟滞战术，即逐次地放弃各岛，以赢得时间来加强他在吕宋岛的防御。然而，后来日军统帅部的命令完全改变了山下将军已安排好的计划。统帅部命令他，要不惜一切代价保卫莱特岛。作出这项决定的主要新因素，是因为最高统帅部对美国空中力量感到畏惧，并且认识到，如果让美军在莱特岛建立空军基地，其余岛屿以及日军用来运送补给品和部队的所有关键海路，将处在美国空军攻击范围之内。山下将军根据新的命令，进行了一次代价很高但还是成功的尝试，他利用当时能找到的所有船只，包括小艇、驳船和货船，不管损失如何惨重，把大批日军运进莱特岛。到 11 月 20 日，他在莱特岛集结的兵力，终于比一个月前麦克阿瑟进攻莱特岛时增加了 1 万人。

美军组成飞行部队

霍奇将军为对付山下所率领的极其强大的防御力量，增派空军第 11 师在比托海滩登陆，并将伞兵们使用在中央山脉担任向西海岩推进的任务。伞兵们觉得这不是他们秘密训练过的"攻占与扼守"式的任务，而只是霍奇一时的需要而已。这个师已深入到布劳恩西部多雨的森林里，再补给和后送伤员越来越困难。连续不断的雨水，把狭小的山路变成了泥水小溪。山里的部队，就连在丛林中开辟一个最简陋的简易机场所必需的装备都缺乏。师的先头部队在支援炮火的最大射程之外，步步奋战，为自己开辟通路。

事情很清楚。除非花费很长时间和很多人力，否则，即使是75毫米小口径驮载榴弹炮也无法在地面机动。这时某炮兵营营长只好到处设法寻找飞机，不管找到什么飞机都好，只要能装载并能投下1门炮就行。尼古拉斯·斯塔德赫尔上校使用了1架预定作为海空救援用的C—47飞机（飞机两侧涂有黄色"救援"字样），做了13次单飞，在马纳拉瓦特1个长150米、宽46米的空地上，伞降了野战炮兵第457团"A"连的75毫米驮载榴弹炮，其射程可以达到师的先头部队。炮兵从这个丛林中开辟出的空降场上，向各个方向进行了炮击。日军对此感到非常震惊。

空降第11师师长乔·斯温将军试图找些运输机支援战斗，但要得到运输机是不可能的。最后，他用了11架L—4"幼孤"炮兵观测机空投补给品，建立了一条"饼干供应线"。从布劳恩周围简易机场起飞的这些飞机，从拂晓飞到黄昏，平均每天要运送21吨物资，以保证这个师的2个团进行6周作战的需要，除此而外再没有其他任何补给来源。

"幼孤"式飞机还经常用来把一些重要人物（包括师长和他的参谋）伞降到山区部队的阵地上。在马纳拉瓦特炮兵基地周围作战的部队，开辟出一个坎坷不平的简易机场，以便用来后送伤病员。机务人员在L—4飞机座椅后面，安装一个临时用的担架，每次可空运一名伤员。这样，伤员就免受了坐担架过山间小路时的痛苦。然而，乔·斯温亲自仓促组成的这支飞

▲榴弹炮

行部队，却引起了日军领导人对布劳恩及其繁忙的简易机场的注意。

日军的部署

为了夺回主动权和阻止美军的空中袭击，日军计划用2个师的兵力对布劳恩、圣巴勃罗和布里等地的机场实施协同突击，以突破空降第11师纵深防御。山下将军给铃木中将一封急信，要他"尽快占领布劳恩机场，并同时以火力控制塔克洛班和杜拉格机场"。

尽管铃木也知道他自己没有力量进行这次进攻战斗，但他仍试图用他所有的兵力，给对方以最大的破坏。第一个行动是，力图获得局部空中优势。铃木为了达到这一目的和执行山下将军所交付的任务，决定对停在塔克洛班、杜拉格和布劳恩机场的美军飞机，实施一次小规模的破坏性空降突击。他还计划接着进行第二次比较大的空降突击，以作为主攻的一部分。伞兵的任务是，夺取从布劳恩、圣巴勃罗到布里一带的简易机场，他们将得到第16师和26师发动的地面进攻的增援。东部海岸其它机场的美军飞机，在以前的袭击中已遭到破坏，早已无力作出反应。铃木定于12月5日黄昏发起进攻。

为进行这次战斗，山下授权铃木将军指挥驻扎在吕宋岛利帕机场上的伞兵第3、4团。日军这支伞兵部队由350人组成，曾受过高级训练，是第一流的特遣队。该队由白井指挥，如果白井率领的伞兵能夺取并守住他们的目标——3个简易机场，其他目标则由山那边的2个日军步兵师负责夺取。

然而，日军在拟定计划时过高地估计了这2个步兵师的力量，在中国参加过作战的第16师，战斗前将近1.5万人，经过多次激烈的战斗后，已减员到1500人，其中只有500人还可以打仗，师长牧野将军把残余人员集中起来，单独组成1个营，由他亲自担任指挥。第26师也是在中国作过战的老部队，在他们从吕宋岛乘船到莱特岛的途中，遭到美军飞机的袭击，受到重大伤亡。但与16师不同，它仍然是1个建制师。当临近进攻发起日——12月5日的时候，铃木清楚地知道，由于交通上遇到的困难，他不能按时作好战斗准备。他向山下请求推迟2天，但他得到的答复是，形势危急，只能多给1天的准备时间。因为通信联络困难，所有部队都不知道这次发起攻击时间的改变，这就更加加剧了协同作战中的混乱。

2个师都企图向美军山区防线渗透，以便向东攻击简易机场。12月1日，铃木带着他的参谋进入山地。第26师沿着阿尔布埃拉至布劳恩的道路向东推进，但在中途与西进的美军空降第11师遭遇。在混战中，日军1个配有工兵的团隐蔽地撤出战斗，并缓慢地向布劳恩继续推进。

简易机场：攻占与夺回

斯温发觉日军可能要对布劳恩发动一次进攻。有好几份情报说，日军正打算对该机场进行袭击，但从日军在山区的兵力已被削弱和最近很少活动的情况来看，一般都认为这些情报是不可靠的。当这种说法还在流传的时候，霍奇将军命令他所有的部队要加强对机场的防御；斯温决定把他的1个营部署在布劳恩周围，并认为这是一个好办法。他派出伞兵第187团第1营去警卫机场。

从作战开始以来，美军对莱特的空中警戒是严密的，11月25日，美军第3舰队航空母舰特遣部队奉命撤回修理。

在此之前的几周里，他们曾每天频繁地出动飞机。撤回后，势必极大地削减飞机的数量，同时正值日军准备在莱特战役中实施最强大的反攻。

布劳恩周围有3个主要机场。其中圣巴勃罗是最重要的一个机场；巴尤哥机场，位于布劳恩以东，通往杜拉格的公路上，是用来进行再补给的；布里机场位于布劳恩东北3千米处，是陆军航空队用的简易机场，在机场使用期间，由于土质松软地形不平曾发生过多次着陆事故，损失过几架洛克希德P—38式快速战斗机，克鲁格基于上述原因于11月25日停止使用。日军组织了几个爆破组，每组12人，于11月29日夜，在莱特岛西海岸的机场搭乘三菱100式运输机，前往执行任务。他们的任务是，夜间在美军机场上或机场附近伞降，摧毁美军飞机。完成任务后，爆破人员分批通过丛林地带返回日军防线。

▲三菱100运输机

运输机起飞后，在向目标飞行途中，有几架飞机因天气不好而下落不明。有1架飞机企图在布里降落，当进场着陆时被高射火力击毁，乘员全部死亡。低空进入比托的另1架飞机迫降在海滩上，其幸存的日军隐蔽起来，放弃了进攻的念头。菲扎尔附近的美军第20装甲群，向1架在该地降落的日军飞机进行射击。机上人员除2名机组人员被击毙外，其余均逃散。日军原来计划推迟到12月6日晚发起主攻，但第16师师长牧野与第26师师长铃木失去联络，因此牧野不知道空降突击发起时间已推迟，命令部队发起攻击，因而提前了12个小时。当牧野的1个缺额的营接近布里时，遭到美军炮兵和坦克第767团"A"、"B"2个连的猛烈射击、伤亡惨重。虽然如此，他们仍坚持战斗，并于6时30分对机场发起冲击。日军开始攻击简易机场西北的阵地，在牧野亲自率领下，出其不意地袭击了美军1个空军的勤务单位和部分C—47部队运输机中队。近300名日军突破美军的薄弱防守，攻进了简易机场。

美军伞兵第187团的1个营于6日下午发起反攻，夺回了简易机场，但却又面临新的敌人。傍晚，日军伞兵正在空运途中，其中20架运输机飞向布里，9架飞向圣巴勃罗，6架飞向巴尤哥，2架飞向塔克洛班，还有2架飞向杜拉格。有12架战斗机和轰炸机护航。这是日军能投入莱特战役的全部飞机。飞向塔克洛班的2架飞机被击落，派往杜拉格的2架途中迫降，乘员全部丧命。

日美的进攻与反击

日军没有足够的飞机一次输送全部人员，因此对布劳恩机场的空降突击，计划分三批实施。第一批输送的是白井的司令部、2 个步兵连和 1 个工兵连；第二批是 1 个步兵连和 1 个重兵器连；第三批是 80 名勤杂人员；后 2 批兵力用以增援第一批。白井计划首先攻击并摧毁停在布劳恩附近机场上的全部美军飞机，尔后把注意力集中在军事设施上，特别是弹药库。预定凌晨 3 时完成这一破坏任务，以便部队能趁天黑构筑防御阵地，等待地面增援。此后，白井的命令是"准备以后的作战"。

▲美国 C—47 飞机

黄昏，日军飞机在布劳恩上空出现。中型轰炸机由高空首先进入，将炸弹投向跑道和补给所。布里和圣巴勃罗两个简易机场上的美军高射火力开始射击。但日军战斗机仍在低空扫射。接着，运输机以 210 米的高度进入。在夜空里，只看见这些飞机的黑色轮廓，看去很像大批美国 C—47 飞机。日军总共出动了 51 架三菱 100 式运输机，其中 18 架被击落。

这时，机场上布满了伞兵，呈现一片混乱。美军穿着衬衣，在黑夜中站着用步枪和手枪向沿跑道运动的人影射击。乔·斯温在布劳恩指挥所进行对空观察，发现有 250 名到 300 名日军伞兵降落在圣巴勃罗简易机场上，其他伞兵降落在布里，伞降得很准确。白井首先着陆。接着，在很短的时间内他便把部队集合起来，控制了机场。先是停在机场上的 1 架飞机突然着火，然后，一架接一架地燃烧起来，火光照亮了跑道。1 辆吉普车和几座帐篷也起火。由于汽油燃烧蔓延到弹药，引起一连串爆炸，形成一片火海。随着汽油桶的爆炸，一个巨大的火球在圣巴勃罗简易机场腾空而起，越烧越烈的火焰把云层映得通红。

在这一片混乱中，想要控制住阵地是困难的。机场勤务人员退到南侧，对日军激烈但并不协调的多次进攻进行了通宵抵抗。黎明时，由各部队调来的美军"志愿突击队"在一狭窄地带发起反冲击，企图把日军从机场西南角一个小山上赶走。后来，白井撤出圣巴勃罗机场，转移到 3 千米远的布里机场，以便与在那里战斗的牧野的步兵会合。

日军对布劳恩机场的进攻，使斯温陷于不利的境地。他的第 51 团和第 188 团被围困在西部山区。同时，第 187 团又被分割在两地，一部分在马纳拉瓦特和比托地区，一部分在布劳恩高地。在这种情况下，1 个团要徒步从那里调出来，就需要几天时间。然而，一场激烈的反攻即将在斯温的指挥所附近进行。他命令司令部周围的所有部队马上进行反击，第 127 团幸存下来的工兵，在黎明时得到通信兵和炮兵的加强，准备发起攻击。

但是，白井和他率领的日军伞兵并没有被消灭。他们仍然威胁着圣巴勃罗简易机场，而且还占领着巴尤哥和布里机场。指挥美军第 5 航空队的恩尼斯·怀特黑德将军通过电话向克鲁格将军求援，他说，布里正处在严重攻击之下，需要马上增援。克鲁格指示斯温尽快前往增援，但斯温部队的弹药不足。而且在组织方面仍然不甚健全，他们仅能守卫自己的阵地和计划再补给。布里的日军，拥有大量在机场上缴获的自动武器，其中包括几挺 50 毫米口径的机关炮，他们为了保持对这一简易机场的控制，正在进行着非常有效的战斗准备。

日军的悲剧性转折

斯温现在已有了全部集结在布劳恩地区的第 187 团，还有 12 月 8 日才到达布劳恩的第 38 师第 149 团。于是他便在指挥所周围发起进攻。当第 149 团到达圣巴勃罗增援时，斯温对 149 团第 1、2 营下达作战命令说："我们在这里日子很难过。昨晚大约有 25 名日军伞兵降落在这里，我们击毙了近 50 名。离此地 1370 米，方位角 273°的地方，另有 1 个类似的简易机场。从此地到那里，中间约有 25 名日军伞兵。现在时间是 14 时。我要求在黄昏时占领该机场。"

第 149 团打开了一条通向布里机场的通路，途中与 25 名以上的日军伞兵遭遇，这股日军使斯温感到非常讨厌。第 187 团和第 149 团趁黑夜把日军赶到谷地，但仍不能夺回机场。机场上还有近 200 名日军，他们在 12 月 8、9 日两天一直坚持战斗。9 日午夜，150 名日军向美军发起反冲击，但被击退。次日，第 149 和 187 团在炮兵支援下，经过激战，又将日军击退。正当牧野的步兵和白井的伞兵接近筋疲力尽的时候，第 26 师的 1

▲ "二战"期间的日本伞兵

个减员团通过美军防线，从山区赶到布里，并准备在下午 7 时 30 分发起进攻。

日军这次进攻夺取了一些阵地，但在一个野战医院附近慢慢停下来，因为遭到由一位美军中尉指挥并坚守环形防御阵地的 40 名司令部人员的抗击。对于日军来说，第 26 师的进攻是布劳恩战斗中由顶峰向下跌落的悲剧性转折。日军指挥官带领着疲惫不堪的士兵向机场冲锋，遭到重大伤亡后，只好从山区向西撤退。

到 12 月 11 日——即第一次突击之后 5 天。布劳恩地区的最后一批日军被全部歼灭，日军这次袭击未能夺取美军占领的机场，而且还付出了 1 支空降特遣队和 2 个步兵师的残余部队的代价。但日军成功地摧毁了 12 架轻型战斗机和贮存在布劳恩附近简易机场上的大部分补给物资。空降第 11 师的 2 个团中断补给约达一周之久，而靠布里和圣巴勃罗补给而进行活动的美军第 5 航空队，也因此未能执行任务。

最后的疯狂
——日本"神风"特攻队的覆灭

日本在"二战"末期黔驴技穷之际成立的"神风"特攻队，在世界军事史上留下了最野蛮、残酷、疯狂的一幕。那些用狂热的武士道和法西斯军国主义思想武装的年轻飞行员们，带着"大东亚共荣圈"的迷梦，不顾一切地驾机对目标进行飞蛾扑火式的自杀撞击，至今仍冲击着所有爱好和平的人们的心灵……

成立"神风"特攻队

1944 年 10 月，美军第 3 舰队在哈尔西将军的指挥下，对日军占领地实施空袭。10 月 10 日，无数炸弹倾泻到日本占领军在马尼拉的基地和港口，飞机被炸毁，舰船被击沉。10 月 12 日，美军 600 余架舰载机，又对日军占领的台湾高雄、马公等港实施空袭。230 余架日机升空迎战，被实战经验丰富的美机打得落花流水。10 月 22 日，美军又以迅雷不及掩耳之势，在菲律宾群岛中南部那个面积不大、不为常人注目的莱特岛大举登陆。

美军的成功登陆，点燃了美日莱特湾大海战的导火索。当日晚，东京的战略家们又集聚在一起。尽管他们谁也拿不出扭转败局的高招，但他们都知道菲律宾的战略地位。失掉菲律宾就意味着切断了日本从南京供应石油和橡胶的生命线，意味着这场战争的彻底失败。

日本海军的头头们如坐针毡，万般无奈之际，只好实施大本营下达的"奏捷一号作战"命令。代号"奏捷"即决战胜利之意。日军大本营在命令中直言不讳地说：本作战的指导方针在于向这一道防线进攻的敌人进行决战，以望借此扭转战局，用以寻觅光荣结束战争的途径。

于是，各兵种纷纷据此制订作战方案，企图做困兽之斗。在一个月黑风高的夜晚，海军中将大西泷治郎辗转反侧，难以入眠。由于实行作战时间灯火控制，整座大楼停电，到处一片漆黑。只有办公桌上的一盏煤油灯发出昏黄的光。"咪、咪"，一团白乎乎的东西爬过来，那是大西泷治郎最爱的波

▲美军登陆莱特岛

斯猫。可此刻，他的心情实在太烦了。波斯猫不知主人的心态，不识相地在他身上抓来抓去。"八格！"他一伸手，把波斯猫拨得老远，受惊的波斯猫就地一个翻滚，慌忙逃走，忙乱之中，又把桌上的煤油灯打翻了，盛满煤油的玻璃瓶砸得粉碎，水泥地板上顿时腾起一团火苗。

卫士们循声冲了进来，火马上被扑灭了，又一盏煤油灯点上了。望着刚刚重新点亮的煤油灯，一个近乎荒唐的念头在大西泷治郎的头脑中萌生。小小的煤油灯砸在地板上会燃起大火，如果装满炸药的飞机撞在航空母舰上，航空母舰又会怎样呢？蓦地，他脑海中又闪现出板田房太郎飞行中尉的影子。就是他，在偷袭珍珠港的战斗中，炸弹扔光了，又发现了美军的飞机库，出于对天皇的忠诚，中尉驾机一头撞下机库，引起连锁爆炸。这叫特别攻击！他嘿嘿地笑了起来。

▲大西泷治郎

由于日本法西斯军人黔驴技穷，大西泷治郎的这一疯狂的自杀作战的罪恶计划得到了许多日军将领的支持。驻守在马尼拉的第二航空战斗队司令官有马正文海军少将对此大加赞赏，积极筹备招募敢死队员。有马正文身先士卒，亲自参加特攻队。

"神风"特攻队一夜之间在日军大本营传开，它下辖"敷岛"、"大和"、"朝日"、"山樱"、"新高"等数支分队。大西泷治郎在召见特攻队第一批飞行员时，歇斯底里地叫嚷："在这非凡的时代，不能不掀起一阵神风。"

自杀袭击首战告捷

1944 年 10 月 25 日上午，菲律宾莱特湾弥漫着大雾，但激烈的大海战不时把天空撕开一道道口子。呼啸的炮弹，巨大的水柱，还有被炮火击中冒着浓烟的军舰，把平静的莱特湾搞得乱七八糟。空中，不时掠过交战双方的飞机和落下的炸弹，惨烈的场面令人不寒而栗。

激烈的大海战已到了关键时刻，双方都在不断地增派兵力，想尽一切办法把对手置于死地。上午 7 时 25 分，驻守在菲律宾马巴拉卡特飞机场的指挥官接到指令，美国航空母舰机动队在菲律宾四方海面上行动，估计是增援莱特湾海战，宜立即对美军航母实施毁灭性打击！

机场指挥官立即明白了大本营的意图。很快，9 架"雷"式战斗机跃上云天。机场上的地勤兵看到，其中 5 架飞机刚离地，着落轮胎就自行飞掉了。这 5 架飞机就是神风特别攻击队"敷岛队"的特攻机。座舱里，这些一去不复返的"壮士"们头上扎

▲ "二战"期间，被美军缴获的日本"神风特攻队"使用的"樱花"自杀飞机

着白色的缠头。在他们身边的空隙里，塞了整整 1000 余千克的烈性炸药。一旦发现美舰，就连人带机撞下去，以完成对天皇的效忠。

飞在头里的长机驾驶员关行男上尉，是个狂热的好战分子。起飞之前，他和他的同伴们就早已写好了遗书，并把自己的"遗物"捆在一个大箱子内，以期带回日本，留给在九州的姐姐。说到姐姐，关行男上尉眼圈红红的，因为姐姐给他的童年留下了许多美好的回忆。说不清是绝望的哀鸣，还是亡命之徒的狂嗥，关上尉一声"八格牙鲁"，把床前的一座女神石膏雕像打得粉碎。

按照规定，神风特攻部队的 5 架飞机在机场上空绕场 3 周，关行男上尉左右摇摆机翼，表示向送行的人们告别。地面上全体军人肃立在起飞线，与他们诀别。

10 时 40 分左右，特攻队飞临雷伊特湾上空。晨雾早已散去，海面上的一切看得清清楚楚。美军护卫航空母舰"姗鲁号"等舰船，刚刚经历了一场恶战。好不容易才摆脱了日本海军栗田舰队，还没有来得及歇一口气，又被"神风"特攻队盯上了。对深藏在云端的特攻机，美舰竟毫无防备。尽管舰载雷达天线在转动，但观察员却趴在荧光屏前睡觉了。水兵们实在太疲劳。

10 时 50 分，关行男上尉率领 5 架特攻飞机到达美舰队上空。说时迟，那时快，5 架日机带着毁灭的激情，分头不顾一切地朝舰队俯冲下来。"敌机！敌机！"一名在甲板上担任瞭望任务的美军水兵望着直扑下来的日本飞机，情不自禁地大喊起来。

话音未落，关行男上尉的那架装满烈性炸药的飞机就撞上了"姗鲁号"的甲板。"轰"的一声巨响，航空母舰上燃起大火。2 分钟后，下部汽油引火爆炸，巨大的火柱喷上空中 300 多米……

这时"姗鲁号"周围也相继响起了巨大的爆炸声。其余特攻队的飞机也以同样的方法，撞向"吉堪贝号"，撞向"卡利宁贝号"，撞向"白王子号"……

5 架特攻机，击中 4 艘美军航空母舰。21 分钟后，"姗鲁号"慢慢沉没，另外 3 艘受到重创。

"神风"攻击令人色变

当天晚上，东京广播电台向全世界播发了"神风"特攻队首战成功的新闻。第二天，步着"敷岛"队后尘的"大和"队也想露一手，尝一回当勇士的滋味。然而这一回，他们拥抱死神是成功了，但攻击美舰却不像"敷岛"队那样走运。

5 架特攻机，分两个批次出击。当时美航空母舰正在收容追击栗田舰队后回来的飞机，甲板上，有的飞机刚刚降落，有的正在加油，还有的飞机正准备起飞。

当"大和"队的特攻机呼啸而下时，雷达兵发现了日机的魔影。也许有了前一天的教训，各舰队马上组织火力封锁空中航线。由于以死相拼，特攻队员们几乎是无所顾虑，飞机冲向炽热的火网，笔直撞向护卫舰"姗帝号"。飞机贯穿了甲板，撞了一个大洞，有 43 名官兵受重伤，但燃起的大火很快被扑灭了。

另两架特攻队飞机未能闯进火网，被护卫舰"斯瓦尼号"和"贝多拉贝号"的炮火和机枪击落，撞入大海后爆炸。不过仍然有一架特攻机，被枪炮击中后，拖着黑烟栽下来时，该机飞行员居然能把行将爆炸的飞机驾驶到"斯瓦尼号"上空，并击中机库甲板爆炸。

"神风"特攻队自杀式的攻击震惊了美军舰队，令人谈之色变。许多官兵一听到空中飞机的轰鸣，就以为"神风"特攻队又来了，犹如患了"神风"恐惧症。

"樱花"未开即凋零

"神风"特攻队的初露锋芒，让日本高层仿佛捞到一根救命稻草，想以此力挽狂澜。东京的头头们接二连三地电令大西泷治郎加快步伐，全力以赴实施"神风"攻击。然而，"神风"毕竟是需要人去充当"肉弹"，而且是要会驾驶飞机的飞行员。有关当局曾打算募集亡命之徒，予以特殊待遇。但此举难以推行，只得重找门路。为掩人耳目，决定称：凡志愿特攻之"义烈将士"，以个人资格配属于作战队，临时编为特攻队，以攻击美军舰船。尽管日军崇尚武士道精神，但真正甘当亡命之徒的毕竟有限。

随着战役的推进，志愿赴死的特攻队员越来越少。1944 年 11 月，大西泷治郎将军回东京，向海军部请求增加特攻机和驾机人员。刚巧有一批代号为"樱花"的飞行员训练结束。一旦发现目标，"樱花"们驾着装满炸药的滑翔机从机舱内滑出，向目标作决死撞击。残酷的法西斯式的教育训练，使其中的许多人已经变态。他们几乎不知道为什么活着，只求为天皇速死无怨。

大西泷治郎中将争取到了 50 朵"樱花"。想到"樱花"就要在美军舰艇上盛开，给美军以沉重打击，大西泷治郎不由得喜形于色。这群被日本大本营叫作"神雷"的特攻队员，一个个抱着必死的信念。从入队的那一天起，他们就对着天皇的肖像宣誓。接下来，是进行近乎残酷的训练，尤其是直线俯冲科目，要求飞行到百米以下低空才拉起来。面对机舱外扑面而来的大海或原野，本能会引起特别攻击队的飞行员在最后的瞬间闭上眼睛，但闭眼就会影响命中目标的准确度。模拟训练不允许飞行员闭眼。极其艰苦的训练之后，就是最后的享受。

11月下旬，日本刚刚造好的当时是世界上最大的航空母舰——"信浓号"，作处女航。大西泷治郎选上的50名"樱花"也搭舰奔赴火线。大概是日本军的疏忽，"信浓号"刚刚驶离横须贺军港，美军海军就获得了情报。两艘潜水艇悄悄埋伏在"信浓号"必经的路途上。

"信浓号"机舱一角，50名"樱花"在镇静地打扑克、下棋，有几个还在用飞机模型作俯冲动作。似乎前方等待着他们的不是死亡，而是某一个约会。11月29日，"信浓号"航行到大孤南方30千米处时，猛地舰身一阵剧震，随即就燃起了火。

▲ "信浓"号航空母舰

原来，设伏的美潜艇"亚杰费雪号"早就通过声呐发现了航空母舰，而"信浓号"竟然一无所知。短短的几分钟，美潜艇发射的6枚鱼雷全部命中目标，冰凉的海水从泄漏处喷射。数小时后，"信浓号"沉没，50朵"樱花"尚未绽放就早早凋零了。

"玉碎"行动惨败

"樱花"凋零的消息传来令大西泷治郎十分沮丧，可他还想作垂死挣扎，启用仅存的"神风"特攻队对美军舰船进行报复，并冠之以"玉碎"行动的名称。

1945年1月5日，"玉碎"行动拉开序幕。清晨，东方刚露出鱼肚白，马巴拉卡特机场就忙开了，115架装满炸药的特攻机齐刷刷地停在起飞线上。机舱内，全身戎装的特攻队员待命起飞。

7点15分，两架奉命侦察的飞机发回电报：在尼多罗岛西方海面发现大批美军舰船。大西泷治郎中将马上明白了，这是运载美军登陆作战部队的，只有完全阻止其行动，才能为扭转战局争取时间。大西泷治郎决心孤注一掷，把全部"神风"特攻飞机用在"玉碎"行动上。披着太平洋的晨雾，15架日军特攻机从马巴拉卡特机场相继起飞。接着，又有8架特攻机飞离易杰克机场，5架特攻机从安赫洛机场起飞。

望着渐渐消失在天际的飞机，大西泷治郎中将心中竟生出一丝悲哀。可马上他又露出了凶残的本性，拿起对空话筒狂喊："神风队员们，勇敢地出击，天皇陛下在注视着你们。"第一批飞机发现了海面上的目标，但美军的舰载飞机同时起飞迎战。"神风"队的拼命精神，令美军飞行员丧胆。小田次郎驾驶的特攻机与一架美机相遇，准备格斗的美机还没转过神来，就与特攻机迎头相撞，空中爆起一个火球，随即又变成两团火球，一上一下地扎入大海。

几架突袭到美军舰队上空的特攻机遇到了猛烈的舰载炮火的攻击。舰船上，许多准备登陆作战的海军陆战队员也操起轻武器对空射击。一时间隆隆的炮声和哒哒哒的冲锋枪、轻机枪声响成一片，海面上到处是弥漫的硝烟。大田津子上尉的特攻机终于冲破高射炮织成的火网，向一艘航空母舰飞驰而下，眼看撞上目标已不可避免。美军的海军陆战队也不含糊，各种轻重武器一齐开火，大概大田津子被飞蝗般的弹雨击中了，在离航空母舰不远的空中，飞机突然失去控制，一头栽在距航空母舰 50 米左右的海面上，激起了一股冲天的水柱。舰上的陆战队员鹊起欢呼！

这一次，大西泷治郎的"玉碎"行动没有阻挡住美军的舰队，美军的舰船只沉没两艘，有 7 艘受伤。随着美军在菲律宾的成功登陆，日军法西斯在菲律宾的"神风"特攻作战计划以失败告终。

特攻队硫磺岛败北

1945 年早春，当东风撩开了日本海的晨雾，呈现在人们面前的却是血雨腥风的战火。波涛汹涌的海面上，美军舰队摆开阵势，舰空母舰"泰堪狄洛嘉号"、"朗克列号"威风凛凛，驱逐舰"马克多斯号"紧随其后。

日本"神风"特攻队的"新高"队奉命出击。11 架特攻机全由舰载轰炸机充当，分成了 3 个编队，飞向战区。厚厚的云层，为特攻队创造了条件，但还是在距舰队数十千米处被雷达发现了。特攻机不顾一切地向舰队猛冲，美军克拉曼"巫婆"不时吐出火舌。不一会，两架特攻机被击落。特攻队编队队形立时乱了套。这一乱套给美军拦截带来了困难。特攻机四处奔逃，寻找攻击目标，"巫婆"穷追乱打，闹不好击中自己的飞机。稍一迟疑，"神风"的第二攻击编队却乘隙突破了防线。空中响起一阵阵尖利的呼啸，一架架特攻机撞向美军舰艇。马上，两艘航空母舰上冒起一股股黑色的烟柱。

▲美军"巫婆"战斗机

突破"神风"队的一次次死亡攻击，庞大的美军舰队还是如期攻到硫磺岛，叩响了东京的前门。日本大本营慌了手脚，可他们已拿不出足够的兵力来抵抗美军的精锐之师。唯一被他们作为最后王牌的只有全力展开特攻攻击。

东京近郊的海军基地，海军第三航空舰队寺网谨平中将担任"神风"特攻队的总指挥。尽管当时的"神风"特攻队也已日落西山，气息奄奄，但日本的武士道精神仍像鸦片一样刺激着特攻队员。

1945 年 2 月中旬起，美军的舰载飞机频频向硫磺岛发动攻势，守岛部队连连告急。"神风"特攻队又一次出击。2 月 21 日早晨，32 架特攻机黑压压地飞离基地。硫磺岛海面，特攻机与美军展开激战，部分特攻机葬身大海，只有少许飞机特攻成功。这天美军一艘军舰、4 艘运输船被击沉，还有 3 艘舰船受创。

然而，"神风"队未能保住硫磺岛。3 月初，美军海军陆战员在硫磺岛强行登陆成功。硫磺岛失守，东京前门洞开，扭转败局已经不可能，但日本军界仍然把希望寄托在本土作战上。

3 月 21 日，美军 3 艘航空母舰游弋于日本本土南方约 4000 千米的海面上。隐藏在

▲硫磺岛

云海深处的日军侦察机反复观察，竟没有发现舰队应该配备的护航飞机。情报传到大本营，这帮输急了的赌徒像突然摸到一张救命牌。

日军"神风"特攻队配属的"樱花"部队指挥官宇垣缠觉得机会来了。机舱内"樱花"们一个个头缠白布，搭乘在"滑行炸弹"上，等待着他们引以为荣的时刻。11 时35 分，野中少校指挥的 18 架飞机腾空而起。没想到，新的情报送来了，美军航空母舰上的护航力量远远超出日军的估计，特攻作战难以成功。然而，一切应战都来不及了。美军的 50 架克拉曼战斗机向特攻队机群发起了攻击。护卫的"云"式战斗机左冲右突，迎战克拉曼，但终因寡不敌众，只好听天由命。

为了与克拉曼飞机对抗，为减轻机载重量，只好舍弃了搭乘的"樱花"。在一阵阵"天皇陛下万岁"的喊叫声中，一朵朵"樱花"跃出机舱，消失在浩瀚的云海中。即便如此，仍有 14 架特攻机被击落，有两架企图撞击美机，自杀未遂，就再也没有返航。"樱花"又一次被扼杀在摇篮之中。

"神风"特攻队覆灭

冲绳岛，日本的一个美丽的长形岛屿。在岛的四周有许多陡峭的山岩、高耸入云的断崖，还有许多挂着一串串神态各异的钟乳石的溶洞。这个岛不仅美丽，还有着极其重要的战略地位。1945 年 4 月 1 日，美军开始向冲绳挺进。这个长达 95 千米的岛屿，是通往荷属东印度石油地带的必经之路，又支配东海、福建到朝鲜的中国沿岸的位置。对盟军来说，冲绳是攻向日本的最后跳板。

正因为如此，日本大本营已下死命令，不惜一切代价，誓死守住冲绳。"神风"特攻队又一次首当其冲，充当侵略战争的炮灰。4 月 12 日，日军出动了 80 架"神风"

特攻机，"樱花"们搭机前往。为避免遭到美军拦截，攻击编队采取四条航路，分头向冲绳冲击。装载"樱花"的陆军攻击队8架飞机杀在最前头，机翼下出现了盟军舰队。"樱花"们纷纷滑出机舱，飘向大海中的目标。

搭乘2792号飞机的土肥三郎开始一直躺在机舱蒙布里睡觉。飞到冲绳海面时，他被隆隆的爆炸声惊醒了。透过机舱，他看到距飞机7千米处的一艘美军战舰。"准备出击！"他喊了一声。随机人员立即拉出炸弹飞机，他坐进了装有驾驶仪的控制舱。弹舱门洞开，载着土肥中尉的飞机飞向目标。数分钟后，土肥中尉的飞机在美军驱逐舰"马纳多·亚华尔号"上爆炸，50分钟后，该舰沉没。

美国海军"大事业号"航空母舰，是一艘老牌舰，它几乎参加了每一场海战。先后击沉了70多艘敌舰，击落了千余架飞机。日本人将"大事业号"视为眼中钉，千方百计地想把它拔掉。

1945年5月15日早晨，日军侦察机发现了"大事业号"的行踪。很快，25架"神风"特攻机迅速从西南方飞来，直往航空母舰冲去。盟军的拦截异常勇猛，格斗战术远远超出日军刚刚训练完毕的"神风"飞行

▲冲绳岛

员。一架架"神风"机被击落，被汹涌的大海吞没。只有一架特攻机完成了真正的使命，撞入了"大事业"的正中央，穿透了三层甲板。由于早作防备，抢修分队动作灵敏，进水口被堵住，"大事业"号终于没有沉没。冲绳岛终于失守。随着冲绳岛的失守，太平洋战争以日本法西斯的战败而告结束。

1945年8月15日的夜晚，暮色掩盖下的东京郊外一幢别墅里，一个留着仁丹胡的矮胖子，跪在客厅的地板上，面前放着两架"零"式战斗机模型。几页留着遗言的信笺飘落在周围，首页上一行"致特攻队员的英灵"的字迹依稀可见。这个矮胖子正是日军"神风"特攻队的始作俑者，海军中将大西泷治郎。白天，当他听完天皇的投降诏书后，便对一切都彻底绝望了。此刻，他取出那柄象征帝国武士精神的军刀，两行热泪夺眶而出。他想起了"零"式飞机撞向美军航空母舰的壮烈场面，

"神风"的特殊含义

"神风"一词在日本颇具传奇色彩。据说元世祖忽必烈曾在13世纪七八十年代两次率舰攻打日本九州，皆遭台风袭击，船毁人亡，以失败告终。"神风"的威名从此流传开来，成为日本文艺作品中永远的话题。在"二战"后期，面对即将败北的侵略战争，日本法西斯分子只有乞求神灵相助了，他们组成"神风"特攻队，企图借"神风"的威力力挽狂澜。然而大势已去，"神风"特攻队充其量也只能是日本法西斯侵略战争的殉葬品。

还有那 3500 余名以己身做"肉弹"的年轻飞行员。

　　终于，他放下飞机模型，托起闪着寒光的军刀，猛地，他把军刀切入腹内。剧烈的疼痛使他的面孔扭曲了，鲜血从伤口涌出来，像小蝌蚪似的在地板上游动……大西泷治郎一命呜呼，他缔造的曾使盟国舰队恐怖一时的"神风"特攻队也随之灰飞烟灭。

世界上第一次反劫机成功战例
——卢德机场上的较量

一架载有99名乘客和10名机组成员的飞机被"黑九月"组织中的劫机"专家"劫持，经过一系列的较量：爆破专家进入了飞机，人质告诉了他们炸药安放的位置。专家们迅速排除了炸弹。从巴拉克发出突击信号到任务完成，共用了90秒。击毙恐怖分子2名，生擒2名。这次人质解救行动，是世界上第一次反劫机成功的战例。

遭遇"黑九月"劫机"专家"

1972年5月8日，由布鲁塞尔飞往以色列卢德国际机场（即后来的本·古里安国际机场）的比利时"萨贝纳"航空公司571航班在飞越南斯拉夫上空时，驾驶舱门突然被打开了。一名瘦小的男子用手枪对准机长拉杰兰德·利维的头，告诉他飞机被劫持了。

这位其貌不扬的劫机者名叫阿布·萨尼纳，是"黑九月"组织中的劫机"专家"，四年前指挥了将以色列航班劫往阿尔及尔的行动，迫使以色列政府释放了被其囚禁的"法塔赫"成员。三个月前，他又劫持了一架飞往阿登的德国汉莎航空公司的班机，让西德政府破费了500万美元赎金。此次劫机是这位恐怖分子指挥的第三次行动。这次，他决定来一个更刺激的——不让飞机转向阿拉伯国家，而是继续飞往卢德机场降落。

飞机上还有他的三个同伙，一男二女，分别是：阿齐兹·阿特拉什、莉玛·塔努斯和阿斯哈克·哈尔莎。两位女劫匪把手枪、手榴弹、两个两千克的炸药包、电雷管和电池等一大堆东西藏在化妆包和内衣里带上了飞机。飞机起飞后，她们到洗手间里取出了武器，两个男人持手枪，女人则持手榴弹。在萨尼纳控制驾驶舱的同时，他们分别占据了飞机上的要害位置，控制了乘客。

控制飞机后，恐怖分子收缴了机上所有人质的护照，从99名乘客和10名机组成员中找出了67名犹太人，将他们押到飞机后部看管起来，而非犹太人则坐在前排。

▲卢德国际机场

三部曲式营救方案

5月8日18时许，萨尼纳向塞浦路斯尼科西亚机场塔台通报了571航班被劫持的消息。5分钟后，尼科西亚机场塔台将此情况通报了卢德机场塔台。不久后，571航班与卢德塔台直接建立了无线电联系，通知他们飞机将在卢德机场降落。一个小时后，这架庞大的波音707飞机驶入了距卢德机场主楼约3千米的16号滑行道。

经过4年前以航班机被劫事件后，以色列人对类似的事件已经有所准备。安全部门在接到571航班被劫持消息后，立即召开了紧急会议。在卢德机场塔台底层的房间里坐满了以色列国家安全的决策人物：国防部长摩西·达扬，交通部长西蒙·佩雷斯，总参谋长大卫·埃拉扎尔，副总参谋长兼作战部长塔尔，空军司令莫蒂·霍德，南部军区司令阿里尔·沙龙，总参情报部长阿哈龙·雅里夫，步伞兵司令拉菲尔·艾坦……从塔台到总理梅厄夫人的办公室还架起了直通军用电话。与此同时，总参侦察营值班应急分队也在营长埃胡德·巴拉克中校的带领下火速赶到了机场。

而外面，萨尼纳正向塔台宣读一份冗长的、包括317名被以色列关押的巴勒斯坦人的名单。以色列必须释放这些人来交换人质。但达扬的态度非常坚决，绝不答应恐怖分子的要挟。

在这一原则下，达扬等人决定了一个三部曲式的方案：先让飞机无法起飞，然后尽量拖延时间，等各方面都准备好后，在合适的时机发动突袭。

方案部署后，巴拉克中校首先带领一队侦察兵，从劫机者看不到的方向悄悄接近了飞机，打开了仍发动着的飞机引擎的油管，飞机下面的滑行道上立即聚起了一汪黑色的机油。然后，他们不声不响地悄悄撤了回来。几个小时后，巴拉克率侦察兵再次出动，破坏了飞机的滑行操纵系统，还在飞机前轮钉进了钉子，放掉了轮胎里的气。

晚上9点多，总参情报部长雅里夫出面与萨尼纳对话，萨尼纳要求以色列在两小时内放人，再用两架飞机把他们送往开罗。而雅里夫称，在两小时内他只能找到名单上的15个人。后来萨尼纳要求用阿拉伯语谈判。于是，阿拉伯语专家、国家安全总局调研处长维克托·科恩匆匆从家里赶往机场，开始用阿拉伯语和萨尼纳对话。

科恩的谈话，肩负着一个重任，那就是他必须把握住适于对恐怖分子采取行动的关键时机。在科恩把恐怖分子说得无暇他顾的时候，应急指挥中心开始紧锣密鼓地准备突击方案。他们设想的第一个突击方案是让总参侦察大队的"野小子"突击队员身着军

▲ "贝雷塔"手枪

装，在精心选择的时机突然出现在飞机上，用威慑火力制伏恐怖分子。但这样做很容易误伤到人质。经再三考虑之后，指挥部最终决定让突击队员假扮成去检修飞机的以航机械师，接近飞机后再发动进攻。在行动中，突击队决定使用0.558厘米口径的"贝雷塔"手枪。这种枪的威力小，即使误伤人质也不易致命。

营救"彩排"

巴拉克中校立即着手确定参加突袭的队员名单，这些队员中，有后来成为以色列总理的内塔尼亚胡，他当时还是侦察营里一名23岁的中尉。还有24岁的中尉乌齐·达扬，他是国防部长摩西·达扬的侄子。乌齐是烈士子弟，他刚刚出生不久，父亲就在以色列独立战争中阵亡，按照以色列的兵役法规定，他可以不在作战部队服役，但是，他或许是利用了伯父的影响，加入了总参侦察营。此外，还有年轻军官奥马尔少尉以及总参侦察大队的其他优秀突击队员。

人员选好后，突击队员立即展开模拟训练。正好在距被劫持飞机几百米远的一座机库内有一架正在检修的以航波音707客机，巴拉克指挥突击队员利用这架飞机进行战前演练，训练的重点是在不引起恐怖分子注意的情况下接近舱门和应急出口。根据推断的恐怖分子和炸弹在机内的位置，巴拉克为突击队明确了任务分工：

飞机的前门由预备役侦察兵伊契克负责，他后面是副营长丹尼·雅托姆。左侧机翼上的前应急出口由莫德海·拉哈米姆负责，他后面是另一位丹尼。离前应急出口3米远的左后应急舱门由奥马尔负责，他身后的突击队员也叫丹尼。乌齐站在靠近机尾舱门边的一架舷梯上，另一名侦察兵负责给他开门。

内塔尼亚胡、阿里克以及两名预备役侦察兵马尔科和雅科夫为第二梯队，负责突击右侧机翼上的应急出口。他们冲进飞机的时机要稍晚一些，以免遭到第一梯队射向恐怖分子火力的误伤。

排除炸弹的关键任务，由从左前应急出口冲入飞机的莫德海·拉哈米姆负责。3年前，他曾单独制伏了三名企图攻击以民航班机的恐怖分子。任务确定后，总参谋长埃拉扎尔走到拉哈米姆面前，让他无论如何一定要先排除炸弹。

为避免误伤人质，巴拉克下令各队在进入飞机时不准用火力掩护，只能在确认恐怖分子的位置后进行瞄准射击。

谈判与消磨

与此同时，维克多·科恩还在与劫机者

▲以色列特种队员登机作战

进行马拉松式的对话。恐怖分子允许利维机长和机械师出去检查飞机状况。不一会儿，两人向萨尼纳证实飞机已经无法飞行了。机械师要求把飞机拖进机库检修，但萨尼纳要求必须让红十字会的代表在场监督。这个要求因为会打乱突击计划而被科恩用各种理由拖了下来。

科恩的絮絮叨叨起到了预期的效果，随着时间越拖越长，四个恐怖分子终于开始变得神经质了。有几次，那两个女恐怖分子摆弄着炸药的开关，宣称要炸掉飞机。有时恐怖分子又表现得宽宏大量，他们本来禁止机组人员向旅客提供服务，但有几次他们忽而又同意向旅客提供食物和水，还帮着空中小姐给旅客送水。科恩后来回忆说："从半夜开始，恐怖分子就不再重复他们的要求了，我估计他们的威胁都只是虚张声势的恫吓。很明显，他们现在希望的只是能活着离开以色列。"

5月9日晨5时30分，红十字会的代表到了机场。三个小时后，比利时负责中东事务的外交部长助理也赶到机场，他带来了比利时政府的建议：用100万美元换取人质。但恐怖分子拒绝了这个建议。中午，一名红十字会代表被派到飞机上，监督更换通信系统的蓄电池，他回到机场主楼时，带来了一位意想不到的客人——机长利维。利维在一天之内看上去老了很多，眼中布满血丝，制服皱巴巴的，领带松着。恐怖分子让他带来了一个炸弹的模型，似乎告诉以色列人他们会来真的。

心情沉重的利维要求以色列突击队员不要采取军事行动。达扬和其他人商量了一会儿后告诉他，以色列"将按名单释放那些巴勒斯坦人"。利维用无线电把这个消息通知了劫机者。劫机者同意，一旦达到目的就释放飞机上的妇女和儿童作为交换条件，但要给他们提供食品和水以及给飞机加油。随后，为了不引起恐怖分子的怀疑，利维回到了飞机上。

16时零5分，一架美国环球航空公司的飞机被拖到劫机者能够看得到的滑行道上。劫机者得到的信息是，这架飞机将把首先获释的150名巴勒斯坦人送往开罗。其实这架飞机是以色列几个月前刚买来的，上面连发动机都没有。随后，机场上又开来了几辆带帆布篷的卡车，好像那些获释的人就在上面，其实车里也是空的。

等恐怖分子进一步放松警惕后，巴拉克中校带领着突击小分队出发了。他们都穿着以航机械师的白色工作服，驾着以航地勤发动机修理工用的小车，向飞机前进。一路上有不少警戒人员好奇地向他们张望，就连他们也不知道这队工人就是侦察营的突击队员。突击队来到跑道尽头的一座平台下面，停了一会儿，对目标进行了最后一次观察。

红十字会人员告诉"机械师"们，萨尼纳在驾驶舱里，每个"机械师"都必须敞开衣服从驾驶舱前经过，以便让他看清他们没有携带武器。队员们很巧妙地藏好了他们的手枪。恐怖分子还命令以航机组人员对"机械师"们进行了搜身检查，同样一无所获。

各组按巴拉克布置的计划进入了各自的位置，巴拉克站在机翼下面。16 时 24 分，距飞机降落在卢德机场过了 21 小时 19 分，各组组长向巴拉克发出准备完毕的信号。

巴拉克终于吹响了行动的哨子。

90 秒结束战斗

最先冲进飞机的是左前应急出口的拉哈米姆，身体强壮的恐怖分子阿特拉什见状立即向拉哈米姆开火，但没有打中。拉哈米姆退了一步，然后在对方射击间歇时冲了进去。就在他退后一步时，奥马尔从距他 3 米远的左后应急出口冲进了飞机，但他刚一跨进飞机，乘客中的一位老太太就紧紧抓住他的裤腿不松手，无比焦急的奥马尔只好在她脸上狠敲了一拳，她才把手放开。然后，奥马尔风一般地冲向正向拉哈米姆开枪的阿特拉什，朝他打了两枪，其中一枪正打在他两眼之间，当场结果了他——这是行动得以成功的关键，因为阿特拉什站在飞机中间，最有可能伤害乘客。

在拉哈米姆和奥马尔冲进飞机后几秒钟内，伊契克也打开了前舱门。但萨尼纳这时正站在飞机前部，距门只有 3 米远。他听到了身旁开门的声音，所以当伊契克一冲进来，萨尼纳就朝他开枪射击，子弹打穿了伊契克的左臂。伊契克忍痛还击，打光了弹匣中的子弹，但却没打中。这时拉哈米姆从后面夹击上来，萨尼纳掉转枪口向他射击，但打偏了。拉哈米姆迎着子弹冲上去，打光了弹匣中的子弹后，跳到一排椅子后面，迅速换好弹匣，继续向萨尼纳开火。鲜血从萨尼纳的脸上流下来，人也摇摇晃晃，但他仍退进厕所，关上了门。拉哈米姆紧跟着冲了上去，一手拉开门，一手把枪伸进去，打光了剩下的子弹。

就在拉哈米姆换弹匣的时候，第二梯队也从右前应急出口冲了进来。但他们一进飞机，拉哈米姆和萨尼纳对射的子弹就迎面扑来，其中一颗流弹打在人质米莉·霍茨伯格头上。突击队员们不得不退后一下，然后再次冲进来。这时，一名人质指着浅黄色头发的哈尔莎，用英语对内塔尼亚胡喊："她在这儿，抓住她！"内塔尼亚胡立刻抓住哈尔莎的头发，但头发轻轻落在他手里，原来哈尔莎戴的是假发。内塔尼亚胡再次抓住哈尔莎的真头发，马尔科冲上来举枪对准了哈尔莎的颈部。子弹穿过哈尔莎

"野小子"特种部队

"野小子"特种部队于 1957 年正式成立。"野小子"在希伯来语中意为"剽悍、强壮、勇于冒险、敢于战胜困难的人"。训练基地位于以色列首都特拉维夫东南大约 120 千米的大漠深处，训练设施及水平堪称世界一流。这支部队直属于总参谋部领导，被誉为"总参谋部之子"，主要使命是从事战术侦察、情报搜集以及营救人员等。日常训练是在英国特种部队特别空勤团 SAS 的训练科目基础上进一步加以提高，具体内容被列为机密，秘而不宣，唯一知道的就是淘汰率高。这支部队与众不同之处是非常注重团队精神，组织形式类似家族式，一旦加入就得终生为之服务。这支部队是以色列国防军的军中骄子，其作战技巧、战斗力、士气均堪称军中典范。

的身体，又打在了内塔尼亚胡的左臂上。内塔尼亚胡疼得直咧嘴。这时，负责排除爆炸物的拉哈米姆从前面过来，撕开了哈尔莎的衣服，从她身上搜出了用于引爆炸药的两节电池。然后，另一名队员把正在流血的哈尔莎带出了飞机。

乌齐的那个组在后门耽搁了一下——按一般程序，应该先开舱门，再靠上舷梯，但他们把程序搞反了。几秒钟之后，乌齐和尤维尔脚跟脚地冲了进去。迎面的客舱入口处挂着一面帘子，乌齐冲到那儿的时候，一个红脸膛的人迎面从里面冲出来。乌齐立即向他开了两枪，一枪打在肝脏旁边，另一枪打在心脏旁边（他事后才知道这是一名想趁乱逃跑的人质，幸好这种枪威力小，人质后来康复了）。客舱里面一片混乱，叫声和枪声响成一片，人质都趴在地板上尖叫。突然乌齐看见在一片混乱中有人正看着他，用手指着什么东西。乌齐问他指什么，但是那个人质紧张得说不出话来，只是继续用手指。乌齐顺着他指的方向走去，发现莉玛·塔努斯缩成一团躺在椅子上，手里举着一颗拉掉保险栓的手榴弹。乌齐飞快扑上去，一手用枪顶着她的太阳穴，另一只手夺下了手榴弹。大概是因为极度恐惧，塔努斯什么话也没说，就被乌齐交给尤维尔带出了飞机。塔努斯起身后，乌齐在座位上找到了手榴弹的保险栓，小心翼翼地插了回去。

爆破专家进入了飞机，人质告诉了他们炸药安放的位置。专家们迅速排除了炸弹。从巴拉克发出突击信号到任务完成，共用了 90 秒。击毙恐怖分子两名，生擒两名，两名侦察兵伊契克和内塔尼亚胡受轻伤。那名被流弹打中的姑娘米莉·霍茨伯格 10 天后在医院去世，年仅 22 岁。塔努斯和哈尔莎被判终身监禁，但分别于 1979 年和 1983 年获释，用于交换被绑架的以色列士兵。

这次人质解救行动，是世界上第一次反劫机成功的战例。

"死神突击队"的死亡名单
——"黑九月"恐怖分子的末日

天崩地裂的一声巨响过后，8 层高的大楼倒塌下来，躺在楼里的几十名恐怖分子全部丧生。黎明前，无一伤亡的以色列奇袭队乘导弹快艇安全返抵海法港。这次行动是"死神突击队"对"黑九月"恐怖分子的一次最严厉打击。

慕尼黑惨案发生

1972 年 9 月 5 日凌晨，5 名巴勒斯坦激进派组织"黑九月"成员潜入慕尼黑奥林匹克运动村，突然袭击了以色列体育代表团驻地。这些人闯进正在熟睡的以色列男运动员寝室，当场打死 2 名以色列运动员，并把另外 9 名扣为人质。

双方经过紧急谈判，联邦德国当局声称：同意恐怖分子携带人质前往民航机场，飞往由"黑九月"组织指定的"任何一个阿拉伯国家"。这只是权宜之计，当三架运载人质和 8 名恐怖分子的直升飞机，降落在西德的菲斯腾菲尔德布鲁克军用机场时，遭到了事先埋伏在那里的西德保安部队袭击。

▲慕尼黑惨案震惊世界

战斗持续了 35 个小时，结果是：8 名恐怖分子中有 5 名被当场击毙，3 名受伤被俘，1 名西德保安警察阵亡。但是令人痛心的是，绝望的"黑九月"成员在就戮前的最后一刻，引爆了满载人质的飞机，丧心病狂地杀害了所有人质。在这一恐怖事件中共有 11 名运动员惨死，消息传出，全世界都被这罕见的暴行震惊了。

庄严而感人的音乐没有能平息以色列情报和特殊使命局"摩萨德"领导人兹维·扎米尔的痛苦和怨愤。他在总理果尔达·梅厄夫人面前大声吼道："又有一些犹太人束手待毙了。而且，没有人关心这件事。别人仍在奥林匹克的球场上踢着足球，好像什么也没有发生似的。"

其实，这是扎米尔在极度悲怨中发出的无可奈何的怒吼。此时此刻，以色列举国群情激昂，愤怒到了极点。

面对指责与非议，以色列女强人、总理果尔达·梅厄夫人愤怒了，她毅然正式宣布："从现在起，以色列将进行一场消灭杀人成性的恐怖分子的战斗，不管这些人在什么地方，以色列都将无情地杀死他们！"

▲ 以色列前总理果尔达·梅厄

接着，在紧急召开的一次特战部队秘密会议上，她对参加会议的全体军官背诵了《圣经》上的一条严厉戒条，决定以眼还眼，以牙还牙。战争、流血、暗杀和反暗杀、恐怖和反恐怖的种子，就这样播下了。

"死神突击队"成立

根据总理梅厄夫人的指示，由军方及摩萨德组成一支特战部队"死神突击队"。这些突击队员将在以色列境外行动。他们的任务是，不惜一切代价，找到"黑九月"组织慕尼黑大屠杀的元凶或其他暴力行动的罪魁，并将他们一一干掉。

这支作风神秘、行动迅速凶狠的突击队从此开始了一场当今世界最大，同时也是最残酷的地下追捕。秘密战线的搏杀从它诞生之日起就充满了血腥味，它旷日持久，难分胜败。一个名叫阿布·达乌德的阿拉伯恐怖分子在巴黎被捕了。以色列的敌手决非无用之辈，他们很快做出了自己的反应。两天以后，一名以色列特工大白天在西班牙马德里暴尸街头。人们时常可以看到，这种地下战争的迹象偶尔像气泡一样冒出水面。

然而，这丝毫没有动摇"死神突击队"复仇的决心。凶悍的扎米尔和他的助手们

▲ 摩萨德的文章标志

决定以暴制暴。在他们看来，既是暴力活动，则必然会有伤亡。他关心的是，如何在最短的时间里，给恐怖分子以最沉重的打击。只是在这个基础上，他才会考虑，怎样使部下的伤亡降到最低水平。

事实上，扎米尔打得又准又稳。散逃在世界各地的恐怖分子一个个被找了出来，他们的结局殊途同归，有的死于爆炸，有的死于"中毒"或"车祸"，有的则神不知鬼不觉地"失踪"了。

并不是所有被处决的恐怖分子都一概参加过奥运会凶杀事件。以色列人的"复仇"行动在恐怖分子的队伍中打开了许多缺口。

"死神突击队"的基本战斗单位是特别行动小组，每个这样的小组，由若干名老练的摩萨德特工加上一

名从以色列陆军中借来的神枪手组成。给他们的任务很明确：在以色列境外，按照提供的线索，毫不留情地消灭那些最狡猾的敌人。他们的信条是："一个优秀的恐怖分子就是一个该死的恐怖分子。"

梅厄总理最担心她的"孩子们"——她总是这样称呼特战队员——可能会在这种复仇行动中做出无谓的牺牲。她直率地说道："仅仅为了杀几个阿拉伯人，我看不必要去牺牲我们最优秀的人才。"因此，为了保证以最小的牺牲换来最大的胜利，每一次行动的组织工作都花了最大的心血。

在"死神突击队"的暗杀黑名单上，首要目标指向布迪亚和哈姆沙里。出生于阿尔及利亚一个农民家庭的布迪亚，以巴黎为中心，领导着整个国际恐怖组织网。哈姆沙里则是他的第一副手，也是"黑九月"组织里的一名老战士。袭击慕尼黑奥运村的恐怖分子就是由他俩组织转往西德的。可以说，他们俩是慕尼黑惨案的主要策划人。

慕尼黑事件发生后，布迪亚和哈姆沙里知道大事不好。梅厄总理的讲话更使他们心惊肉跳，他俩太了解以色列特战部队了。十几年明争暗斗的经验告诉他们，这次以色列人决不会善罢甘休！

很快，他们就发现已经受到了监视。从那一刻起，十几名彪形大汉的保镖便日夜不离左右。

面对如影随形的"死神突击队"的雷霆追杀，一切防卫措施都已无济于事。

两大恐怖头目殒命

慕尼黑事件刚刚结束两个月，"死神突击队"的第一次打击首先降临到哈姆沙里头上。

这是哈姆沙里在法国巴黎的住宅。近日来，哈姆沙里的外线电话似乎出了"毛病"，无法正常与外界通话。这天，正当哈姆沙里准备通知电话局前来修理"故障"时，一个受过良好专业技能训练的电话局技师来到哈姆沙里的住宅，接响了门铃，声称"例行查线"。哈姆沙里连声致谢，并赶紧把"技师"引进房间，并告知"技师"他的电话出故障已有数日，请求"技师"帮忙，尽快使其电话恢复正常。

"技师"一本正经地卸开电话，认认真真地检查修理了好一阵子后又装好，说是修好了。哈姆沙里信以为真，一边不断向"技师"表述着感激之情，一边将其送出住宅。

十分钟以后，当哈姆沙里和情妇刚刚沐浴完毕，从洗澡间出来的一刹那，房间里发出一声震耳欲聋的巨响，炸弹爆炸了。哈姆沙里同他的情妇，在巨大的爆炸气浪中被抛向半空，当他们再次落回地面时，支离破碎的尸体已经无法辨认了。

哈姆沙里做梦也没有想到，这个面容慈祥的"技师"竟是"死神突击队"队员，他给自己电话里装的是一颗可塑性炸弹。

可塑性炸弹是英国在第二次世界大战中研制成功的，曾在纳粹占领下的欧洲为游击队打击德寇广泛使用。50年代以后，各国谍报机关和世界恐怖组织也对它产生了浓厚兴趣。

▲ 枫丹白露

这种烈性炸药具有绝对的可塑性，可以把它伪装成塑料制成烟灰缸、花瓶、衣箱外壳等任何形状的物品。放入哈姆沙里电话机里的，就是这样一种微型定时可塑性炸弹。

时隔不久，惶惶不可终日的布迪亚同样难逃厄运。自从哈姆沙里被炸后，布迪亚对电话特别留神。然而，"智者干虑，必有一失"——他却忘了留神他的汽车。也难怪，无孔不入的"死神突击队"的确令人防不胜防。

一天，当他驾车飞驰时，汽车在巴黎枫丹白露大街爆炸了，他的一条腿血淋淋地吊在车门外，数千名惊恐万状的行人站在街道两侧人行横道隔墙里，亲眼目睹了这血腥的一幕。

布迪亚在遇害之前曾亲手干掉了以色列一名优秀特工巴鲁克·科恩。这个科恩装扮成一个巴勒斯坦事业的热情支持者，成功地打进了在巴黎的阿拉伯恐怖分子组织。当他奉命进一步搜集布迪亚的详细情报时，一招不慎，引起了布迪亚助手们的怀疑。

布迪亚暗中查明了科恩的真实身份后，耍了一个花招，他先派人把科恩引到西班牙马德里，然后用无声手枪把科恩杀死在大街上。

冤冤相报，"黑九月"的顽强抵抗丝毫没有阻止"死神突击队"的复仇，相反，追杀计划和行动变得更加严密、勇决。

在劫难逃

阿巴德·谢尔，策划慕尼黑事件的"黑九月"的主要领导人之一。现在他正改头换面，为组织新的一场恐怖活动而四处奔波。

那位利用法国电话除掉哈姆沙里的以色列电子专家，又寻迹来到了塞浦路斯，在阿巴德·谢尔下榻的奥林匹克旅馆里租了一个房间。这位电子专家断定，处决阿巴德·谢尔的最好办法还是电话。

这一天早晨，看起来与往日并无不同。谢尔照常到二楼餐厅用早餐。

监视谢尔多日，对其生活起居早已了如指掌的特工人员乘机来到他的房间门前，用一把万能钥匙打开了他的房间。

很快，一枚与炸死哈姆沙里一样的可塑性炸弹被放进了阿巴德·谢尔的电话里。

所不同的是，这次不是定时引信，而是一种更为精致的瞬发引信，只要有人拿起电话，瞬发引信就会起爆可塑性炸药，从而引起猛烈爆炸。

接下来的事就变得很简单了。这位"死神突击队"队员从外面给旅馆打来个电话，要求和阿巴德·谢尔通话。接线员很快就把电话接通了。

当阿巴德·谢尔用完早餐返回房间取下电话时，随着一声巨响，爆炸毁坏了整个房间，他的身子被炸成碎片从窗口迸散出去。事后，这家旅店的女电话员回忆说，当时听到了"某种奇怪的声音"。可是，谁也不知道这是什么声音，因为这是阿巴德·谢尔生前最后一个有意识的动作了。

这时，以色列特工就坐在距这家旅馆不远的一个酒吧倚窗的座位上，炸弹响过之后，两只盛满香槟的酒杯碰到了一起。

▲塞浦路斯

"死神突击队"暗杀黑名单上接下来的一个人，是住在罗马的巴勒斯坦诗人瓦迪·阿卜杜勒·兹米特。这位富有的阿拉伯人挥金如土，他的邻居们说他是"一位和蔼可亲、彬彬有礼的教授"。

但根据"死神突击队"掌握的情况，兹米特是"黑九月"组织在意大利的头子，负责把受"黑九月"重金雇佣的日本"赤军派"分子从德国边界送到罗马机场的就是他。同时，他还是袭击利达机场、杀死100多名以色列朝圣者的三名凶手中的唯一幸存者。兹米特还在意大利组织了好几次暴力行动。

慕尼黑奥运会刚刚结束三个星期。一队游客到了罗马机场。他们之中有一位以色列籍的美丽快乐的姑娘。在检查护照的时候，她对机场工作人员说，她很高兴第一次来到这个"不朽之城"访问。

几天之后的一个傍晚，姑娘坐到了一辆汽车里，她的头温柔地靠在她的"男友"肩上。"男友"驾驶汽车，在距兹米特住宅不远的街口停了下来。在任何人的眼里，他们都是一对司空见惯的热恋中的情人。

此时此刻，兹米特全然没有察觉，正当他与一位美丽的意大利女郎待在家里欢爱时，一对奇怪的"情人"正在一辆停在他家对面的小菲亚特车里调情。一连好几个小时，那位意大利女郎都在痴迷地聆听兹米特忘情地朗读自己的诗作。女郎对她所崇拜的诗人的双重身份自然一无所知，她更难想象，此时正是兹米特的命运将要终结之际。

后来，女郎要回去了，兹米特含情脉脉、依依不舍地一直把她送上了汽车。当他向自己的住宅走去时，有两个人从阴暗中跳了出来，紧紧地跟上了他。他们一句话也没说，在距兹米特三米处，装有消音器的手枪响了，兹米特脑浆迸裂，只哼了一声，便倒在地上。

　　事情干完后，暗杀者跳上了那辆菲亚特车，车里的两位情人突然松开了手。几秒钟之后，汽车就无影无踪了。不久，人们找到了这辆被人抛弃的汽车。车上没有任何痕迹，没有一点指纹。

　　1973年的春天早早地来到了大地。4月里的一个晴朗的日子，巴兹尔·库柏西博士徒步穿过了协和广场。他中等年纪、学识渊博、深孚众望，是美国人办的贝鲁特大学的教授。

　　库柏西现在正在度假。他来到了马克西姆之屋前，然后停了片刻，打量着马德莱娜教堂的考林辛式圆柱。在炎炎烈日下，这些圆柱呈现出一种鲜艳的琥珀色。

　　库柏西一直都很喜欢这座教堂。在贝鲁特他的家里，他珍藏着先前从一位巴黎大学生的手中买来的一幅画。这幅画所描绘的就是这座教堂。在教堂的墙脚下，画着无数的花商在他们那四条腿的木桌上摊放着丛丛叠叠的花束。

　　然而，如此有教养的教授却是一个恐怖分子。他参加了向慕尼黑惨案的杀人犯提供武器的那个组织的活动。此刻，当夕阳轻拂着美丽的马德莱娜教堂那古老的石墙时，库柏西正谋划着给那些获准离开苏联的犹太人一次沉重的打击。这些难民正经由维也纳去以色列。

▲马德莱娜教堂

　　一连几天来，库柏西博士的一举一动都受到了严密的监视。

　　这天，当库柏西正流连于风景如画的马德莱娜大教堂广场之时，有三名游客正在观光。他们悄悄地走近了库柏西博士。接着，三人一下子从口袋里拔出了无声手枪，对准"教授"扣动了扳机。

　　仅仅一秒钟的时间，库柏西就倒在地上了，鲜血从他的头部直往外喷。他又最后向后边跳了一下，接着倒了下去，半个身子斜躺在阴沟里，再也没有起来。

最致命的一击

　　随着几个恐怖头目的死亡，仍然活着的恐怖分子都感到大祸临头，纷纷龟缩到贝鲁特。

　　对于恐怖分子来说，认为在贝鲁特可以高枕无忧了，这种想法实在是一个严重的错误。一场更残酷的复仇之剑正等待着他们。

　　1973年4月初，一位名叫吉尔伯特·兰伯特的比利时商人来到了黎巴嫩首都贝鲁特机场。他在豪华的桑德旅馆里为自己和他那迷人的女秘书莫尼克·布伦租了两个房间。吉尔伯特·兰伯特是乘汉莎航空公司的一架飞机从法兰克福飞来的。

一个从罗马出发、经由阿里塔利亚来到贝鲁特的富豪工业家迪特尔·冯·阿尔特诺德也下榻在桑德旅馆。

第二天，贝鲁特机场又来了三名普通模样的实业家。他们是从巴黎来的夏尔·布萨特、从伯明翰来的乔治·埃尔德和安德鲁·梅西，后者是从法兰克福来的又一个英国人。一家德国旅行社为梅西在阿特兰塔旅馆里租了一间房间。布萨特和埃尔德则住在科拉尔旅馆。

这些游客看上去都不像犹太人。他们的护照全是正式的。他们讲着地道的德语、法语或英语，总是在旅馆里或旅馆附近的小饭馆里吃饭。这群人中唯一引人注目的是那位迷人的女秘书莫尼克·布伦。

这些"实业家"在贝鲁特逗留期间，他们的行动没有任何越轨的地方。

▲黎巴嫩首都贝鲁特

白天，他们和每一个初到贝鲁特的游客一样，在市内各处名胜古迹参观游览，而且各自都租了一辆默塞德斯牌轿车，这是完全符合有一定地位的人的身份的。

然而，只要夜幕一降临，他们的活动便有些异常了。他们总是驾车沿着拉姆拉特——贝达公路行驶。公路居高临下，两侧尽是矗立着的陡峭悬崖，崖底就是狭长的沙滩。兰伯特和他的女秘书曾两次把车停在一座8层楼房的附近。从他俩紧紧地搂抱在一起的样子来看，兰伯特留在比利时的妻子必将会同其喜新厌旧的夫君发生夫妻纠纷。

然而"布伦"贴着她老板的耳边并不是谈情说爱。她在一米一米地逐段研究这座大楼的正面，把看到的情况默记在心里。当她看到新添的由沙袋掩护的岗哨时，她的脸上露出了忧虑的神情。这个岗哨正好保护着大楼的入口处。为兰伯特工作的一名当地特工人员证实，这个岗哨是新近增设的。

当行人对这对情人送来异样的目光时，另外几位"实业家"也在紧张地忙碌着。他们尽可能地靠近大楼，为的是仔细观察进出大楼的通道、内部结构和防卫体系。

几天下来，"实业家"们如愿以偿，大楼内的结构情况甚至还有防卫体系，全被他们一一掌握了。

原来，"实业家"们侦察的这两幢大楼正是阿拉伯恐怖分子的营巢。4月10日晚，两艘以色列导弹快艇离开了海法港驶向茫茫大海。导弹快艇上载有一支由蛙人伞兵部队和特战队员组成的奇袭队。这些人都是百里挑一的精兵强将。他们的反应迅速，能在复杂多变的战斗中随机应变，独立作战。

在特拉维夫，准备参加这次行动的各方面负责人全聚集在总参谋长埃拉扎尔的办公室里。以色列特战部队的领导人也参加了这次会议。预定的行动计划是他们一手制定的，行动的成功在很大程度上取决于"死神突击队"送回的情报的准确性。这些特战队员为这次奇袭行动立下了汗马功劳。

零时57分整，以色列导弹快艇比预定时间提前三分钟到达目的地——对着贝鲁特的黎巴嫩海域。通过"实业家"们设在海滩上的灯光信号，奇袭分队泅渡上岸，分乘几辆轿车，直捣恐怖分子的巢营。

汽车队按预定时间到达了目的地。训练有素的伞兵们无声无息地摸向那幢神秘的大楼警卫。一道冷光闪过，正在打盹的警卫喉咙上喷出一股鲜血，仅几秒钟，便一命呜呼了。

黑暗中，"迷人的女秘书"莫尼克·布伦一身戎装，带领一队伞兵，直扑"黑九月"组织最高领导人穆罕默德·优素福·纳贾尔的房间。突击队员按照她的指点，冲向一个扣着铁门的房间，对着锁孔一阵猛扫。为首的士兵猛地一脚踢开大门，几个人旋风般冲进室内。这时，一丝不挂的纳贾尔正和一个漂亮的女恐怖分子躺在寝室的席梦思床上。

没有任何迟疑，以色列伞兵手起枪响，两人当场被打得浑身窟窿。在另一套房间里，"黑九月"组织的首席军事指挥官卡迈勒·阿德万在睡眠中，被猛烈的射击声惊醒。他急忙从枕下摸出自卫手枪抵抗，躲在床下，对冲进走廊的突击队员开了火，然而他连开3枪都未击中目标，自己却在一阵急促的扫射中中弹身亡。

就这样，在"死神突击队"的死亡名单上，慕尼黑事件组织者又消失了3个名字。被枪声惊动的恐怖分子，知道死期已近，困兽犹斗，纷纷抓起武器对着黑暗盲目地胡乱放枪，企图阻击以色列奇袭队。

人数上居劣势的以色列人暂时停止了射击，他们从恐怖分子的火力分布中发现，对手已大部分集中于大楼西侧时，两名突击队员掏出随身携带的K409反恐怖手雷，投进恐怖分子据点。

K409手雷是韩国生产的一种不伤肉体，但却能使人产生精神错乱，暂时失去活动能力

摩萨德

摩萨德（Mossad），全称为以色列情报和特殊使命局，由以色列军方于1948年建立，成立伊始，摩萨德局长伊塞·哈雷尔确立了以色列情报系统的性质。作为一个崭新的情报机构，摩萨德缺乏老牌情报机构所拥有的经验和传统，但他们敢于去摸索经验和创造自己的特色。当特工们接受了任务却不知如何去完成时，他们会被告知："如果你被扔出了门，那就再从窗户钻进去。"正是凭借着这种坚持不懈的精神，摩萨德进行了多次让世界震动的成功行动。它的成功，谱写了世界情报史上的传奇。与美国中央情报局、英国军情六处、俄罗斯内务委员会（克格勃）一起，并称为"世界四大情报组织"。

的新式防暴武器。这种呈圆桶状的手雷投出之后，外壳先炸裂，内置的 7 个爆炸机构立刻散开，在 2~4 秒钟内连续爆炸，在产生震耳欲聋巨响的同时，发出 5~7 万新烛光的强烈闪光，使人的视网膜和神经中枢受到严重刺激，处于昏迷状态。

几声巨响过后，K409 的效果出现了，绝大多数恐怖分子瘫倒在地，失去了抵抗能力。遵照以色列指挥官的命令，突击队员们按原计划将 400 千克烈性炸药从一辆汽车中取出，堆放在大楼中厅，两名工兵迅速装好了电力起爆管。

另外几名突击队员则汗流满面，气喘吁吁地往汽车里抬几个大箱子，那里边装的全是从恐怖分子头目房间里获取的绝密文件。一切准备就绪，奇袭队指挥官下令立即撤退。然后，他对站在身边等候命令的两名工兵一挥手。

天崩地裂的一声巨响之后，八层大楼像积木一样倒塌下来，躺在楼里的几十名恐怖分子全部丧生。黎明前，无一伤亡的以色列奇袭队乘导弹快艇安全返抵海法港。这次行动是"死神突击队"对恐怖分子的一次最严厉打击。对以色列来说，那些缴获的文件更为重要，那里面有恐怖组织的情报员、间谍和联系人的名单，还有一些他们未来计划的材料。

对设在黎巴嫩首都贝鲁特"黑九月"总部采取的袭击行动，是对恐怖分子最致命的一击。它向世人表明：在这个地球上，没有一块土地可以瞒过"死神突击队"的目光，以色列凶狠的报复是无所不能的。

通岛大行动
——拯救船员

美国有着雄厚的经济实力和强大的军事力量，其特种部队则常常在针对其他国家的军事行动中充当重要角色。"通岛之战"就充分说明了这一点。

"马亚克斯号"风波

随着越军队的节节溃败，南越政府放弃了首都西贡，到了 1975 年 4 月 30 日，南越战争终于平息。然而其邻国柬埔寨的局势却日益严峻。4 月 1 日，其国家总统朗诺被迫逃亡到美国；4 月 17 日柬埔寨亲西欧政权垮台；4 月 28 日，红色高棉组织在金边建立了新政权。虽说战争已宣告结束，但小规模的武装冲突却屡有发生，从越南到红色高棉的水域更是危机四伏。

1975 年 5 月 12 日，一艘从香港启航的美国运输船"马亚克斯号"正行驶在暹罗湾的海面上。船只途经泰国的梭桃邑港，开往新加坡。

"马亚克斯号"是希兰德海运公司的一艘集装箱运输船，公司总部设在美国新泽西州的门路帕克。62 岁的船长查尔斯·米勒是一位有着 38 年航海经验的老船长。"马亚克斯号"1944 年下水试航，最近一个月才与"庞斯号"一起从加勒比海航调到东南亚航线。它此次航行的任务是为驻泰美军基地和美国大使馆运输约 1000 吨的食品和日用品。

几天前，红色高棉政府擅自宣布了拥有 90 海里领海权的宣言。就在这个海域里，近 10 天来已先后有约 25 艘外国民用商船和渔船遭到红色高棉海军的炮击或强行扣留。

▲暹罗湾日落

对于这些情况，初来乍到的"马亚克斯号"的船长一无所知。

5 月 12 日下午 2 时 18 分（华盛顿时间凌晨 3 时 18 分），"马亚克斯号"驶抵离红色高棉海 100 千米和威岛南方 10 千米处的公海海域时，有 2 艘红色高棉海军的炮艇突然从岛后驶出，其中一艘炮艇还向"马亚克斯号"的船首方向打枪、发射火箭弹，命令其立即停下。米勒船长见状，一边按照红色高棉炮艇命令放慢船速，一边命令报务员立即发出紧急求救电报："MAYDAY、MAYDAY（紧急求救信号），我船遭到红色高棉海军炮艇的拦截，被命令立即停船，看样子柬埔寨军要登船进行检查。"

根据国际法规定，军舰要依据正当理由向商船开炮，命令其停船时，若商船不服从命令停船，军舰可将其扣留（战时则另当别论，平时要找正当理由则不易）。

船停下来不久，7 名手持掷弹筒和苏制 AK—47 冲锋枪，并携带美制无线电收发报机的红色高棉士兵首先登上了船，他们共有 40 人左右。登船的红色高

▲ 马亚克斯号

棉士兵不会讲英语，只是作出让"马亚克斯号"跟着炮艇走的手势。米勒船长立即答应照办，但心里却期待着收到紧急呼救信号的美国海空军能赶快前来救援他们，便故意把船速降低了一半，"马亚克斯号"慢腾腾地跟在炮艇后面，以争取更多的时间。晚上 8 时，周围一片漆黑，"马亚克斯号"在威岛以北的海域停了下来，但是红色高棉士兵却要求把船开到柬埔寨本土的磅逊港（旧西哈努克港），米勒船长却以航海雷达出现故障，不能夜间航行为由拒绝了。那一夜，对于双方来说都是彻夜未眠，船长一直坐在船桥上，和红色高棉士兵上演了一夜的哑剧。

红色高棉士兵都很年轻，他们衣着不整，武器装备简陋，但都还算比较和气。吃饭时总是让船长先吃，自己后吃。总之，他们对船长还是相当有礼貌的。

5 月 13 日凌晨，红色高棉士兵指着航海图命令船长将船开到红色高棉近海 48 千米处的本土与威岛中间位置处的通岛。船长只能照办，不久船便启航了。船速仍然很慢，在通岛下锚时已是下午 1 时 30 分了。附近，红色高棉的炮艇和停泊的渔船混杂在一起，其中有几艘像是被扣留的外国船只。红色高棉士兵下令"马亚克斯号"的船员下船，换乘两只小渔船（一只是红色高棉的船，另一只是被红色高棉扣留的泰国船），将他们带到了通岛的一个小海湾里。这里是一个很小的军事要塞，在繁茂的热带丛林中，分布着 23 毫米机关炮和火箭发射架，从天空中无法看到。天空中不时有美军飞机出现，但并没有发现进入海湾的运输船。

下午 5 时左右，一名年轻的红色高棉士兵询问"马亚克斯号"的船舱里有没有武器、弹药，并要求进行检查，船长和轮机长

▲ 美国军舰在越南水域

决定领他到船上去，但正当他们登上"马亚克斯号"时，美军侦察机投下了一颗照明弹，顿时把周围照得如同白昼。红色高棉士兵慌忙让他们下船，又把他们带回了海湾。米勒船长本打算在船上给美军的侦察机发个信号，但未能实现。晚饭是由同样被红色高棉强行扣留的泰国船员做的。这一夜，船员们又是彻夜未眠。

▲ 催泪弹

5月14日上午6时左右，全体船员被命令登上了一艘被扣留的泰国渔船，旁边还有4艘炮艇护卫，向柬埔寨本土的磅逊港驶去。在驶抵磅逊港的4个半小时的航程中，船员们一直都处于恐惧之中，他们生死未卜。

在航行中，美军飞机发现了炮艇和渔船，美军飞机企图迫使炮艇和渔船返回通岛，便向渔船前方的100米处和船一侧75米处，用机枪和火箭射击达100次以上。美机看到船并未改变航向，便降低高度，从10米的高空进行近距离射击。

渔船上的船员们不断挥舞着白衬衫，试图以此来告知美机他们的存在和正处于炮火之下的危险。泰国船长曾经有几次想调转航向，但每次都因红色高棉士兵用枪顶着头部相威胁而放弃了，航船只好继续向磅逊港航行。

这一举动激怒了美军飞机，随即投下了数枚催泪弹。船长和船员们个个泪流满面，睁不开眼睛。尽管如此，船还是继续向前航行。美军接连又投下用以驱散游行示威队伍的药剂。船员中有人已开始呕吐，有的皮肤已开始糜烂，其中还有3人被火箭弹碎片炸伤，有1人昏了过去。见渔船始终未改变航向，美机只好离去了。

渔船驶入磅逊港，已是上午10时以后了。渔船就停靠在一只红色高棉船的旁边。巡逻的美机没有再出现。

▲ 美军武装直升机

在此停歇了45分钟。这期间，有几千名柬埔寨群众好奇地从岸上眺望渔船。船员们没有上岸，不久又被带到离此1千米的军事区。受到一些审讯后，又被转移到磅逊港以西75千米处的隆岛，在一个有海岸设施的码头上了岸。

令船员们意想不到的是，在这儿竟有人用英语对他们表示了欢迎："欢迎到柬埔寨来！"尽管讲得不很流利，但吐字却很清晰。他们是磅逊市市长的翻译，也是他们被拘留以来见到的第一位高层官员。米勒船长向他解释道："'马亚克斯号'是一艘普通的运输船，没有装载武器，也没有运输武器弹药，希望立即释放该船和所有船员。归还船只之后，我们将通过曼谷的公司办事处请求美军停止攻击，否则美军将可能进行报复。"翻译官答应向上级报告，并在明天早晨以前给予答复。

那天夜晚，"马亚克斯号"的 39 名船员又度过了一个令人不安的夜晚，美军侦察飞机一直没有出现过。

白宫的抉择

"马亚克斯号"求救的紧急电报，被希兰德海运公司驻印度尼西亚的办事处收到，并立即转到了华盛顿的国务院。

5 月 12 日黎明之前，国务院收到了"'马亚克斯号'连同船员被红色高棉扣留"的电报，但内容模糊，具体细节无法得知。

早晨 6 时 15 分（柬埔寨时间 12 日下午 5 时 15 分），美国国务卿基辛格得知印度支那方面发生了紧急事态。

上午 7 时，福特总统的安全事务助理斯考克罗夫特中将来白宫上班时，得知了这一事件。因总统马上就会前来上班，他便没有专门通知福特总统。当福特总统得知这一事件时，已是上午 7 时 40 分，也就是事件发生的 4 小时之后。

白宫官员对红色高棉海军的此举，进行了种种猜测，尚无定论。有人认为这是偶然发生的；有人认为这是红色高棉冲着美国当

▲美国白宫

局来的，故意让美国人丢面子；也有人认为这是红色高棉为占有可能有海底油田的威岛附近海域，以及坚持对威岛的主权而采取的强硬措施；还有人认为柬方想以该船作为交换条件，夺回旧政府逃亡到泰国时所带走的武器，等等。当然，红色高棉方面绝对不会解释扣押的理由。但在金边，红色高棉主管新闻和宣传的大臣符浩，却通过电台对外宣称："'马亚克斯号'为中央情报局进行特务活动。"美国政府和船主对此都予以否认。

就在当天中午。福特总统召开了国家安全委员会会议。参加会议的主要成员有：副总统洛克菲勒、国务卿基辛格、国防部长施莱格、中央情报局局长科尔比、空军参谋长仲斯上将、总统助理拉姆斯菲尔德等。当时，前往欧洲视察北大西洋公约组织（NATO）部队的参谋长联席会议主席布朗空军上将因事不能出席，由空军参谋长仲斯上将代他参加了这个会议。

▲ 美军水陆两用军车

▲ 福特总统

会议由国务卿基辛格主持召开。基辛格主张，在国际上，应尽快消除美军从越南撤退后产生的不良影响，提高美国的国际威望；在国内，应向国民表明夺回被扣船员的决心，应该以尽可能多的兵力，采取强硬措施。而国防部长施莱格却主张：为了避免过多的介入，应投入最可能小的兵力，根据形势采取行动。

福特总统同意基辛格的意见，在询问了船员及"马亚克斯号"的具体位置，太平洋方面能够出动的兵力及展开这些兵力所需要的时间等情况后，指示国防部长施莱格做好充分准备，以便采取军事行动。

五角大楼已向驻扎在大西洋的美军下达了戒备命令，并且命令调遣驻冲绳、菲律宾的美国海军陆战队，并派遣太平洋上的第7舰队前往增援。在初步拟定的作战计划上，要求首先确定"马亚克斯号"的确切位置，阻止运输船和船员的转移。

另一方面，美国政府还设法通过外交途径，进行交涉。

下午1时50分，白宫新闻发言人内森向新闻记者宣布：美国运输船"马亚克斯号"在暹罗湾的公海上被红色高棉海军扣留，现已被带进磅逊港。美国认为这属于海盗行为，已经严重违反了国际法公约，已指示国务院要求红色高棉政府立即释放被扣留船只和船员；若不释放，将采取军事行动。

国家安全委员会会议结束以后，国务卿基辛格按计划要到密苏里州进行他的演说旅行。国务卿离开白宫，这将意味着福特总统完全可以按照自己的意愿去处理这个事件。

5月13日凌晨2时35分，总统助理斯考克罗夫特中将将福特总统唤醒，向他通告了"马亚克斯号"正向柬埔寨本土航行的消息。但拂晓传来的情报又说，该船停泊在离柬埔寨本土48千米的通岛。总统认为，一旦"马亚克斯号"进入本土，营救船员的任务将变得更加困难，因此必须要尽快采取行动。

上午10时30分，白宫召开了第二次国家安全委员会会议，会议持续了1个小时，主要讨论了关于确定"马亚克斯号"船员们具体所在位置及实施军事行动的问题。

下午 5 时 53 分，白宫的工作人员同议会的主要成员进行了紧张的电话联系。在经过长达 5 个多小时的解释之后，终于取得了他们对于采取军事行动的谅解。

下午 8 时 30 分（红色高棉时间 14 日上午 7 时 30 分）左右，传来了侦察机提供的情报："有几艘炮艇正向柬埔寨本土行驶，其中一艘上有些人很像欧洲人，而且正挥动着白衬衣。"福特总统认为："欧洲人"可能是"马亚克斯号"的船员，对炮艇进行攻击会误伤船员，因此下令美机停止攻击。

▲ 美军陆战队员

当天晚上 10 时 40 分，又召开了第三次国家安全委员会会议，刚刚结束旅行回到华盛顿的国务卿基辛格也出席了会议。根据情报进行推测：少数船员被转移到红色高棉本土，大多数船员仍留在通岛。为此，福特总统建议，要防止船员被转移，阻止红色高棉的军队救援，孤立通岛，营救"马亚克斯号"，救出船员。因而决定派一支海军陆战队乘坐直升飞机在通岛实施机降，救出船员，占领该岛；派遣另一支海军陆战队在"马亚克斯号"上降落，夺回该船。在此期间，由战斗轰炸机进行空中支援；同时，为防止敌人增援，对柬埔寨本土的空军设施也进行有效的打击。

5 月 14 日下午 3 时 53 分（红色高棉时间 15 日凌晨 2 时 53 分），福特总统召开了第四次安全委员会会议，决定立即实施营救作战计划。4 时 45 分，总统在会议上作出了如下具体决定：海军陆战队于拂晓时在通岛机降，夺回"马亚克斯号"，指示国防部立即投入作战。会议持续了将近两个小时，同时还讨论了作战行动对各国的影响及有关问题。下午 6 时 30 分，福特总统在内阁会议室向议会的主要成员宣布了这一决定，并希望得到理解。议会中绝大多数成员对总统的这一决定给予了支持。

美军全面备战缺少地图

国防部的地下作战室得知"马亚克斯号"被扣留的时间已是 5 月 12 日清早 5 时 12 分（红色高棉时间下午 4 时 12 分）。

当日上午 7 时 30 分，国防部命令太平洋总部出动泰国乌塔堡空军基地的侦察机，对"马亚克斯号"的具体位置及守卫情况进行侦察。同时，命令太平洋第 7 舰队进入戒备状态。

上午 10 时 19 分（华盛顿时间），菲律宾西南方约 160 千米处的一艘美军护卫驱逐舰"霍尔特号"奉命向作战海域进发，另一艘军舰"维加号"也在其后 120 千米尾随而来。两舰预定在红色高棉时间 14 日下午 11 时到达柬埔寨海域。

▲美航空母舰

▲导弹驱逐舰"威尔逊号"

华盛顿时间下午 3 时 14 分，正在爪哇岛以南的海面朝澳大利亚方向行驶的美航空母舰"珊瑚海号"和 3 艘驱逐舰也决定改变航向，向柬埔寨全速进发。预定在红色高棉时间 15 日下午 2 时到达。

与此同时，从台湾南部海域出发的导弹驱逐舰"威尔逊号"也开始向作战海域进发，预定在 15 日下午 2 时到达。华盛顿时间 5 月 13 日中午 12 时 10 分，国防部命令驻菲律宾的海军陆战队 120 人调往乌塔堡基地；同日下午 3 时 12 分，命令驻冲绳的第 3 陆战师所属的水陆两栖部队 1100 人，也调往乌塔堡基地。

同日下午 7 时 10 分，位于菲律宾近海的美航空母舰"马亚克斯号"也奉命赶赴柬埔寨海域。次日，国防部下令驻关岛的美战略轰炸机"B-52"，准备对柬埔寨本土进行轰炸，进入 1 小时待命状态。

驻地司令部为了确保能在 14 日这天进行作战，从前一天清晨就开始研究作战计划。同时，来自菲律宾苏比克海军基地的陆战队员 120 人、驻冲绳第 3 陆战师的 1100 人，已乘"C-141"运输机抵达乌塔堡军事基地。在制定作战计划时，遇到的难题是没有一张详细的通岛地图，原有的旧地图已不适用，只好期待袭击部队从前方送来的地形侦察报告和空中照片。根据目视及照片分析，发现通岛有三个地方可以作为直升飞机的着陆点。另外，敌防空阵地主要集中在北部。

▲82 式无后坐力炮

在制定作战计划时，驻地司令部预料，大部分船员仍留在通岛，"马亚克斯号"上只驻守有少量红色高棉士兵。因此，决定派遣 11 架"CH-53"直升飞机（每架可搭乘 25 名全副武装的士兵），其中 3 架配备 60 名陆战队员用以夺取"马亚克斯号"，另外 8 架配备 175 名队员在通岛着陆。为了将伤亡减少到最小程度和顺利登陆，袭击部队指挥官沃斯琴中校曾提议在直升飞机着陆前对敌阵地进行空中攻击。但司令部认为这样做会误伤被扣留的船员，没有同意。

据有关情报说，通岛的守备士兵只有 18 至 20 人，而对付他们的第一批陆战队员就有 175 人，从人数上讲，绰绰有余。但 5 月 12 日得到的最新情报却声称守备通岛的士兵有 150 至 200 人，另外还配备有 82 毫米迫击炮，75 毫米无后坐力炮，7.62 毫米和 12.7 毫米机枪等武器。至于确切的情况，直到战斗结束后的 17 日才得到。

美军喋血暹罗湾

5 月 15 日凌晨 3 时 45 分（华盛顿时间 14 日下午 4 时 45 分）国防部发出了福特总统下达的夺回"马亚克斯号"，营救船员的作战命令。20 分钟以后，又发出了轰炸柬埔寨本土的指示。当日清晨 4 时，11 架"CH－53"直升飞机，在沃斯琴中校的率领下，飞离乌塔堡基地。载有 175 名海军陆战队员的第一批 8 架直升飞机，在"F－4"战斗轰炸机、"A－6"攻击机和"A－7"攻击机的支援下，于 6 时 10 分（华盛顿时间 14 日下午 7 时 10 分）飞抵通岛上空，从北部 2 架 2 架地开始降落。这一天，暹罗湾上晴空万里，偶尔飘过几朵白云，在温暖的阳光下，少许的白浪在平静的海面上轻轻翻滚。美军突击部队对和平交涉仍抱有一丝希望，所以带着有 3 名会讲柬埔寨话的士兵随行，但不久这一希望就完全破灭了。

红色高棉军队的防空能力比预想的要强得多。最前面的 1 架直升飞机已经中弹，坠入离岸不远的海面，随后的 1 架也中弹而坠落在离岸 160 米处的海面，另有一架坠落在遥远的海面上。另有 2 架中弹，但仍可勉强继续飞行。

落在海里的佟肯中尉，是前线射击联络官，他一边奋力向岸边游去，一边用报话机引导空中的飞机对敌人的据点进行有力的打击。初定的计划是：6 架直升飞机在东侧的 C 点着陆，另外 2 架在西侧的 B 点着陆，但都未能实现。队员们零零散散地先后有 20 人在 C 点登陆，29 人在 B 点登陆。率领指挥小队的沃斯琴中校，同 59 名队员一起在炮火稀疏的西岸南部 A 点着陆。至此，175 名队员中已有 109 名顺利登陆。

沃斯琴中校立即命令前线射击联络官卡西边上尉，要求在空中盘旋的"A－7"攻击机及"A－130"炮艇机给予火力支援。但是，由于没有坐标地图，无法对攻击机进行有效的引导。于是，沃斯琴中校不得不等待 4 小时后从乌塔堡赶来的增援部队。决定先集中起分散的兵力来对付敌人。

在 B 点，基斯中尉率领一队人在空中支援下，顽强奋战；而沃斯琴中校则率领另一队人沿着丛林茂密、岩石遍地的海岸朝 B 点进发，两队会合以后，增强了火力，一起向敌人展开了猛烈的攻击。

在通岛登陆的同一时刻，48 名陆战队员和 12 名爆炸物处理人员，乘坐了 3 架

▲ A－7 攻击机

"CH－53" 直升飞机飞临 "霍尔特号" 护卫驱逐舰的上方，但由于 "霍尔特号" 用于降落的甲板太狭窄，直升飞机无法直接降落，队员们只好沿绳梯登上了甲板。这时，2 架 "A－7" 攻击机朝 "马亚克斯号" 投下了烟雾弹，船立刻被烟雾所笼罩。

载有陆战队员的 "霍尔特号" 不断驶近 "马亚克斯号"，但船上都没有任何反应。上午 7 时 25 分，"霍尔特号" 靠上 "马亚克斯号"，陆战队员头戴防毒面罩、手持冲锋枪纷纷登上舷梯，"霍尔特号" 上的机关枪一直对准着 "马亚克斯号"。指挥官乌德上尉下令搜查船桥、轮机室、主甲板的船头、船尾等。爆炸物处理队从船底到船舱仔细搜查了一遍，结果不但没有船员，就连红色高棉士兵也没有一个，爆炸物更没有发现，有的只是已经变凉的残汤剩饭。8 时左右，"马亚克斯号" 上重新升起了美国国旗，8 时 22 分，乌德上尉向司令部发出了已夺回 "马亚克斯号" 的电报。"马亚克斯号" 由 "霍尔特号" 引导，缓缓地踏上了归程。

在通岛，激烈的战斗仍然进行着。上午 11 时 8 分，美军增援部队终于赶到。从这些人的口中获悉船员已被释放。12 时 21 分，一架增援的直升飞机被猛烈的炮火击中，未让增援部队登陆，就和另外 2 架直升飞机返回了乌塔堡基地。

在此之前，上午 11 时 10 分（华盛顿时间凌晨零时 10 分），国防部已经发出 "停止战斗，全军撤退" 的命令。但在红色高棉军队猛烈的抵抗之下，停止战斗是不可能的。

另一方面，对柬埔寨本土的轰炸，也是在 15 日清晨开始的，红色高棉军队并没有像样的防空力量。但为了阻止红色高棉军队对美军突击部队的攻击，上午 7 时 45 分，从 "珊瑚海号" 航空母舰上起飞的舰载机对柬埔寨的云壤空军基地实施了第一次轰炸，轰炸机群袭击了跑道、机库、检修场、加油设施等，以 T－28 飞机为主力的红色高棉空军也遭到了毁灭性的打击。一个半小时后，又对这一空军基地实施了第二次轰炸。紧接着一个半小时后，又实施了第三次轰炸，炸毁了柬军的海军设施以及磅逊近郊的军事设施。炼油厂、仓库、调车场等设施也同样遭受到破坏。轰炸过程中并未动用驻扎在英岛上的 "B－52" 战略轰炸机。

当日的空袭直到下午才接近尾声，但在通岛上仍然是炮弹横飞，乘坐直升飞机撤退仍然没有安全感。为了压制柬军的炮火，由泰国起飞的 AC－130 炮艇机在通岛南岸投下了一枚现存常规炸弹中威力最大的 "BLU－82" 型炸弹，通岛上顿时浓烟四起。

驱逐舰群也对柬军据点实施了有力的舰炮射击。等夜幕降临之后，陆战队员才开始乘坐直升飞机撤退。晚上8时55分（华盛顿时间上午9时55分），整个作战宣告结束。

返回乌塔堡基地的陆战队员，在泰国政府规定的期限之内离开了泰国，返回了各自的基地。

船员安全获释

5月15日上午6时7分（华盛顿时间14日下午7时7分），金边电台报道了红色高棉政府已释放"马亚克斯号"船员的消息。早上7时30分，正当陆战队员在"马亚克斯号"上进行搜查，同时在通岛上遭受柬军炮火猛烈的反击之时，被红色高棉政府释放的"马亚克斯号"船员正乘坐一艘泰国渔船，朝"马亚克斯号"驶来。

▲P-3C飞机

上午9时之前，正在巡逻的美军P-3C飞机发现了1艘像炮艇的船正离开本土向通岛方向驶来，并立即作了简单报告。为了进一步确定，飞机降低了高度，发现船上有30名欧洲人模样的人正挥舞着白衬衣发送信号。同时为了确认，还拍下了照片。

"威尔逊号"靠近"马亚克斯号"时，收到了一条来自巡逻机的消息："一艘像是敌炮艇的船只，正从柬埔寨本土驶向通岛。"同时，驻地司令部下令给"威尔逊号"，命令其阻止该船接近作战海域，击沉该船。"威尔逊号"的舰炮和导弹随即处于发射状态，以"Z"字形向前运动，驶向目标。当接近目标时，监视电视的操作员报告该船不是炮艇，而像是一艘渔船。恰在此时，"威尔逊号"又收到了来自巡逻机的第二份报

▲威尔逊号驱逐舰

告，也证实这是一艘渔船。"威尔逊号"驶近渔船，经确认正是"马亚克斯号"船员乘坐的那艘渔船。

"威逊逊号"停了下来，把渔船拴在船舷上，让"马亚克斯号"的船员上了舰。船员在被扣留70个小时后得救了，39人无一缺少。

船员受到了热情温暖的欢迎，军医还给船员进行了身体检查，一切情况良好。"威

尔逊号"的情报官还详细询问了扣留中的情况。

美国海军陆战队

1775 年 11 月 10 日，美国在第二届大陆会议上，正式决定在舰队中部署 2 个营的海军陆战队，以作为舰队的登陆队使用。这一天，成为了美国海军陆战队的诞生日。当时，美国正值独立战争时期，海军陆战队就是在这样的形势下，根据战争的需要而创立的。如今它已是美国推行对外政策、维护国家权益的一张重要王牌，也是世界上规模最大、实力最强的一支两栖作战兵力。同时，还是世界上唯一的一支装备固定翼飞机的海军陆战队。这些全部自愿入海军陆战队的志愿者机动灵活、骁勇善战，组成了美国武装力量中的"精锐之师"。

米勒船长要求回到"马亚克斯号"，检查冷藏货物，自己航行，"威尔逊号"便调转了航向，向"马亚克斯号"驶去。接近"马亚克斯号"以后，船员们通过"威尔逊号"上的一艘小船转移到了"马亚克斯号"。随后"威尔逊号"又驶向通岛，去执行支援陆战队的任务。"马亚克斯号"的船员们对船仔细检查了一遍，发现机器一切正常，便摘掉牵引索，同"霍尔特号"告别，向目的地新加坡驶去。

希兰德海运公司经理，为了表明"马亚克斯号"上没有装载收集情报的装置和武器弹药，指示米勒船长在新加坡打开船舱接受检查。

华盛顿时间 5 月 14 日下午 7 时（红色高棉时间 15 日上午 6 时）后，"突击部队抵达通岛上空，开始作战"的消息传到了白宫。

下午 8 时 16 分华盛顿又收到红色高棉政府释放"马亚克斯号"的消息。这条消息是大约 1 小时前在金边发布的，广播的具体内容是："红色高棉政府要求'马亚克斯号'立即退出红色高棉领海，今后不准再搜集情报，进行挑衅活动。这也同样适合于其他船只。"

福特总统看到这则消息后，认为其中只谈到对"马亚克斯号"放行，却没有提到释放船员，因而准备继续进行军事打击，于是指示国务卿基辛格，通过广播电台和商业性的通讯社发布了这样的声明："我军已夺回了'马亚克斯号'。若贵国政府立即无条件释放被扣留船员，我国将停止军事打击。"这一声明在华盛顿时间晚上 9 时 15 分也同样向新闻界发表了。

迫于美国的军事压力，红色高棉政府释放了被扣船员，当船员获释的消息才传到白宫后，福特总统立即命令国防部，除撤出留在通岛的美军陆战队员外，停止一切军事行动。就这样，美国政府凭借其强大的军事力量，采取强硬手段解决了这一严重事件。

"霹雳"行动
——以色列特种部队追击数千千米救人质

1976年6月27日，法国航空公司一架大型客机在雅典起飞不久，就被4名巴勒斯坦人和2名联邦德国人劫持。以色列派出近200名特种部队突击队员，从敌对国家上空机动达几千千米，以闪电般的行动偷袭了乌干达的恩德培机场，当场击毙所有劫机犯，炸毁机场上十余架飞机，打死打伤乌军100余人，救出全部人质，并安全返回，把一个不可能的冒险计划变成了现实，在国际上引起极大反响。

"空中客车"遭劫持

1976年6月27日，星期日。

以色列总理办公室沐浴在灿烂的阳光中。突然，运输部长雅克比急匆匆闪身进来，把一份写有"急电—绝密"字样的电报，递到了拉宾总理的手中。电报的内容是："今天8时50分，载有多名以色列乘客，由本格利恩机场起飞的法航'空中客车'139次班机，经雅典飞往巴黎途中被劫持，具体情况不详。"

飞机被劫事件发生后，以色列内阁会议迅速商讨了对策。15时30分，以拉宾总理为首，由佩雷斯国防部长、雅克比运输部长、阿隆外长、查德克法务部长、格利里部长以及格尔总参谋长组成了危机对策委员会。

拉宾总理认为："劫持的客机上有近百名的犹太人，劫机犯以此为筹码，将向以色列施加压力，我们应有对策，要加紧情报搜集工作。"

但危机对策委员会到傍晚时才收集到了几份情报。一份情报中说："139次班机曾降落在利比亚的班加西机场，后来不知飞到何处。"

现在，被劫持的客机去向不明，他们也可能按原来计划一样返回本格利恩机场。因此，拉宾总理来到机场，决定把埃尔·阿尔航空公司总调度室改为前线司令部，坐镇指挥。为应付万一，在机场周围部署了特种部队队员。但为了不引起注意，还让特种部队队员换上机械工作服或运动服。

不久，拉宾总理得到了准确情报：第139次班机被劫持到乌干达。据悉，指挥劫机的是巴勒斯坦游击队员哈达德，但他本人在索马里，并没有直接参与。直接指挥者是贾贝尔。机上人质被软禁在恩德培机场候机大楼内，而且乌干达总统阿明事先知道劫机计划。劫机犯要求以色列在规定的时间内，将关押在以色列的53名巴勒斯坦人送到乌干达进行交换，否则，将处死全部人质。

以色列与乌干达曾是友好国家。以色列一直援助着乌干达，帮助训练乌干达的军队，以色列空军则帮助乌干达空军训练飞行员，并且帮助乌干达修建了恩德培机场。所以，以色列对乌干达军队的编制、装备以及恩德培机场的情况相当了解。从1972年3月起，以色列同乌干达结束了友好关系，撤回了在乌干达的顾问团。

营救部署

危机对策委员会对营救行动进行了周密筹划。一方面，派出政府代表与劫机犯进行谈判，另一方面立即展开了军事营救的准备工作。以色列步伞兵司令肖姆隆拟制了代号为"霹雳"行动的军事营救计划。

由空军司令佩莱德担任行动总指挥，步伞兵司令肖姆隆担任地面行动指挥官，内塔尼亚胡中校担任突击队长。从第35空降旅和"戈兰"步兵旅挑选了200名精干官兵组成了突击队，抽调了执行任务的各种飞机，并集中在沙姆沙伊赫附近的空军基地，在以军总参谋长古尔直接领导下进行临战训练。

突击队计划使用4架C-130运输机和2架波音707飞机，所有飞机均涂上民航标志。4架C-130运输机的安排是：地面行动指挥官和突击队长乘坐1号机，率领袭击组袭击候机楼，救出人质；2号机乘载掩护组，阻击乌干达增援部队，抢救、运送人质；3号机乘载破坏组，摧毁机场雷达和战斗机，运送人质；4号机为预备队，负责补给燃料。2架波音707型飞机的安排是：1号机负责行动指挥和通信；2号机为救护机，载有33名医务人员。空军司令佩莱德乘坐1号机亲临现场指挥。此外，还有2架C-130运输机作为预备加油机和无线电联络中转机，行动开始阶段由8架F-4E战斗机负责警戒护送。

▲反坦克导弹

参加行动的共计280人，其中突击队员208人。突击队携带装甲运输车、重机枪、"龙"式反坦克导弹、手榴弹、无声冲锋枪以及安装有106毫米无后坐力炮的吉普车等，还有一辆临时漆成黑色的"奔驰"轿车，以便充当乌干达总统阿明的座车。袭击时间选在内罗毕和恩德培机场没有民航飞机起落的时间。

贴海飞行

7月3日，即星期六下午，以色列召开了紧急内阁会议。这一天是以色列的安息日。属于戒律森严教派的2名内阁成员，遵守这天不能乘车的规定，徒步来到官邸。拉宾总理向全体内阁成员说，如果失败，总理自己承担一切责任，要求同意进行军事作战。内阁成员们都发表了最后意见，并进行了热烈的讨论。

15 时 10 分，大约在内阁会议决定的前 20 分钟，袭击部队从贝尔谢巴近郊的空军基地向乌干达进发了。部队被指示说，如果内阁会议不同意出击，就再撤回。15 时 30 分内阁会议结束。根据内阁决定，第一次正式向部队下达了"紧急出击"的命令。

当作战命令到达部队的时候，4 架大力神机正飞过了西奈半岛的南端；4 架飞机都标上了民航机的符号。按照民航机的规定，在民航机航线上飞行。

当 4 架飞机接到命令之后，立刻关闭了无线电，并保持能看到前一架机的距离，编队向乌干达方向飞去。

当离开以色列领空，飞到红海上空时，编队降低了飞行高度。为了避开阿拉伯国家监视船的探测，编队有时贴着海面低空飞行，有时直接冲入气流中。

坐在飞机上，队员们都能感觉到海涛的汹涌。只要撞上一个浪头，就会葬身海底。从未胆怯的约尼，这时也想到了死。他对身边的人说："若能活过今年 30 岁生日，我肯定是个长寿的人。"

天渐渐黑了下来。飞机开始飞临东非高原，在崇山峻岭中间穿行……

F－4E 鬼怪式战斗机在更高的空中护卫。不久，编队在吉布提附近向右改变了航向，飞入埃塞俄比亚领空，南下山岳密林地带，通过内罗毕上空。在接近乌干达的时候，天气突然恶化，电闪雷鸣，飞机在空中剧烈摇摆。编队在视线模糊的情况下，依靠机载雷达，摸索着前进。幸运的是经过国的地面雷达，似乎还没有发现飞机编队。

在飞机上，内塔尼亚胡中校同部下再次确认营救行动步骤的时候，飞机编队已开始向恩德培机场下降。

▲西奈半岛

空军司令搭乘的波音 707 一号机在内罗毕加油后起飞。已来到恩德培南面维多利亚湖上空，在 800 米的高空盘旋。空军司令的任务是用雷达跟踪袭击部队的动向。同时，担任同特拉维夫总参谋部的联系，并在紧急的情况下，给袭击部队以必要的援助的任务。

大力神 C－130 运输机以 800 米的间距直飞恩德培。眼下的恩德培机场静悄悄的，似乎没有发生任何事情。维多利亚湖上空虽然浓雾笼罩，但恩德培方向却晴朗无云。

恩德培机场的旧候机大楼，迎来了第 5 个夜晚。许多疲倦不堪的人质，或许是因为吃不惯这里的饮食，都患了痢疾。厕所因没有水冲洗，而脏物四溢，臭气熏天。

3 日 17 时，阿明总统来到候机大楼，对人质说："为了挽救大家的生命，我已作了多方努力，是以色列政府不好。"他出席毛里求斯的会议，比原计划提前回国。

德国人一男一女在机场大楼门口站岗，贾贝尔和另一名巴勒斯坦人在大厅内巡逻，还有另一名戴贝雷帽的巴勒斯坦人固守在候机大楼的北侧。尽管看上去似乎是戒备森严，但另一方面，一位埃及医生却正在跟一名阿拉伯游击队员谈笑风生，无拘无束。大部分人质疲劳不堪地躺在那里，只有少数人质在玩扑克。

C－130 一号机内，装扮成黑人的内塔尼亚胡中校和 9 名部下，坐在奔驰轿车里，正在后部的出口附近待命，因为他们已经知道阿明总统回国，遂放弃了冒充总统的原作战计划。

绝战恩德培

袭击部队在飞行了 7 个小时之后，按原定计划于晚上 10 时 40 分（乌干达时间是 11 时 45 分），到达了维多利亚湖上空。恩德培机场依然灯火辉煌。不久，4 架飞机分为 2 组开始下降。一、二号机在旧跑道着陆；三、四号机在新跑道着陆。一号大力神机向机场指挥塔报告说："送来了已释放的恐怖分子。"请求允许着陆。飞机压低发动机的声音，开始悄悄地着陆。不久，飞机接触跑道发出一声沉闷的声响，然后开始滑行。为了不发出更大的响声，飞机没有改变螺旋桨螺距。一号机一边躲避探照灯，一边离开跑道，向旧候机大楼方向滑去。

▲恩德培机场

继一号机之后，二号机也降落在跑道上，并采取了随时能紧急升空的姿态。三号机降落在新跑道上。一号机滑行到旧候机大楼前面的停机坪上，平稳地停下来。机场静悄悄的，警卫也没发觉这突如其来的变化。

扶梯放下，肖姆隆准将第一个跳下飞机，紧接着，队员们为寻找游击队和人质也急速散开。

从飞机上放下来的奔驰车向旧指挥塔附近的警卫哨位开去。刚刚敬过礼的警卫兵还不知道是怎么回事，就"扑通"一声倒在了装有消音器的枪口下。化装成功了，但在进入大楼的时候，为防止分辨不出哪个是乌干达兵，哪个是特种袭击队员，内塔尼亚胡中校和他的部下用油脂抹去了脸上和手上的黑色油墨，脱掉了乌干达服装。此时，指挥塔似乎发现了情况有些不对头，关闭了机场的电灯，整个机场立即漆黑一团。最后一架大力神机，按训练的要求那样，在黑暗中安然降落到新跑道。

在旧候机大楼的外面警戒的是德国人贝泽，他还没有发现情况，特种袭击队员已经冲了过来。当他突然回头，操起自动步枪的瞬间，已经响起一声刺耳的枪声，倒下的是劫机犯贝泽。另一名袭击队员开枪打死了站在入口处的一名德国妇女迪德曼。袭击队员们一边用希伯来语喊着："卧倒！卧倒！"一边向机场大楼冲过去。大厅内的两名游击队员用自动步枪和手枪疯狂乱射，但在以色列特种袭击队员的雨点般的射击下，不堪一击地倒在血泊之中。

人质中有人以为游击队开始实施屠杀了，他们不安地喊着："以色列！以色列！"其中一位56岁的妇女波洛乔维蒂因中流弹，大量出血后死亡。她是被一名游击队员几秒钟前发射的子弹击中的。另一位是5年前从美国移居以色列的19岁的查贾克·迈莫尼，他刚刚站了起来，就被以色列士兵的一发子弹打中，当场死亡。正要上前帮助他的保险公司的一名董事科亨也负了重伤。大厅一楼内的交战只用了1分45秒即告结束。

内塔尼亚胡中校和部下为寻找残存的游击队员，登上了二楼，找到了藏在厕所内的2名游击队员，并当场击毙。藏在机场大楼北侧的另1名游击队员也在交火中被打死。这样，一共打死了7名游击队员。游击队员因推算有10名，所以据认为剩下3名已经逃跑（也有情报说被抓获带回以色列）。

救护人员迅速抬走了负伤的5名人质和4名士兵，把他们送到了2架飞机的手术台上。

机场候机大楼的战斗，惊动了整个机场。乌干达警卫士兵开始应战。来自指挥塔的炮火格外猛烈。以内塔尼亚胡中校为首的袭击队为压制对方炮火，动用了反坦克导弹和重机枪，正在此时，不知谁喊了一声："奈尼负伤了。"内塔尼亚胡背部中弹，鲜血染红了衣服，他一度想站起来，可又再次倒了下去。他是被一名躲在角落里的乌干达士兵击中的。

在袭击期间，所有的大力神机始终没有熄火停机，而由十几名队员保护着。在机场新跑道停机坪上，米格战斗机被爆破分队一架架地炸毁。烈火熊熊，染红了夏日的夜空。

另一队袭击了机场雷达中心，并放上了炸药。这些爆破队员在引爆之前，也没忘记卸下苏联制造的雷达装置，带回国内。

搭乘装备有无后坐力炮的吉普车和装甲输送车的一队，在机场入口处迎击并消灭了从堪培拉方面赶来支援的乌干达部队。另外，袭击队员还拍照、提取了被击毙的7名游击队员的照片和指纹，作为证据带回了飞机。

4架大力神运输机中，有1架的燃料只剩下够飞行80分钟的量了。因考虑到在火灾、爆炸不断的机场上加油太危险，决定飞到内罗毕机场再加油。

▲大力神运输机

袭击战斗开始后，过了 53 分钟，载着人质的二号机开始起飞，这时天空下起了雨。

离机场 4 千米处的总统官邸里，阿明总统沉睡在梦乡中，做着他的得意之梦。他丝毫不知道发生了如此重大的袭击事件。以色列袭击队除了弹壳、炸药和已不能用的燃料泵等外，决定将其他东西一点不剩全部带回国内。不多时，攻击指挥塔和雷达中心的队员也都返回。继二号机之后，三号、四号机也相继起飞。肖姆隆准将的一号机是最后一架起飞的（乌干达时间 1 时 30 分）。袭击部队在与敌人交战的时候，在地面的飞机上无所事事的待命飞行员的心情是十分难受的。不久，这种心情也消失了。

"霹雳"行动几乎完全是按原定方案进行的，没有任何偏离，以色列时间下午 11 时 01 分，袭击部队的一号机降落在恩德培机场。11 时 03 分响起枪声。搭乘人质的二号机比预定的 55 分提前 2 分。53 分钟后，即 11 时 54 分离开恩德培机场。最后一架飞机是零时 30 分升空的。

4 架大力神机完好无损，当然袭击部队也用不着空军司令佩莱德搭乘的波音 707 的援助了。

为了不让乌干达士兵追踪，以色列突击队炸毁了 11 架米格飞机，击毙了乌干达士兵 45 人。

在撤离恩德培机场时，106 名人质中救出 103 名。没能回国的有波洛乔维蒂夫人、迈莫尼、布洛克夫（去向不明）3 人，负伤者共有 11 名（之后，有 1 名人质在内罗毕医院死亡。生还的人质共 102 名。袭击队员中只有内塔尼亚胡中校 1 人死亡）。

圆满返航

在特拉维夫总参谋部，有关人员聚集在一起，焦灼不安地等待着作战的结果。空军司令佩莱德送来一份报告说，营救的人质搭乘的 C－130 机正飞往内罗毕。但详细情况却一无所知。

▲阿明总统

飞往肯尼亚的二号 C－130 机，晚上 2 时 06 分（内罗毕时间）最先到达内罗毕机场。波音 707 指挥机也稍迟一些着陆。伤员被立刻抬上临时作为医院的波音机接受治疗，重伤员用救护车，送到了肯尼亚国立医院。

接着，在 30 分钟内，三号、四号、一号机都相继安全着陆。为了便于保卫警戒，飞机停在了被隔离开来的停机坪上。重伤员科亨因医治无效，黎明时分在医院里停止了呼吸。

　　拂晓前 2 小时，加完油的 4 架大力神机和波音指挥机相继起飞，向以色列飞去。最后一架医院机把一名重伤的人质和 2 名士兵留在国立医院后也起飞回国。

　　凌晨，以色列国民收到特种部队营救成功的广播时，人们欢呼着，迎接他们的到来。4 架飞机在原来的起飞基地，放下了队员和作战器材。内阁成员和人质家属等待在本格利恩机场。除沉浸于悲痛中的一些家属外，国民无不欢欣鼓舞。

　　正在睡梦中的阿明总统，3 时 20 分（乌干达时间）被来自特拉维夫的巴勒布上校的电话吵醒，但此时总统似乎还不知是发生了奇袭事件。巴勒布上校说："承蒙您多方关照，实在感激不尽。"当阿明总统问"这是什么意思"时，电话已经挂断。

　　17 时，这次是阿明总统给巴勒布上校打来了电话，他首先指责以色列杀害乌干达士兵野蛮的行为，最后却称赞说："作为职业军人来看，这次袭击是无懈可击的，以色列特种部队的确是优秀的。"

"魔火"行动
——德国特种部队营救飞机上的人质

　　率先闯入前舱门的韦格纳上校举枪向驾驶舱连续射击，一名恐怖分子被击中头部，当场死亡。后续队员用 MP-5 冲锋枪击毙了"船长"。从机舱后部冲进去的突击队员，击毙了一名正迎向机身后段紧急出口的女性恐怖分子，另一名女性恐怖分子乘机躲入机上的洗手间，并向外射击，但因狭小空间内的跳弹造成了自身的伤害而失去了战斗能力。至此，四名恐怖分子，三死一伤，营救行动宣告结束。整个行动只用了 1 分 46 秒。

航班被劫持

▲波音 737 喷气式客机

　　1977 年 10 月 13 日中午，西班牙帕尔马国际机场。一架波音 737 喷气式客机安静地停靠在机场候机楼 6 号通道附近，这是西德汉莎航空公司的 181 次航班，巨大的垂直尾翼上，西德国旗分外醒目。

　　已经停止登机了，航班即将起飞，就在这时，四名迟到的旅客急匆匆地赶到机场安全检查站，这两男两女与安检人员争吵起来，要求立即登机。匆忙之中，安检人员只是查验了他们的护照和机票，没有检查随身携带的挎包就急忙放行了。领过登机牌，这两男两女一路小跑登上飞机。

　　这是一架从西班牙飞往法兰克福的国际航班，机上包括 5 名机组成员和 82 名乘客。

　　当飞机大约飞行了一个多小时后，只见这两男两女突然从座位上站起来，分别从挎包中掏出手枪和手榴弹，大喊大叫："谁都不许动，我们已经控制了这架飞机，谁动就打死谁！"

　　在人们的一片惊呼声中，只见一男一女控制机舱，另一男一女冲向飞机驾驶舱，那名男子用身体撞开舱门，用枪顶住机长舒曼的后脑勺，高声喊道："不许动，飞机被劫持，我是穆罕默德船长，现在听我指挥，立即改变航向，直飞意大利罗马。"

　　就在恐怖分子撞开舱门的瞬间，趁着混乱，舒曼机长用无线电向法兰克福机场指挥塔报告："181次航班被恐怖分子劫持。"

下午3点10分，德航181次航班在罗马机场降落，恐怖分子通过机场指挥塔向西德政府提出以下要求：立即无条件释放被西德政府关押的11名"赤军派"恐怖分子，提供1500万美元赎金，给飞机加油并提供食品饮料，如不答应，就炸毁飞机，杀死人质，最后期限是10月16日12时。

▲法兰克福国际机场内部

西德内政部长沃纳闻讯，请求意大利政府采取一切措施阻止飞机起飞，等候西德政府作出决策。

意大利政府立即派出军警和装甲车封锁机场跑道，阻止飞机起飞。双方僵持到最后，意大利政府出于人道主义考虑，为了保护人质安全，还是同意为飞机加油，让飞机起飞了。

而这时的联邦德国政府总理施密特正召开紧急内阁会议，商讨解救对策，他在会上说："这一次，我们决不向恐怖分子妥协，一定要营救人质，任何事情都不能动摇我们的信心。"为给营救工作争取充足的准备时间，决定先同恐怖分子进行谈判，与此同时，加紧了武装营救的准备。武装营救的任务落到了边防第九大队的头上。

当边防第九大队大队长韦格纳上校从内政部长沃纳那里得到通知后，心情异常兴奋，自己亲手组建的反恐怖突击队，今天终于派上了用场。韦格纳决定抽调60名突击队员，组成两个行动组。

他亲自率领第一组30名突击队员，搭乘西德汉莎航空公司提供的一架波音727客机前往中东地区，与劫机分子展开谈判，并伺机组织营救。由于该路起飞后中断了法兰克福机场对外的一切通讯联络，行动没有暴露。

第二组由另外30名突击队员组成，乘一架波音707客机，使命是跟踪监视被恐怖分子劫持的飞机，随时伺机而动。第二组起飞后不久，同法兰克福机场的通话被以色列一名无线电爱好者截获，以色列报导了他们的行动，该路人员被迫于15日深夜撤回科隆，第二天改乘另一架飞机到希腊克里特岛空军基地待命。

▲迪拜机场

被劫持的飞机从罗马机场强行起飞后，继续向东南方向飞去，傍晚时分降落在塞浦路斯拉纳卡机场。随后，181次航班于14日上午到达阿联酋，在迪拜机场降落。

由于长时间在沙漠地区飞行，机舱里温度已非常高，机上卫生间污水四溢，臭气熏天。一名老年糖尿病患者痛苦地呻吟着，孩子们也大声叫着喊渴，局面正在失去控制。见此情景，"穆罕默德船长"决定在迪拜等候西德政府的最后答复，同时给飞机加油、加水，补充给养。

联邦德国政府闻讯后，施密特总理立即派出国防部长威斯纽斯基前往迪拜斡旋。威斯纽斯基带着两名反恐怖专家赶到迪拜，立即与劫机分子的首领取得联系，答应考虑他们的要求，希望谈判解决。他十分清楚，自己的使命就是拖延时间，以便韦格纳上校作好袭击准备。

随后，威斯纽斯基立即拜会阿联酋政府，请求提供帮助，容许联邦德国突击队采取武装营救行动，但是遭到阿联酋国防部长的拒绝。

与此同时，韦格纳上校也率领突击队赶到迪拜，他让突击队员装扮成机场工作人员，为飞机加油、提供食品，趁机仔细观察班机的内外情况。

为了在反劫机的行动中能表现得正常与良好，韦格纳上校要求自己的特战队员必

▲德国边防军第九反恐怖大队行动中

须学习机务与地勤人员的相关技术与知识，以便在恐怖分子要求提供饮食、航空燃油与发电机车、登机梯车等地面支援时，能完美地假扮工作人员，提供各种服务，直接了解机上情况并伺机反应。而这些知识则能更进一步地帮助特战队员了解整个现场的运作情况，并汇报实际情况供指挥官作出最佳的评估与判断。

16日上午11时许，"穆罕默德船长"似乎悟出了什么不祥的预兆，突然下令飞机起飞。起飞后的181次航班继续向阿拉伯半岛的东南方向飞去，企图在阿曼着陆，但遭到拒绝，飞机被迫改变航线，直飞南也门的亚丁机场。南也门政府也拒绝着陆请求，并在机场跑道上堆积障碍物，"穆罕默德船长"恼羞成怒，命令舒曼机长强行降落。

被劫持飞机降落在亚丁机场后，舒曼机长走下飞机，仔细检查起落架，然后走向附近的机场工作人员，请求他们移开障碍物，以保障飞机安全起飞。"穆罕默德船长"以为舒曼要逃跑，同时也想给"西德政府一些颜色瞧瞧"，便残忍地将舒曼机长杀害了。

17日中午，飞机在副驾驶员耶特的操纵下离开亚丁机场，于当日下午3时许降落在索马里首都摩加迪沙机场，等待西德政府的最后答复。

"魔火"行动方案出台

当施密特总理得知恐怖分子已经开始枪杀人质时，立即给索马里总统打电话，认为劫机事件已经到了最后关头，如不立即武装营救，将有更多的人质被害。但是索马里总统西亚德还在犹豫，他担心会给索马里带来巨大的麻烦。

情急之中，施密特总理给美国总统卡特打电话，请卡特总统向索马里施加政治压力。西亚德只好无可奈何地对施密特说："好吧，你的人可以行动。"

为了赢得宝贵的时间，威斯纽斯基决定冒险设一个骗局。他当即与"穆罕默德船长"通话，请求对方不要再杀人质了，西德政府已经全盘接受了他们的要求，并说在押的"赤军派"恐怖分子已获释放，正在飞往索马里的途中，请求宽限8个小时。"穆罕默德船长"一伙不知是计，以为是讹诈成功了，于是同意将最后期限推迟到18日凌晨2时30分。

与此同时，韦格纳上校接到政府的命令，代号为"魔火"行动的营救人质行动正式展开。17日17点30分，韦格纳上校率领突击队抵达摩加迪沙机场，专机就停在距离被劫飞机800米的地方，担任监视、指挥和救援任务。同时，韦格纳上校命令正在克里特岛待命的第二组突击队员立即赶赴摩加迪沙机场，于天黑后降落，不许使用灯光。

19点30分，运送第二组突击队员的飞机在夜色掩护下降落在机场跑道外距劫持飞机停放位置约2000米的一个沙丘后面。他们的任务是攻击恐怖分子、解救人质。

保护人质的性命永远是反劫机小组的第一任务，然后才是制伏劫机者。待第二组突击队员着陆一个小时后，韦格纳上校便已经拟订了详细的作战计划，并向全体参战队员作了详细介绍：

1. 先派出两组狙击手，每组两人，分别以毛瑟66以及HKG3狙击步枪进行掩护队友、观察并通报敌情。剩下的八人则分为两个四人攻击小组，分别从机身后段与机头部分进入。由机身后段进入的小组负责肃清机身中后段，并解救人质；由机头进入的小组则负责肃清机身前段与驾驶舱，而韦格纳队长亲自带领这一组。

2. 攻击配置，每个攻坚小队四个人，分成主攻与助攻小组，每组两人，主攻组在前，为求速度、机动与避免伤及人质，这两人都持手枪，助攻组两人的主要任务是在遭遇强大火力对抗时前往支援，因此这两人持MP-5微型冲锋枪。

▲MP-5微型冲锋枪

▲ 闪光震撼弹

3. 应韦格纳上校的请求，英国派出两位特警队员莫里斯少校与戴维斯中士，任务是负责架设攻坚梯、投闪光震撼弹与接手被救出的人质。他们之所以请英国特警队员负责架设攻坚梯、投掷闪光震撼弹，主要是因为这是英国皇家兵工厂生产的，英国警察自然是最了解其性能，闪光震撼弹（闪光震撼弹可使人瞬间内失去知觉）的爆炸时间与突击队员进入的时间必须要衔接得恰到好处，否则极有可能功亏一篑。因此，这两名队员的工作量虽然不是很大，却相当重要。

4. 攻击时间定为 10 月 18 日零点。因为那时恐怖分子的注意力与精神集中力都将降低，反应也会变慢，而队员与人质受伤害的可能性也将大幅降低。

一切准备就绪，只等最后时刻的来临。

闪电出击

17 日午夜，韦格纳上校率领一支侦察小队，悄悄接近到被劫持客机的 30 米处，进行战斗前最后一次侦察。通过红外夜视望远镜看见机舱内有两名恐怖分子，但另外两名恐怖分子的位置则难以确定。

而此时的摩加迪沙机场则万籁俱寂，夜幕中，担任此次营救行动的突击队员借着夜色的掩护悄悄摸到机身下面，各组隐蔽就位。

10 月 17 日 23 点 50 分，德国国务部长威斯纽斯基紧急无线电联络"穆罕默德船长"，说是有要事相商，请求再宽限几个小时，被当场拒绝。就在这时，舱外响起一声巨响，被劫飞机前方 100 米处的跑道上燃起一堆大火。这是韦格纳上校为了吸引机上恐怖分子的注意力而特意安排的一次爆炸，顺便将他们都集中到驾驶舱，以掩护由两侧机翼下方进入的突击队员。

▲ 左轮手枪

10 月 18 日零点 05 分，韦格纳上校下达攻击指令，突击组用定向炸弹炸开前后紧急出口的舱门，两名英国队员迅速架起铝合金梯架，并向机内投掷闪光震撼弹，突击队员以最快的速度分两路强行攻入机内。

率先闯入前舱门的韦格纳上校举枪向驾驶舱连续射击，一名恐怖分子被击中头部，当场死亡。"穆罕默德船长"被突如其来的弹雨击中两发，但由于这种特制警用左轮手枪杀伤力不足，"船长"仍在中弹后掷出两枚手榴弹，幸运的是手榴弹滚到座椅下爆炸，座椅吸收并抵挡了大部分杀伤力，后续队员用 MP－5 冲锋枪击毙了这位"船长"。

从机舱后部冲进去的突击队员，在第一时间内击毙了一名正迎向机身后段紧急出口的女性恐怖分子，另一名女性恐怖分子乘机躲入机上的洗手间，并向外射击，虽然击伤了一名突击队员，但因狭小空间内的跳弹造成了自身的伤害而失去了战斗能力。

至此，营救行动宣告结束。整个行动只用了 1 分 46 秒。营救过程中无人质死亡，特战队员无重大伤亡。四名恐怖分子三名被击毙，一名被活捉。

"魔火"行动是世界反恐怖作战史上的杰作，并作为一个完美的经典案例载入反恐怖战史，极大提高了德国边防警察第九大队的威名，反劫机训练也从此成为各国反恐怖特警部队的必修科目。

德国边防第九大队（GSG9）

德国边防第九大队（GSG9），是乌尔里希·韦格纳上校奉内政部命令于 1972 年 9 月组建的一支反恐怖、反劫机的特种部队，他们的口号是"一切从零开始"。当时巴勒斯坦"黑九月"组织从慕尼黑奥运村劫持并杀害了 11 名参加第 20 届奥运会的以色列运动员，其间巴伐利亚警方的解救行动完全失败，这一事件迫使国际奥委会决定停办这届奥运会，它留给德国政府难以忍受的耻辱感。因此，德国政府决定组建一支反恐怖特种部队，就是 GSG9 特种部队，其总部设在波恩以东 3 千米的奥古斯特。共有队员约 350 名，编成多个战斗组，它始终处于临战状态，在人员上、技术上及战术上全部实现了现代化，战斗力极强，是一支世界闻名特种部队。

失败的"蓝光"行动
——美军营救伊朗人质

正在指挥撤离的上校透过飞扬的尘土，看见 1 架直升机正摇摇晃晃地拉起，像个醉汉一样扑向刚才为它加油的 C－130 运输机。"停住！停住！不能再靠了。"贝克韦斯打着手势加以制止。但为时已晚，一声巨响，迸出 2 个巨大的火球，犹如冲天的焰火，直上夜空。贝克韦斯痛苦地闭上了眼睛。"大力神"上的 5 名突击队员和"海马"上的 3 名机组人员转眼被大火吞噬了，另有 4 人严重烧伤……经过长达 5 个月周密计划和精心准备的"蓝光行动"，以失败而告终了。

伊朗的"革命青年"占领了美国大使馆

1980 年 4 月，阳光灿烂，万物萌生，大地焕发出勃勃生机。然而，国际政治气氛却阴云密布。数月之前因苏联坦克开进阿富汗而在世界范围内掀起的抗议浪潮，此起彼伏，大有愈演愈烈之势。而在那波涛汹涌的波斯湾上空更是雷鸣电闪，战云密布，美国频频发出要对伊朗动武的不祥信号。善良的人们每天都惴惴不安地打开电视机、收音机，或匆匆翻阅刚刚收到的报纸，总担心会发生令人震颤的事情。

"蓝光"事件就在这种情况下发生了。美国总统吉米·卡特向全国发表讲话说，决定采取武装营救人质的是他，决定取消这一行动的也是他，一切责任全在他。卡特敢作敢当，一定程度上获得了美国人民的谅解。但是，他为什么要派武装人员去伊朗？整个行动是怎样策划和实施的？"蓝光"又是如何熄灭的？它对人质的安全和命运会产生什么影响？美国和世界又是如何评说这一行动的？

▲美驻伊大使馆外墙

这要从人质危机的由来说起。20 世纪 70 年代末，伊朗爆发了反对国王的大规模群众运动，在急风暴雨般群众斗争的猛烈的袭击之下，伊朗国王穆罕默德·礼萨·巴列维再也支撑不住。1979 年 1 月 16 日，巴列维被迫离开他坐了 37 年之久的孔雀宝座，步履蹒跚地登上"猎鹰"号波音 727 专机，到异国他乡流亡去了。

2 月 1 日，巴列维的老冤家、在外流亡了 15 个寒暑的宗教领袖霍梅尼，在 100 多万群众的欢呼声中胜利回国。2月11日，霍梅尼宣布废除君主制，建立伊斯兰共和国。巴列维成了废王。他先在埃及落脚，后又辗转摩洛哥、巴哈马等地。5月13日，伊朗伊斯兰革命法庭庭长哈勒哈利宣布缺席判处巴列维及其妻子法拉赫等死刑。这位庭长宣称，不管在什么地方，一旦发现这些人，就应就地处决。为了执行这一判决，哈勒哈利还亲自领导和指挥一个特别行动小组，对巴列维进行追踪。后来又悬赏14.1万美元买巴列维项上人头。不仅如此，伊朗新政权还告示天下：谁收留巴列维，谁就是对伊朗的敌视和挑战。这样一来，巴列维不啻身家性命没有保证，就是栖身之所也成了问题。

▲ 卡特总统

6月10日，墨西哥派出一架专机去巴哈马把伊朗前国王及其家属、助手接到了自己国家，并将巴列维一行安排在风景秀丽的奎尔纳瓦卡。这里四面是深山峡谷。巴列维的寓所坐落在一个小山丘的绿树丛中，围墙又高又厚，院内还有一座很高的瞭望塔。

然而，巴列维总不免有一种苟且偷安之感，心里怎么也高兴不起来。他心力交瘁，郁郁寡欢。病魔又悄悄地向他袭来。经医生检查，6年前发现但得到控制的淋巴癌恶化了，而且还新发现胆管结石。为他看病的欧洲和美国医生认为，病人所需要的医疗条件只能在美国得到，而且病情危急，事不宜迟。

经同美国政府商量，巴列维于1979年10月22日夜间被悄悄地送进美国纽约的康奈尔医疗中心作紧急治疗。美国为了不得罪伊朗新政府，事先通过外交途径同伊朗方面打了招呼，说允许前国王来美国完全是为了让他治病，强调"美国断定巴列维病情严重，再也不会提出权力要求了"。言下之意，请伊朗新政府谅解、放心。

但是，事情远没有这么简单。伊朗方面起初强调巴列维"根本没有病"，让他去纽约住院是美国为了给他避难权而耍的一个"政治花招"，后来又提出让伊朗医生去给前国王检查身体。美国不同意。这倒并不是小看伊朗医生的医术，而是伊斯兰革命法庭庭长哈勒哈利"谁见到国王就将他杀死"的命令把人们吓退了。10月30日，伊朗外交部照会美国政府，强烈要求将巴列维和他的妻子法拉赫引渡给伊朗，美国断然拒绝。

▲ 巴列维国王的豪华居所

就这样，仇恨的火花在伊朗人民和政府中燃起，最终演变成攻击美国大使馆的暴力事件。

制定营救方案

美国总统卡特开始主张通过外交努力促使人质获释。但是，伊朗的要价实在太高，只要美国不交出巴列维，任何条件它都不予考虑，任何调解它都断然拒绝。在此情况下，卡特在 11 月 9 日下令，要国家安全事务助理布热津斯基尽快制订出一个营救人质的方案。

国家安全委员会随即举行紧急会议，研究如何营救人质问题。

会议在紧张的气氛中进行。两种不同的意见激烈地交锋。一种意见主张用军事手段迫使伊朗释放人质，必要时可以轰炸德黑兰周围的军事目标，并封锁伊朗的出海口。国务卿万斯持另一种意见。他反对任何军事行动，认为这样做会把伊朗推向苏联一边，并会破坏美国同海湾国家的关系。万斯主张用和平手段谋求人质获释。但是，他的意见没有得到其他人的支持。会议决定采用武装营救与外交途径双管齐下的办法，并责成白宫计划人员和参谋长联席会议立即着手制订武装营救的方案。

11 月 20 日，营救方案基本拟就，送交正在戴维营总统休养地的卡特审批。卡特略作修改后就批准了这个方案，并交给对整个行动根本不了解的官员分头准备。

根据这个方案，一旦通过外交和经济手段不能使人质获释，就派一支突击队把人质抢回来。具体计划是：先派遣一些军事和情报人员潜入伊朗，任务是侦察情况和准备必要的物资器材，待突击队到达时做内应配合。接着是组建，训练一支约 90 人的精明强悍的突击队，待时机成熟时迅速出动。

届时分乘 8 架大型 RH－53 直升机，其中两架作备用，由停留在伊朗海岸外面的航空母舰上起飞进入伊朗。事先在伊朗境内设立好三个接应点。第一个接应点设在塔巴斯附近的沙漠里，这里距德黑兰有 320 千米，是直升机去德黑兰的中间站。8 架直升机先飞到这里，由从中东飞来的 6 架大型运输机加满油，然后飞到德黑兰郊区山上的第二个接应点隐蔽起来，等到第二天夜晚，突击队分成小组，改乘先遣人员早已准备好的机动车辆去德黑兰市中心的美国大使馆。如抵达使馆大楼时未被发觉，就越墙而入，如遇抵抗，必要时就使用使人暂时昏迷的毒气。人质救出以后就由直升机运到伊朗西部偏远地区的第三个接应点。6 架运输机在第一个接应点塔巴斯为直升机加油后即飞到这

▲ 美军 RH－53 直升机

里等候，待人质、突击队和先遣人员一到，就迅即把他们运往中东或西欧，营救行动就算大功告成。

另外，还做了发生意外的准备。万一营救行动被伊朗空军或地面部队发觉而受阻时（美国人估计这种可能性几乎不存在），两架配备大炮和速射机关枪的Ｃ－130运输机就立即飞来提供空中保护；如果这些火力还不够，总统就下令预先停在航空母舰上的Ｆ－14截击机和Ａ－7歼击机起飞投入战斗，并立即抢占制空权，确保人质安全撤出。由谁来执行这次特殊的任务呢？一个名字跳入了美国决策者们的脑海里——"蓝光"。

▲Ａ－7歼击机

"蓝光"突击队的历史并不长——1978年，为了适应日益突出的恐怖主义威胁，美国从陆军、空军、海军陆战队和海岸警卫队四个军种抽调了约300名志愿人员，建立了一支以反恐为主要任务的应急特种部队，代号为"蓝光"突击队。队员军衔都不低于中士。五角大楼挑人的标准是：机智灵活，身强力壮，特别要守口如瓶，据说还要有"高度的自尊心和爱国热忱"。他们自称是"查利"的天使，使命是"同邪恶势力作斗争"。这些"天使"有很强的优越感，他们自认为比其他经过高度训练的士兵还要高几等，他们甚至拒绝穿军服。这支部队的预算没有限额，花多少算多少，拥有最先进的设备和化学战剂。

"蓝光"计划出炉

人质事件发生后，美国一面同伊朗通过政治、外交途径谈判，一面秘密准备军事营救计划。在人质被扣的当天，卡特总统发表声明，下令暂时停止向伊朗运送军事装备的配件，并命令司法部驱逐违反移民法旅居美国的100名伊朗学生，宣布停购伊朗石油，冻结伊朗官方在美国的约95亿美元的资产。然而，伊朗人并不理睬这些，反美浪潮反而

▲美军"蓝光"突击队员

一浪高过一浪。伊朗国内举行了绝食斗争，美国驻巴基斯坦、利比里亚、英国、法国、西德、土耳其、孟加拉国、加拿大等10多个国家的大使馆、领事馆均遭到了伊朗人的袭击。11月19日，伊朗宗教领袖霍梅尼下令释放了人质中的5名妇女和8名黑人，并发表电视讲话，指出其他人质将被扣押起来，除非伊朗前国王巴列维被引渡，否则，

他们将受到审讯。卡特总统获悉这一声明后，立即发出警告，指出如果伊朗审讯人质，将承担由此而产生的全部责任，随即命令向波斯湾增派航空母舰。于是，排水量为81000吨的"小鹰号"航空母舰同1艘导弹巡洋舰、2艘驱逐舰、1艘加油船向波斯湾进发，航母上的4500多名官兵进入一级战备状态。

对于美国的军事威胁，伊朗表现得更加强硬，德黑兰100多万人到原美国大使馆前游行示威，学生发表声明，如果美国采取军事行动，就杀死全部人质，炸毁大使馆。伊朗海军司令马达尼宣布：伊朗海军已处于全部戒备状态。1979年11月23日，卡特总统召集副总统蒙代尔、国家安全事务特别助理布热津斯基、国防部长布朗、参谋长联席会议主席琼斯等高级官员，讨论代号为"蓝光"的武装营救人质计划。

其实，武装营救人质的问题，在此之前已被提上五角大楼的议事日程。就在事件发生后不到1周，"蓝光"突击队就接到预先号令：准备采取远程偷袭方式，武装袭击德黑兰美国大使馆，消灭守卫人员，救出人质，将他们安全带出伊朗。

圣诞节之夜，五角大楼的参谋长联席会议特别战情室里却毫无一点节日的气氛。参谋长联席会议主席琼斯正在召集中央情报局官员、陆、海、空三军首脑、"蓝光"突击队队长贝克韦斯上校等人研究营救人质的行动方案。像这样的会议，此前已经开过6次了。

会议由琼斯主持他说："诸位都知道，1个多月来，我们为了营救被扣人质，已经作了多方努力，但收效甚微。卡特总统命令我们拟定1个方案，在适当时机以武力一举救出人质。我们本来不希望这样做，但除此之外，我们已经没有别的选择。希望大家根据最新获得的情报和上几次讨论的情况，对武装营救人质的方式、路线、行动预案继续发表意见。"

连日来，他们在商讨营救方案的过程中遇到的最大障碍就是缺乏准确可靠的情报。人质被关押在大使馆的哪个地方？是集中在一起，还是分散在几处？谁在看守人质，兵力多大？一旦伊朗人遭到攻击，附近有哪些部队可能赶来增援？德黑兰周围有没有可供袭击部队停留的隐蔽地？这些情况他们都知之不详，而缺乏情报就等于拳击手在拳击场上被蒙上了眼睛，只能瞎打一气。

为了尽快搞清人质的确切位置，美国人不得不铤而走险。中央情报局首先派出了1名绰号叫"鲍勃"的特务抵达德黑兰，此人是1位60多岁的退休情报官，常年居住在南欧某地，通晓数国语言。派他去德黑兰的目的是为未来的营救活动做物资准备。此人在德黑兰购买了5辆卡车和2辆运货车，租了1

▲美军海豹突击队员

所仓库，以便在接应突击队时使用。但他始终未摸清关押人质的确切位置。

于是，另外 1 名中央情报局的高级特工梅多斯化名住进了德黑兰的希拉顿酒店，他对空降场及德黑兰街道作了周密的勘察和了解。与此同时，1 名在美国驻伊朗大使馆工作的巴基斯坦厨师获准离开伊朗回国。他报告的情况说：如果不是全部，至少也是绝大部分人质被关押在使馆领事处内。

最后，五角大楼终于将情况彻底弄清楚了：人质被分关在使馆的 2 栋楼房里。其中，大使馆办公楼里有 31 名人质，大使住宅里有 19 名人质。另外 3 名人质事发当天正在外交部办事，被关押在外交部大楼。负责看押人质的主要是警察和学生，戒备程度不高。大使馆外面是伊朗的革命卫队，战斗力较强。德黑兰市还驻有 1 支高速机动的武装部队，但它远离市区，最快也只能在 1 个半小时后赶来增援。另外，德黑兰东南部的沙漠地区有两处便于部队隐蔽的地点，那儿土质坚硬，可以承受大型运输机迫降……

"既然所需要的情报都送来了，还等什么，该是作出决断的时候了。" 1 位空军将军打破了沉寂，"我提 1 个方案：首先使用大型运输机，将'蓝光'突击队伞降到德黑兰郊外，然后骑自行车通过德黑兰大街，冲进大使馆。"

贝克韦斯在心里骂了一句："蠢货"，伞降？谈何容易！德黑兰郊外尽是些高低不平的丘陵地，突击队在那里伞降按照概率大约有 7% 的人会扭伤脚腿。突击队拖着这么一群断了腿的人，如何将人质全部从虎口中救出来？至于骑车通过德黑兰大街，更是荒唐！美国人和伊朗人，3 岁小孩也能区分出来，何以隐蔽企图，达成突然性？

"我看可以采用卡车方案，"又有人站起来发言，"先用大型运输机将突击队运到土耳其，再从那里乘预先购置的卡车进入伊朗。因为土耳其每天都有大量卡车越过国境，从陆路进入德黑兰，他们不会怀疑。"

听起来，似乎有些道理，但危险性太大。土耳其边境距德黑兰有上千千米之遥，万一遇上伊朗人检查，一打开冷藏车，发现里面装的不是冻肉，而是全副武装的美国大兵，后果将不堪设想。会议又冷场了。

琼斯将军瞧了贝克韦斯一眼，用征询的口吻说："上校，谈谈你的意见吧！"

对于这次营救方案，作为担负这次行动的"蓝光"突击队的负责人，贝克韦斯早已深思熟虑，不过出于对这些声名显赫的将军们的礼貌，不愿过早地显露罢了。

贝克韦斯的方案分 3 步进行：

第 1 步，使用空军的 6 架 C－130 运输机，装载 97 名"蓝光"突击队队员和所需

▲德黑兰市郊

的燃料、设备，从美国本土的波普机场起飞，直飞埃及，在基纳机场加油后，穿越红海，南下进入曼德海峡，绕过哈德角，从查赫巴尔插入伊朗领空，然后直飞德黑兰东南约 180 英里处，于夜间降落在 1 块沙漠盐碱地上。那个地方的代号为"沙漠 1 号"。

▲ 充满热情的德黑兰民众

与此同时，抽调 8 架直升机，从停泊在阿拉伯海上的"尼米兹号"航空母舰上起飞，赶往"沙漠 1 号"会合。

第 2 步，"蓝光"突击队乘加过油的直升飞机，直奔德黑兰郊外的另 1 个隐蔽地——"沙漠 2 号"。到达后，直升飞机和突击队员在那里潜伏 1 个白天。

第 3 步，C－130 运输机于第 2 天夜间飞往"沙漠 2 号"。与此同时，突击队员在特工小组接应下，乘上预先购置的汽车，秘密潜入德黑兰。到达罗斯福大街后，突击队兵分 3 路，第 1 队从大门突入使馆，直奔大使馆办公楼，营救那里的 31 名人质；第 2 队从大使馆东侧翻墙而过，直扑大使住宅，营救那里的 19 名人质；第 3 队冲向伊朗外交部大楼，营救被关在地下室里的 3 名人质。人质救出后，各队到使馆附近的体育场会齐，在那里登上接应的直升机，撤回到"沙漠 2 号"。尔后，直升机返回航母，人质和突击队员换乘 C－130 大型运输机，撤离伊朗。

届时，卫星和高空侦察机将为突击队提供情报和通信保障。武装直升机将飞临使馆上空巡逻，假如伊朗的革命卫队敢轻举妄动，就让他们尝尝机关炮的厉害。

"嗯！不错。"琼斯将军一面听着贝克韦斯的介绍，一面颔首称赞，"我看可以以此为蓝本，制定 1 个营救方案。至于行动的具体时间，我向总统请示后再定。"

无人提出异议。通过！

一拖再拖

光阴荏苒，日月如梭。"蓝光"突击队在焦急的等待中，迎来了 1980 年。1 月平安地过去了，2 月悄悄地溜走了，3 月也不见什么动静，4 月的日历又翻过去了一半，可是，突击队仍没接到武装营救人质行动最后命令。

本来，2 月底至 3 月切，正是伊朗冬春交替时节，那段时间里，德黑兰的气温比较低，使馆区的武装警卫人员警惕性也比较差，他们大部分时间都围坐在火炉旁取暖、打盹，这对于武装营救人质来说是很好的机会。

卡特总统实际上早已批准了贝克韦斯上校提出的营救计划，但具体行动日期却一推再推，迟迟定不下来。因为卡特总统很清楚自己肩上所担负的重大责任，所以他还要观察一下政治气候，不敢贸然行事。

几个月来，"蓝光"突击队犹如坐在了烧红的铁板上，度日如年。他们昼伏夜出，一遍遍从直升机上爬上爬下，向那座模拟的美国大使馆模型冲击，冲击，再冲击。模拟的"使馆"围墙炸掉后再建，建起来又炸掉，不知折腾了有多少次。美国大使馆有几条路，每条多长，每座楼有几个角落，几个门，钥匙孔的方位，伊朗人的日常巡逻路线和停留地点都印在他们的脑子里，闭上眼睛也能说得出来。

贝克韦斯更是不知把整个经过想了多少遍，甚至连最细的细节也考虑到了："蓝光"突击队从天而降，驱车直迫使馆，几个战斗小组用 M－60 机枪封锁住所有通往使馆的道路，其余人员借助于携带的铝梯翻墙而入，用冲锋枪射击抵抗者。看守人质的大多是头脑发热的学生，几乎不懂军事。在使馆外用沙袋垒起的防御工事里的伊朗革命卫队也不会带来多大威胁。据事先潜入伊朗的特工观察报告，有的警卫执勤时在工事里打盹，还有不少人在闲聊，枪支扔在一旁。战斗一打响，突击队很快就能用火力压制住他们。

所有人质被救出后，无论是死的还是活的，必须全部运走，每个人都将系上一条发光的丝带，以便清点人数。突击队员将用 40 磅炸药把使馆的院墙炸开一道口子，然后冲出使馆，到附近的阿穆杰蒂艾体育场会齐，登上等候在那里的几架直升机，消失在德黑兰的茫茫夜空里。

这一切，早就安排得天衣无缝了，可是总统为什么还不下达执行命令呢？伊朗正转向春季，气温上升，昼长夜短，越往后推时机越不利，直升机甚至无法在夜间飞到德黑兰东南 80 千米处加姆萨尔附近的"沙漠 2号"基地。4 月 24 日前后几天为最后的期限，再不采取行动，就必须再等到 5 个月之后，即 10 月 11 日后才能再找到合适的时间了。

▲原美国驻德黑兰大使馆

其实，卡特总统的日子也并不好过。不到最后一刻，他仍不愿放弃通过外交途径解决问题的幻想。但谈判的结果却使美国一筹莫展，两国矛盾反而越来越深。不能再等了！

"蓝光"闪动

4 月 12 日，参谋长联席会议指示完成一切准备，以备一旦接到命令就能立即实施营救计划。

4 月 15 日，各级指挥官集中到五角大楼，为确保作战成功进行了最后一次磋商。

4 月 16 日，参谋长联席会议批准实施"蓝光计划"。

命令终于下达了。4月20日晚上，贝克韦斯上校宣读了卡特总统的命令："蓝光"特遣队立即开赴埃及，4月24日晚从开罗飞抵位于伊朗东部霍腊散省塔巴斯附近的"沙漠1号"休整点，4月25日晚从位于德黑兰东南80千米处的加姆萨尔"沙漠2号"休整点直扑美国驻德黑兰大使馆，救出全部人质。

▲纪念德黑兰使馆事件

1980年4月19日至23日，联合特遣部队各队已按计划部署在指定的埃及基纳机场和停泊在阿曼海的"尼米兹号"航空母舰上。这支部队由突击队、直升机队和C-130运输机队组成。特遣队总指挥为詹姆斯陆军少将。营救队指挥官为贝克韦斯上校，成员为上校苦心经营多年的北卡罗来纳州布拉格堡的反恐怖特种部队——"蓝光突击队"的97名队员。直升机队指挥官为查理·普特曼海军中校，配备有RH-53D"海上神马"直升机8架，运输机队指挥官为詹姆斯·凯尔空军上校，配备有C-130"大力神"运输机6架，其中3架为加油机，另3架改装为战斗型运输机。无疑，作为"蓝光"方案的主要提出者和实施者，贝克韦斯上校是作战第1线的主要负责人。

4月24日下午，各队各就各位，整装待发。19点30分，随着一声"出发"的命令，8架RH-53D直升机陆续从"尼米兹号"航空母舰上晃晃悠悠地升起。为了避开伊朗的防空雷达网，直升机编队采取超低空飞行的方式，偷偷进入伊朗国境，迅速飞往沙漠中的1号会合处。

与此同时，6架C-130运输机运载着97名突击队员、武器装备及油料从埃及机场腾空而起，通过红海、亚丁湾、阿拉伯海，在阿曼空军机场补充燃料后，飞向同一个地点。这些样子古怪、绰号"大肚皮"的钢铁大鸟尽管其貌不扬，但机动性能却相

▲C-130"大力神"运输机

当良好。它是美国空军装备使用最多的中型多用途战术运输机之一，1951年研制，1956年由美国洛克希德公司制造并装备美军。它可运载128名全副武装的士兵或92名伞兵、一辆12吨加油车、1门155毫米榴弹炮或1辆重型坦克。C-130最突出的优点是迫降性能好，能在简易的野战机场或较平坦的空地上强行起降，这也是此次"蓝光"行动起用它的原因。

4月24日22时30分，6架C-130"大

力神"顺利地在"沙漠1号"空旷的沙漠硬地上安全降落。

"河口、河口，山鹰呼叫，山鹰呼叫，我们已经到达'沙漠1号'，我们已经到达'沙漠1号'。"贝克韦斯上校激动而略带沙哑的声音，瞬时通过运行在波斯湾上空的地球同步通信卫星传送到五角大楼参谋长联席会议特别战情室。机组人员正在检修飞机，"蓝光"突击队队员们身穿肩部缝有美国国旗的黑色战地夹克衫、紧身裤、长筒靴，在银白色月光的映照下，忙碌地从飞机上往下搬东西，只待直升飞机一到，马上就向"沙漠2号"进发。

沙漠的夜，深邃神秘，令人难以捉摸。

"蓝光"熄灭

5分钟过去了，10分钟过去了，20分钟过去了。

可是直升飞机还没有来。贝克韦斯有些沉不住气了。他不时地抬手看表，怎么回事？出了什么问题？

迷航？不会。上有卫星导航，下有预警机引导，一般不会迷失方向。

故障？有可能。这些直升飞机娇嫩得很。本来在最初制定行动方案时，他就不想使用这种RH－53D直升机，因为这种飞机本来是海上扫雷机，性能并不太出色。但由于海军极力想涉足这次行动，并打了包票，说它完全可以胜任营救人质任务，还列举了不少理由，如该机载重量大、航程远、性能优越，为配合这次行动专门进行了改装，另外使用这种海上扫雷机还可隐蔽企图等，贝克韦斯只好同意了他们的意见。

结果在前一个阶段的模拟训练中，有2架直升机的液压系统就出过毛病。这次行动前，每架飞机都装了2大罐压缩空气，作为应急情况下的辅助驱动源。刚才琼斯将军在通话中说它们在19点30分已从航母上准时起飞了，又是空机飞行，应该能按时赶到的。那么大个铁疙瘩，就那么几片风扇似的叶片在空中飘悠，直让人心惊肉跳。但即使摔了，也不会8架飞机一起摔呀！为什么1架也见不到？直升机来晚了，"蓝光"突击队天亮之前就赶不到"沙漠2号"，整个行动就要泡汤。贝克韦斯不敢再往下想了。但心里总有一种预感，一种不祥的预感——恐怕要出事。

"头儿，他们来了！"突击队员向他报告。这时远方传来发动机的马达声，两道白光射了过来。贝克韦斯凭直觉马上作出判断，不是直升机，是汽车！

的确是汽车，可是，是什么汽车？军用的，还是民用的？上边装的是什么人？意图

▲RH—53D 直升机

何在？贝克韦斯的大脑在飞快地思考着。但转眼间汽车已来到了跟前，来不及细想了，他把手一挥："给我拦住它！" 10 多名突击队员旋风般地冲了上去。

"噗哧，噗哧。"带消音器的冲锋枪在黑夜中喷出一串串火舌，汽车轮胎被打爆了，"嘎吱"停了下来。车内传出一阵惊恐的叫喊声。

这是 1 辆过路的大轿车，车上有 45 名乘客，大部分是老人和孩子，还有妇女。

为什么不早不晚偏在这个时候过路？事先潜入伊朗的特工不是说这地方除了亚当和夏娃的脚印，再也不会有任何人烟吗？怎么一下子忽然冒出这么多人？真是活见鬼。

"把汽车里的汽油全部放掉，人员集中看押起来，等直升机来了再说。"贝克韦斯略思索，果断地吩咐道。只要直升机一到，把这些人装上拉到沙漠中卸下，让他们慢慢地在旷野上爬吧。既不伤害他们的性命，又不影响营救行动，等伊朗当局搞清了情况，我们早就踏上归途了。

"不好，又来了两辆汽车！"有人惊呼。贝克韦斯也看到了。一辆加油车和一辆面包车正风驰电掣般地开过来，这次没等他下命令，6 名突击队员分两路迎了上去。"站住！站住！"对他们的喊话，汽车根本不予理会。一名队员端起了手中的机枪，对准前面的加油车，"哒哒哒……"开了火，加油车被击中了，顷刻间燃起了熊熊大火。但后面的小面包车旋即作了一个猛烈的 U 字形急转弯，掉头就跑。队员们掉转枪口，一串串火舌围绕着汽车左右跳动，车窗玻璃哗哗地变为碎片，里面传出几声尖叫，但一眨眼，面包车就消失在黑暗中。

"给我接'河口'。"贝克韦斯拿起送话器。

"'河口'，我是'山鹰'，这里刚刚发生了意外情况，有几名伊朗人驾车逃跑了。"

"干什么的？"琼斯将军也着急了。

"不太清楚，可能是偷石油的贼。"

"他们发现我们意图了吗？"

"大概没有。"

"不用管它，按计划赶紧行动。"

"可是直升机还没到呢。"贝克韦斯话还没完，天空中就传来阵阵马达声。他抬头望了一眼天空，没错，这次是直升机。"他们到了，整整迟到了 70 分钟。"

"噢，不要紧，沉住气，天亮之前还来得及赶到'沙漠 2 号'，大胆干吧！"

刚通完话，直升机就如点点鬼火般飘落下来，带队机长塞夫特跑步赶过来。

"怎么搞的，晚到这么长时间？"贝克韦斯劈头盖脸就是一句。

塞夫特一脸委屈地回答："真倒霉，途中遇到了风暴，这是我有生以来遇到的最险恶的风沙。"

"怎么只有 6 架？还有 2 架呢？"贝克韦斯用眼睛扫了刚刚停稳的飞机一眼，恼怒地接着质问道。

"那2架飞机，1架中途迷航，1架机械故障来不了。"

原来，8架直升机刚从"尼米兹号"航母上起飞不久，一进入伊朗，便遇到了沙暴。4月份的伊朗高原正值冬春交替，迅猛的狂风刮起骇人的沙暴，席卷着整个波斯高原。沙土弥漫，能见度极低，直升机采取贴地和高空飞行，都无济于事。直升机在狂风中奋力前行，有如茫茫沙海中的几叶小舟，随着气流上下翻腾。"海马"直升机性能本来就不是太好，这次又在天气炎热的阿拉伯海执勤3个多月，带有盐质的海风，对直升机的部件起了腐蚀作用，同时这些直升机根本没能得到很好的保养，因此，飞行不到1小时，2架直升机相继出现故障，1架迫降于伊朗东南部，另1架紧急返航。剩下6架经过艰难的飞行，终于抵达"沙漠1号"地区，与C-130会合了。

贝克韦斯铁青着脸，没再继续追问。他心里盘算了一下，6架飞机是完成这次行动最起码的数量了，不能再少了。至少要用4架直升机运"蓝光"突击队员和人质，1架运装备器材，另一架作火力支援，连1架剩余的预备力量都没有，只好听天由命吧。"马上加油，登机！"贝克韦斯厉声下令。

▲参与行动的"尼米兹号"航母

3架C-130加油机开始为直升机加油，"蓝光"突击队队员已排好了队，有的已拖着武器、装备爬上了加过油的直升机。有2架飞机已发动起来，旋翼呼呼飞转，声音震耳欲聋。

"上校，又有1架飞机出问题了。"塞夫特边跑过来边大声地冲贝克韦斯大声地嚷嚷。

"又怎么了？"贝克韦斯像一只雄狮愤怒起来，头都要气炸了。

"那架飞机主螺旋桨出现裂缝，不能再飞了。"塞夫特心里也在叫苦。RH-53D型直升机是CH-53运输直升机的改进型，已使用多年，设计航程仅为400千米，一般不适于长途飞行。为执行这次营救任务，海军部强行命令进行改装，增加了副油箱，使其航程增至900~1000千米。这次从"尼米兹号"航母到塔巴斯的直线距离就近1000千米，又在这种恶劣的条件下超航程长途飞行，导致机体及其部件，特别是螺旋桨过度疲劳。这次实际选择的降落地段沙层又厚又松软，直升机陷得很深，沙堆几乎淹到机肚子了。一下子爬上来这么多突击队的彪形大汉，1架飞机的主螺旋桨终于不堪重负，火花四射，现已出现裂缝，不可能再起飞。

贝克韦斯像突然遭了雷击一样，愣了半天才缓过神来。咳！真倒霉。先是直升机迟到，后又是碰上一伙过路人，接着又是飞机出现故障，预定的8架直升机一下子只剩下了5架。只有5架直升机是无论如何完不成营救人质任务的。怎么办？路只有一条，打道回府。他心情异常沉重地拿起了送话器。

听了贝克韦斯的报告，琼斯将军好半天才开口道："上校，能否考虑减掉一些人，分乘5架直升机行动。"

什么？贝克韦斯简直不敢相信自己的耳朵。减少一些人，就意味着人员编组要做大的调整，原来3个人的任务要由2个人去完成。空中也将失去火力掩护，这样仓促地变更计划，不仅时间不允许，获胜的把握也太小。人质救不出，再把"蓝光"突击队的性命搭进去，那就太不值得了。

"绝对不行，5架直升机根本完不成营救任务。"贝克韦斯语气非常坚定，此时，对上司的敬畏也早已抛到九霄云外，言词颇为不恭，"如果真要那样做，无异于把突击队员往火坑里推。"

"那好吧，我请示总统后再答复你。"琼斯生气地扔下话筒。

5分钟后，"蓝光"突击队接到了同意撤回的命令。

"撤！"贝克韦斯几乎是在吼叫了。

飞机轰鸣，大地颤抖，"沙漠1号"像开了锅一样，乱作一团的突击队员纷纷爬上飞机，C－130运输机也准备滑行起飞。这时，更不幸的事情发生了。

正在指挥撤离的上校透过飞扬的尘土，看见1架直升机正摇摇晃晃地拉起，像个醉汉一样扑向刚才为它加油的C－130运输机。"停住！停住！不能再靠了。"贝克韦斯打着手势加以制止。但为时已晚，一声巨响，迸出2个巨大的火球，犹如冲天的焰火，直上夜空。贝克韦斯痛苦地闭上了眼睛。

"大力神"上的5名突击队员和"海马"上的3名机组人员转眼被大火吞噬了，另有4人严重烧伤。

"头儿，快撤！不然其他飞机万一被引爆，全都走不了。"其余的突击队员们抬着4名伤员，推着上校，搭乘5架C－130运输机，仓皇撤出了伊朗。他们除了放弃了4架完好的直升机外，还把与这次行动有关的绝密地图，侦察照片、无线电通信呼号和频率表都丢在了现场。撤退途中，贝克韦斯曾请求琼斯派舰载机摧毁遗留下的直升机和绝密文件。但白宫唯恐事态扩大，拒绝了他的要求。

至此，经过长达5个月周密计划和精心准备的"蓝光行动"，以失败而告终了。

▲爆炸的美军直升机

出现转机

决定中止作战以后，白宫一直在焦急地等待下一步的消息。下午6点21分，传来了

C－130 运输机与直升机相撞焚毁的消息，卡特总统的脸"唰"地变白了。25 日上午 1 点，美国政府被迫向新闻界宣布这次在伊朗进行的营救行动已告失败，并向国会和盟国通报了有关情况。

次日上午 7 点，面部充满懊丧和痛苦表情的卡特总统向全国发表电视讲话："为了营救被伊朗扣留的 53 名美国人质，我们已进行了极其秘密的营救行动。但由于直升机的技术故障，不得不放弃。营救人员在撤退时，在伊朗边境的沙漠地带，直升机与运输机相撞而造成 8 人死亡。"

美国这一行动遭到了许多国家的指责，也使美伊关系更加恶化。伊朗学生把人质转移到全国各地关押，从而使美国营救人质的希望彻底破灭。正当美国对人质问题一筹莫展之际，形势发生了转机。7 月 27 日，移居埃及的 62 岁的前国王巴列维因病去世，伊朗学生扣留人质的一个重要理由已不复存在。

两伊战争的爆发，加快了人质事件的解决。11 月 2 日，伊朗议会通过决议，同意把 52 名人质交还美国（1980 年 7 月 11 日因病已释放 1 名人质）。1981 年 1 月，在阿尔及利亚的调解下，美伊双方终于达成协议。1 月 20 日，1 架阿尔及利亚飞机载着获释的 52 名人质飞离德黑兰，至此，持续长达 444 天的人质问题才有了最终结果。

▲两伊战争中，充满了硝烟的战场

苏联的扩张行动
——袭占阿富汗总统府

自 20 世纪 60 年代起，苏联开始了其全球扩张的步伐，这种扩张在勃列日涅夫执政时期达到了史无前例的地步。1979 年 12 月 27 日，苏联直接出兵阿富汗，把扩张运动推向了顶峰。袭占阿富汗总统府是其中的一次重要特种作战。

九月事件

阿富汗，处于欧亚大陆东西交通要冲。"二战"以后，苏联从政治、经济各个方面对阿富汗王国进行渗透，将其逐步纳入到自己的势力范围。

▲默罕默德·达乌德

1973 年 7 月，阿富汗国王查希尔的堂兄、前首相达乌德在苏联的支持下发动政变，推翻查希尔国王，建立了"阿富汗共和国"，达乌德自任国家元首。但是，达乌德不甘心做苏联的顺民，对苏联表现出了离心倾向。1977 年 4 月，在达乌德访苏期间，苏共中央总书记勃列日涅夫亲自出马，规劝他改变疏远苏联的政策。然而，出乎勃列日涅夫的意料，达乌德的回答是："我是一个独立国家的总统。"正如达乌德的助手后来回忆的，此举等于"在自己的死刑状上签了字"。4 月 27 日，达乌德刚从莫斯科回来不久，苏联便策划一批阿富汗青年军官发动政变，推翻了达乌德政权。坦克履带碾过总统府的台阶，酣睡中的达乌德的身上被冲锋枪打得像个马蜂窝。政变成功后，在苏联的支持下，阿富汗建立了以人民民主党总书记塔拉基任革命委员会主席的亲苏政权——阿富汗民主共和国。

塔拉基上台后，极力奉行亲苏政策，并赢得了苏联的欢心。但是，塔拉基政权内部依然存在着严重的派系斗争。他所属的"人民派"与以总理阿明为首的"旗帜派"之间的斗争日趋激化。争斗的结果，便是这个国家 5 年之内发生的第三场政变。

1979 年 9 月 14 日，苏联驻阿富汗大使普扎诺夫设计帮助塔拉基诱捕阿明未果，塔拉基反被阿明借机推翻，阿明自任革命委员会主席。曾经显赫一时的塔拉基，竟然被阿明的手下用一只小枕头憋死。这就是所谓的"九月事件"。

"我决定，干掉他！"

"九月事件"加深了阿明对苏联的仇恨。阿明上台后，公开指责苏联插手帮助塔拉基策划阴谋，迫使苏联撤换了驻阿大使普扎诺夫。他还要求苏联撤回在阿富汗的3000名军事顾问、教官和技术人员，并拒绝了苏联向其发出的访苏邀请。苏联担心失去阿富汗这块苦心经营的阵地，决定出兵干预。1979年10月下旬的一个夜晚，勃列日涅夫召开苏共中央政治局秘密会议，专门讨论如何处置阿明的问题。据会议的参加者后来回忆，勃列日涅夫清了清嗓子，低沉而威严地说："我决定，干掉他！"

入侵阿富汗的行动方案是在苏联国防部长乌斯季诺夫的亲自领导下，由国防部、总参谋部、中亚军区等共同制定的。

12月12日，苏军在苏阿边境地区建立了相当军一级的指挥机构，由国防部副部长索科洛夫元帅担任总指挥。为了加大入侵行动的突然性，苏军采用了就地动员、就地扩编、迅速展开、快速推进的办法。除空降部队外，苏军主要使用了中亚军区和土库曼军区靠近阿富汗边境的6个师。12月14—15日，苏军还以远程空运演习为名，将白俄罗斯军区第103空降师和南高加索军区第104空降师调至中亚，同时，将中亚军区第105空降师秘密推进至苏阿边境的铁尔梅兹。

到12月24日为止，入侵阿富汗的军事准备已基本完成。侵阿苏军共有6个摩托化步兵师、2个空降师、3个武装直升机团队和2个运输直升机团，共12.5万人；装备有坦克2000余辆、步兵战车1000辆、各种火炮2000门、汽车2.5万辆、各种固定飞机200架、直升机150架。作为策应，苏军总参谋部还命令在西线的苏军和东欧国家军队处于高度戒备状态，命令在蒙古的驻军进入全面戒备状态。

与此同时，一支苏联特种部队以"协助剿匪"为名，在贝洛诺夫上校的率领下，秘密进驻阿富汗首都喀布尔郊外的巴格拉姆空军基地。可是，自以为万无一失的苏联人还是露出了马脚。在喀布尔的美国特工迅速将有关情报发回华盛顿。美中央情报局的情报专家从这批不速之客携带的特种装备得出结论：苏军总参谋部的特种部队到了喀布尔，苏联人在阿富汗要有大动作。

苏联行动的开始

1979年12月27日，苏联的行动开始了。

当晚，苏联驻阿富汗大使布萨诺夫突然给阿明打来电话，说："鉴于阿富汗目前政治局势混乱、反革命势力猖獗和日益扩大的反苏倾向，苏联共产党中央委员会认为，作为阿富汗主席、总理和人民民主党总书记，你，哈菲佐拉·阿明，已经丧失了控制局势的能力。为了避免阿富汗局势的恶化，避免喀布尔成为帝国主义反苏势力的附庸，避免不必要的流血，莫斯科建议你辞去阿富汗民主共和国主席、总理以及阿富汗人民民主党总书记职务……"

"这是最后通牒吗？"阿明问。

"您可以这样理解，"布萨诺夫告诉阿明，"一个小时以后，将有4辆苏军装甲车去达鲁拉曼宫负责你和你家人的安全撤离。"

堂堂的一国元首怎甘心听命于苏联的摆布，阿明将希望寄托在了忠于他的部队上。他想给他们打电话，命令他们将他解救出去。可是，阿明不知道，早在当天下午，一批苏联专家就以检修通讯设备故障为名，闯入喀布尔电话局，截断了总统府达鲁拉曼宫与外界的一切电话联系，只留下通向苏联大使馆的一条专线。在现代化的牢笼中，阿明与外界失去了联系。

情急之下，阿明唤来两名贴身侍卫，交给他们两封亲笔信，命令他们火速赶到卡尔加和普利查吉，调动那里的驻军前来喀布尔救驾。

他没想到的是，这两名侍卫刚翻出达鲁拉曼宫高大的院墙，就被苏联军队俘虏了。在严刑拷问之下，他们不仅供出了阿明的突围方案，还绘制了达鲁拉曼宫内外详细的建筑结构和防御布防图。而此时，阿明还在做着突围的美梦呢。

20时40分，布萨诺夫再次打来了电话。阿明想争取最后的时间。他对苏联大使说："事出突然，我担心部下们，尤其是将领们想不通。我想开个会，做做工作。"

▲阿富汗的街头生活

电话那边传来一阵冷笑声，布萨诺夫打断了阿明的话："亲爱的阿明同志，您的将领们都在我这里参加宴会。怎么样，您不来喝上一杯？"此时，在苏联大使馆的宴会厅里，阿明的将军们在主人频频劝酒之下，已经被伏特加灌得烂醉如泥了。

22时20分，苏共中央候补委员、苏联内务部第一副部长帕普金中将气势汹汹地来到达鲁拉曼宫三楼。他要同阿明进行最后的谈判。随着时间的推移，谈判的气氛越来越紧张，双方的声音越来越大。最后，阿明把手一挥，大喊一声："送客！"

满腔怒火的帕普金中将同4名保镖刚走出大门，就听见枪声四起。帕普金应声倒地。枪声过后，达鲁拉曼宫的院子里留下了5具苏联军官的尸体。"事情办糟了！"本想抓帕普金作为人质的阿明，这时失去了讨价还价的最后资本。

听说达鲁拉曼宫内发生枪战的消息之后，布萨诺夫立即以第二行动负责人的身份下达了攻击命令。同时，布萨诺夫还给阿明挂了个电话，说帕普金私闯达鲁拉曼宫"完全是个人行为，决不代表苏联政府的意思"，想以此稳住阿明。23时40分，喀布尔郊区的巴格拉姆空军基地内马达轰鸣，大批苏联伞兵和内务部特遣部队向喀布尔市内开去。行动开始了。

参加进攻的苏联特种部队共 3 个营，分别向达鲁拉曼宫、阿内政部和喀布尔广播电台进发。突击队指挥官贝洛诺夫上校亲自率领 12 辆 T－62 型坦克、10 辆步兵战车、5 辆装甲运输车和 120 名突击队员逼向达鲁拉曼宫。

只用了 12 分钟，突击队便解决了总统府的外围防御，并将阿明及其全家赶到他的办公室里。贝洛诺夫从公文包中取出一份文件，交给阿明。这是苏联事先草拟的"阿富汗邀请苏联出兵"的"邀请信"。阿明瞥了文件一眼，自知已回天无力，愤而将信撕得粉碎。又一阵枪声响过之后，阿明和他的 4 个妻子、24 名子女倒在了血泊之中。

12 月 28 日凌晨，早已集结在苏阿边境的大批苏军分东西两个突击集群，大规模侵入阿富汗。同日，阿富汗人民民主党召开中央政治局会议，选举卡尔迈勒为总书记，正式建立苏联扶植之下的傀儡政权。根据此前一天苏共中央政治局会议的决议，苏联塔斯社发表声明，宣布"应阿富汗领导集体的请求，苏联政府派出有限的部队进驻阿富汗"。在此后的一周里，阿富汗全境失陷。

后果的严重性

西方著名史学家保罗·肯尼迪曾有一个著名的论断——帝国的过度扩张必然导致败亡。入侵阿富汗，使苏联在国内外陷入空前的孤立。在整个 80 年代，阿富汗问题是联合国安理会召开会议讨论最多的问题之一。为抗议苏军入侵阿富汗，中国、美国、联邦德国等国家联合抵制了 1980 年的莫斯科奥运会。在苏联国内，不断听到反对入侵的声音。在阿富汗，侵阿苏军士气涣散，士兵中甚至出现了吸毒现象。而阿富汗人民风起云涌的反抗运动，更将侵阿的苏军陷入了难以自拔的泥潭。

▲装甲运输车

1986 年 3 月，新上台的苏联领导人戈尔巴乔夫发出电报，强令卡尔迈勒到莫斯科"治病"，趁机一脚踢开卡尔迈勒，代之以前国家情报局负责人纳吉布拉。但是，纳吉布拉政权同样挽救不了苏联在阿富汗的最终命运。

1989 年 2 月 15 日，最后一批苏联军队撤出阿富汗。当最后一辆坦克驶上苏阿边境的阿姆河大桥时，驻阿苏军司令格罗莫夫跳下战车，同前来迎接他的儿子一起徒步走过苏阿边界线。面对蜂拥而上的记者，格罗莫夫只说了两句话："我是最后一名撤出阿富汗国土的苏军人员。在我的身后，再也找不到一名苏联士兵了。"

苏联人走了。留给阿富汗人民的，是一个永远的伤口。

"猎人"行动

——营救伊朗大使馆的人质

"请速作好一切准备，营救被扣在伊朗大使馆的人质。"英国特种空军部队总部司令的办公桌上放着一份"铁娘子"撒切尔首相亲自签署的命令……罗斯看看表，战斗顺利结束。5名恐怖分子，3名被当场击毙。此次拯救行动，他们仅用了17分钟就消灭了对手并控制了大楼，取得巨大的成功，赢得了众多媒体的热烈颂扬与竞相报道，至此英国特别空勤团一下子从神秘的幕后走到大众眼前。

"铁娘子"的命令

"请速作好一切准备，营救被扣在伊朗大使馆的人质。"

英国特种空军部队总部司令的办公桌上放着一份"铁娘子"撒切尔首相亲自签署的命令。签署的日期是1980年4月30日，从打印油墨的干湿度看，这份简单而重要的命令从打印到送来此地不过才35分钟。同样，也是35分钟，特种部队二小队的队长罗斯少校从80千米外的训练场乘直升飞机赶回了办公室，他还穿着沾满尘土的迷彩服。这位结过三次婚的高个纯种英格兰男子，乍看起来还不到30岁。他看完命令的复印件，又信手翻阅了桌上仅有的一份情况通报。

通报说，情报机关获悉几名武装人员在今天上午突然占领了伊朗驻伦敦大使馆，并扣留了在使馆的部分人员作为人质。恐怖活动使罗斯心里一阵阵发紧。恐怖分子向来以杀戮无辜为其行动的一大特征，然而最近这些年来，他们对各国要人的袭击、谋害事件却一日甚于一日。尽管他们本身也清楚，绑架、杀伤不是一个解决问题的办法，这不仅遭人唾弃，弄不好也招杀身之祸。可他们还是坚持这么干，以此作为他们斗争和发泄的手段。这只能增强人们对恐怖者的憎恨，只能变相呼吁各国政府，加强特种反恐怖队伍的建设！因为军人，只有军人才能成为对付恐怖活动的专业的强大的对手。

军人的天职是服从。任务受领了，他习惯地立即进入了临战状态。尽管罗斯感到这次营救人质和他眼下正要办理的第三次离婚案一样的棘手，但他还是保

▲撒切尔夫人

证尽全力完成这次任务。上司很认真地暗示他，这次行动事关重大，首相亲自定名为"猎人"行动计划。意思很明显就是要他们像猎人一样捕获那些可恶的猎物。但困难的是猎人手下的猎物口里还有着更重要的猎物。

罗斯将 50 人的行动组减为 20 人，组成一支精悍的小支队，由他亲自指挥。上司在吃惊的同时很欣赏他的胆略，"特种部队的战斗力不在于人多，而在于人精"，这是英国特种空军部队一贯的作战原则。

罗斯深知，面前武装占领伊朗使馆的对手不仅是残忍的、狡诈的，而且他们占据了多方的优势，武器便是其中之一。由于经济和政治的限制，虽然特种部队的武器装备较其他部队要强，但还配备不上市场上最先进的武器。因此，在大多数情况下歹徒的装备要比他们强得多。随着犯罪手段的更加狡猾和使用武器的日益先进，肇事者和恐怖分子变得越来越心狠手毒。更重要的是，眼下恐怖分子手里还掌握着 20 多名人质。人质，往往成为他们取胜的本钱。

罗斯第一步的行动是立即与在伊朗大使馆附近担负监视任务的英国警察取得联系，并亲自带一个联络小组前往视察地形。

伊朗驻英大使馆坐落在肯辛顿区五子门，这里是伦敦最繁华的地方。大使馆是一座五层大楼。武装分子占领使馆后，伦敦警察立即包围了这座建筑，并对周围街道进行了封锁警戒。同时，附近的使馆人员也相继撤离。

警官库什曼告诉罗斯，大部分的人质都在大楼的二层和三层的房间里。伦敦警察厅为了密切注视大楼里的动向，从大楼屋顶的烟囱里放进了窃听器。这种高敏感的窃听装置可以通过传感器将大楼内的任何声响传到窃听车内。

罗斯最关心的是占领使馆的武装分子的情况。

"他们一共有 5 个人！"库什曼警官说，"他们自称是伊朗国籍的阿拉伯人，自称来自伊朗西南部的胡齐斯坦省。"

一位记者也凑上来补充道："武装人员的首领名叫托菲格，对，托菲格。他已打电话给我们英国广播公司了……"

"广播公司？为什么？"

"提出他们的要求。"

"什么要求？"

记者翻开了记事本："要求大体内容是，伊朗政府必须给胡齐斯坦省更多的自治权，并立即释放被关在该省监狱的 91 名阿拉伯犯人。他们还说，如在 24 小时内不满足他们的要求，就杀掉手中的 20 多名人质，并炸毁这座大楼！"

▲伊朗驻伦敦大使馆

罗斯一直悬着的心反倒放了下来,很庆幸,此次绑架人质事件与本国无直接关联。作为第三者干这种事,把握会更大些。

箭在弦上

为了让突击队员们对使馆情况了如指掌,突袭时轻车熟路,罗斯做了个简易的使馆模型沙盘。他组织大家在沙盘前分析研究,集思广益,拿出武力突袭使馆救出人质的最佳方案。他要求对使馆内的每条路、每扇窗,甚至每个台阶都要熟悉,每个细节都要求有两个以上的方案。

营救计划基本就绪,"猎人"行动急待实施。罗斯的手有些痒了,他要好好睡上两天,不再和妻子为离婚吵闹,即使这主动权不在他手里,即使两口子免不了打下去,也就先这样打着过吧。

罗斯已有两个月没回家了,在接到法院转来妻子的离婚报告之前,他正在英格兰和威尔士接壤的边界附近的一个秘密基地担负美差。为了防止恐怖分子的袭击和自卫,英王室成员也要求进行反恐怖的训练。王妃黛安娜和莎拉的射击训练就是由罗斯负责的。在训练过程中,莎拉表现得很英勇,获得"野小子"的称号,而黛安娜虽然对活动靶的反应不怎么快,但枪法比莎拉准得多,队员们称她为"神枪手"。

万事俱备,只欠东风。但英国当局认为这一行动计划非到万不得已,不付诸实施,他们希望通过谈判解决人质问题。这是既要面子又要风度的绅士风格。

英国代表终于坐着美国轿车来了。卡斯丁是个有着绅士风度的矮个子,长得还算强壮,但一开口一嘴娘娘腔。就这样还能震慑住恐怖分子?不帮倒忙才怪呢!罗斯想。他顾自到一边擦枪去了。

"我国政府外交部已拍急电给伊朗政府,向政府转达了你们的要求。请相信我们,我们希望尽快解决这一事件。处于人道主义的考虑请你们释放人质。"卡斯丁通过电话向窗口的托菲格谈判。

"好吧,处于人道的考虑,我们在一天之内释放 2 名人质,一名是伊朗妇女,她已经怀孕 3 个月了;另一名嘛,是一个有病的英国广播公司的记者。"托菲格履行了自己的诺言,24 小时内放回了 2 名人质。

24 小时过去了,武装分子并没有按他们所扬言的采取杀掉全部人质和炸毁使馆大楼的行动。但托菲格进一步向卡斯丁提出了要求,态度强硬,还夹杂着辱骂:"听着,混蛋!马上让 3 个阿拉伯使馆的大使出面调停。还有,赶紧派一架飞机把我们和人质送出英国!"

当局的态度漠然置之。

最沉不住气的倒是罗斯和他的伙伴们。强绷着的弓时间长了会折断,罗斯清楚,就像拖延演出一样,感情的酝酿如超出所限的时间,这戏非演砸不可。突击队员们的忍耐是有限的。中国有句古语："养兵千日，用兵一时。"几百个上千个日日夜夜的艰苦训练，收获不就在于有朝一日有用武之地嘛。

罗斯忘不了，在一次解救人质的模拟实弹演习中，扮演罗斯人质的队友卡瑟尔因未按预定时间，晚了不到5秒钟，结果被罗斯的子弹击中了头部，含怨而死。这虽属意想不到的事故，没有追究罗斯的责任，但罗斯心中的内疚是无法消除的，他曾发誓在真正的反恐怖活动中一定要把这位年轻战友的那份力也尽上。

当然，现在特种部队改进了训练方法，为了避免训练中的伤亡事故，又不影响训练效果，采取了全新的现代训练方法。在反恐怖特种部队基地，专门有一幢名为"厮杀宅"的建筑。宅内有两间"厮杀屋"，每间都装有特制的电影放映屏幕，屋内人的活动，可以通过摄像机和闭路电视反映在另一间房屋的银幕上。

▲特战队员瞄准目标

罗斯头脑中又闪现出训练的过程：扮演恐怖分子和人质的一方躲在一间屋子里，突击队员在另一间屋子里。训练开始，突击队员们发起攻击，朝银幕上的恐怖分子还击。攻防双方交火的全过程由摄像机全部拍摄下来，然后准确地计算出包括人质在内的双方伤亡情况，评价救援人质行动。有时，还可以反复放映录像，仔细分析研究演练中的所有动作。这才从此避免了卡瑟尔事故的发生。

这种新改进的训练方式很快得到英国反恐怖特种部队专家们的肯定。采用这种方式，每个参训人员每周可打5000发以上的子弹，计算机对每个人的每个动作都进行精确分析。对突击队员解救人质的训练要求是，突袭动作必须在4秒钟内完成，也就是说，恐怖分子还来不及做出有效反应时就被击毙。

罗斯望着眼前这些在训练中就已经出生入死过的战友们，心想，他们何尝不急着向真正的歹徒发起攻击呢？他们能在紧急攻击时不让急躁情绪影响缜密的行动吗？

百密一疏

时间对有的人来说是以天计算的，对有的人却是以分秒计算的，可它毕竟没有停止，依然一天天一秒秒地过去了。使馆大楼里依然十分平静，武装分子提出的期限一再推迟，谈判仍马拉松式地在继续进行。

卡斯丁的"娘娘腔"有些沙哑了，托菲格的态度越来越强硬，谈判仍不紧不慢，不疼不痒地进行着。大概因为托菲格对女性特别青睐的缘故吧，才没中断谈判，罗斯这样想。

邮差的摩托车喇叭在罗斯身后响起来，又是昨天的老邮差。他的车辆、邮包以及制服与众不同的都是红颜色，这大概是世界各国独一无二的标志。老邮差照样取出一大堆邮件、报纸之类，使馆的邮箱已经塞满，他只好搁在一边。

▲在丛林中执任务的英国反恐怖特种部队

罗斯信手翻着还散发着油墨香味的报纸，除了几篇有关释放人质的呼吁外，消息很少，人们已不再关心政治了。大版大版刊登的是招工广告，在这里人们并不是找不到工作而是对工作越发挑剔了，"少出力，多赚钱"的准则已被普遍的人所接受。但他罗斯从来没有要调换工作的念头，他认定了这行既冒险又艰苦的差使。如果这也算是政治的话，这是罗斯唯一关心的政治了。他盼着用他的枪去写出新的重大新闻，用鲜血一样的色彩"染"红刊登在这些报纸的头版头条。可眼下……

无所事事的他又回到战友们中间。高墙的阴影下，突击队员们身上的黑色服装显得更黑更闷。

罗斯又想到了邮差的红色。19世纪末，英军的服装也是红色的，设计者大概是意识到红色对人的心理所产生的刺激作用，才选定的吧，它确实使人热血沸腾，斗志倍增。可就因此，英军在袭击南非布尔人的营地时屡吃败仗。事后才发现当地布尔人穿的都是绿色军服，甚至连武器也涂上了绿色。这样便可利用军服在色彩丛林地中隐蔽作战，而英国人的一身红装却在周围的绿色环境中格外显眼，结果成了众矢之的，屡吃败仗。

无独有偶，去年美国眼科专家史蒂芬·索罗门却主张将消防车涂成黄色，因为人的眼睛对黄色和绿色最敏感。于是，底特律和堪萨斯等城市采纳了他的建议。果然，消防车的交通肇事因此而大为减少。可是，新的问题又出现了。消防车涂成黄色后，消防队员的灭火效率却下降，原因是黄色和绿色使人情绪安定，而红色能激发斗志和责任感。结果，今年又把消防车改为红色。罗斯认为色彩通过人的视觉作用于心理，通过联想与现实结成广泛联系。色彩也应为现实目的服务。经他建议特空队员们的衣着全部改为黑色，头戴黑色防毒面具，身穿黑色防弹衣，戴黑手套，穿黑皮靴。这种特殊的装束，用罗斯的话说可以先给恐怖分子以恐怖感，给受害者以稳定感。

武装恐怖分子的首领托菲格在进入使馆时，对两件事疏忽了，看起来他干这一行还不够老练。

第一件事是，武装分子闯进使馆时，担负使馆警卫任务的英国警察洛克第一个被抓，托菲格缴了他的械，甚至没收了他的警棍和武装带。然而他没有对洛克进行彻底的搜查。当然这与当时洛克驯服的态度有关。托菲格的失误，致使洛克藏在紧身上衣里的那支史密斯六四型三八口径左轮手枪安然无恙。

他们把洛克关进二楼使馆代办的办公室里，这是布置得满有伊朗风格的豪华办公室。说实话洛克在门口站了一年多，还第一次到屋子里来，他坐在舒适的沙发上，活动了一下手脚，头脑中萌发出想用这支枪营救大家脱险的念头，也闪现过大功告成后荣升三级的梦幻。这警卫使馆确不是个好差使，单调乏味不说，往常警察在老百姓面前盛气凌人的身份在这里被颠倒过来。他只能听命于使馆人员，稍不留意就要遭受训斥，心里憋气得很。想到这些要为之而献身的激情顿然烟消，算了吧，叫你们尝尝遭劫的味道，也好

▲防弹衣

提高点对警察重要性的认识。再说，相比之下，他也不一定是这些亡命徒的对手，俗话说，软的怕硬的，硬的怕横的，横的还怕不要命的呢！若寡不敌众不仅会造成使馆人员人质的伤亡，弄不好连自己也得赔上性命。

洛克调整了个最佳位置，心想先好好睡上一觉再说。

第二件被托菲格忽略的是，屋子里窃听器发出的嗡嗡声响没有引起他足够的注意。开始，对此他产生过怀疑，便叫来几位被扣押的使馆人员，大多数人也搞不清这动静是打哪儿出来的。有几位明白的人当然不能把真相告诉他，就用一些假话来搪塞他，有的说是发电机声响，有的说是一种虫子叫唤……

托菲格听着这声音有些熟，但一时又难以下结论。不至于带来什么危害吧，他边想边自顾走向二楼的使馆代办办公室。

沙发上警察洛克正在酣睡，呼噜声震得窗子嗡嗡作响。托菲格不由一乐，莫非楼里的响声是这警察的变奏。英国政府竟派这样的人员来守卫使馆！托菲格摇摇头，得感谢他，换了人也许会带来麻烦。

"猎物"开始咬人

被扣在这办公室里的另一个人质是英国广播公司电视台的赫曼斯，一个有头脑而没几根头发的中年人。他有着什么时候都不会消失的一脸笑容，或许是全天候的镜头感。他认为眼下这种风度最重要。笑，不卑不亢的笑，不仅能缩短他与恐怖者之间的距离，增大他寿命的极限，而且还能使自己较为空虚的心境充实起来，体现出风度。托菲格只朝他点点头，走了。笑并没给他带来什么。

赫曼斯有个应该说是良好的习惯：利用一切机会构思他所主持的节目。现在他正

在异想天开地综合了几条有关被绑架人质应该注意的几项要求，以供将来遭绑架的人们参考，他断定这节目在当今世界动乱局势中一定会享有众多的观众。

他抄起代办桌上的笔信手记下来。竟一气呵成，归纳了十条之多：

一、在绑架者拥有武器的时候，一般要照他们的话去做，否则相当危险。

二、绑架者的情绪一般都很激动。如果你能保持冷静，则有助于缓和紧张的形势，这样可减轻被伤害的可能性。

三、要表现出对绑架者所说的话都很感兴趣，谈话时要保持友善的态度。具有政治动机的绑架者，常喜爱发表他们的观点。这样的交谈将有助于使他们冷静下来，因此而减低他们对你安全的威胁。

四、向绑架者表示，你活着要比死了更有价值。再要告诉他们，除非你所在的单位确定你还活着，否则将不会和他们从事谈判。

五、要尽量了解你周围的环境，记住各事件发生的时间。并搜集有关声音、视像等资料。

六、在你被拘禁的房间周围留下你的指纹、物品等，以便以后有助于给绑架你的歹徒定罪判刑。

七、仔细倾听绑架者之间的任何谈话。注意他们无意中叫出的各自姓名，或他们下一步的计划。

八、决不能向绑架者说出你以后可以认出他们。如果他们让你见到他们的真面目，他们知道你将来会指证他们，或如果你提醒他们你会这样做，则可能会减低你活着的机会。

九、如果部队对你所遭绑架的房间采取突袭行动，你应趴在室内地板上，尽量寻求掩蔽，即使最不足道的保护，都有助于防止流弹的伤害。

十、在被绑架时，尽可能拖延时间，而不要使绑架者起疑心……

正写着，突然一只手夺去了他的稿纸，赫曼斯一怔。

托菲格很认真地读完，露出狞笑："赫曼斯先生，你丰富的联想给我们提供了很好的参考，哼，你别忘了，你不仅是个好导演，还是这个戏的主角……"

赫曼斯看出了他脸上的杀机。他低估了面前的这些人，不该在这种场合开这种玩笑，如果有机会，他要补上这一条。

托菲格一挥手，另一位武装分子走过来。托菲格道："谈判进行了6天，我们够耐心的了。再谈下去我们就是坐以待毙！去准备一下，马上执行我们6天前的决定……"

赫曼斯的笑肌僵硬了，不听使唤地降低了颤抖的频率，他知道这"决定"是什么。每隔半小时要枪杀一名人质，直到他们的要求被全部满足为止，或者说是直到人质全部杀完为止。看样子，大概要首先拿他开刀，他不禁瞟了托菲格一眼。

托菲格有他的想法，他要首先拿伊朗人开刀。

第一个站出来的是一位高大的青年人，他是伊朗使馆的新闻专员，名叫阿巴斯·拉巴萨尼，今年25岁。他自告奋勇表示愿做第一个牺牲者。

年轻人的勇敢献身精神博得伊朗外交官员们的赞叹，也震撼着托菲格。是啊，危难之中，方显英雄本色，即便在枪口下，也有征服不了的俘虏。

阿巴斯·拉巴萨尼吻了他的伙伴们，然后开始写遗嘱和家信。

托菲格内心很不平静，他也算是阿巴斯·拉巴萨尼的教友，因为该死的政治原因他要亲手杀掉他的教友，阿巴斯·拉巴萨尼是正人君子，死后可以进入天堂，可他，必定下地狱遭人唾弃。他甚至忘了，现在连封遗嘱都没留下。是不是对胜利太有把握了，他不敢再想下去，赶紧催促武装分子中最年轻的聂贾德执行。

聂贾德长相很像小孩，有着一副"童子脸"和矮小的身材，他似乎与托菲格一样，心虚使得持枪的手在不住地发颤。他拍了拍阿巴斯·拉巴萨尼，让其跟着他向楼下走去。

阿巴斯·拉巴萨尼与大家告别，他的目光异常坚定。同事们以同情和赞赏的目光送他离开了房间。几分钟后，从楼下传来三声枪响，很明显地听出来有一枪打在了水泥板上。

阿巴斯·拉巴萨尼胸口开了一个大洞，子弹是从背后射入的，他的脸异常平静。恐怖分子把他的尸体从使馆大门口推了出去。警察立即用担架将他抬走了。

托菲格本来不怎么抽烟，可自从枪杀了一名人质后，他的烟一支接一支。他从代办办公桌上抄来的一包烟不一会就抽光了。本以为枪杀人质可以迫使英国政府和伊朗政府答应他们的要求，但政府方面迟迟没有反应。就连那"娘娘腔"也不见了动静，莫非……

托菲格的担心一点没错，英国政府对恐怖行为的态度是明确和坚决的。内务大臣威廉·怀特洛表示，决不让恐怖分子的讹诈得逞。政府决定："猎人"行动开始！

"猎物"全部落网

武装分子开始杀人，这不仅没有促使他们的预谋有所进展，反倒加速了"猎人"行动计划的实施。

托菲格也有新的打算，他感到杀一个伊朗人对英国当局的刺激不大，下一步要拿英国人开刀！他把打算告诉了政府代表卡斯丁。

"娘娘腔"半天没有开口。

为了稳定武装分子的情绪，不使人质再流血，给突击队以充分准备时间和给突击队的行动以掩护，伦敦警察局根据政府的指示，采用缓兵之计，通过电话告诉武装分子，英国当局准备答应他们的要求。

托菲格得到答复后深深地松了一口气，这一招果真见效，看来希望之神就要来临了。可他万万没有想到，这时全副武装的英国特空队员们正在这座大楼周围开始对表。

罗斯毛茸茸的手腕上的表正好指在 7 时 30 分上，他挥了一下手，向特空队员和警察发出了攻击的命令。

一架警察用来监视的直升飞机在大楼上空盘旋。特空队员有的登上屋顶，拴好了往下滑的绳索；有的钻入大楼的地下室；有的正在拆除大楼的墙壁。

罗斯率一名队员从屋顶顺着绳索滑下二楼阳台，他贴着墙移向门口。

大厅内人不多，被扣女人质大都关在这里，由两名武装分子在看管，他俩与人质混在一起，不易直接攻击。罗斯朝另一队员递了个眼色，队员会意地掏出一枚"晕眩手榴弹"。这是一种没有杀伤力，但爆炸几秒内可使半径 10 米之内的人员完全丧失视力和听觉的特种弹。随着手榴弹的爆炸。发出的刺眼闪光和震耳轰鸣，大楼内立即燃起熊熊烈火，顿时浓烟滚

▲紧急行动中的英国特战队员

滚。罗斯和战友利用这一时机，跃入厅内寻找他们所要袭击的目标。

与此同时，另一名特空队员顺着绳索下到二楼楼梯口的窗外，还未落地，就被在楼梯口警戒的一恐怖分子发觉了。他见到浑身漆黑得像潜水员的特空队员时先是一怔，随即举起轻便型冲锋枪隔窗向特空队员瞄准。在这千钧一发之际，被扣人质、英国警察洛克掏出已隐藏 6 天的手枪，向武装分子猛扑过去，并搂响手枪，一颗被焐得发热的子弹击中了恐怖分子的手臂。

特空队员一脚蹬在窗台上，一脚踹开窗子，一梭子弹将武装分子打成马蜂窝状。

被扣在二楼使馆代办办公室里的赫曼斯，此时已钻到办公桌下，他望着蔓延进屋内的火焰担心会被烧死在屋里，急忙打开窗子，跳上阳台，挥动着双手呼救。

这时，一名特空队员从楼顶拉着绳索跳到阳台上。赫曼斯吓得瘫在地上，特空队员将他抢下来，送到隔壁的抢救小组。

赫曼斯一醒来，感到无比的后悔，后悔没随身携带摄像机，如果录下这段经历，卖新闻也能赚个大价钱。倘若插在他新构思的一部反映营救人质的电视故事片中，一定相当精彩、真实，收视率甚高。嗯？想起这部电视故事片他忽然觉得原来的构思和内容已荡然无存，什么也想不起来了。难道不身临其境就难以……他在担架上还苦苦地思索着。

在使馆三楼的电报房内，聂贾德看守着 14 名男性人质，这对他说来不是件艰巨的事，他见到托菲格朝阿巴斯·拉巴萨尼举枪射击时，差点哭了出来，他的基督教徒的父母从小就教诲他怎样去爱人，而从未教过他杀人。当他听到身后玻璃窗被砸碎的声

音时，他连抬头看的勇气都没有了，他神经质地端着枪冲着人质开火，可是已不听使唤的手将子弹全部送上房顶，圆形的冷光管被打碎了好几个。

人质安然无恙，只是落下的玻璃碴掉在脖领里，痒得他们不断地骚动。

守在房门口的武装分子勒巴德听到枪声，突然想起什么，遂奔向电报房，还未站稳就将一梭冲锋枪子弹送进屋内，屋里传来惨叫声。

勒巴德的点射大都打在使馆职员克卜拉的胸脯上，这位从未和武器打过交道的文职官员身中5弹当即死亡。他身边的使馆代办阿里弗罗茨因正在清理脖子里的玻璃碴，胳膊挡住了飞向脑袋的子弹，死里逃生。

这时，罗斯已从另一扇门冲入房间，武装分子勒巴德见势不妙，欲举枪射击，但枪内已无子弹，再换来不及了，他忙掷下枪支，高叫着："我们投降，我们投降！"钻入人质堆内。他一把拽下头上显示阿拉伯民族特点的头巾，妄图混装成人质，以伺机逃跑。

罗斯跃上去，照着那张惊慌失措的脸就是一拳，对方嗷地一声摔倒在地。罗斯心里有数，他的拳打破过多少沙袋，这一拳下去，就连最出色的整容专家也束手无策了。

人质中有两名强壮的小伙子扑上去，想在勒巴德身上出气，罗斯装作没看见，让这些受害者们发泄一下吧，这样才能得到心理上的平衡。不过他还是叮嘱旁边的一个队员："让他们悠着点，别弄死他。"

特空队员正顺利地缩小包围圈，有的越窗，有的破墙，把武装分子压向更小的空间。此时，一队武装警察也进入了使馆大楼。

在突然而凌厉的攻势面前，武装分子顿时乱了阵脚，托菲格也失去了指挥能力，他所分析过的有关成功事例和预先设计好的各种方案全都忘了脑后，他和另一名武装分子想混迹于人质中。

"谁是恐怖分子，快站出来！"罗斯站在门口，尽量把口气放得婉转。可他的手移向扳机。

早就对恐怖分子恨得咬牙切齿的伊朗人质们怒目圆睁，逼视着歹徒。

托菲格和另一个武装分子惊惧地退出了人质圈，当他转身望见铁塔般的罗斯时，手里的枪掉在地上。

▲特空队员在行动中

托菲格和那个武装分子立即同时弯腰去拾枪，就在这时，罗斯的枪响了。托菲格的战友当场殒命，他自己也身中四发子弹，而且弹着点都集中在致命部位。对方的点射太准了！他想，对方的举动任何人都会认为是正当防卫，完了。他为什么还要捡那该死的武器呢？他死都不会瞑目的。

特空队员一边进一步搜索武装分子，一边把大楼内所有的人集中起来，带到楼下。他们用已掌握的资料照片，一一进行核对，"童子脸"聂贾德被辨认了出来。

8 点 15 分，罗斯看看表，战斗顺利结束。5 名恐怖分子，3 名被当场击毙，托菲格被击成重伤，奄奄一息。罗斯望着被抬上救护车的托菲格，心里在冷笑：这家伙肯定活不到医院。

年纪最轻的武装分子聂贾德傻笑着自己钻进囚车，他的神经已偏离了正常的轨迹。

美军为什么采用绿色的贝雷帽

"贝雷帽"是一种无檐软顶的帽子，一种流行于英国青年人中的便帽。早年欧洲殖民者在北美组织的"别动队"戴过这种式样的帽子，二战初期英国创建特种部队（"哥曼德"）时又采用了这种帽子。而在美国，陆军的特种部队是在第二次世界大战中效仿英国的"哥曼德"部队组建的，该部队建立之初，有人提出应为它确立一个特殊的标志，军事当局想到英国突击队员戴的红色贝雷帽。这样绿色贝雷帽被美军的特种部队所采用，只不过将红色改成了绿色，"绿色贝雷帽"便成了美军特种部队的别称。

罗斯清点了一下部属，特空队员们和警察无一人伤亡。而且一个个还在摩拳擦掌跃跃欲试。他们似乎和罗斯一样，感到太不过瘾了。是啊，平时训练，他们的敌手一般最少也以一个班的兵力计算，眼下这也太不经打了。

罗斯望着又一队救护车驶入使馆，男女人质们在警察的搀扶下被扶上车，准备送去医院检查治疗。在 6 天的惊恐生活中，他们个个面色苍白，双目发呆，好像都刚刚大病了一场。有几个人质已动弹不得，由警察或搀或抱走向救护车。一位漂亮姑娘竟在警察怀里吻着她的救命恩人。

"哼，便宜都让他们占了，似乎功都成了他们的了。"罗斯心里有点醋意，"还是赶紧回家，管他老婆离不离婚，先好好睡上一觉再说……"

此次拯救行动，他们仅用了 17 分钟就消灭了对手并控制了大楼，取得巨大的成功，赢得了众多媒体的热烈颂扬与竞相报道，至此英国特别空勤团一下子从神秘的幕后走到大众眼前。

中国第一枚洲际导弹升空以后
——中国特警部队抢夺数据舱

突然，苏联核潜艇发出轰鸣的排水声。直升飞机上的汪洋海发现，在巨大的海浪中有几只黑色物体正在迅速地向水雷海域内游动。汪洋海辨认出，那是蛙人。他抓起话筒："报告舰长，空中1号报告，海面上出现蛙人，海面上出现蛙人！"同时，他命令身旁的队员："带好武器准备跳机！"3架武装直升飞机同时向海面压去。中国特警部队的一中队的飞机距海面只有5米。数据舱终于落入到水雷包围圈内。

美、苏觊觎中国超级洲际导弹进展

这是发生在中国第一颗洲际导弹升空后的真实故事。

地处中国西南边陲的一块10平方千米的深山密林中，一支粗大的立柱形物体高高地刺入天空。在它的周围，全副武装的中国军人来回游动，保卫着它的安全。这就是中国西南地区，曾经引起世界关注的导弹试验基地。在当时的历史背景下，这里是一级绝密防范重地。

在中国科技人员的艰苦努力下，中国的导弹试验终获成功，并在中国的报刊上公开地进行了报道。

中国的成功，举国上下引为自豪。因为，在这个人口为世界第一的国家里，不仅有了自己的防御武器，更重要的是，中国的成功，在两个超级大国之间，形成了三足鼎立的局面，为维护世界和平创造了条件。

正是由于这一点，美、苏才一直觊觎着中国超级洲际导弹的进展，千方百计地搜集着中国的情报。于是，在中国导弹试验基地的上空，安全部门发现了一种不寻常的电波。这立即引起国家安全部门的高度警惕，他们跟踪电波，破译密码，同时清查基地所有人员的来历和经历，侦察当地周围的动向。

抓捕白鲨先生

这一天，导弹发射指挥中心戒备森严，原先是两名武装哨兵把守的门中心，今天增加到4名，检查前来上班人员的证件。所有的人都顺利地进入大门。

这时，基地的齐工程师像往常一样，抱着皮包，手握钢笔，来到大门口。

"齐工程师，请将您的证件拿出来检验一下。"哨兵说。

齐工程师掏出证件。哨兵仔细核对后，将证件还给齐工程师。齐工程师刚要迈步进门，哨兵又喊了一句："齐工程师请等一下！"

"还有什么事吗？"

"请您将钢笔留下！"

齐工程师一惊，但见哨兵面带微笑，其他哨兵也同样要求其他进入基地的人员，把随身携带的钢笔留下时，他没有理由拒绝交出。他抽出钢笔交给哨兵，说："请你保管好我这支钢笔。"

哨兵点点头："指挥中心为每个人都准备好了纸和笔，等您回来一定交还给您。"

齐工程师便向第二道门走进去。在第二道门，中心安全处处长又拦住他："齐工程师，请您跟我来一趟。"

齐工程师感觉不对，刚要解释什么，便发现背后有两名全副武装的哨兵。他立即感到不妙，猛然歪头向自己的衣领咬去，安全处长一个勾拳击在他的下巴上，齐工程师立即昏倒在地上。安全处长随手撕掉他的衣领："白鲨先生，你被捕了！"

原来，"白鲨"是齐工程师的代号。齐工程师名叫齐帆。在他进入基地之前，受国家委派到日本深造导弹电子技术。在国外的 3 年中，由于美国和苏联间谍的收买，在金钱和美女的诱惑下，成为美国战略情报机关领导下的亚洲工作小组成员之一，同时又成为苏联间谍索取中国导弹情报的交易货主，并秘密地到美国接受了特殊训练。那支钢笔就是他从美国带回的微型无声手枪。齐帆从日本回国后，安全部门怀疑他蜕化变质，但没有发现他成为两面间谍的迹象，只是由于基地上空近日出现异常电波，使安全部门才系统地侦察到关于齐帆的资料。

▲东风31型洲际导弹

面临山穷水尽的齐帆，此时歇斯底里地大叫起来："你们即使逮捕了我，已经晚了，我早已把导弹发射时间和数据舱降落地点送出去，你们的秘密完了。"

安全处长冷冷一笑，说："白鲨先生，你高兴得太早了，发射时间和数据舱降落地点虽被泄露，但我们有能力保护收回它……"

于是，一场回收数据舱的战斗打响了。

我国第一颗洲际导弹发射成功

基地首长召开了紧急会议，气氛是紧张的。

首长在会上说："既然敌人对我国试验发射的第一颗洲际导弹的数据舱如此感兴趣，那么，我们就让他们来个竹篮打水一场空。明天上午9点，导弹按计划发射。它经过45分钟的飞行，落入我国西北大沙漠爆炸，在进入我国西北沙漠之前，数据舱将落入太平洋公海处。数据舱的打捞工作由空军的一个武装直升飞机大队负责，海军派出两艘导弹驱逐舰进行保卫，特警部队的一个中队负责保卫数据舱的安全。"

第二天，万里无云，晴空碧野，是发射的最佳天气。

发射场上，导弹巍然矗立，直刺蓝天。指挥中心在同发射控制台联络，发射控制台报告，导弹发射已进入倒计时。指挥中心的所有人员都盯住了计时器：10，9，8，7，6，5，4，3，2，1。突然，一声巨大的轰鸣，中国第一颗洲际导弹腾空而起，呼啸着冲向天宫。

发射台不停地向指挥中心报告导弹的飞行情况；

"报告，导弹飞行正常。"

"报告，导弹已进入太空。"

……

基地首长看着手表，已经9点10分。他向基地安全处长点点头。安全处长拿起话筒："全体注意，导弹已进入太空，其他部门立刻进入接受准备！"

发现不明军舰

两艘导弹驱逐舰开足马力，向公海预定地点驶去。空军的一架武装直升飞机，随着驱逐舰飞往预定目标。特警部队一中队的官兵，也乘机前往。特警一中队队长东方龙用望远镜搜索海面。突然，在东北方向，一个黑点出现在望远镜中，接着又出现了第二个。东方龙立即向舰队发出信号。

这两个黑点，在驱逐舰的雷达上也出现了，这是两艘不明国籍的军舰，而且驱逐舰还发现，在海底还出现了一艘核潜艇。他们都向数据舱的降落地点靠近。中国驱逐舰立刻向对方发出信号：中国在此海域进行军事试验，请马上离开，不然以侵入中国领域进行防卫。

三个黑点置若罔闻，继续向数据舱降落地点靠近。

驱逐舰再次发出警告信号，如果再不离开，我舰将发出攻击命令。

三个黑点停止前进了。

海面的两艘军舰，已经清晰可辨，从站在甲板上的士兵面貌来看，他们是美国人。海底的核潜艇也露出了巨大的舰身，上面站着苏联潜艇兵。同时，两国舰艇发出同样的信号：本舰并未进入中国指定的海域，这是

▲导弹驱逐舰

公海，中国军舰无权干涉。

中国军舰发出强烈抗议，并宣布，如不离开，中国军舰将发射定向水雷。

美苏两国军舰并不理会中国的抗议和警告，继续在公海中游弋。

"吱，吱"，一连串的声响，中国驱逐舰发射出20多颗定向水雷，用它将数据舱降落的海域包围起来。

突然，中国驱逐舰又发现右前方海域，有一条台湾渔船，那是一艘经过伪装的台湾军舰。驱逐舰立即将情况报告给中国导弹试验发射中心。

基地中心的首长指示，按照联合国《维尔斯公海协定》的原则，中国有权对不撤离试验区域内的外国舰船进行防卫攻击。为此，中国舰队做好了进攻前的准备。

抢夺导弹数据舱

此时，信号兵向舰长报告："目标出现！"循声望去，蓝天上一只物体拖带着红色的尾巴，在天字中划出一段美丽的长虹，向预定海域飞来。

"各执行中队注意，目标已向我们飞来，注意安全回收。"

中国的3架武装直升飞机立刻呈扇状散开。特警一中队副队长汪洋海，坐在驾驶舱旁，指挥飞机在水雷划定的区域内盘旋。他告诫身旁的队员随时准备跳机，保护导弹数据舱。如果数据舱落到水雷区域外，也要拼着性命保卫它。

▲武装直升飞机

物体在距海面3000米的高空中，弹开了降落伞，慢慢悠悠地向预定海域降落，1000米、800米、700米、500米、100米……突然，苏联核潜艇发出轰鸣的排水声。直升飞机上的汪洋海发现，在巨大的海浪中有几只黑色物体正在迅速地向水雷海域内游动。汪洋海辨认出，那是蛙人。他抓起话筒。"报告舰长，空中1号报告，海面上出现蛙人，海面上出现蛙人！"同时，他命令身旁的队员："带好武器准备跳机！"

3架武装直升飞机同时向海面压去。中国特警部队的一中队的飞机距海面只有5米。

数据舱终于落入到水雷包围圈内。

5名特警队员像离弦之箭，从飞机舱门处跳下，扑向数据舱。

"呼，呼，呼"，汪洋海手中的冲锋枪发出点射，随即数据舱白色的降落伞被血水染红。原来，3名蛙人偷偷地从海底冒出来，捷足先登，首先抓住了降落伞绳，他们拼命地向怀里拉着数据舱，结果被汪洋海送到阎王爷那里去了。

刚刚击毙3名蛙人，又有两名身带推动器的蛙人飞快地接近数据舱。跳下飞机的特警队员，立即将腰中的直升飞机吊钩挂在数据舱上。汪洋海搅动起降机，数据舱刚刚离开水面，一个蛙人立即抽出手枪，子弹射在绳索上。吊索一晃，遗憾的是只打断了一半，另一半被沉重的数据舱拉得紧紧的。眼看吊不了多久了。

水面上的特警队员，冒着被数据舱掉下来砸死的危险，警惕地盯着蛙人的动向。

汪洋海十分焦急，他放缓了吊绳，一点一点地向上提拉着。在机上的另一名特警队员，瞄准了水面上的两名蛙人，但是他不敢开枪，因为在海中游动的中国特警已经同蛙人搏斗在一起了。

汪洋海命令直升飞机向自己的驱逐舰上空飞行，同时通知另一架直升飞机接应海中的特警队员。

海中的3名特警队员在水中与蛙人搏斗着，其中一名特警队员被蛙人的手枪击伤，鲜血已浸透潜水服。此时，两头大白鲨鱼由于水中血水的诱惑，已向他们冲来。直升机上的特警队员为海中的特警队员担心，扣动扳机，向鲨鱼射击，同时又放下一根吊绳。一梭子弹没有击中鲨鱼，反而击中了一名蛙人。受惊的鲨鱼向受伤的中国特警队员扑去，在这千钧一发之际，另两名特警队员抓住直升飞机的吊索，两人用双腿夹住受伤的战友，离开了水面……

鲨鱼扑空了，一回身翻起巨大的浪花，奔向另一名蛙人。苏联潜艇上的军人，用冲锋枪向水雷射击，响声如雷，火光冲天，硝烟弥漫……苏联潜艇已不知去向，另两艘美国军舰和台湾伪装的渔船也悄然地离去了。

中国特警队员安全地将导弹数据舱，送到了驱逐舰的甲板上。

印尼 81 特遣支队出击
——解救飞机上的人质

　　先头几人首先把铝合金梯子搭好并爬上机翼，迅速打开两个舱门冲入机内。突击队员端着冲锋枪向劫机犯猛烈开火，清脆的枪声在寂静的夜空传得很远，在机场大楼 3 层谈判代表的住处，都听得清清楚楚。劫机犯仓促应战，经 3 分钟枪战，3 名劫机犯被当场击毙，2 名劫机犯被击伤，不久死亡。突击部队利用黎明前的黑暗进行的偷袭获得完全成功。

5 名歹徒劫持航班

　　1981 年 3 月 28 日上午 10 时 10 分，印度尼西亚鹰记航空公司第 206 航班的 DC－9 飞机从首都雅加达起飞，计划经南苏门答腊的巨港至北苏门答腊的棉兰。

▲ 雅加达机场

　　飞机起飞后约 20 分钟，临近巨港时，突然 5 名用冲锋枪、手枪、手榴弹和匕首武装起来的恐怖分子，把枪口对准机组人员和乘客，宣布飞机已被劫持。

　　劫机犯命令机长改变航线，飞往马来西亚的槟城。飞机在槟城降落后，劫机犯向驱车赶到机场的马来西亚内务部长卡扎利提出提供 60 个人的食品和英文版、印度尼西亚版航图的要求。作为代价，释放了 1 名身体不佳的老妇人，而后改变航向，飞往泰国首都曼谷。

　　17 时 20 分，该机飞抵曼谷郊外的栋姆安机场，根据塔台的指示降落并滑行到 1 号货机停机坪。泰国政府立即派部队从远处把飞机包围起来，随后进入戒备状态。

　　劫机犯要求泰国政府给飞机加油，泰国通信运输部长阿蒙借机与劫机犯进行交涉。但在加完油后，劫机犯关掉了无线电台，停止了交涉。

　　为处理这一危机事件，泰国政府指派外交部长西提为正式代表。印度尼西亚正式代表、中央情报部部长陆军中将约加索哥莫也于当夜赶到曼谷。

　　劫机犯提出的要求是：一、在 29 日 13 时以前释放关押在印度尼西亚监狱的 80 名政治犯；二、提供一架包括飞行员在内的航程远的飞机，以便飞往斯里兰卡首都科伦坡。如不满足要求，将炸毁飞机，杀死人质。

随后，劫机犯又进一步提出要求：一、处罚接收美国公司贿赂的马利克副总统；二、驱逐居住在印尼的犹太人和以色列人。

1 名人质逃出险境

29 日 11 时 30 分，1 名英国乘客罗伯特·温莱特趁劫机犯走进驾驶舱之机，突然打开后部的紧急出口跳出机外。劫机犯立即向其射击，并击伤其脚部，后被机场人员送往医院。

人质逃跑，使劫机犯非常恼怒，他们对乘客声称："如果再发生这种事情，决不轻饶！"

17 时许，在地勤人员给飞机加油时，又有 1 名美国乘客卡尔·施奈达效仿刚才那个英国人，试图从前部紧急出口逃跑。但当他打开出口正要下跳之际，被劫机犯发现并向其发射两发子弹，随即坠落机外。施奈达被立即送往空军医院，在脊背处进行了弹头摘除手术，伤势很重，但总算保住了一条性命。

此外，由于这次骚乱，还使 1 名进行加油作业的地勤人员负伤。

这次劫机事件使泰国政府相当为难，泰方希望用和平方式解决事端，因而飞机落地后，曾积极与斯里兰卡政府联系。但斯里兰卡政府态度非常坚决，说什么也不允许该机在斯里兰卡降落。

另一方面，印度尼西亚政府的态度也相当强硬，执意要武力解决。29 日，印尼政府宣布，重新改派以贝尼·马布达尼陆军中将为首的正式代表团前来曼谷进行谈判，处理劫机事件。但该代表团将于 29 日夜或 30 日晨才能到达。

为此，劫机犯被迫改变了答复期限，将开始规定的最后期限推迟到 29 日 21 时。

实际上，直到 29 日深夜谈判仍无进展。

30 日清晨，印度尼西亚谈判代表团乘坐 DC－10 飞机到达泰国曼谷，同机到达的还有一支秘而不宣的特种部队。

马布达尼中将到达曼谷后，迅即拜访了泰国总理，双方商定了对策。并就如下几个问题达成口头协议：

（1）不让劫机犯逃到第三国，力争在栋姆安机场内解决问题；

（2）争取和平解决，但视情况也可采取军事手段。在采取军事行动时，印尼特种部队要接受泰国军队的指挥。突击的时机视劫机犯处置人质的情况而定；

▲泰国曼谷

（3）泰国政府拥有处理人质的权力，应优先考虑释放外国人质。

30 日上午，谈判双方仍在激烈地讨价还价。这一天，劫机犯得寸进尺，在被告知印尼政府已同意释放 80 名政治犯后，又进一步提出索要 15 万美元赎金的要求，并限定要在 30 日 21 时前交钱放人。

泰国政府是想通过谈判尽量拖延时间，使劫机犯精疲力竭，但对于采取军事行动持非常慎重的态度。与此相反，印度尼西亚政府态度非常强硬，主张拒绝劫机犯提出的一切要求，看准时机，让特种部队迅速采取军事行动，解决事端。两国的意见存在很大分歧，很难协调一致。

当天，印度尼西亚政府通过其代表团，向劫机犯通报了已将所要求释放的 52 名政治犯集中到了雅加达的消息。其实，印尼政府根本无意释放政治犯，而是在为掩盖其特种部队采取行动施放烟雾弹。

当天下午，劫机犯要求为飞机补充食品，并允许两名运送食品的人员接近飞机。他们在递送食品时，借机侦察了一下人质和飞机的状况。

31 日凌晨 1 时 30 分，泰国政府发言人向新闻界披露了印尼政府已做的种种努力，暗示这一事件有可能很快通过谈判获得解决。政府发言人说：印尼代表团已把通过电报发来的 92 名在押政治犯的名单交给了劫机犯，让其从中选出 80 人。对此，劫机犯已亲自划定了 27 名，其余 53 名让印尼当局决定，并要求，这 80 名政治犯将在 31 日上午 6 时 30 分前，被集中到曼谷。此外，劫机犯还向泰国政府提出了为其提供 1 架飞机和机组人员的要求，以便他们与政治犯一起飞往他国（国名未明确说明）。

▲DC－10 飞机

机场上集聚着为数众多的看热闹的人，他们远远地注视着机场的中央，手持以色列制冲锋枪的宪兵来回巡逻，仿佛在维持秩序。

此外，在被劫持的 DC－9 和运送谈判代表团的 DC－10 飞机附近，还部署了狙击手。

特种部队强行突击

31 日晨 2 时 45 分，印度尼西亚当局决心采取行动，命令印度尼西亚陆军特种部队的 81 特遣支队发动突击。约 20 名身穿黑衣

▲印尼特种队员

黑裤、头戴贝雷帽的突击队员，分3个方向开始隐蔽接近停在第1货机停机坪的DC–9飞机。

先头几人首先把铝合金梯子搭好并爬上机翼，迅速打开两个舱门冲入机内。

突击队员端着冲锋枪向劫机犯猛烈开火，清脆的枪声在寂静的夜空传得很远，在机场大楼3层谈判代表的住处，都听得清清楚楚。

劫机犯仓促应战，有的抱头鼠窜。经3分钟枪战，3名劫机犯被当场击毙，2名劫机犯被击伤，不久死亡。

反劫持一方，1名突击队员和被劫飞机机长负伤。全体44名乘客被安全救出。负伤者被停在机场待命的急救车迅速送往市内医院抢救，其他乘客被大轿车送到机场候机室休息。

突击部队利用黎明前的黑暗进行的偷袭获得完全成功。

谈判只不过是为了掩盖突击部队采取行动而施放的烟雾弹。

至此，这一历时达65小时的劫机事件最终获得解决。

印尼的81特遣支队

印度尼西亚陆军特种部队的81特遣支队，是一支营救人质的专职部队，兵力约100人。该支队是仿照德国GSG9特种部队组建的，并接受过德国特种部队、英国空军特种部队的系统训练。该队所有成员必须完成飞机操作、潜水等特殊训练科目，并取得特种部队资格证书。入选81特遣支队后，还要接受各种高难度作战训练，掌握特殊的营救技巧。其武器配备有P–7自动手枪、MP–5冲锋枪、FN米尼密折叠式冲锋枪等。

"金豹"从虎口拔牙

——营救多齐尔将军

千钧一发之际，一名突击队员甩出飞刀将歹徒的枪打落在地，另一名队员乘机冲上去将歹徒擒住。安东尼奥及其情妇埃丽莎双双被擒。当冰冷的手铐将安东尼奥等4名"红色旅"分子牢牢地铐住时，他的思绪还沉浸在美妙的温柔乡中呢。

将军塞进木箱里

1981年12月17日傍晚，刮了一整天的北风，给意大利北部的维罗纳，这座美丽的小城增添了几分寒气。刚刚结束了一天紧张工作的多齐尔将军下班离开了他的办公

▲意大利北部的维罗纳

室。也许是办公室里紧张的气氛被冬日里潮湿的地中海清风吹散了，此时此刻，坐在外壳锃亮的黑色林肯轿车里，多齐尔将军感到格外轻松。

詹姆斯·多齐尔是北约南欧地面部队副总参谋长，他参加过越南战争，1981年6月，在众多的同僚中，他力挫群雄，以冷静、果断和卓越的军事才能，被五角大楼任命为北约南欧地面部队副总参谋长，亲自带兵驻扎在意大利的维罗纳城。多齐尔是南欧地面

部队司令部里职位最高的美国将军，他掌握着北约组织大量的核心机密。

"吱"一声轻响，林肯轿车在他的别墅门前停下。多齐尔知道现在是18时30分。多年的军人生涯，养成了将军严格遵守时间的习惯。做任何事，哪怕是生活中鸡毛蒜皮的小事，将军都能准确地预测出所需要的时间。

把将军送到家后，警卫也下班走了。明天是周末，也是多齐尔和梅茜两人的结婚纪念日。多齐尔一方面不愿意让那些活蹦乱跳的小伙子们整天枯燥无味地待在房子里，另一方面他也想和夫人单独在一起愉快地回忆过去的美好时光。所以，除厨师外，让其他的人统统回家度周末去了。现在，整幢别墅里显得极其清静。

"叮咚，叮咚。"音乐门铃响了，梅茜过去开门。

"谁呀？"

"煤气公司维修管道的。下午有人打电话说煤气管道有问题需要检修。"门外一个

粗野的男人声音回答道。说话的这人正是意大利"红色旅"最著名的干将、令人毛骨悚然的安东尼奥。

从镶在门上的"猫眼儿"里，梅茜看到门前站着四个身穿工作服，肩挎工具包的人。其中一位 40 岁左右长相不错的人站在最前面说话。

梅茜便打开门热情地请他们进房间，刚要开口说话，那个领头的男人一把就捉住了梅茜，并顺手将一块胶布死死地贴在她的嘴上。梅茜的双脚乱蹬乱踹，她想以此来给丈夫示警，但抓住她的那个男人的手劲实在太大了，梅茜手臂的骨头几乎都要被捏碎了，她疼得流出了眼泪。

外面的声响惊动了多齐尔，他凭着多年军人的经验，知道情况不妙，刚要准备报警时，4 个人一拥而上，其中的一人用手枪将他打昏并用手铐铐住了他的双手。领头的那人把已经吓昏过去的梅茜拖进客厅，扔在了沙发上。这时，正在厨房里专心准备主人第二天银婚纪念午餐的厨师，突然发现一个满脸杀气的家伙站在他的背后，还没等他回过神儿来，便被堵上嘴绑了起来。客厅里的几个人将仍在昏迷之中的多齐尔塞进一个大木箱子里，然后在书房和卧室里翻箱倒柜地搜查北约的秘密文件，忙碌了十来分钟，仅发现了多齐尔将军的手枪和梅茜的部分金银首饰，没发现任何北约的文件和其他有价值的东西。"可恶的美国佬！快点撤。"几个人一边骂骂咧咧一边抬着大木箱驾车逃走了。一个小时后，他们把装在大木箱里的多齐尔用汽车拉到了距维罗纳 70 千米的帕多瓦市。在光天化日下，抬着大箱走进了宾德蒙大街 2 号。

"红色旅"的"人民监狱"

这是一幢 8 层的公寓楼，楼下是一家超级市场。楼上住满了人家。楼底层是帕多瓦市唯一的"迪仪阿"超市。该市场虽然地方不是太大，但装修考究，货色齐全，再加上服务热情，每天来这里购物的顾客络绎不绝。当初安东尼奥之所以把这儿选作他们小组的据点，就是意在采取瞒天过海的策略。利用人们熟视无睹和常见不疑的心理，这可以说是个绝妙的好主意。

安东尼奥和他的情妇埃丽莎就像货主般跟在两个抬木箱的大汉后面，大摇大摆地进入了二楼的一套公寓。这是埃丽莎的住房，也是安东尼奥和她销魂的安乐窝。任何人也不会想到，安东尼奥的销魂所竟然是"红色旅"的"人民监狱"。

"现在，任务圆满完成！"安东尼奥严肃地扫视了 3 名部属一下。特别是当他看到情妇埃丽莎那充满敬佩和渴望的眼神时，心里很得意。

第二天上午刚一上班，意大利"安莎社"维罗纳分社就接到一个匿名电话，一个声称是"红色旅"的代表正式宣布：多齐尔已被关在"人民监狱"里，"人民法庭"将在适当的时候对北约组织的刽子手进行正义的审判。

"嘀铃铃，嘀铃铃。"急促的电话铃声，把正在闭目养神的北约盟军总参谋长福靳

▲帕多瓦市徽

上将吓了一大跳。他赶紧拿起桌上的红色电话，神情立刻变得严肃起来。

多齐尔准将被"红色旅"绑架！——这是多么不可思议的事啊！

福靳上将立即紧急报告了正在休假的北约盟军总司令和五角大楼。很快，五角大楼发回指示：要求北约马上将多齐尔准将被绑架的详细情况报告国防部，并做好应变措施。要不惜任何代价迅速查出多齐尔的下落，并尽快将他营救出来！

不到 24 小时，美国将军多齐尔被绑架的消息迅即传遍全球的每一个角落，它犹如一枚突然爆炸的氢弹，不仅震动了意大利，震动了美国，也震动了全世界！红色旅？红色旅！——死灰复燃的"红色旅"！

令人谈之色变的"红色旅"

意大利是在 20 世纪 20 年代就尝到法西斯主义统治滋味的国家之一。我们知道，墨索里尼的反动统治延续了 20 年之久。战后，意大利的资产阶级统治是虚弱的，虽然有美国为后盾，它仍是当时欧洲最不稳定的资产阶级国家，这表现在阶级矛盾尖锐、政局动荡和政府更迭等方面。战后，意大利的经济恢复和发展速度很快，但也遇到不少困难，失业人数较多。不少人受到来自经济上的威胁和打击，感到被这个社会抛弃了。这些对现实社会不满的人成立了"左派"组织，走上了恐怖主义道路。"红色旅"就是其中的一个典型。

在"红色旅"活动的初期，他们的行动经常得手，成员不断增多。这个组织似乎有理论，有纲领，鼓吹走暴力夺取政权的道路，并标榜为"真正的马列主义"组织。这一切强烈地吸引着社会各阶层中对现实不满的人们，特别是青年学生和青年工人。"红色旅"在这一时期很快发展到 400 多人。

1974 年 9 月，"红色旅"的两个"历史性领袖"——雷纳托·库尔齐奥和阿尔贝托·弗朗切斯基尼被捕了，同时被捕的还有一批骨干。这标志着它初期阶段的结束。而它的所谓"第二代"活动分子则在杀人的标记下开始了新阶段的恐怖活动。此后，意大利不断受到"红色旅"恐怖活动的冲击。

"红色旅"一直擅长于搞绑架活动。1973 年 12 月，它由于绑架了菲亚特公司的人事部长埃托雷·阿梅里奥而大出风头。1974 年 4 月，它又绑架了热那亚的检察官马里奥·索西。

1975 年 2 月，库尔齐奥的妻子玛格丽塔·卡戈尔组织了劫狱，把库尔齐奥从监狱里"解放"出来。她自己则在行动中被警方击毙。同年夏天，库尔齐奥再度被捕。然而，对库尔齐奥的审判却迟迟进行不下去。库尔齐奥在法庭上不断对审判者发出威胁，"红色旅"分子在外面极力阻挠审判，并扬言要再次劫狱。

审判拖了很久才重新开始。当时法院大法官好不容易才组织了一个陪审团，并定于1978年3月17日进行新的审判。可是，就在审判的前一天，3月16日，发生了"红色旅"绑架意大利当时的总理、意大利天主教民主党副主席阿尔多·莫罗的事件。这次绑架震惊了意大利，也震惊了整个西方世界。

"红色旅"在绑架了莫罗之后，不断地发出公告，要求同政府对话，要求用莫罗交换库尔齐奥。"红色旅"还发表了莫罗本人多达80封的亲笔信。莫罗的信呼吁政府答应"红色旅"的要求。这一切都受到政府的拒绝。政府坚持不与恐怖分子对话的强硬立场，使"红色旅"感到莫罗失去了要挟政府的作用，就在扣押他56天之后，将他枪杀，以此给政府以沉重的打击。

"红色旅"杀害莫罗的行径受到意大利公众普遍指责。人们开始疏远"红色旅"，一些过去同情、支持它的人也纷纷改变了立场。它在意大利人民心中的形象开始变得丑恶起来。可以说，绑架并杀害莫罗是"红色旅"达到极盛时期的标志，也是它开始走向衰落的起点。"红色旅"内部也出现了混乱。从那时起，"红色旅"分裂成两派，一派叫"军事派"，主张用恐怖手段杀害一切"敌人"；另一派叫"运动派"，主张从事推翻国家机器的活动，但也不过是空谈"革命"。

借力黑手党

事件发生后，意大利政府立即成立了"紧急行动中心"，全权负责营救多齐尔的工作。关于多齐尔被绑架的详细报告也送到了五角大楼。

12月18日中午，"紧急行动中心"首先封锁了以维罗纳为中心、方圆100千米的区域。在所有路口均设置了路障，一切过往车辆都要受到严格的盘查，并采用专门从美国空运来的反射镜探测汽车底盘是否藏有武器等物品。2000多名警察在美国专家的协助下，对该地区的每条小巷、每幢楼房甚至连郊区的农家小屋都仔仔细细地"筛"了一遍。

圣诞节到了，多齐尔在"红色旅"的看管下，度过了他一生中最难忘的圣诞节。新年的钟声又敲响了，多齐尔在"人民监狱"迎来了1982年的元旦。时间一天天过去了，对于外面的人来说，多齐尔的行踪仍然音讯渺茫。

就在意大利警方"紧急行动中心"的头头们如同热锅上的蚂蚁急得团团转的时候，老天爷终于开眼了，在监狱中的一名意大利黑手党头目答应帮忙。于是，双方达成了一笔理所当然的幕后交易。

无孔不入的意大利黑手党真是名不虚传，不到两天即传来了有关消息。一个自称"吉姆"的人，与黑手党中的一名成员是朋友。12月12日，他曾向人吹牛说，在近期要干一件惊天动地的大案子。1月26日，黑手党通知意大利警方说，他们已查到了多齐尔的准确关押点，请警方先兑现诺言。于是，在当天晚上，黑手党被关押的那位神秘人物即"越狱"成功。就在一些敏感的记者全力报道黑手党首领"越狱"逃跑的同时，营救多齐尔的行动也即将正式开始。

为确保营救行动的绝对成功和万无一失，意大利"紧急行动中心"把营救的任务交给了深藏不露的"金豹"特种突击队。

意大利特种部队虽然组建较迟，但在训练上一点也不比其他国家的特种部队逊色，被誉为西方最精良的特种部队之一。他们业务精湛，恪守对罪犯只活捉而不处死的原则，这与英国、以色列等国特种部队以杀死敌人为目标的做法很不相同，因而更加令人刮目相看。

突击队长布尔吉塞曾在美国的"绿色贝雷帽"受训过，到英国的"哥曼德"等特种兵部队里取过经，不仅经验老到，而且深受队员们爱戴。他从不满足于纸上谈兵，凡事都要得到验证，作战勇敢，身先士卒。据一名参谋人员说，布尔吉塞最喜欢身着野战迷彩服，头戴黑色贝雷帽和队员们一起在训练场上摸爬滚打，即便是在办公室或餐厅里，人们也很少见布尔吉塞西装革履或是穿着日常军装。

现在，作为一支没有什么知名度的特种兵部队，营救多齐尔对他们来说是个千载难逢的扬名立功机会。突击队员们兴奋不已，跃跃欲试。

▲黑色贝雷帽

90秒结束战斗

只有知己知彼，方能百战不殆。而布尔吉塞深知，此次行动事关重大，他对队员们说："情报不准，绝对不可能取胜！在行动前，我们必须要掌握关押多齐尔将军的所有情报，越详尽越好。"

布尔吉塞带领几名精明强干的队员，身穿便服来到宾德蒙大街2号进行现场侦察。他们走进繁华的"迪仪阿"超市，售货员热情地问他想买什么，布尔吉塞乘机同她拉起了家常。在交谈中，有个售货员顺口讲到，一个多月前，她看见好几个人抬着一个很大的木箱上了二楼。布尔吉塞又打听了其他几个售货员，她们差不多都说有这么回事儿。布尔吉塞便向二楼的楼梯口望去，他发现有个男人的头似乎一晃而过，少校心里便明白了。经过3天多的详细侦察和了解，布尔吉塞弄清了多齐尔将军被关押的准确地点和绑匪的活动规律。

意大利政府决定立即采取营救行动，并派出了大批警察严密封锁了该地区。然而，

在研究制定具体行动方案时，有人提出利用夜黑行动，有人想趁拂晓袭击，一时难下

定论。轮到布尔吉塞说话了，他大胆地建议中午开始行动。理由是：中午时分，街上行人很多，人声嘈杂，正是安东尼奥等人戒备最松的时候。中午行动，可以达到攻其不备和出敌不意的效果。

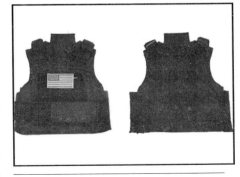

▲防弹背心

布尔吉塞充满激情地对众人说道，从世界各国成功的经验可以看出：要想取得成功，只有依赖于发起行动的突然性和行动的快速性。而突然性和快速性在很大程度上又取决于战机。只有采取出人意料的行动，才能取得超出常人的成功。经过反复论证，"紧急行动中心"采纳了布尔吉塞的建议，并将开始行动的时间定在1982年1月28日中午11时30分。

28日天亮前，所有通往帕多瓦市郊区的道路全被封锁了，"迪仪阿"超级市场周围更是布满了身穿便衣的警察。上午11时10分，布尔吉塞少校和"金豹"突击队队员们早早地吃过午饭，开始了行动前紧张的准备工作。每个突击队员胸前挎着一支M-12微型冲锋枪，手里还有一支大口径手枪，腰间还别着红外线眼镜、瞄准器和防毒面具，身穿黑色紧身衣，里面穿着黑色防弹背心。另外，每个人还戴着黑色的头罩，仅剩下一双蓝色的眼珠暴露在外。

11时20分，突击队乘坐一辆没有任何标记的轻型货车来到"迪仪阿"超级市场西侧一条小胡同里，准备发起攻击。此时，在宾德蒙大街2号附近，每个路口都有警察把守，个别重要位置还有便衣警察活动。路上行人不是太多，大多都在家里或酒店吃午饭。

为了掩盖突击队行动时所发出的声音，前两天就准备好的一辆挖土机，发出了震天动地的"隆隆"声。当时针指向11时30分时，布尔吉塞少校果断下达了行动的命令。十几名突击队员就像一头头敏捷的金钱豹直扑超市。同时，早就在这一带活动的便衣警察，立即疏散了街上的行人，并在周围布下明哨暗卡，以防"红色旅"的人逃跑。

▲防毒面具

市场里的顾客稀稀拉拉，只有不多的十几名中年妇女在食品柜旁慢慢地挑选，当她们突然看到10个黑不溜秋的蒙面大汉冲了进来，还以为是歹徒打劫，吓得不知所措；几名年轻一点的女售货员吓得赶紧钻到了桌子底下，浑身颤抖个不停。为防止惊动楼上的

歹徒，布尔吉塞把住门口大声喊道："大家安静，不要怕，我们是警察！"话音未落，其余的队员已扑向二楼的楼梯口。

此时，二楼的"人民监狱"里似乎倒很平静，里面只关着多齐尔一人，有4名"红色旅"成员看守。囚禁多齐尔将军的房间不到10平方米，房中央挂着一顶宝塔形帐篷，脸色苍白的多齐尔将军就坐在帐篷里的一张钢丝床上，多齐尔旁边有一名看守。将军已经在这里静静地待了整整42天。为了防止多齐尔逃脱，安东尼奥不仅铐住了他的手和脚，还用一根手指粗的大铁链把他固定在床上。此外，为防止多齐尔偷听，埃丽莎还别出心裁地在多齐尔耳边挂了一副耳机，并不停地播放音乐，使多齐尔什么也听不到。在此期间内，"红色旅"已多次审讯了多齐尔，要他提供北约的军事机密，都被将军断然拒绝。刚开始的时候，多齐尔一直被蒙着双眼，可近几天来已不再蒙眼了，这反倒使多齐尔觉得离死期不远了。

▲美国总统里根

另一个房间里，安东尼奥正搂抱着情妇埃丽莎调情取乐，刚从超市买菜回来的一个家伙，正要开厨房的门。突然，"咚"的一声，门被撞开了。抱着东西的这个家伙看到一下子冒出来这么多"黑鬼"，顿时吓得魂不附体，张大着嘴巴什么也说不出来，乖乖地被制服了。听到响声，负责看守多齐尔的歹徒立即意识到情况异常，连忙拔出带消音器的手枪对准了多齐尔的脑袋。按照"红色旅"总部的命令，一旦有人营救或遇到特殊情况，首先要击毙多齐尔。多齐尔从容地闭上双眼。就在这千钧一发之际，一名突击队员甩出飞刀将歹徒的枪打落在地，另一名队员乘机冲上去将歹徒擒住。安东尼奥和埃丽莎双双被擒。当雪亮的手铐将安东尼奥等4名"红色旅"分子牢牢地铐住时，他的思绪依然还沉浸在美妙的温柔乡中呢。

"金豹突击队"营救多齐尔将军的行动胜利结束，整个过程仅用了短短的90秒钟。突击队员没费一枪一弹，无一人伤亡。美国将军多齐尔得救了！当布尔吉塞扶他走出帐篷并请将军坐下休息时，刚刚恢复常态的多齐尔则风趣地说："我已经坐了6个星期了，就让我好好站一会儿吧。"

多齐尔将军被救出的消息，似一阵春风吹散了满天的乌云。美国总统里根亲自打来越洋电话问候多齐尔，这位刚刚从虎口里被救出来的美国将军再也控制不住自己的泪水。

"紧急暴怒"行动
——美军入侵格林纳达

在入侵格林纳达的作战中，美国海豹突击队行动迅速，隐蔽突然，发挥了尖刀作用。他们先于主力行动，采用"斩首突击"的战法，从空中和海上提前登陆，完成了控制机场、摧毁电台、营救总督等要害目标，为美国整个格林纳达战争创造了一个极为有利的局面。

遭遇袭击，兴师问罪

1983 年 10 月 23 日 6 点多钟，一辆黄色奔驰牌卡车沿着国际机场的高速公路朝美驻黎巴嫩维和部队的海军陆战队总部驶来。与此同时，一辆小汽车风驰电掣般地冲入美国兵营宿舍大楼。只听见"轰轰"两声巨响，两幢 10 层和 6 层钢筋水泥楼房全部倒塌。

猛烈的爆炸过后，酣睡中的 240 名美国士兵有的被炸得粉身碎骨；有的被炸得身首异处；稍微轻一点的也已是奄奄一息，被埋在废墟之中。这声爆炸宣告：美国海军陆战队第 8 营已经不复存在了。

海豹特战队第 8 营的营长约翰·古尔丁少校幸运地成为唯一一名幸运者。当时，他躺在床上，迷迷糊糊进入了梦乡，他梦见他在温暖的海水中游泳。突然，海底塌陷，火山爆发，炽热的气流将他冲到天空……他被爆炸的气浪掀出大楼，紧裹着军毯和被褥飘落到街道上，他掉入邻近一栋住宅内。望着大街上炸出的十几米宽、两米多深的弹坑和那些支离破碎的躯体，他简直不敢相信自己的眼睛。这场爆炸，给美国海军陆战队带来了巨大损失和耻辱。

正当这位暴怒的海豹突击队队长筹划采取报复行动时，海军第 2 舰队司令梅特卡夫中将命他马上回国，率一支海豹突击队立即赶赴加勒比海去执行一项总统亲自批准的计划。此计划行动代号为"紧急暴怒"。

古尔丁少校和他的海豹突击队到达预定地点后，与海军陆战队的 1500 余名官兵搭乘 5 艘两栖舰船出发。其中有排水量为 1.83 万吨的两栖突击舰"关岛号"，以及武装直升

▲海豹突击队徽章图案

机 30 多架，担任主攻任务。

空中机动部队是第 82 空降师 5000 多人和陆军特种部队第 75 别动团两个别动营约 700 人。担任作战掩护和支援任务的是第 22 航空母舰战斗群，内有排水量 7.8 万吨的"独立号"航空母舰，以及其他各类舰船 15 艘，总排水量在 12 万吨以上。

蓄谋已久，一触即发

美国如此兴师动众，大量集结兵力，运用其王牌精锐部队执行"紧急暴怒"行动计划，对一个弱小的岛国大动干戈，这究竟是为何呢？

20 世纪 80 年代以来，美国在低强度战争理论的指导下，在解决国际争端和地区冲突中，经常运用军事力量施加影响和进行干预。为了达到一定的政治、经济或外交目的，凭借高技术优势，使用先进的武器装备，连续进行了几场局部战争，以确保其世界霸主地位。在执行军事行动中，广泛使用了特种作战部队，世界上哪个角落有冲突，哪里就有美国特战部队的身影。人们通常把他们称为"世界宪兵"。

▲格林纳达岛

"格林纳达"是西班牙语"石榴"的意思。它西濒加勒比海，东临大西洋，位于小安的列斯群岛最南端，是东加勒比地区的一个很小的岛国。格林纳达岛面积 344 平方千米，由主岛格林纳达和北边的卡里亚库、小马提尼克等一些小岛组成，人口 80% 是黑人。格林纳达是加勒比海通往大西洋的东南门户，战略地位非常重要，距美国本土约 2500 千米。

1974 年 2 月 7 日，格林纳达正式宣布独立。1979 年 3 月"新宝石运动"领导人莫里斯·毕晓普发动武装政变，推翻了亲西方和美国的盖里政权。毕晓普上台后，时而完全倒向苏联和古巴，并模仿它们来建立国家的政权模式；时而缓和、改善对美关系，并试图在保持同苏、古密切关系的同时，发展与美国和西方的经济合作政策。这种政策对美国在该地区的利益和海上运输线的安全构成了直接威胁，为遏制格林纳达，里根总统曾多次扬言，美国准备采取"一切必要的行动来教训格林纳达"。

其实，美国对格林纳达的军事入侵蓄谋已久。1981 年 8 月，美军已在波多黎各的韦克斯岛举行了侵占格林纳达岛的模拟演习。这次入侵的参战人员——陆军特战队员和海军特战队员大都经过 2—3 个月的适应训练。对格岛的地形、周围海域水文、格军驻地等军情进行了多方面的侦察，并有针对性地进行了模拟训练。

美军入侵之前，对格林纳达国内局势可能的发展趋势作了充分估计。为达到迅速解决危机的目的，美国政府一边决策，一边集结军队，以求取得出其不意的效果。1983 年 10 月 13 日，格林纳达政府军司令官奥斯汀及其后台科尔德副总理发动了政变，将总理毕晓普秘密处决。成立了以奥斯汀为首的新的"革命军事委员会"，并软禁了总督斯库恩。有惧于格林纳达"输出革命"的东加勒比海国家"紧急要求"美国出兵。美国决策层认为：这正是出兵的大好时机。

格林纳达方面参战的兵力，包括古巴顾问武装援建人员约 2000 人，编有两个步兵营和一个炮兵营，主要装备是一些轻武器。美军投入地面的作战兵力 7200 人，其中陆军特种作战部队 700 人，海军陆战队 1200 人，第 82 空降师 5000 人，其他国家部队 300 人。海军参战舰只 15 艘，舰载机 110 架，总兵力达 1 万余人。整个作战行动由第 2 舰队司令梅特卡夫中将负责指挥，相比之下，美军的兵力远远超过格军。

▲海豹突击队员体力训练

美国五角大楼在选择先头突击部队的时候，最先想到的便是久负盛名的海军特种部队海豹突击队。它独特的作战能力和作用是其他部队无法替代的，是受总部直接指挥的尖刀和铁拳。

为主力部队扫清障碍

迪上尉是这次行动中海豹突击先遣队的队长，他带着他的士兵们，从"独立号"乘直升机一直飞到离格岛十来千米的地方，然后从直升机跳下，打开扔在水里的自动充气橡皮艇。他们爬上小艇，在黑黝黝的夜色中，橡皮艇就像一条黑黝黝的海豹，艰难地向格岛靠近，在波涛中颠簸几个小时后他们隐约见到格岛黑乎乎的轮廓了。突然，格军的几艘巡逻艇驶近橡皮艇。橡皮艇上的队员由于担心被格军发现，关闭了发动机，橡皮艇失去了动力，无法及时躲避巡逻艇。几名海豹队员眼看着巡逻艇向他们压来，刹那间，橡皮艇被撞翻，五六名海豹队员被淹没在波涛之中，但幸运的是格军没有发现他们。

迪上尉等格军巡逻艇一走，赶忙进行联络，但无人答应，只好指挥他的小艇继续向格岛挺进。他们沿格岛巡视一遍后发现，格岛多山，主要的山位于东部，朝着大西洋这边的海岸断崖绝壁连绵，根本就没有理想的

▲海豹突击队训练场景

滩头陆地。迪上尉立即将格岛的情况报告给"独立号"航空母舰上的梅特卡夫中将。

当指挥部得知此消息后，马上改变了作战计划，即突击队从巴巴多斯、格岛附近海域和本土的 3 个待运地点乘运输机和直升机，在海、空军航空火力支援下，从南、北两个方向对格林纳达实施空降突袭。登陆行动先从空中开始，在格岛腹地展开。

10 月 25 日凌晨，天渐渐亮起来，海水泛着白光。海面上露出了几个黑点，4 架 F－15"鹰"式战斗机迅速掠过海面，穿梭在格岛上空。他们的任务是为美军提供空中掩护，防止古巴空军干预。紧随 F－15 之后的是一大群直升机，前面的两架直升机没有降低高度，在高空中悬停。此后，一大批攻击直升机用携带的火箭对格军的工事进行直接攻击。"珍珠"机场周围的格军阵地上，罩上了层层滚滚浓烟，爆炸声连绵不断。直升机的攻击刚刚结束，A－6 攻击机又以更强大的火力把格军完全压制在地面上。在美军航空兵强大的火力压制下，格军毫无反抗之力。

大约 5 点，几十架运输机沉甸甸地压过来，它们越过海岸线，越过格军阵地，直接降落在"珍珠"机场跑道上。

运输机尚未停稳，机舱后门已被打开，一队队身着迷彩服的陆战队员从机腹涌出

▲A－6 攻击机

来，手端着自动步枪或轻机枪，腰间插满手榴弹，迅速朝各自预定的目标奔去。有的奔向机场塔台，有的奔向机场候机楼或其他建筑……在很短的时间内，美军迅速占领了"珍珠"机场。随后，美军又将全部兵力转移到萨林斯机场，该机场在格岛的西南部，美国预先在该机场附近伞降了一支由 40 名队员组成的特种部队突击分队。这支突击分队在 C－130 运输机的运送下伞降着陆，他们与格军展开了激烈的战斗，很快占领了萨林斯机场，为主力部队实施机降扫清了障碍。

在整个行动过程中，海豹突击队发挥了重要的作用，他们主要执行两项重要任务：夺取电台，营救总督。

摧毁"自由格林纳达"电台

格林纳达广播电台是格林纳达对外的主要宣传喉舌，为了制止它向世界各地播送任何不利于美国的报道，因此必须摧毁它。

10 月 25 日凌晨，由 11 名队员组成的第一海豹突击队，乘着黎明前的黑暗，静悄悄地向"自由格林纳达"电台所在地圣乔治地区搜索前进。离开"独立号"航母之前，他们已经得知迪上尉所率小队遭到了不幸，有几名队员已经葬身大西洋之中，不

禁为自己的命运而担忧。不过，对于海豹突击队员来说，临危不惧，处变不惊是他们在完成任务中应有的心理素质。而严酷的训练使他们心中战斗的愿望更为强烈，特战队员带着这种愿望，踏上了格林纳达的土地。

此时，天已渐渐放亮，建筑物已能依稀可见。他们辨认了一下方向，迅速向目的地靠近。

走了一段路程，前面突然出现一座大楼。海豹突击队员取出格林纳达地图，找到电台位置，然后用眼前的景物一对照，确定眼前的建筑物就是广播大楼，电台就在里面。他们迅速分成两个小组，沿着街道两侧，侧身向前摸去。两组队员交替掩护前进，整个行动配合默契，悄然无声。他们迅速靠近大楼，

▲海豹突击队员扛橡皮艇训练

第一小队几乎未遇到任何抵抗，就占领了大楼。然而，由于行动保密，又找不到当地居民询问，所以目标弄错，原来这座大楼只是一座普通的办公大楼。正当他们准备从大楼撤离时，忽然被格军发现，密集的子弹向大楼门口射来，封住了大门。海豹队员不顾格军的子弹，冒险冲出了大门。两名队员被子弹击中，身负重伤，其余的队员都冲了出去。他们迅速向格军把守的广播大楼冲去。待他们到达广播大楼前，发现这里已被格军围得水泄不通。此外，还有两辆轻型装甲车把守在大门口。十几名突击队员要想突破格军那道无数枪口对准的大门谈何容易，海豹队员一时也无良策。只要他们一离开街道两旁的房屋掩护，就会招来格军一阵密集的弹雨。时间一分一秒地过去了，僵持数分钟后，突然格岛南端的爆炸声停止了，随即枪声大作。枪声引起格军一片混乱，趁格军乱作一团之际，海豹突击队员迅速向大楼冲去。在楼里他们遇到了格军的阻击，海豹突击队员贴着墙一步步地前进，突然在拐角处射击，格军士兵还没有看到海豹的身影，就已被击倒。格军士兵死的死，伤的伤，剩下的几名士兵见大势已去，也失去了抵抗能力。海豹突击队员迅速占领了整个广播大楼，又打了一场漂亮仗。在这次战斗中，海豹队员除去先前两人重伤外，只有几人轻伤。

解救保罗·斯库恩总督

第二海豹突击小队的任务是解救被囚禁的英国总督保罗·斯库恩。海豹队员上岸后，很快找到了位于圣乔治北边的总督府。他们要比第一突击小队幸运得多。他们悄悄潜入总督府时，天还未亮。斯库恩总督焦虑地待在家中，他不知道他的命运将会怎样。当他看到前来解救他的海豹队员后，心里非常高兴，打算立即离开这个是非之地。不料，此时格军已经包围了总督府，双方立即展开了一场争夺总督的战斗。几辆格军

装甲车已经封住总督府，要撤出此地，安全地带走总督，唯一的办法就是顽强抵抗，等待援兵。火力对峙了一个多小时，由于格军不敢伤害总督，所以只使用轻武器进行射击。虽然使用狙击步枪进行狙击式决斗正是突击队员的拿手好戏，可是他们毕竟势单力薄，已有数名队员负伤，其中3人伤势严重。战斗一直持续到下午。海豹突击队在总督府已被围困了10多个小时，格军的进攻非常顽强。一批冲上去被打退后，不久又组织另一批进攻。格军深知，如果不把总督弄到手，他们将失去最后一张"护身符"。突击队这面，虽然，有好几名海豹队员身负重伤，但他们仍倚窗傍门而立，用手中的武器进行还击。

▲英国 AW50 12.7 毫米狙击步枪

子弹不时地打进总督的房间，发出刺耳的尖啸。海豹突击队队员们随身携带的弹药已经不多了，上级的援兵还没有到，形式十分危急。

就在这危难之时，迪上尉手持无线对讲机，指挥着数10辆装甲战车猛冲过来。迅速包围了总督府附近的格军，格军腹背受敌，战斗只进行了10多分钟，围困总督府的格军便抵挡不住美军强大的攻势，纷纷举手投降。突击队员们冲进总督府，抬出伤员，并呼唤来直升机，将总督一家及受伤队员运送到"独立号"航母上。

海豹突击队成功地营救了英国总督。其他各路特种作战分队在主力登陆之前，也成功地抢占了岛上的发电厂、主要路口等重要目标，为主力部队的作战行动创造了条件。

"闪电出击"行动
——空中拦截游轮劫匪

被美军战斗机"挟持"的埃航客机在跑道上刚一停稳，50名全副武装的意大利士兵便将其团团围住。这时，载着50名美国海军海豹特战队员的一架美国空军的C－141运输机也降落在锡戈内拉机场。舱门刚一打开，一个个持枪荷弹的特战队员立即冲了出来，也将波音飞机围了起来。机上的暴徒自知任何反抗都是徒劳的，只好举着双手灰溜溜地走出了机舱，束手就擒。

降横祸，游轮遭遇劫持

1985年10月3日，地中海上晴空万里，碧波荡漾，意大利的一艘大型豪华游轮"阿基利·劳罗号"，载着10多个国家的755名乘客和331名乘务员，从意大利的商港热那亚启航，准备环绕地中海开始为期11天的航行。途经意大利的那波里和锡拉库扎、埃及的亚历山大和塞德、以色列的阿什林德、塞浦路斯的利马索尔、希腊的罗德和比雷埃夫斯、意大利的卡普里岛，最后返回出发地热那亚港。

游船上的生活十分惬意。白天，在万里无云的碧空之下，乘客们有的立在甲板上，眺望那无垠的深蓝色大海，海风拂面，令人心旷神怡；有的在打乒乓球、甲板高尔夫球；有的在游泳或在池边聊天。晚上，有的在宴会上大饱口福；有的在晚会上翩翩起舞，以至于不知道深夜已至。

10月7日，游船驶离地中海，进入埃及的亚历山大港。客人当中，有从美国纽约和北部新泽西州来的一群趣味相投的朋友和邻居，他们的年龄大约在60－70岁之间。其中，有位叫玛里琳的女士，家住曼哈顿。在她的倡议下，这群老年人的旅行才得以成行。她的丈夫利昂·克里霍弗曾两次患脑溢血，这次坐轮椅前来参加，一览地中海上的风光。本来这对老夫妻也准备在亚历山大港下船一游，但临行前又改变了主意。他们万万没有想到，可怕的事情却降临到他们面前。

大约上午11时左右，"阿基利·劳罗号"驶离亚历山大港，前往苏伊士运河的另

▲地中海风光

一端入口处塞得港，接回那些上岸观光的游客，然后再驶往以色列的阿什林德港。事实上，在热那亚有4名据认为是巴勒斯坦的人已偷偷登上了游船。但只有极少数人知道此事，也没有引起注意。

▲亚历山大港

这天，游船在晴空万里的地中海上徐徐向东航行，似乎一切都很顺利。

在游船离开亚历山大港后4小时，突然有两名手持机关枪和手榴弹的人登上了船桥，用扩音器大声喊道："我们已劫持了这艘游船，所有乘客都到餐厅集合。"其中一人冲进驾驶室，用枪逼着船长费拉多·德罗萨，要他将船驶往塔尔图斯港。

暴徒们劫持游船后，要求以色列当局释放被监禁的50名巴勒斯坦人。并扬言："如果我们的要求得不到满足，就连船带人一起炸毁。"

慌乱的人们面面相觑，不知所措。等到夜幕低垂之后，船长才用无线电同塞得港港务局方面取得联系，报告了游船被劫持的情况。按照规定时间来到塞得港的游客们，左等右等，就是不见游船的到来。直到午夜，他们才被告知，游船被恐怖分子劫持了。

消息传出，舆论哗然。意大利总理克拉克立即同国防部长斯帕多利尼、外交部长安德列奥蒂进行紧急磋商。尔后，意大利政府命令南部的海空军处于"一级战备状态"。

巴解组织领导人阿拉法特在同安德列奥蒂的电话联系中，强烈谴责这起劫持事件，并宣布该组织与此事无关。

特拉维夫官方发言人则宣称：以色列决不会屈从劫持者的要求。中东又陷入了一场严重的政治危机。

发淫威，老人被抛大海

客轮遭劫持后，德罗萨船长按照劫持者的命令，将船向北驶往塔尔图斯。意大利的军舰紧紧尾随其后。劫持者要求叙利亚准许游船靠岸，并要求与意大利和美国驻大马士革大使取得联系，以便同他们谈判释放关押在以色列的50名同胞。但是，叙利亚当局拒绝让该船进入塔尔图斯港。游船只好在港外附近的海域抛锚。

时间一分一秒地过去了，暴徒们实在等得不耐烦了。严重的事态终于在8日发生了。

下午约1时许，劫持者来到里昂·克林霍弗的身边，把他从轮椅上抓了起来，向他脑门开了一枪，随后，把他连同轮椅一起抛进了大海。这位可怜无辜的老人，仅仅因为他是美国人，便沦为地中海中的冤魂。见此情景，船上的其他游客一个个面如土色，不知所措。一位名叫安娜的奥地利妇女，乘暴徒不注意之机，挣扎着爬到一间未锁的舱房，在床底和厕所里平静地度过了两天，一直躺到事件结束后才爬出来。

暴徒们把刚才杀人的情况告诉了德罗萨船长，并威胁说，如果叙利亚当局不答应他们的要求，他们将继续枪杀人质。

叙利亚最后还是拒绝了"阿基利·劳罗号"进港的要求。塞浦路斯也同样如此，暴徒们的要求没能满足，所有的国家都不愿意卷进这一事件之中。

8日下午，游船起锚离开叙利亚海面，又驶向塞得港。船在黑暗中静静地前进。为了防止暴徒铤而走险，船长对各个有可能参加救援活动的方面通报说："我们都很安全，不久将获释，不要为了救援而靠近船只。"

然而，美国政府从游船被劫事件发生那天起，就着力研究对策，企图插手解决这一事件。当获知一名美国人被杀害的消息后，里根总统怒不可遏，要求地中海沿岸所有国家都拒绝让该游船靠岸，并命令海豹突击队做好准备，同时制定了周密的营救人质和抓捕劫船分子的"闪电出击"行动方案。

10月9日上午，阿拉法特的高级助手阿巴斯从突尼斯来到埃及。在同埃及有关方面和意大利驻埃及大使馆谈妥之后，用无线电向游船上的劫持者喊话，说明了来意。接着又同埃及官员和国际红十字会代表，乘埃及军舰驶向当时距塞得港13海里的"阿基利·劳罗号"，同劫船者进行了80分钟的谈判。最终达成的条件是：如果他们投降，埃及将保证他们安全离开埃及。

劫船者终于同意投降。黄昏时，他们释放了所有人质，乘小船上岸，结束了长达44小时的劫船事件。

擒劫匪，空中四机拦截

劫船者宣布投降后，埃及总统穆巴拉克决定把他们交给巴解组织处理，以避免报复性恐怖活动不断升级。美国政府得知此消息后，非常气愤。他们认为，劫船者杀害了美国公民，因此他们是杀人犯，必须将他们绳之以法，使他们受到应有的惩罚。

10日上午，美国的特工人员获悉，几名劫船者将乘坐埃航一架波音737客机，从开罗的马扎空军基地起飞前往突尼斯，而且还知道了该机的机号及驾驶员的姓名。得到准确情报后，美国开始制定拦截计划，准备将劫持者逮捕归案。

▲穆巴拉克

他们计划由航行在地中海的"萨拉托加号"航空母舰上出动 F－14 战斗机和 E－2C 预警机,到地中海上空拦截埃航客机,胁迫客机在意大利的西西里岛降落;并命令海豹特战队从直布罗陀直飞西西里岛的锡戈内拉基地,将劫持者押解回国。

10 月 10 日晚 7 时,整个截机计划准备就绪。20 点 15 分,担负这一任务的"萨拉托加号"航母到达预定海域。22 点 10 分,在空中警戒的 E－2C"鹰眼"预警机发现了埃及的波音 737 飞机。3 分钟后,在舰上待命的 F－14 战斗机紧急升空,一场空中截击战终于拉开了帷幕。载着劫持者的客机向阿尔及利亚飞去。但劫船者们做梦也没有想到,美军战斗机已布下了天罗地网,等待着猎物的到来。F－14 战斗机关闭了机上所有的灯,悄悄地从后方靠近波音飞机。

F－14 战斗机与波音飞机的距离越来越近。突然,4 架 F－14 一齐打开了机上的灯,扑向波音 737 飞机的两翼。波音飞机的机长觉察到了自己受到拦截,机上人员慌乱起来。机长连忙向开罗方面呼叫,但无论怎样也联络不通,耳机里一片嘈杂声,根本无法听到开罗方面的指示。这是由于 EA－6B 电子干扰机实施无线电干扰的缘故。

▲E－2C"鹰眼"预警机

E－2C 预警机不断命令波音飞机降低高度,飞往西西里岛,并警告如果不服从,即予以击落。

波音飞机内,曾逞凶一时的劫持者目瞪口呆,不知所措。机长深知已无法摆脱美军战斗机的包围,只好在美军战斗机的挟持下,极不情愿地向西西里岛的锡戈内拉基地飞去。

11 日凌晨,被美军战斗机"挟持"的埃航客机在跑道上刚一停稳,50 名全副武装的意大利士兵便将其团团围住。这时,载着 50 名美国海军海豹特战队员的一架美国空军的 C－141 运输机也降落在锡戈内拉机场。舱门刚一打开,一个个持枪荷弹的特战队员立即冲了出来,也将波音飞机围了起来。机上的暴徒自知任何反抗都是徒劳的,只好举着双手灰溜溜地走出了机舱,束手就擒。

美国使用战斗机进行的空中截击战胜利结束了。

"讨债行动"计划
——追杀阿尔瓦罗

阿尔瓦罗住宅楼和附近地区街道突然变得一片漆黑。他还以为是修电线的工人临时拉掉了电闸，忙从沙发上站起身，准备去窗口看个究竟。几乎就在这时，房门猛地被从外面撞开，几道强烈的光柱同时射向了阿尔瓦罗，还未等他反应过来，一排子弹狠狠地钻进了他的胸膛。

不满选举结果，成立恐怖组织

1970年哥伦比亚举行了4年一度的总统选举。保守党总统候选人巴斯特拉达以4万张选票的优势战胜了当时执政呼声最高的全国公众联盟的总统候选人海梅·贝德曼，登上了总统的宝座。全国公众联盟指责保守党在大选中做了手脚，拒绝承认大选结果。由于全国公众联盟的申诉未能得到国会的支持，加之美英等西方国家对保守党政府的承认，斯巴特拉达成为合法总统。同年4月19日，公众联盟领导人海梅·贝德曼和卡洛斯·托雷多医生等人纠集联盟党内的极端分子，建立了后来令世人生畏的"四一九"运动组织，走上了以武力对抗保守党的道路。1972年，该组织派出一个行动小组，潜入以南美独立之父西蒙·玻利瓦尔命名的博物馆，盗走了玻利瓦尔的长剑，声称要以此剑惩罚邪恶，匡扶正义。从此"四一九"运动组织踏上了恐怖之路。

清剿中恐怖组织不断萎缩

1980年2月28日，多米尼加共和国驻哥伦比亚大使馆举行招待会，庆祝独立日。"四一九"运动组织得到这个情报后，立即派出了一个行动小组。当晚，由16名敢死队员组成的行动小组乔装打扮，混入了多米尼加大使馆，将前来参加招待会的40多名外交官扣留当作人质，其中包括美国、委内瑞拉等国的大使，世界舆论为之大哗。当时的哥伦比亚总统图尔瓦略断然拒绝同该组织进行谈判，致使恐怖分子占领使馆长达两个月之久。最后在美国斡旋下得以政治解决。此后，哥伦比亚政府加紧了对"四一九"运动的清剿，同时对其同情者进行打击。

由于军警的多次围歼行动，"四一九"运动的力量受到很大打击，仅一年内就有600多名成员丧生，其核心领导人也都死的死、逃的逃，如1984年4月28日，海梅·贝德曼死于一次"飞行事故"；同年8月11日，卡洛斯·托雷多在布卡拉曼加遭人暗害；1985 年 5 月，在与政府军的一次武装冲突中，安东尼奥·那瓦罗在腿部中弹并做了截肢手术后迁居哈瓦那。

血债血偿，"讨债行动"计划出炉

为了免遭灭顶之灾，"四一九"运动组织按兵不动，伺机报复。1985 年 11 月 6 日，该组织的一支由 35 人组成的突击队在光天化日之下，突然武装占领了坐落在市中心广场、离总统府仅 200 米的哥伦比亚国务和司法大厦，包括最高法院院长在内的 230 名司法要人和国务领导人被置于枪口之下，大批国务和司法文件被付之一炬。哥伦比亚政府断然拒绝了"四一九"运动组织提出的释放所有在押的"四一九"运动组织恐怖分子的要求，派出军队，出动了大批的坦克和装甲车进行围剿。经 26 小时的激战，35 名恐怖分子全部丧生。包括最高法院大法官在内的 110 名人质全部死于恐怖分子的枪口之下，酿成了 20 世纪以来哥伦比亚历史上最惨痛的恐怖事件。

事件发生后，哥伦比亚总统在电视讲话中声称，政府将采取一切手段镇压恐怖活动和惩办凶手，并命令哥伦比亚情报和保安机构采取行动，不惜一切代价彻底铲除"四一九"运动组织成员。

▲哥伦比亚特种队员战场英姿

总统一声令下，哥伦比亚的情报网加速运转起来，不久之后，情报部门查明这次流血事件的元凶是"四一九"运动组织创始人之一、该组织的理论家兼最高军事首脑阿尔瓦罗·法拉第。全国保安及情报机构立即加紧行动，制订了追杀阿尔瓦罗的"讨债行动"计划，发誓要不惜任何代价讨还司法大厦血债。

恰在此时，哥伦比亚保安部队在哥伦比亚第二大城市加里市郊同一伙"四一九"运动组织成员发生了武装冲突，打死近 20 名恐怖分子，并将其余 3 人俘获。经严酷审讯，一名化名"阿利托"的家伙承认自己是"四一九"运动最高领导人的联络员，有机会接近各地领导人。哥伦比亚情报机构如获至宝，为达到诱奸"四一九"运动组织领导人阿尔瓦罗·法拉第的目的，他们派人将"阿利托"全家"请"到保安机构的某个基地保护起来，同时也把"阿利托"从监狱送回家中团聚。几天后，在哥伦比亚情报机构的精心安排下，"阿利托"率 3 名"同监""杀死"了监狱的看守，逃回了"四一九"运动的一个据点。从此，哥伦比亚情报机关对"四一九"运动组织领导人的一切行踪都了如指掌，具备了实施"讨债行动"计划的条件。

天罗地网，在劫难逃

司法大厦血案发生后，哥伦比亚军警加强了对"四一九"运动组织各活动地区的军事封锁，并在这些地区实行了军事管制，极大地限制了"四一九"运动组织各控制区之间的联系。阿尔瓦罗急于想了解其他各活动区的情况，可又不敢冒险使用电台，心情十分焦急。正在此时，"阿利托"领着3名同监的恐怖分子来到这里，称狱中同党帮助他越狱，特来通知阿尔瓦罗，加里地区"四一九"运动组织领导人约他在波哥大见面，商议准备在加里再搞一次比司法大厦规模更大的行动。尽管阿尔瓦罗对"阿利托"越狱有些猜疑，但拟议中的大规模突袭行动却强烈地吸引了他。14日一早，阿尔瓦罗对基地的工作做了布置后便离开了。与此同时，一封有关他的行踪的密电传到了哥伦比亚情报局。

阿尔瓦罗频繁地更换出租汽车，可他哪里知道，从他离开秘密据点起便一直处在情报机构的监视之下，甚至他还乘坐了一段情报局的出租车，车上的秘密电眼将他的面貌和声音全部录了下来，送到有关部门去做技术鉴定。阿尔瓦罗先是在首都闹市区里闲逛，时而钻进一家商店，时而坐下来喝杯咖啡，以此来断定是否有人盯梢。当他来到一处街口回头朝身后张望时，脸上突然浮现出惊异的神色，接着便转身钻进了一条小胡同。后来据情报部门的估计，阿尔瓦罗可能认出了跟在他身后的某个便衣警察。阿尔瓦罗慌慌张张地来到一幢住宅楼，向守门人打了个招呼便径直奔上了二楼。

二楼上住着作曲家拉乌尔·罗塞罗一家。拉乌尔每天除了在学校讲课外，有时还到当地的某些演出团体去。这天下午四点多，拉乌尔从外面打来电话，告诉妻子他可能要晚些时候回去，让妻子和孩子先吃晚饭。妻子放下电话不久，便听到有人敲门。阿尔瓦罗自称是拉乌尔的朋友，已和拉乌尔约好要在家里见面。妻子从未见过拉乌尔的这位朋友，但还是热情地接待了他，给他端上了咖啡，并同他一块谈论起昨天晚上的一场国内足球赛。将近5点40分时，阿尔瓦罗从临街的窗口看到有两名工人爬到齐窗高的电杆上作业，住宅楼门口的电话亭也有人在修理电话。其实，这几名身着哥伦比亚电话公司工作服的电工都是由情报部门特工乔装的，他们奉命继续监视躲在屋里的阿尔瓦罗。这时，住宅楼已完全被保安部队包围了，反恐怖特种部队也奉命出动，控制了各楼口和楼顶，该地区

▲哥伦比亚特种部队举行模拟救援演习

的所有路口都被封锁了。

5 点 45 分，住宅楼和附近地区街道突然变得一片漆黑。阿尔瓦罗还以为是修电线的工人临时拉掉了电闸，忙从沙发上站起身，准备去窗口看个究竟。几乎就在这时，房门猛地被从外面撞开，几道强烈的光柱同时射向了阿尔瓦罗，还未等他反应过来，一排子弹狠狠地钻进了他的胸膛。

阿尔瓦罗用迟疑的目光盯着眼前突然出现的军警，摇晃了一下便一头栽倒在地上。这位被哥伦比亚情报部门追捕已久、司法大厦血案的策划者和"四一九"运动组织的最高领导人终于得到了他应有的下场。这次突袭，从断电到击毙阿尔瓦罗，仅用了不到一分钟的时间。

波音 737 事件
——一次伤亡惨重的尴尬营救

正在待命的警车、消防车、救护车，一齐奔向了波音737。知道特种部队冲上来的劫机犯，向乘客中间投了3枚手榴弹，乘客一个接着一个倒在了血泊中。冲上来的埃及士兵向劫机犯开了火。但目标并不明确，无疑是盲目射击，导致大量的乘客死亡。有几名乘客在机场探照灯的照射中，跳出机外，夺路逃命，却被埃及士兵误认为是劫机犯，而向他们的后背开了枪。此时飞机也着了火，熊熊烈火燃烧长达几小时，还有不少乘客被封闭在飞机内，逃不出来……

埃及 737 班机被劫持

1985年11月23日晚上8点，一架飞往开罗的埃及航空公司的648次波音737班机从希腊首都雅典机场起飞升空。机长是哈尼·加拉尔，乘客91人，机组成员6人。乘客当中包括公安人员在内，有埃及34人，菲律宾21人，希腊17人，美国3人。此外，还有法国人，加拿大人，澳大利亚人，以色列人，摩洛哥人等。

飞机起飞后过了20分钟，飞抵爱琴海米洛斯岛上空时，空中小姐开始给每个乘客分发报纸和杂志。正在这时，坐在前部的一位穿戴十分讲究的像是阿拉伯人的男子从坐席上站了起来，从衣袋里掏出手枪，对准了服务员。在后部坐席上的另一名男子也站了起来，高举着手榴弹大喊："不要动，举起手来！"

乘客霎时间吓得骚动起来，不多时一个个都把身子缩在座位上，不敢出声。劫机犯收缴了每个人的护照，按不同的国籍，给他们指定座位，并一个一个地检查是否有人带武器。客机是被自称"埃及革命"的几个人劫持的。

十几分钟后，一名混在乘客当中的公安人员，猛地站起，向一个劫机犯开了枪，劫机犯立即应战，其他劫机犯赶来支援，公安人员倒了下去，二名乘客负伤。

子弹把机体穿了一个洞，气压急剧下降，每个人都给配备了氧气口罩。机长立即下降高度，并广播说："大家请注意，劫机者说不再加害大家，请大家冷静！"

▲爱琴海米洛斯岛

劫机犯一开始曾命令机长飞往利比亚或突尼斯，但都被两国拒绝。10点因燃料不足，飞机决定降落在地中海马耳他岛瓦莱塔的卢卡机场。

在着陆的同时，劫机犯把一具死尸从飞机上扔到跑道上，并允许把负伤者送往瓦莱塔医院。

劫机犯没有透露去向，只是要求指挥塔给飞机加油，并扬言如不答应，每隔一个小时就杀死一名乘客，但是，指挥塔拒绝了这个要求。

机场漆黑一团，趁劫机犯离开驾驶室的机会，加拉尔机长向指挥塔报告说："出入口的门是反锁着的，门开不开。"

马耳他总理博尼帝等政府官员坐镇指挥塔，开始同劫机犯谈判。另外，埃及、美国、利比亚大使，巴解组织（PLO）的代表也前来支援。马耳他政府的方针是：只要劫机犯释放全部人质，就答应加油。

深夜时分，劫机犯释放了包括空中小姐在内的13名妇女，可是，马耳他政府还是不答应加油。

▲波音737

24日凌晨，十分恼火的劫机犯喊了声："哪两个是以色列人？"把以色列人塔马尔·阿尔茨（女20岁）叫了出来。她一开始以为是要被释放。劫机犯把她拉到出入口处，用枪对准她的头，扣动了扳机。子弹从她左耳边擦过，她连滚带爬地下了扶梯。但后来她又被击中腿部，终于死亡。第二个以色列人尼兹安·梅德尔斯松（女，23岁）是阿尔茨的朋友。她被绑住双手，背部被击穿而死亡。此时的乘客都吓得掉了魂。

接着又点了三个美国人的名字。帕特利克·贝克（28岁），杰基·布拉格（30岁），斯克雷德·洛盖堪浦（38岁）。贝克还算幸运，子弹掠过他的头发，他装死滚下了扶梯，之后逃跑，幸免一死。布拉格被子弹打中头部，受重伤。洛盖堪浦负了致命伤。

劫机犯头目哼着小曲，胡乱踏着舞步，来回转悠，简直像个疯子。

机长报告说："劫机者好像又杀死了一名乘客。"

马耳他政府虽然对劫机犯的残暴行为心急如焚，但又坚持不答应加油，耐着性子等待着。

根据以往的劫机事件，劫机犯总是要求释放关押在狱中的同伙，奇怪的是这些劫机犯却没有透露他们劫机的目的。

双方谈判进行10个小时仍没有进展。这时，埃及特种部队在24日的下午，乘2

架 C－130 机到达卢卡机场，劫机犯们似乎觉察了特种部队的到来，通告指挥塔说："如果部队突袭，我们就要炸机。"

据被释放的 1 名埃及妇女说，劫机犯带有机关枪、手榴弹，人数是 3 个人；但机长加拉尔报告说，包括 4 名巴基斯坦人，1 名叙利亚人，总共是 6 人。

劫机犯除了讲英语外，还讲带着叙利亚、黎巴嫩、巴基斯坦调的阿拉伯语，据分析是阿拉伯人。

8 月 20 日，在开罗市内，发生了杀害以色列大使馆官员事件。有人认为这些劫机犯和杀害以色列官员事件的暴徒同属一个组织，但暴徒至今还没有落入法网，正如埃及外长说的那样，"埃及革命"的存在值得怀疑。这个组织的真实情况，并不清楚。

埃及在阿拉伯国家当中是唯一和以色列恢复邦交的国家。劫机犯指责埃及这一举动，由此，据推测劫机犯是反对穆巴拉克体制和反对美国的一伙人。

埃及特种部队强硬"营救"

从降落在卢卡机场的 C－130 运输机上，首先下来了 5 名埃及士兵，靠近了被劫持的客机，担任警戒。

由阿蒂亚少将率领的 25 人的特种部队，是一支专门对付恐怖分子的王牌部队。这支部队曾经在美国接受过训练。其装备精良，不亚于美军。它的番号是战斗 777 部队。据说这支部队还有 3 名美国人同行，作技术顾问。

另外，为了防止利比亚的干扰，美国的预警机 E－2C 和攻击机 F/A－18 从第 6 舰队航空母舰"珊瑚海号"上起飞，进入了警戒位置。

在被劫持的客机内，劫机犯再三要求机长起飞，但机长始终没有答应。劫机犯不断地殴打着乘客，惨叫声连连不断。这些情况都被指挥塔监听到了。机长开始认为，解决手段除了突袭之外，别无良策。

阿蒂亚少将也在寻找着突袭的时机，少将认为，劫机犯杀害了不少人质，再不能坐视劫机犯杀害抵抗的机长了。少将果断地下达了作战命令。

晚上 8 点 20 分，特种部队突进了波音 737 机。因为刚才从加拉尔机长那儿传出了出入口的门被反锁的情报，特种部队决定从后面的货仓发起进攻。他们施放了烟幕，然后悄悄靠近了飞机的货物装卸口。

飞机内，这时劫机犯头目用手枪对准机长的头，顽强的加拉尔机长迅速拿起紧急逃出时用的手斧，把劫机犯头目劈倒在地，自己幸免一死。

旁边的副机长，当发现货仓门被打开的信号，在显示板上一闪一灭时，急忙打开驾驶室的窗户，把软索梯垂了下去，以便突袭部队登机使用。这时发觉后部有响声的劫机犯，已是惊恐万分。正在这时，突袭部队已炸开货物装卸口冲进机舱，一边投掷

▲E－2C 预警机

发烟弹，一边用自动步枪扫射，霎时间，机舱内硝烟滚滚，枪声大作，火光乱窜，乘客们也哀声连连。

正在待命的警车、消防车、救护车，一齐奔向了波音737。知道特种部队冲上来的劫机犯，向乘客中间投了3枚手榴弹，乘客一个接着一个倒在了血泊中。

冲上来的埃及士兵向劫机犯开了火。但目标并不明确，无疑是盲目射击，导致大量的乘客死亡。有几名乘客在机场探照灯的照射中，跳出机外，夺路逃命，却被埃及士兵误认为是劫机犯，而向他们的后背开了枪，人们发出了凄惨的哀鸣声。此时飞机也着了火，熊熊烈火燃烧长达几小时，还有不少乘客被封闭在飞机内，逃不出来。

马耳他政府将正在休班的医生、护士全部召集到国立医院，并暂时封锁了机场至医院的通道，供救护车专用，但是据说救护车运送的幸存者只有20人，50多人死亡。

据后来的公布，在飞机上被杀害的只有3人，枪战中死亡者是57人，负伤而接受治疗者是34人。

关于士兵不分青红皂白胡乱射击一事，阿蒂亚少将说："我的部下只打了6发手枪子弹。"原以为烟幕会使很多人窒息而死，但验尸结果表明，大部分乘客是中弹死亡。两种说法出入很大。这充分说明了情报的不准。

开始时，据说劫机犯全部死亡，但后来又宣布1名劫机犯负伤，被收容在瓦莱塔的医院里，幸存的劫机犯，据说名叫奥马尔·马尔兹基（20岁），持有突尼斯护照，正在康复。

埃及政府强烈要求马耳他政府引渡罪犯，但是，马耳他政府以保护主权为由，拒绝了埃及政府的要求。12月4日，马耳他政府声明说，同埃及政府之间没有引渡罪犯的协定，所以要在国内审判。另外，政府发言人说："罪犯是3名巴勒斯坦人。"

马耳他政府12月6日又公布：唯一幸存的劫机犯马尔兹基，他是黎巴嫩出生的巴勒斯坦人，叫阿里·莱萨克，今年22岁，希望去利比亚。据他说，劫机犯同伙是3个人，另外2个持摩洛哥护照，头目在和埃及公安员搏斗中死亡。另有一种说法认为马尔兹基是头目，情报非常矛盾。

埃及的动向和利比亚的反应

埃及总统穆巴拉克，12月24日早晨，突然改变了外长访问西欧的安排，召开了紧急内阁会议，研究了对策。

10 日，在埃及近海，刚刚发生了"阿基利·劳罗号"被劫事件，这次又被卷入地中海事件，因此埃及政府对如何处理这次事件，确实煞费了苦心。会后埃及外长说："埃及政府反对包括劫持在内的一切恐怖活动。痛斥这种影响中东和平的行为。"这次会议决定为解救人质，而派遣特种部队。派遣特种部队，是 1978 年 2 月发生的杀害塞巴伊事件以来的第一次。那一次是在纳拉卡机场动用特种部队冲进 DC－8 客机。

埃及之所以采取强硬措施，是认为这样可以向反穆巴拉克政权派显示坚决迎接挑战的姿态，认为逮住罪犯可以自行审判，并处以极刑。

马耳他政府表示了默认。

埃及政府事后没有直接回答人们对作战失败提出的批评，只解释说：为严惩罪犯的残暴，不得不采取强硬措施。

埃及政府 24 日下午宣布靠近利比亚边境的西部地区处于紧急状态，封锁了连接首都开罗与西南 100 千米处的法尤姆市之间的交通干线。

本来埃及同利比亚就不和，这次劫机犯一开始又要求飞往利比亚，因此，埃及就怀疑这次事件是不是与利比亚有关。埃利两国不和的原因，是因为埃及保护了流亡在埃及的反卡扎菲派的利比亚人。所以利比亚每每伺机报复，常常挑起恐怖活动。

25 日，埃及政府向开罗西北 500 千米处的通往利比亚的要塞马特鲁派遣部队，布置了警戒。

另一方面，利比亚政府否认参与了这次事件，并就埃及强袭作战一事批评说："埃及的行动是带来大量杀戮的愚蠢行为。"并强烈谴责埃及向国境线增兵。

同一天，埃及政府又声明说："这次事件是由从 PLO 分离出来的巴勒斯坦人组织干的，它受到以支持恐怖活动而闻名天下的某个阿拉伯国家的支援。尽管埃及没有指名道姓，却在暗中谴责了利比亚。而且，当时利比亚大使正在卢卡机场同劫机犯会谈，后来据说大使遵照政府的指示回了国。

事后，埃及和利比亚两国的相互攻击始终没有停止，埃及新闻界像是响应政府行动似的，所有的报刊一齐刊登出这样的报道："事件的背后有利比亚情报局。"纷纷谴责卡扎菲上校。

但是，埃及在野党新华夫脱党副主席拉法特在会见新闻界人士说："从引咎的意义上，副总理兼国防部长的加扎拉应该辞职。"从而批评了穆巴拉克政权。

蒙受灾难的马耳他政府于 12 月 25 日发表声明说："对在这次事件中，埃及政府采取的解决手段感到失望。同时，也决不能忘记劫机犯威胁杀害乘客的残暴行为。"既谴责了劫机犯的行为，也批评了特种部队的强硬作战。

巴勒斯坦解放组织（PLO）的立场是很微妙的，它明明处于理解劫机犯心情的地位上，却早早发表了否定劫机犯的声明："劫持是同阿拉伯国家的利益和巴勒斯坦的大义背道而驰的。我们表示强烈反对。我们担心这将给支持 PLO 的埃及带来不好的影响。"并请求地中海沿岸国不要给劫机犯提供方便。

备受争议的营救

纽约的美国阿拉伯关系委员会会长迈佛迪博士，12 月 24 日，就埃及的强硬作战说："这对我来说是一个很大的冲击，我感到恐怖。穆巴拉克总统轻率决定的结果，使他丢了丑。"而且，迈佛迪博士还打电报给穆巴拉克抗议说："人质的生命要比惩罚劫机犯更为重要，因为强硬作战是基于以色列式的哲理，是绝对不能允许的。"

美国国务院也在同一天，对不幸死亡的 60 名乘客表示沉痛的哀悼，"恐怖活动造成这样大的牺牲，太令人痛心了。"同时呼吁："为消灭这种野蛮行为，需要世界各国共同努力。"但是，美国又表示了强硬态度，"为彻底结束恐怖分子的野蛮行为，这是一次必要的作战，必须让恐怖分子知道我们的坚强决心。"

据 30 日的《纽约时报》报道说："马耳他政府发言人 30 日说：'埃及政府在实施作战前，曾请求美国给予支援。美国决定派遣特种部队三角洲突击队。但由于马耳他政府不允许美机着陆，埃及特种部队就单独实施了作战。埃及政府请求是在作战前 15 个小时的支援，美国建议用美军直升机或意大利军用直升机运送，但遭到马耳他政府的拒绝。之后又建议用不显示国籍的民航机运送，得到同意。但是在飞行途中，埃及已单独实施了作战。'"

但美国政府发言人说："美国政府曾提议派遣特种部队，但被穆巴拉克总统拒绝。"马耳他政府发言人也发表声明说："马耳他政府没有邀请美国派遣特种部队，当然不允许美机着陆。"

意大利的广播电台 28 日广播说，在埃及和利比亚关系十分紧张的时候，地中海的美国第 6 舰队的舰艇正向利比亚海集结，美国也说进行了空中侦察和雷达监视，牵制了利比亚的行动。

以色列外交部说："为阻止恐怖活动威胁的扩大，应该采取一切手段。"从而赞扬了埃及特种部队，并对作战给予了高度评价。

科威特阿拉伯文日报《火炬报》和《祖国报》两家报刊报道这样一条消息：自称是"埃及解放组织"的一个集团，24 日发表声明说，事件是他们干的。声明还说："事件

▲埃及特种部队队员

给穆巴拉克政权、美国和以色列当头一棒。"

埃及所以进行这次强硬作战,看来是基于这样的考虑:背后有利比亚;在"阿基利·劳罗号"事件中因美国而降低了威信,因而企图恢复威信。但是60人死亡的代价太大了,这种结果太不理想。

以往的劫持事件大都是通过谈判,使人质逐步获释。以小的牺牲来结束事态。这次作战中尽管罪犯也太残暴凶狠,但是,埃及特种部队的突袭计划和计划执行得不成熟,也是显而易见的。

"草原烈火"和"黄金峡谷"行动
——美军空袭卡扎菲营帐

　　"草原烈火"和"黄金峡谷"行动是美国与利比亚之间在特定条件下爆发的一场以空袭和反空袭为主要形式的特种作战，也是美国海、空军自越南战争后组织实施的一次规模最大的联合作战，虽说其持续时间很短暂，然而其组织之严密，行动之突然，空袭之巧妙，展示了"空中闪击"这一未来特种作战新样式的特点。

卡扎菲惹怒美国

　　1969年8月1日，利比亚上尉军官卡扎菲发动武装政变，推翻了持亲美立场的"联合王国"，建立了阿拉伯利比亚共和国并担任国家元首。

▲里根总统

　　卡扎菲执政初期施行既反苏又反美的政策，后逐渐演变为靠苏反美。卡扎菲执政前，美在利比亚有6家石油公司；拥有价值70亿美元的租借地，年营业额达200亿美元；美与利比亚签署过多项经济技术和军事协定；美在利比亚设有军事基地，驻有6000名军事人员。卡扎菲执政后先后收回了美国在利比亚的空军基地，废除了同美签订的军事和经济技术协定，限制美国舰船在利比亚领海的行动，最终在1982年与美断交。与此同时，利比亚又从苏联购买了多达100亿美元的军火，向苏联提供了5个海空军基地的使用权，成为苏在中东地区的重要盟友。

　　1982年以后，国际上连续发生针对美国的恐怖活动。1984年4月美驻贝鲁特大使馆发生汽车爆炸事件，死亡63人；1985年6月，恐怖分子劫持了美环球航空公司817次航班客机；1985年12月27日，罗马和维也纳机场遭到武装分子袭击，19人（包括5名美国人）死亡，100多人受伤。上述事件发生后，卡扎菲不是表示"支持"就是表示"祝贺"，甚至公然宣称，"正在帮助世界各地的恐怖分子进行训练"。利比亚"顽童"般频繁的反美举动一而再，再而三地"触犯"、"损害"了美国的利益。为了维护美国在利比亚的军事、政治和经济霸权，维护"汤姆大叔的威严"，同时也为了整个对苏战略的需要，即排挤苏联，称霸地中海，美国不能不教训这个不安分的卡扎菲。1985年2月28日，里根授命驻地中海的第 6 舰队处于高度战斗状态，扬言对利比亚进行"外科手术式"打击。同时，美军广泛利用侦察卫星和空中侦察机对利比亚进行军事侦察，并派出现场特工人员观察与核对利比亚各重要军事目标的位置，搜集有关资料。美对利比亚的战争一触即发。

"草原烈火"行动

1986 年 3 月 22 日，美宣布，以"珊瑚海号"、"萨拉托加号"、"美国号"三个航母编成的特混舰队将于 3 月 23 日到 4 月 1 日在地中海举行军事演习。并声称，演习期间，美军将飞越锡尔特湾，进入卡扎菲宣布的"死亡线"。与此同时，利比亚加紧在国内进行紧急动员，征召预备役，宣布全国进入最高戒备状态。

▲美国的航母编队

3 月 24 日清晨，美开始对利比亚进行代号为"草原烈火"的第一次空袭，美三艘舰艇进入"死亡线"。当日下午 2 时 52 分，利比亚从锡尔特镇发射两枚萨姆 – 5 导弹，由于美军施放电子干扰，一枚导弹空中自毁，另一枚坠入大海。而后利比亚又向美发射两枚萨姆 – 5 导弹，仍未击中美机。晚 9 时 20 分，美军开始了行动。一架 A – 6 舰载攻击机向利一艘导弹巡逻艇发射"鱼叉"式导弹，使该艇当即沉没。晚 10 时许，从"萨拉托加号"航母起飞的舰载机向锡尔特镇的萨姆 – 5 导弹基地发射两枚"哈姆"式远程抗辐射导弹，使该基地瘫痪。11 时许，美攻击机对一艘向美舰接近的利导弹巡逻艇发射两枚"鱼叉"式导弹，重创该艇。25 日凌晨 1 时 15 分，美"约克城号"导弹巡洋舰又对正向其接近的利一艘导弹巡逻艇发射 2 枚"鱼叉"式导弹，该艇毁亡。1 时 54 分，美舰载机再次对修复待发的萨姆 – 5 导弹基地进行了攻击，使该基地再次瘫痪。8 时许，美军又击沉利一艘导弹巡逻艇。17 时美军撤离，第一次袭击结束。

此次战斗中，美舰在"死亡线"以南停留 75 个小时，美舰载机共起飞 1546 架次，其中越过"死亡线"188 架次。整个冲突中美军机舰无一损失。利比亚被击毁导弹巡逻艇 4 艘，锡尔特镇 2 个萨姆 – 5 导弹防空基地的主要设施全部被摧毁，死亡约 150 人。

利比亚遭受美军第一次空袭以后，国际上又发生了两起针对美国的恐怖事件。4 月 2 日，美国环球航空公司一架波音 727 客机在从罗马飞往波恩的途中发生爆炸，炸死 4 名

▲舰载攻击机

美国乘客。4 月 5 日，西柏林拉贝勒迪斯科舞厅被炸，死伤 56 人，其中 44 名美国军人被炸伤，一名美国士兵被炸死。事后，美情报部门证实这些事件均为卡扎菲直接指使所为。

"黄金峡谷"行动

这两起恐怖事件使得美国特别恼怒。里根认为，这是对美国不宣而战的战争。当即决定对利比亚进行更大规模的打击，并指令参谋长联席会议提出详细作战方案。9 日，里根原则上批准了作战方案，即"黄金峡谷"行动计划。

1986 年 4 月 15 日凌晨，美军对地处北非的利比亚成功地进行了一次"外科手术式"的空中袭击，整个空袭共持续 18 分钟，摧毁了黎波里、班加西附近的 5 个军事目标，圆满地完成了任务，实现了预期的作战目的。这次空袭作战，行动之突然、战术之巧妙、组织之严密、效果之理想，令世人瞩目。

为了实施此次作战计划，美军调集了空军、海军中的大量兵力，包括第 6 舰队的 32 艘舰船，内有两艘航空母舰和海、空军的 150 余架飞机。美国第 6 舰队司令凯乐索中将担任战区总指挥。当时的美国空军最高长官、空军参谋长加布里埃尔将军也坐镇英国空军基地。

4 月 14 日 19 时左右，美军战术航空兵驻英国空军基地的 F-111 战斗机分别从英国的拉肯希思、赫福德和费尔福德、米尔登霍尔等 4 个机场起飞。其中战斗轰炸机 24 架、电子干扰机 5 架。战斗机起飞前的 23 分钟，两天前从美国本土紧急转场至英国的美国战略空军的 30 架大型空中加油机已提前起飞，部署在航线上准备为战斗机加油。原先美军准备借道法国或西班牙领空飞至地中海，这样单程约为 2400 余千米，后因法、西两国未予准许，只得绕道大西洋南下，经直布罗陀海峡进入地中海，这样单程航线要飞 5200 余千米。完成集结，进入攻击后再沿原途返航，往返航程就会达到 11000 余千米。这样的长途奔袭在世界空袭史上实属罕见。往返航线上设立了 6 个空

▲ 美海军"提康德罗加"级导弹巡洋舰

中加油站。空中加油极其危险，特别是在空袭前进行的 4 次空中加油都是在夜间无线电完全静默条件下进行的，战斗机飞行员只能依靠加油机机腹下的那枚小小的红色信号灯一点点接近加油机，伸出加油管路接通油路，每次每架飞机加油 4 分钟，加油 8 吨。此时，飞机还在飞行状态中，要相互协调，保持高度，保持速度，保持航向，稍有不慎即会双机坠毁。加油完毕，飞机飞向下一个空中加油点。当时有人曾说"美军在此次行动中的

空中加油是一种令人目眩不已的空中芭蕾舞。"

4月15日凌晨1时，长途奔袭而至的美空军F－111飞机和EF－111电子干扰机飞临地中海上空，与先期起飞的近百余架海军航空兵的各类飞机完成空中协调，准备突击。凌晨1点56分，第一波攻击开始。美国空军的EF－111电子干扰机和美国海军的EA－6B电子干扰机首先对利比亚海岸线附近的岸基雷达、无线电、指挥体系进行了强烈的电子干扰。与此同时，美国海军的A－7攻击机和F/A－18战斗攻击机对利比亚沿岸的5个雷达站和5个

▲利比亚海岸

地空导弹阵地实施了猛烈的攻击，先挖掉利军的"眼睛"，剪掉利军的"舌头"，为主力部队突击创造有利条件。此时，利比亚的指挥、控制、通信、情报系统已陷入一片混乱状态，出现了通信中断、雷达迷茫、武器失控、情报闭塞、指挥不灵的局面。凌晨2时整，美空军F－111战斗机和海军A－6攻击机按计划突袭了黎波里和班加西市的5个重要的军事目标，圆满地完成了任务，全部袭击于2时14分结束，共持续18分钟。美军投弹100余吨，摧毁利比亚5座雷达站、5个地空导弹阵地和5个预定的大型目标，炸死炸伤700余人。其中，利比亚总统卡扎菲的一个养女被炸死，两个儿子被炸伤，卡扎菲本人也被炸伤。美军一架F－111战斗机被盲目射击的高炮击中，坠毁于地中海，两名空勤阵亡，其余飞机都按计划安全返回机场或航母着陆。

美军的这次"黄金峡谷"作战计划，从计划制定、兵力调遣，以及完成空袭作战，前前后后只用了5天的时间，效率极高。空袭中，不仅动用的空军、海军兵力兵器多、种类多，组织指挥复杂，协调行动难度大，而且又是在漆黑的夜晚，大量使用精密制导武器，取得了理想的作战效果，同时也将空中作战的多机种合作战样式提高到了一个新水平。据外刊报道，F－111飞机的飞行员是在出击前"一分钟"接到任务的。虽然"一分钟"的说法有些夸张，但从美军选定F－111、空军参谋长加布里埃尔在美国布置任务到机群出击，仅用了一天多的时间。由海军第6舰队担负的战场指挥，组织严密，动作协调，基本上未出现大的漏洞。特别是美战术空军F－111的飞行员长途奔袭达1万余千米，空中飞行13~14小时，表现了极好的飞行耐力与战斗力。这些都给人们

▲F－111战斗机

留下了深刻的印象。

美军空袭利比亚是一次"外科手术式"的长途奔袭。行动本身不能不使人联想到这种"割上一刀就跑"的军事行动可能会愈演愈烈，应该引起人们的注意。

"空中闪击"的特点

"草原烈火"和"黄金峡谷"行动是美国与利比亚之间在特定条件下爆发的一场以空袭和反空袭为主要形式的特种作战，也是美国海、空军自越南战争后组织实施的一次规模最大的联合作战，虽说其持续时间很短暂，然而其组织之严密，行动之突然，空袭之巧妙，展示了"空中闪击"这一未来特种作战新样式的某些特点。

多种机型联合行动。自从飞机用于轰炸以来，空袭大多是集中使用同一机型。轰炸机群主要依靠自身的攻击系统选择目标、实施轰炸。侦察机或出现于轰炸之前，或出现于空袭之后，伴随掩护的机群大多起"护送一程"的作用，空袭的整体效果难以得到充分发挥。随着航空兵器的发展，出现了越来越多的具有不同功能的适合执行不同任务的专业机种。因此，在空中作战中形成了层次不同、功能不同、地位不同的多机种空中作战群体。这一空中作战群体是个组织严密、联系紧密、具有多种作战能力的一体化作战系统。美军这次空袭，就是多机种一体化联合作战，对利比亚实施整体突击的一个成功例子。它的整个空袭兵力可划分为几个不同功能的系统：由侦察机、预警机组成的预警指挥与控制系统；由电子干扰机和反雷达机组成的"软"、"硬"压制系统；由携带大量精确制导炸弹的多种攻击机组成的突击系统；由各种战斗机组成的，主要负责掩护攻击机作战行动的掩护系统；由空中加油机、空中救援机等组成的负责战勤保障的保障系统。这些系统在协同上可谓天衣无缝，其总体合力必将大大高于传统单一机种的作战威力。

精确打击要害目标。以往的战争，都强调以对方的指挥系统为空袭的主要突击目标。这是因为指挥系统是部队的"神经中枢"。然而，当时由于航空兵器和情报侦察手段性能的限制，往往难以如愿以偿。而现在，反辐射导弹和激光制导炸弹等精确制导武器、间谍卫星、遥控传感器、无人驾驶飞机和自动化指挥系统等的广泛使用，攻击机可以不进入对方防空区域，或在对方的防空雷达视距以外，甚至不进入对方领空就能对目标实施攻击。从而，给对方判别敌情意图和组织有效的防御造成了极大的困难。首先，出发基地远。参加空袭的33架飞机中，18架F-111战斗轰炸机从英国的空军基地起飞，绕道大西洋，由直布罗陀海峡进入地中海。15架A-6和A-7喷气式攻击机来自停

▲美国 A-7 攻击机

泊在地中海中部的两艘航空母舰上。起飞基地远离攻击目标，使对方难以判断空袭的时机、机型、飞机数量诸要素，增大了空袭的突然性，也有利于提高空袭兵器的生存力。其次，攻击距离远。美军吸取了越南战争和黎巴嫩战争的教训，改变了过去飞抵目标区上空俯冲投弹的传统战术，采取新的攻击战术，即主要依靠空中预警系统和舰队的系统准确地发现、识别、跟踪目标，并在远距离或在雷达视距以外发射导弹和激光制导炸弹．命中摧毁目标。如 1986 年 3 月 24 日，美两架 A－6 型攻击机巧妙地向距离 30 千米以外的一艘利比亚巡逻艇发射了两枚"鱼叉"空对舰导弹和"石眼"式集束炸弹，攻击距离恰好在利巡逻艇的雷达视距之外，使其在尚未发现来犯之敌的情况下，就遭受了"长拳"的重击，结果只能是落入防不胜防的境地。

电子干扰软硬兼施。电子战是削弱破坏敌方电子设备的作战效能同时保障己方电子设备正常发挥效能的一种作战样式，它一般不直接对敌方人员和武器装备造成杀伤，但它却能使敌方无线电通信中断、雷达迷茫、制导兵器失控、指挥失灵、协同失调。同时，这种电磁领域的斗争不仅贯穿战争的始终，而且往往"兵马未动，电子先行"。美军这次作战就运用了这种战术，在攻击前先以 18 架电子战飞机对利比亚实施强干扰，接着以战斗攻击机发射反辐射导弹，摧毁利比亚防空雷达站，然后再用攻击战斗机发射精确制导炸弹对 5 个重要目标进行攻击。这次袭击行动中可以看出其对软硬武器的灵活运用：以电子侦察，充分掌握突击目标的信息，并进行详细研究；以电子干扰，全面瘫痪对方的通信联络，使其指挥通信中断；以反辐射导弹彻底摧毁防空雷达站，使对方防空导弹致盲；最后，使航空兵器能对指挥机关这样的点状目标实施几乎是准确无误的突袭。而这次美军对利比亚的 5 个目标的袭击，其中两个设有卡扎菲的指挥所，一个设有利比亚的 CI 中心。这充分说明在未来空袭中，拥有高技术武器的一方，试图对敌方指挥系统等有限要害目标实施"外科手术式"的突击，将其在瞬间内摧毁、破坏或歼灭，从而迅速达成打击对方的政治目的，是完全可以实现的。

远程奔袭直捣纵深。第一、二代作战飞机作战半径约为 400 千米，通常只能在对方战术纵深或浅近战役纵深活动。歼击轰炸航空兵以突击浅近纵深的目标为主，远程轰炸机则突击大纵深和便于往返的目标区。美军空袭利比亚时装备的新型飞机与第二次世界大战末期的飞机相比，最大飞行速度增加了 3~5 倍，作战半径增加了 2~3 倍，第三代歼击轰炸机最大作战半径已达 1000 千米以上，载弹量增加了 2~10 倍。飞机性能的增强，缩短了空袭行动所需的时间，并得以超越地域限制，突击对方全纵深。充分展现了未来空袭作战的显著特点。

"超视"重击防不胜防。随着导弹、巡航导弹射程增大，机载武器的攻击距离不断增大。未来空袭作战，将以中、远距离攻击为主，以精确制导炸弹打击预定目标，确保顺利达成预期目的。由此可见，电子战已发展成了一种有效的"战斗力"，并成了空袭作战中确保飞机生存和实施精确打击的必不可少的软杀伤手段。

巴基斯坦特种部队出击
——饮恨卡拉奇机场

　　以作战勇敢著称的巴基斯坦特种部队，虽然人数不多，但他们却拥有当今世界第一流的近战武器。然而在卡拉奇国际机场上，特种部队强行对劫持飞机的恐怖分子发起攻击。由于指挥失误，组织不严密，尽管最终全歼了歹徒，但却导致了伤亡160多名人质的惨剧。这次事件后，巴基斯坦改组了特种部队领导机构，并聘请外国反恐怖专家担任教官，强化特种部队反恐怖训练。

从"铃木"中跳出歹徒

　　1986年9月5日，东方晨曦微露，巴基斯坦卡拉奇国际机场上飞机起降的轰鸣声打破了清晨的宁静。整个机场如往日一样开始喧闹起来，加油车、行李车、运送乘客的大轿车不时穿梭在一架架等候起飞的班机之间。5时许，跑道尽头的上空又传来一阵马达的轰鸣声，一架银灰色的波音747宽体型客机在晨雾中徐徐降落，美国泛美航空公司的073号班机正点抵达卡拉奇机场。

　　班机在地面引航员的指引下缓缓停在离候机大楼约200米的地方。飞机停稳后，100余名乘客下了飞机，跳上了等候在舷梯旁的轿车。班机上的乘客，有的还在窃窃私语；有的虽在降落时被颠簸醒了，但仍懒得睁开眼睛；有的则仍在熟睡之中。约30分钟后，在卡拉奇候机的85名乘客开始登机。空中小姐站在舷梯旁频频点头，笑容可掬地迎接着每一位登机的旅客。停在飞机一侧的加油车仍在不停地加油。驾驶舱内3名正副驾驶员则正在忙不迭地对机器各部位作起飞前的最后检查。然而，乘客和机组人员谁也没料到，罪恶的眼睛盯住了飞机，灾难即将降临在自己头上。

　　073号航班从印度孟买起飞，途径卡拉奇、法兰克福、伦敦，终点站为美国纽约。这时，机上除了16名机组人员外，共有乘客397名，其中193名印度人，84名巴基斯坦人，44名美国人，16名意大利人，另外还有英国、加拿大、墨西哥等十几个国家的乘客。

　　大约5时55分，飞机就要起飞了。这时，一辆涂有"卡拉奇机场保安部队"字样的"铃木"小型面包车突然冲过位于候机楼一侧的货车出入处，风驰电掣般地直奔073号班机。汽车在舷梯旁戛然而止，车上跳下4名身穿蓝色机场保安人员制服的武装人员，他们或手持冲锋枪，或挥舞手枪，或高举手榴弹，一边高声嚷着"快上飞机！"一边推着舷梯旁的那位空中小姐匆匆忙忙地登上了飞机，随即关上了舱门。这些人看上去只有二十几岁，其中一人约莫只有十八九岁，讲一口阿拉伯语，还有一人能讲几句不太流利的乌尔都语。

就在这些"保安人员"登上飞机的一瞬间，一位名叫尼尔贾·米沙拉的空中小姐一看来者不善，便直奔驾驶舱，向驾驶员报告了情况。

驾驶员当机立断，立即反锁上了驾驶舱通往机舱的大门，启开紧急出口舱门，放下绳梯，在不速之客还未来得及进入驾驶舱之前，同两名副驾驶员一起悄悄溜下了飞机。

最先冲上飞机的两名"保安人员"跳到第一排座位上，一个手持冲锋枪，一个高举

▲波音 747 宽体型客机

手榴弹，声嘶力竭地喊道："举起手来，谁都不准动，谁动杀死谁！本飞机已被劫持！"这声音如同晴天霹雳，乘客们个个吓得目瞪口呆。

几分钟后，劫机分子通知塔台，立即给073号航班安排驾驶员，并飞往塞浦路斯，否则，将采取严厉的行动。

狂徒走投无路

073号班机遭劫持的消息不胫而走，迅速传遍了整个巴基斯坦。巴基斯坦空军中将、民航局长胡尔希德·米尔扎，卡拉奇所在省省长贾汗达德·汗，首席部长阿里·沙阿相继赶到机场商讨对策。他们首先下令全副武装的保安人员严密封锁机场，密切监视073号班机上的动静。接着他们又着手从附近地区的治安部队中抽调一批训练有素、有反恐怖经验的保安人员，组成一支精干的突击队，作好发动强攻的准备。然后，他们遵照政府"倾全力确保乘客安全"的指示开始同劫机者对话。

电波传到津巴布韦，正在哈拉雷参加不结盟首脑会议的巴基斯坦总统齐亚·哈克匆匆赶在当天不结盟会议开始之前同印度总理拉·甘地进行了30分钟的紧急磋商。会议开始后，齐亚不时用眼瞟一下坐在不远处的塞浦路斯总统斯皮罗斯·基普里亚努。好不容易挨到中途休会，他急步走上前去，拉着基普里亚努就在休息室里谈了起来。

正在加利福尼亚州圣巴巴拉牧场度假的美国总统里根听了有关劫机事件的报告，当即向五角大楼发出指示，命令正在意大利那不勒斯港访问的美国海军"福莱斯特号"航空母舰中断访问，立即开赴塞浦路斯沿海水域待命，准备采取军事行动。与此同时，美国特种部队100多名反劫机、反恐怖活动专家分别乘坐4架美国军用飞机受命火速赶往卡拉奇，准备必要时直接出马对付劫机者。

消息传到新德里，印度政府立即召开处理危机委员会紧急会议，随后宣布新德

里、孟买、加尔各答、马德拉斯四大国际机场处于一级戒备状态，宣布不允许073号班机着陆，并由准军事部队取代警察守卫机场，严格检查通往各机场的一切行人与车辆。

在塞浦路斯，政府作出的第一个反应是立即向卡拉奇机场拍去急电，声明不愿接受被劫持的飞机。同时，一支反恐怖快速机动部队驾着装有高射机枪的装甲车迅速开进了这个国家仅有的两大国际机场——拉纳卡和帕福斯机场，开始不停地在机场内外巡逻，以防073号班机着陆。

希腊政府闻讯后立即向各机场增派了部队，以加强防卫。同时发表声明，表示在任何情况下都不允许遭劫的飞机在希腊境内着陆。仿佛073号班机上带着瘟疫一样，伊朗、巴林等国也纷纷表示不欢迎它入境。

失去驾驶员的073号班机，仿佛陷入泥潭中的巨人停在跑道上再也动弹不得。再说，即使它重返蓝天，也无处着陆。可是，这些敢冒天下之大不韪的劫机狂徒，会就此善罢甘休吗？

乘客们一听飞机已遭劫持顿时吓呆了。他们面面相觑，不知所措。"哇!"不知哪一名妇女率先哭出声来，其他女人也开始抽泣。男人则默默地在祈祷。"不准哭，全给我用手抱住头，蹲在椅子上。"一个看来是劫机者头目的家伙发出了吼声。接着，这些自称巴勒斯坦人的劫机者下令空中小姐收缴各人的护照。米沙拉趁跟在后面的劫机者不注意，悄悄地把一些美国人的护照扔在地下，并用脚尖轻轻地把它们踢到椅子下面。

由于彼此间言语不通，机场上的官员一直无法同劫机者进行对话。两个多小时以后，他们才找到沙特航空公司驻卡拉奇办事处的一位官员充当翻译。一名自称名叫穆斯塔法的劫机者头目一上来就发出警告："任何美国人不得靠近飞机，否则我们会一一将其击毙，我们绝不会采取自杀行动。"当问到他们有什么要求时，穆斯塔法很干脆："我们要去塞浦路斯。"末了，他带着命令的口吻提出让驾驶员赶快返回机舱，送他们

▲巴基斯坦特种部队风采

去塞浦路斯，以便同那里的塞浦路斯当局谈判释放他们4名"战友"的问题，如果这一要求得到满足，他们将释放飞机上的所有妇女和儿童。

他们所谓的"战友"，即英国人伊恩·戴维森、巴勒斯坦人哈立德·哈提卜和阿卜杜勒·哈利法、黎巴嫩人阿明·扎卢尔。1983年加入巴勒斯坦一个恐怖组织的戴维森、哈提卜和哈利法，因1985年9月在塞浦路斯拉纳卡袭击一艘以色列游艇而被当局判

处无期徒刑；扎卢尔则因私藏武器和炸药遭警方拘留，等待 9 月 22 日出庭受审。在是否满足劫机者要求的问题上，巴基斯坦官员同泛美航空公司的官员意见相左。前者坚持要求将全部人员释放，然后再把劫机者送往塞浦路斯；后者则表示可以先满足劫机者的要求，释放部分人员，然后将劫机者送到塞浦路斯后再释放全部人员。劫机者似乎有些不耐烦了，穆斯塔法不愿再等待了。他发出最后通牒："如果在晚上 7 点以前不派会说阿拉伯语的驾驶员到飞机上来，我将每过 10 分钟杀死一名乘客。"为了表示他们说话当真，他们立即拉出一名美国人，让他站在舱门口，一枪结果了他，随后一脚把他踢下飞机。

时间已过了晚上 6 点，离劫机者规定的最后期限已不远了。为了能稳住对方，争取更多时间，泛美航空公司的官员要求再次同劫机者对话。当穆斯塔法得知从西德法兰克福新派的驾驶员正在来卡拉奇的途中时，才勉强同意将最后期限延长至晚上 11 时。

艰苦的谈判赢得了宝贵的时间。但是，巴基斯坦官员全明白：在 11 点以前再不把驾驶员送回飞机，这些一不做二不休的恐怖分子无疑是会大开杀戒的。

机舱里枪声大作

波音飞机在地面停留时，机内的一切照明设施、空调机等都由 1 台辅助发电机供电。据出逃的驾驶员估计，073 号班机上的照明灯最晚在 11 点将全部熄灭。让劫机者把最后期限延长至 11 点看来是不无道理的。

巴基斯坦突击队根据驾驶员的这一估计，作好了进攻的准备。突击队由塔里奇准将率领，分成 3 组，分别潜伏在离飞机不远的行李车、油箱和电线杆后面，伺机发动强攻。大约 8 点 30 分，发电机因燃料耗尽而停止了转动。就在发电机停转一瞬间，机上由蓄电池供电的照明灯自动开启，机舱内的灯光霎时昏暗了许多，空调则失去了效用。据专家估计，蓄电池至多能供电一个半小时。机舱内的气温开始升高，乘客的情绪变得更为波动，劫机者也越发焦躁不安，他们关掉了同机场控制室联系的无线电对讲机，命令所有乘客离开座位，挨个坐在中间的过道上，禁止舱内一切人走动。

大约 9 时 45 分，舱内灯光骤然熄灭。两分钟后，跑道上的灯光也一起熄灭，整个机场一片漆黑。为了麻痹劫机者和转移他们的注意力，泛美航空公司驻卡拉奇办事处经理维拉夫·达罗加和一名翻译走上前去，询问是否可以从外部给飞机供电。与此同时，潜伏在附近的突击队分三路向飞机包抄过去。劫机者感到情况不妙，穆斯塔法向其同伙发出了决一死战的命令。跑道上的响动也许惊动了惶恐不安的劫机者，他们中的一个慌忙向外扔了一颗手榴弹，其他人则开始向乘客胡乱开枪，机舱内顿时浓烟滚滚，血肉横飞，乱作一团。枪声，爆炸声，啼哭声，叫喊声连成一片。在混乱之际，

44 岁的美国体育医学教师理查德·梅尔哈特偷偷摸到位于机舱中部的紧急出口舱门前，在另一名乘客的帮助下，慢慢启动了舱门。随着舱门的开启，一座充气滑梯自动伸向机外，这给乘客带来了生的希望，人们蜂拥向舱外挤去，以图生还。

劫机发生时，给驾驶员送信的那位叫米沙拉的空中小姐，在这场混乱中被打死了。勇敢的突击队员终于强行登上了飞机。经过十几分钟的枪战，突击队员制服了劫机者，当场将穆斯塔法击成重伤，其余被生擒，整个强攻只用了 20 分钟就宣告结束。然而，在这短短的 20 分钟中，共有 22 人丧生，140 人受伤，其中大约 50 人受重伤，飞机则遭到了严重破坏。

美国虽然全力支持巴基斯坦，又是调动航空母舰，又是派遣反恐怖部队，怎奈鞭长莫及。"三角洲"突击队到达卡拉奇时，劫机事件早已结束。

"黑鸟"行动

——巴解突击小组夜袭以军军营

"黑鸟行动"以亡 2 人的代价取得击毙以军 6 人，击伤 7 人的战果。虽然这一胜利是微不足道的，但却使以色列人在军事上和心理上受到近年来最沉重的打击，同时，也大大地鼓舞了巴勒斯坦反以色列斗争的决心和信心。

伞翼机待命出击

巴勒斯坦和以色列是冤家对头，争斗不止，没完没了。以色列在边境线上构筑了大量的工事，并派重兵把守。巴勒斯坦解放战士为打击以色列，曾多次发起攻击，但均被装备精良的以色列军队击溃，大败而归。特别是 1982 年以来，巴解战士组织了几次重要的军事行动，因被以军提前发现，使得参加袭击的巴解战士遭受了惨重的损失。

在与以色列的战斗中，巴勒斯坦人总是占据下风，胜利的天平总是无情地偏向以色列人。巴勒斯坦人饱尝了失败的痛苦。为了打击以色列人，鼓舞巴勒斯坦军民的士气，增强抗以决心和信心，巴解组织一直在考虑袭击以色列的有效手段。1987 年 8 月，巴解人民解放阵线（简称"人阵"）总部得到了一批先进的伞翼机。这种单人飞行器翼展为 12 米，装有一台 20 马力的摩托车用马达，以其带动一只小型螺旋桨，能在空中连续飞行 3 个多小时，时速可达 60 千米。"人阵"总部接受多次战斗失败的教训后，决定使用这种伞翼机，从空中进入以色列境内实施越境偷袭，快打快撤，速战速决。

于是，"人阵"总部制定了详细的作战计划，并为保证行动的突然、隐蔽，减少不必要的伤亡，他们决定组织短小精悍的突击行动小组，仅由 4 人担任偷袭任务。他们将这次偷袭取名为"黑鸟行动"。

作战计划制定后，挑选突击队员的工作在巴解战士中极其秘密地进行。"人阵"总部经过严格的考核筛选，最后决定由塞耶尔、阿里、拉米和巴桑 4 名巴解战士执行这次"黑鸟行动"的任务，行动组长由塞耶尔担任。

由于是使用伞翼机作战，"人阵"总部专门挑选了小巧灵活的年轻战士。因此，这 4 名队员年龄在 20 岁上下，身材均较矮小。组长塞耶尔身高不足 1.6 米，但军事技术却十分全面，多种武器射击、投弹、爆破、刺杀等样样精通。他最得意的是，擅长使用一支苏制 AK－47 型自动步枪，能在 200 米的距离上，做到弹无虚发，枪枪不落空。

在特殊环境下成长起来的巴解战士，都有一种强烈的责任感和荣誉感。为了祖国的解放，为了创造美好的生存环境，他们愿意献出自己的一切。因此，他们在受领任务后，自觉地接受了严格的军事训练。不久，他们便能十分熟练地操纵动力伞翼机，驾驭它在空中自由翱翔。大家等待的作战日期终于来到了。

成功着陆

1987 年 11 月 25 日晚，乌云遮月，夜色沉沉。晚风不时地阵阵刮来，吹得树叶哗哗作响。行动突击小组按照计划开始了行动。

黎巴嫩南部的黎以边境附近，人们在进行了一天的劳作后，渐渐地进入了梦乡，周围一片寂静。突然，从附近一座小山包的灌木丛中，箭一般地飞出 4 只黑色的"大鸟"，飞快地向以色列边境线飞去。

伞翼机在气流的影响下，忽高忽低地在神速飞行。不久，4 名全副武装的队员，在组长塞耶尔的带领下，身体呈水平状态悬挂在伞翼机下端，全凭摆动身体姿势控制着前进方向，神不知鬼不觉地从空中潜入了以色列境内。

为了偷袭需要，机载摩托发动机全安装了消音器，发动机的声音极小。但是，在万籁俱寂的夜间，其"突突突"的声音仍显得很响。这增加了现场紧张的气氛，好在他们都进行过这样的模拟训练。

21 点 30 分左右，伞翼机群已深入以色列腹地。这时，一辆以色列的巡逻车似乎发现了什么，停下车来用探照灯向空中乱照，好像在搜寻目标。强烈的灯光刺破夜空。好险！车灯险些照上了飞在最后面的伞翼机。十分幸运，以色列人未发现情况。但十分警觉的以色列人，并没有麻痹大意，为预防不测，他们要求上级派出两架武装直升机来此处详细侦察。塞耶尔感到以色列境内戒备很严，担心发生意外，于 21 点 50 分，在一片灌木丛生的坡地上率先着陆，另 3 架伞翼机紧随着他飘落下来。着陆十分成功。

生死较量

"快！隐蔽好伞翼机，然后简单收拾一下，带上家伙，跟我来！"塞耶尔发出命令。根据作战计划，他们主要是袭击以军军营，尽可能多地杀伤以军，给以色列造成一定的心理冲击。塞耶尔待队员会合后，立即寻找袭击的目标。他们发现不远处有一座灯光昏暗的村镇，于是，塞耶尔立刻带领其他 3 名队员十分警觉地向那村镇悄悄地摸去。

塞耶尔、阿里、巴桑 3 人平端着 AK－47 型 7.62 毫米自动步枪，打开枪的保险，走在前头；拉米提着一挺苏制 PK 卡拉什尼柯夫轻机枪，将长长的弹链挂在枪身外部，紧随其后。当他们刚走出不到 50 米处时，突然一辆美制吉普车迎面开来，耀眼的灯光直照突击小分队。说时迟，那时快，塞耶尔立即扣动扳机，一串子弹猛射过去，顷刻间将车打翻在路旁边的沟里。开车的以色列军官身中数弹，当即毙命，同车的一名女军人被打成重伤，昏死过去。

枪声惊动了周围以军，顿时，100米开外的以军纳哈尔旅后方指挥支援基地警报大作，灯光四射，手持各种武器的以军纷纷冲出营房，向枪声处寻来。与此同时，两架美制武装直升机，发出隆隆的马达声，也向这边飞来。

处境万分危险，塞耶尔果断地下达战斗命令："拉米用机枪掩护，其他人按计划分头行动，将携带的子弹打完后立即撤出战斗，驾伞翼机返回。"

于是，拉米的机枪愤怒地咆哮起来，长长的火舌窜动着，一颗颗无情的子弹扑向前

▲AK－47型7.62毫米自动步枪

面晃动着的人影。塞耶尔他们3人边打边往前冲，当他们冲到距军营约50米处时，从3个方向用AK－47自动步枪打开了点射。此时此刻，他们将多年来心中积压的仇恨和复仇的怒火，全部凝聚在枪口上，拼命地扣动着扳机，恨不得把随身携带的150发子弹一下子打出去，将以色列士兵一个个放倒，然后凯旋。

以色列士兵突然遭到三个方向的袭击，许多士兵在弹雨中纷纷倒地，一时摸不清有多少敌人向他们发动了攻击，十分惊慌。但一些素质高的士兵已开始进行反击，空中的两架武装直升机也朝三个袭击点开了火，通红的枪口火焰像夜空里舞动的火蛇，在空中高速窜动。

"撤！快撤！拉米继续掩护！"塞耶尔见以军人多势众，立即发出了撤退的命令。

倒霉的是，恰在这时，机枪手拉米被武装直升机击中，一发子弹穿透了他的腹部，黏糊糊的血流了出来，染红了身下的土地。拉米挣扎着坐了起来，他想，自己已身负重伤，不可能驾驶伞翼机返回了，眼下自己唯一能做的，就是为战友提供掩护，在停止呼吸之前，尽可能为战友们多创造一些生还的机会。他咬紧牙关，吃力地换上一链子弹，满腔怒火地向扑过来的以军猛烈扫射。几个以色列士兵应声倒地，其他士兵也趴了下去。

拉米的机枪连续地喷吐着火舌，很快地被空中的两架武装直升机发现。它们从两个方向向拉米猛烈扫射，一阵泼水般的子弹从空中袭来，拉米像是被大黄蜂蜇着似的抽搐了几下。机枪声戛然停止了，拉米壮烈牺牲。但他将以色列军的火力吸引了过来，为战友撤退赢得了宝贵的时间。

塞耶尔带领着巴桑和阿里不顾一切地向停放伞翼机的方向跑去。由于拉米为他们争取了宝贵的时间，使他们得以迅速地撤离到了伞翼机边。塞耶尔首先动作敏捷地发

动马达，推着机身向山坡下迅跑，然后纵身一跃钻进吊舱，"黑鸟"成功地升空了。紧接着，巴桑、阿里也先后顺利升空，阵阵轻微的马达声又在夜空中响起。地面的以军发现袭击他们的敌人升空逃跑，一片混乱，有的用探照灯向空中照射，有的举枪向空中开火。不幸，一颗 M16 自动步枪子弹击中了飞行在最后面的阿里。这种 5.56 毫米的美制小口径步枪子弹杀伤力极强，阿里一只手操纵着伞翼机，一只手急忙掏出急救包，用力堵住胸部的伤口。但仍然血流不止。这时，阿里虽感到有些身不由己，却仍然拼尽全力操纵伞翼机向北飞。活着不当以色列的俘房，死了不作以色列国土上的鬼魂。当伞翼机越过黎以边境线后，他突然眼前一黑，完全失去了知觉。无人驾驶的动力伞翼机一头撞向地面。这里，离边境线仅 400 多米。

▲伞翼机

紧追不舍的两架以军武装直升机迅速追了上来，用密集的机枪子弹封锁了前来救援的巴解战士的道路。阿里在爆豆般的枪声中孤立无援，终于在黎明时分因失血过多而壮烈牺牲。

塞耶尔和巴桑于当晚 23 时许安全返回基地，受到巴解战士们的热烈欢迎。

多箭齐放
——美军入侵巴拿马

1989 年以来，拉美地区民主化趋势进一步加强，在智利经过大选向文人政府过渡后，拉美军人政权只剩下诺列加一家。巴拿马的军队实权派不仅控制了几乎所有的文职部门，而且还直接操纵着总统人选。自从 1982 年以来，巴拿马先后 6 位总统中，4人就是迫于诺列加的压力而辞职的。这导致诺列加在拉美国家中的处境孤立。在这种形势下，为拉拢拉美其他国家，美国人权衡利弊，决定出动特种作战部队抓获诺列加。

"祈祷书"计划

1989 年，共和党人布什取代里根成为美国新一任总统。布什上任后关心的第一件事不是经济，而是如何推翻巴拿马的诺列加政权。他把入侵巴拿马、抓获诺列加看作是最好的"圣诞节礼物"。

早在乔治·布什还是副总统兼白宫危机特别处理小组主任时，他就让参谋长联席会议秘密制定了总代号为"祈祷书"的入侵巴拿马计划。这个入侵巴拿马的计划由 4个相互连贯的分计划组成：第 1 个分计划代号为"邮件收发时间"。它规定：一旦发生危机，美军立即沿着运河航线部署军队，固守船闸和马登水坝，以确保运河在战争状态下能够继续通航而不致关闭。第 2 个分计划代号为"克朗代克钥匙"。它规定：一旦发生危机，美军在控制巴拿马城的同时，应调动大批军用和民用飞机实施撤走非战斗人员的行动，以防止美国人被对方扣为人质。第 3 个分计划代号为"盲人逻辑"。它规定：一旦诺列加政权被推翻后，美军应该让新的文官政府提出要求，然后由美国提供擅长民政事务的军事专家协助新政府组织新的机构。第 4 个分计划代号为"蓝匙"。它规定：如果美国无法通过其他方式推翻诺列加政权，就由美国驻巴拿马陆军的指挥官统一指挥由 4 个军种的部队组成的联合特遣部队，对巴拿马国防军采取进攻性的军事行动，摧毁这支军队。

"正义事业"行动

1989 年 12 月 17 日下午，白宫作战会议做出决定："正义事业"行动的实施时间定为 12 月 20 日凌晨 1 时。对此，美国方面考虑已久。同时，为了在入侵行动开始后，大肆向新闻界渲染，乔治·布什批准将原来代号为"蓝匙"的摧毁巴拿马国防军的作战计划改为"正义事业"行动。

"正义事业"行动期间，参加行动的特种部队由联合特别行动特遣队（以下简称"联合特遣队"）指挥，司令是华纳·唐宁少将。参加行动的部队被编成了几个队：红色特遣队（陆军第 75 游骑兵团）、黑色特遣队（陆军特种作战部队）和白色特遣队（海豹部队和特种作战艇分队），由心理战和民间事务部队协助这 3 支特遣队的行动，此外，还有陆军特种作战直升机队和空军的突击队。

红色特遣队

红队是联合特遣队里最大的一支特遣队，它主要由第 75 游骑兵团组成，为加强它的力量，调拨心理战第 4 队、第 96 民间事务营、空军特种战术队、海军陆战队炮兵联络连加入这支特遣队。它的空中援助包括第 160 特种作战航空团的 AH－6 攻击直升机、第 1 特种作战联队的 AC－130H 攻击机和常规部队的"阿帕奇"AH－64 直升机和 F－117A 战斗轰炸机。

指挥部的行动计划是，在总攻开始的 1989 年 12 月 20 日午夜 1 点，从 2 个地点同时空降作战人员，一个是奥马尔·杜里荷国际机场与托库曼飞机场，另一个是里奥·哈托飞机场，空降成功后，空降部队将和常规部队会合，一同开始行动。

杜里荷／托库曼机场战斗

奥马尔·杜里荷国际机场是巴拿马的主要国际机场，与它邻近的托库曼飞机场是巴拿马的空军基地。"正义事业"行动的第一个关键是拿下这 2 个机场，阻止巴拿马第 2 国防连和巴拿马空军干扰美军的行动，确保第 82 空降师在这个地区顺利空降。

红色特遣队的司令是威廉·科南上校，他把夺取 2 个机场的任务交给了第 75 游骑兵团的 1 营。1 营的指挥官是罗伯特·华纳，因为第 82 空降师的一个旅将在行动开始后 45 分钟空降到这 2 个机场，所以他们必须在 45 分钟内结束战斗。为加强 1 营的力量，第 75 游骑兵团 3 营 C 连、心理战分队、民间事务队、2 架 AH－6 特战直升机、空军特别战术队和一架 AC—130H "空中炮舰"战斗机加入了 1 营的行动，与他们并肩作战。

▲巴拿马城

攻击开始之前，3 个作战管理队和 1 个空降救援队首先在机场跑道末放置了行动导航塔。凌晨 1 点整，行动开始了，"空中炮舰"和几架 AH－6 开始轰炸机场里驻守的巴拿马国防军，AH－6 特战直升机消灭了 3 个目标，"空中炮舰"持续轰炸巴军第 2 "来复"连的营区和指挥楼。事实上，行动之前 15 分钟，美军就已经对巴拿马城的巴军指挥大楼发动了进攻，也就是说，守卫在杜里荷/托库曼的巴拿马国防军，在游骑兵于1:03分开始空降、第一个士兵跳出机舱时，就很清楚地知道了美军已经入侵巴拿马。

A连只遇到了零星的反击，仅用了2个小时，他们就完全夺取了巴拿马空军指挥部，抓获了大约20名躲藏在飞机棚里的军人。B连也顺利降落在目标区域，很快就完成了它的清理警戒任务。和A连一样，他们只遇到了一些零星的抵抗，也抓获了一些俘虏。C连在空降中遇到了一个意外，一些巴拿马车辆不顾警告信号，试图在地面布置路障。游骑兵开火以示警告后，大部分车都逃走了，有一辆因为轮胎被打爆留在原地。逃走的车中有一辆正是曼纽尔·诺列加的轿车，当晚他正在军队娱乐中心享乐。C连攻打巴军的2连，他们遇到了一些无效的抵抗，但迅速清理了现场，消灭了一名拒绝投降的巴军士兵。

第75游骑兵团3营C连的任务是拿下国际航管中心，在这里，他们遇到的情况远比预料的要困难。首先，四分之一的士兵降落在跑道西边10英尺高的一个草垛上，他们用了2个小时才与部队会合。在清理航管中心周围的建筑过程中，他们没有遇到麻烦。与此同时，AH－6摧毁了航管中心外面的警卫室，消灭了里面的两名警卫，3排占据了航管中心北部的火力点。

游骑兵从北面进入了航管中心，两件事令他们吃惊。一是恰好在进攻开始之前，2架民用飞机抵达了机场，大约400名旅客当时正在航管中心，其次是他们在这里遇到的抵抗，比在机场其他任何地方遇到的都激烈。

在二楼，2名游骑兵在搜索一间大办公室时，2名巴军士兵从一个隔间跳出来，用手枪向一名游骑兵连发数枪，他受伤倒地。另一名游骑兵立即还击，在其他2名游骑兵的帮助下，他把受伤的同伴抬出那间办公室，自己头上也挨了两枪，所幸凯夫拉尔头盔救了他。在办公室门外，他向里面扔进一枚手榴弹，但隔间保护了巴军士兵。之后，他再次进入那间房子，等待巴军士兵首先行动。2名士兵突然冲过来和游骑兵近身格斗。真是不知好歹！极少有谁能在和游骑兵的格斗中占上风。很快，一名巴军士兵被杀，另一名打碎玻璃向窗外逃了出去。他从两层楼上落下，差点就落在一名巡逻的游骑兵身上。当他拔枪的时候，巡逻的游骑兵已先他开火，将其击毙。

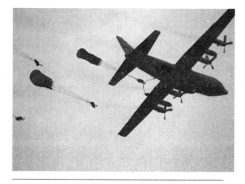

▲特战队员跳伞

这期间，2排从南面进入航管中心。这里有三层主楼，每个班负责一层。第三层的敌人向他们开火，游骑兵的还击迫使敌人逃离了航管中心，使他们没有遇到其他麻烦。但第一层的情况比较复杂，大约10名巴拿马国防军士兵劫持了两名美国姑娘作为人质。

他们匆匆逃离航管中心，但一出大楼他们发现正撞进游骑兵的包围圈里，只好又撤回大楼。在楼里，2 排和他们进行了几次交火，对峙了两个半小时后，到凌晨 5 点，游骑兵发出了最后的警告。为了避免全部覆灭，他们放了人质，选择了投降。

大约上午 11 点，82 空降师接替了第 75 游骑兵团第 1 营，开始执行在机场外的任务。下午 3 点，3 营 C 连加入了清理机场空军指挥大楼的行动。在夺取机场和清理现场的战斗中，游骑兵的训练有素，加上周密的行动计划，保证了以最小的代价赢得最快的胜利。

里奥·哈托机场战斗

在巴拿马市以西 60 英里，是里奥·哈托机场，它是巴拿马的一个军事基地，有巴拿马国防军 2 个连驻守，分别是第 6 和第 7 "来复"连。第 6 "来复"连装备有 19 辆装甲车，第 7 "来复"连是忠于诺列加的防暴精英。此外，巴军工程排和巴军训练学校也在这里。红色特遣队的任务是消灭这些军事力量并占领机场。据先前情报，这里巴军的兵力超过 500 人，这些部队特别是第 7 "来复"连，可能会进行强烈的抵抗。

攻打里奥·哈托机场的指挥官是科南上校。他指挥的部队包括游骑兵 2 营、3 营、心理战 4 队、民间事务队、空军特种作战战术队和陆战队炮火联络队，担任空中援助的有 2 架 F－117A 战斗机、2 架 AH－64 直升机、4 架 AH－6 直升机和 1 架 AH－130H 战斗机。任务分工为：2 营空降到跑道南端，包围敌兵营并伺机消灭敌人；而 3 营空降到跑道北面，夺取并清理跑道。

按计划，首先由 AC－130H 摧毁机场的两个防空工事，随后 13 架 C－130 运输机将这两个营运送到机场。到达目的地后，2 营首先空降，然后是 3 营。其任务是：2 营 A 连攻打、清扫巴军训练学校，B 连从东面进攻巴军 7 连。如果任务完成后 B 连伤亡不大，将继续向西推进，清除巴军 6 连；如果 B 连伤亡过重，C 连将接替他们完成该任务；如果 B 连可以继续战斗，那么 C 连的任务就改为占领诺列加的海滨别墅。

▲ F－117A 战斗机

尽管游骑兵希望 F－117A 直接空袭巴军营区，但他们还是决定，先制造爆炸以威慑巴军官兵。为此，他们选择了一处靠近营区的地方作为爆炸的目标。在进攻开始之前，游骑兵埋设好炸弹。随着一声巨大的爆炸，AH－6 和 AC－130H 立即开始攻击预定目标。

虽然空中打击持续了 3 分钟，但巴军的防空工事依然在不断射击。11 名机组人员被打中，一名游骑兵战士在飞机里就被打伤。尽管如此，凌晨 1：03，游骑兵还是按计划实施空降。这些游骑兵大多参加过 1983 年在格林纳达的行动，他们认为与那时相比，里奥·哈托机场的火力要猛烈得多。

刚降落到地面，2 营的游骑兵就看到许多巴军士兵向他们奔来，他们迅速实施打击，很快就控制了局面。看上去巴军部队已经离开了营区，要么转移到机场周围准备抵抗，要么逃走了。按照计划，A 连首先完成了任务，前去攻打训练学校。

就在 A 连向学校挺进时，B 连开始攻打巴军的 7 连营区。他们用炸药在营区的高墙上炸开了几个洞，快速突入营区，开始逐个房间搜索。期间没有出现大的伤亡，因此继续向西推进。12 月 21 日凌晨，他们开始攻打巴军的 6 连营区。B 连行动的成功，使 C 连在进攻开始两个小时后，按计划攻击诺列加的海滨别墅。他们的行动也非常顺利，迅速占领了别墅。

3 营在 2 营空降之后才开始跳伞。随 3 营官兵空降到地面的，还有 4 辆吉普车和 6 辆摩托车。A 连的摩托车沿跑道从北开进，防止可能针对美国人的进攻；与此同时，B 连的吉普车小队设了岗哨，监视巴军的一举一动。

3 营 A 连空降落地后，从南到北，散落在泛美公路上。该连的一个主要任务是"拔掉"里奥·哈托机场入口处的一个机枪碉堡。真碰巧了！A 连的指挥官和其他几名游骑兵正好降落在距入口处约 30 步远的地方。一着地，他们迅速投入战斗，很快就消灭了向游骑兵开火的巴军机枪手，占领了制高点。

A 连的其他兵力开始清除训练学校大楼和教学区，他们遭遇了大量散兵游勇。用 3 营指挥官约瑟夫·亨特的话说，这些巴军士兵"为了在 30 分钟里把所有的钱花光而四处疯跑"。随着游骑兵的步步推进，巴军士兵放弃了抵抗，在游骑兵到来之前纷纷逃跑。A 连抓获了 167 名俘虏，他们自己解除了武装，充满恐惧，唯一想做的就是投降。进攻开始后 1 小时，A 连就胜利完成了任务。

3 营 B 连降落在泛美公路的东面，公路上的车辆比预想的要多，警戒分队开枪示警，要求他们立即离开。之后，B 连开始清除跑道，使美军的飞机能顺利着陆。很快，他们就清除了公路上的卡车、铁丝网等路障，同时还占领了飞机导航塔。行动开始一个半小时后，游骑兵完成了清除跑道的任务。紧接着，一架架 C－130 运输机开始着陆，运来了更多的作战人员和作战物资。

在泛美公路北面的游骑兵遇到了巴军的抵抗。黎明时分，天色变亮，一些巴军士兵开始撤退，从一幢建筑撤到另一幢，边撤边打。在追击过程中，最前沿的游骑兵一个班与巴军士兵交火，在难以快速获胜的情况下，他们呼叫两架 AH－6 直升机给予火力支援。同时，几名游骑兵潜伏到一排树后面，试图从翼侧包围巴军士兵。迅速赶来的直升机在上空盘旋了几秒，就发现树后有目标移动，以为是巴军士兵，便毫不犹豫地开火。误伤悲剧发生了——2 名游骑兵被打死，4 名被打伤。尽管如此，游骑兵还是按计划，于 12 月 20 日顺利占领了里奥·哈托机场。

白色特遣队

1989 年 12 月 19 日，联合特遣队的海军特种作战部队——白色特遣队开始在巴拿马运河以西的罗德曼海军港准备出发，他们的任务是占领帕蒂拉机场。

负责攻打帕蒂拉机场的白色特遣队共有 62 人，包括 3 个海豹突击小队（代号分别

▲ 橡皮艇

为"狂徒"、"三角洲"和"高尔夫"，与 AC－130 武装攻击机进行联络的空军作战控制人员、一个迫击炮班，另外 26 人编成救护队、信号情报队、心理行动队。

19 日 19:30，15 艘作战橡皮艇载着地面作战人员，从距离帕蒂拉机场 8 海里的霍华德海岸出发。与此同时，2 艘巡逻艇也离开罗德曼海军港。23:30，橡皮艇到达了机场海岸，2 名海豹队员游向沙滩，侦察靠岸的地点，并在沙滩上安置照明灯。

20 日 0:45，正在从沙滩上接近跑道的地面作战人员，听到了攻打巴拿马巴军指挥大楼的枪声和爆炸声，他们知道那里的行动提前开始了。也就是说，帕蒂拉机场的守军已经知道了美军的入侵。他们加快了行进速度，从机场铁丝网上剪开的洞快速穿过，在跑道的南部集结。他们得到情报，诺列加将乘一辆小飞机逃离这里。"三角洲"突击小队在半路上埋伏了几分钟观察四周情况，然后才向飞机控制塔摸去。"狂徒"和"高尔夫"突击小队在草地掩护下，沿跑道两侧悄悄移动。

两个海豹突击小队悄悄地摸到了最北边的 3 个飞机棚。巴拿马士兵在中间的飞机棚前站岗。海豹指挥员判断，那里停放的必然是诺列加的喷气式飞机。2 个突击小队迅速向岗哨靠近。接近岗哨时，巴军士兵发现了他们，马上问他们"口令"。一名海

▲ 海豹突击队员训练中

豹队员胡乱回答，巴军士兵发现不对，立即开火。海豹队员迅速还击，但仅仅过了 2 分钟，就有 8 名海豹队员受伤，其中 5 名伤势严重。"高尔夫"突击小队的指挥官立即呼叫要求增援。地面作战指挥官立即派出了另一个突击小队。突击小队迅速赶到，实施增援。效果果然明显！海豹部队很快就占了上风。

在 2 个排的强大火力下，巴军士兵被压得抬不起头，不得不撤离。1 点 46 分，海豹

突击队控制了机场，并立即向指挥部报告。随后，一架直升机赶来，运走了伤员。同时，海豹突击队在机场的最南端建立了有效的防线。几分钟后，从罗德曼海军港出发的巡逻艇到达机场。黎明时分，海豹突击队一个排开始对飞机棚进行清理，其余队员将飞机从跑道上拖走，使其无法起飞。

21日14点，后续部队到达机场，5架CH－47直升机运来了一个游骑兵连，成功占领帕蒂拉机场的海豹突击队搭乘这些直升机离开。原计划5个小时完成的任务最终用了37个小时，4名海豹突击队士兵阵亡，8名负伤。

完成在帕蒂拉机场的任务后，白色特遣队又被赋予新的任务：搜查武器秘密窝藏点，抓捕、搜剿诺列加及其追随者。他们一直在巴拿马执行任务，直到1990年1月1日才解散。次日，队员们全部返回美国。

黑色特遣队

美军一发动入侵，巴拿马国家AM中波和FM短波广播站就开始播放诺列加的一个录音讲话，他号召国民奋起反抗美国入侵者。必须立即停止诺列加的声音！第7特种作战大队3连编成黑色特遣队。黑色特遣队的首要任务，就是破坏支持诺列加的电台广播。

12月20日18：50，3连的指挥官大卫·麦克拉克少校率领33名士兵，分乘3架直升机抵达广播大楼。他将33名士兵编成几个小组。安全警戒小组实施大楼警戒，禁止车辆进出；突击一组直接降落在屋顶上，破坏了控制传送天线的接线盒；突击二组进入大楼第7层，破坏了AM中波广播传送系统，但没有找到FM短波传送系统。

完成任务后，黑色特遣队刚返回阿尔伯雷克空军基地，就得到情报：在巴拿马郊外发现了FM短波转送天线。20：15，麦克拉克少校率领19名士兵再次出发。尽管没有多少准备的时间，但行动进行得很顺利。20：45，黑色特遣队破坏了FM短波传送天线。诺列加的声音在巴拿马上空消失了！

▲海豹突击队员全副武装

但仅仅过了一天，又出现了支持诺列加的声音。一个像幽灵一样的广播站断断续续进行广播。12月24日，第7特种作战大队的3中队的B小队，协助C小队共同搜索这个广播站。B小队的许多成员会讲西班牙语，有在巴拿马长期生活的经验。因此，他们很快获得了当地人的信任。25日，当地居民带着他们找到了一个秘密据点，里面藏有武器、弹药以及药品等。12月29日，在巴拿马线人的帮助下，一个巡逻队发现了巴军的广播传送站，并立即实施打击，将其捣毁。

10 天中，黑色特遣队共促成了 14 支巴军部队投降，投降人数 2000 余名，缴获 6000 余件武器，美军没有发生任何伤亡。所有巴军部队都投降后，巴拿马的重建开始了。基本上每个地区都有黑色特遣队队员参与当地的重建工作，协助常规部队。特种兵的语言能力、对当地文化的深刻理解以及解决低强度冲突的经验，使他们在各种行动中发挥着重要的作用，比如巡逻、与当地政府官员接触、搜查武器窝藏点、组建巴拿马警察队伍等。他们的行动，为决策者在低强度冲突中如何使用特种部队提供了绝佳的范例。

从 1989 年 12 月末到 1990 年 1 月初，黑色特遣队的任务，由"正义事业"行动的作战行动，转变为促进民主和稳定的行动。为了完成新的任务，第 7 特种作战大队 2 中队、海军特种作战队、空军特种作战特遣队加入了黑色特遣队。由于海军和空军部队的加入，黑色特遣队变成了黑色联合特遣队。第 7 特种作战大队的司令和参谋人员，成为黑色联合特遣队的下属部队和人员。空军部队的加入，保证兵力能够到达任何偏远的地区执行任务。而海军部队的任务，则是在海上和运河上实施巡逻、搜寻武器窝藏点，帮助巴拿马人重建海上安全部队。

抓捕诺列加

美国的目标是抓捕曼纽尔·诺列加，虽然在 12 月 20 日的总攻时刻没有抓住他，但特种部队已经得知了他在巴拿马的几个秘密据点。

12 月 24 日，诺列加躲进了巴拿马的罗马教皇使者的府第。联合特遣队包围并封锁了那处住宅，他们与美国安全部、梵蒂冈外交官一同，开始就诺列加的投降事宜进行谈判。此后 10 天，联合特遣队一直包围着罗马教皇使者的府第，数以万计的巴拿马人每天都聚集在周围，向诺列加发起强大的心理攻势。而特别部队的任务，则是负责让这些人保持冷静、维持秩序。

1 月 3 日傍晚，大约有 1 万人参加的反诺列加示威游行结束后，这位前巴拿马的领导者终于走出罗马教皇使者府第，向联合行动部队投降。

在入侵巴拿马的战争中，美军死亡 23 人，受伤 324 人，打死巴拿马军民 1000 多人，其中 600 人是平民。美军摧毁了巴拿马国防军，逮捕巴拿马军政官员 5000 多人，并从此不准巴拿马拥有国防军。这次入侵还打伤巴拿马民众 3000 多人，使 13000 人成为难民，5000 人因住宅被炸毁而无家可归，经济损失达 20 亿美元之巨。

"沙漠风暴"行动

——多国部队在海湾战争中

1991 年 1 月 17 日，以美国为首的 38 个国家组成多国部队发起"沙漠风暴"行动计划，对伊拉克进行大规模战略空袭，海湾战争爆发。在这场战争中，以美军为首的多国部队部署了有史以来规模最大的特种作战部队，广泛使用于战争各个阶段和主要环节，担负纵深侦察、目标引导、战场救援、行刺暗杀、心理战、破袭伊军重要目标等特殊任务，起到了其他部队和高技术兵器不能起到的作用，为"沙漠风暴"行动平添了一道神秘之光。

"暴躁的诺曼"的密令

漆黑的夜空中，偶尔露出几点微弱的星光。一支脸上涂着黑油、头戴钢盔的"绿色贝雷帽"秘密部队，正在陆续登上 CH－53 重型攻击直升机，然后无声无息地消失在沙漠浓重的夜幕之中……

与此同时，波斯湾口，31 艘两栖攻击舰驶向科威特东部海岸。在这支庞大的舰队之前，海豹突击队在潜艇的携带下，已经潜入到有伊拉克军队重兵防守的科威特浅海区，排除了海底铁丝网和周围海域中的水雷。这是多国部队发起地面攻势的前夜，"绿色贝雷帽"和海豹特种部队展开了从科威特东西两面夹击伊拉克军队的迂回行动。

为了转移伊军的注意力，调动伊军错误地集结兵力，美国特种部队特别作战指挥官朱考斯基放出风声说："我们在波斯湾拥有一支舰队，还有一支特别舰艇分队，大名鼎鼎的海豹突击队就在那里。只要一有紧急情况，他们就会全力以赴，率先采取最坚决的行动！"

早就对美国特种部队怀有戒心的伊军最高指挥部，立即把重兵派往波斯湾地区严加防守，以防备海豹突击队的突然袭击，但这正中了美军的圈套。

在沙特阿拉伯一个大型坚固地下掩蔽所里，多国部队最高司令，美国陆军上将施瓦茨科普夫下达了命令：原定于 2 月 24 日零时发起的地面进攻准时开始！

时间分分秒秒流逝，日益迫近进攻的时

▲在伊拉克境内作战的美国特种兵

刻。"绿色贝雷帽"部队在敌方纵深正在加紧活动。他们用夜间观测装置把敌军的机场、油库,"飞毛腿"导弹发射架和伊军最精锐的"共和国卫队"营地等目标都精确地测量下来,用数据程式无线电通信机传输到了多国部队的空军作战室。

凌晨 3 时 02 分,美国总统布什在电台宣布:代号为"沙漠军刀"的地面战争已经打响! 顿时,伊军的前线后方同时响起了惊天动地的爆炸声! 伊军腹背受敌,通信中断,失去指挥的几十万军队溃不成军、纷纷败退。这些神出鬼没的"绿色贝雷帽"部队又驾驶着适应沙漠作战的特制"沙漠蜘蛛"8 轮吉普,驰骋在战火纷飞的战场上……

自从伊军侵占科威特后,多国部队立即布置了代号为"沙漠盾牌"的军事行动,以保卫沙特阿拉伯,遏止伊军进一步攻击。

1990 年 8 月 2 日,伊拉克的 10 万大军在 350 辆坦克、装甲车的配合下,趁着夜色闪电般地突进科威特,海湾地区立即成了整个世界关注的一个焦点,一场"沙漠风暴"迅速在海湾地区刮起。8 月 2 日,美军在海湾地区的部队受命立即奔赴出事地点,美海军的两个拥有 100 多架战斗机和攻击机以及 10 多艘水面作战舰只的航空母舰战斗群,直奔海湾地区。随后,以美国为首的十多个国家和地区向海湾地区派遣了部队。这样多的国家的军队云集海湾,对付伊拉克。

入夜,阴云密布。刚才有几颗星星还在天幕上闪烁,现在都躲进了云中。夜,像一个墨黑色的大锅,扣在沙漠之上。在这伸手不见五指的夜晚,隐约听得见一阵发动机的轰鸣声,这是多国部队的几架运输直升机,在黑幕中疾速地向伊拉克境内飞去。

飞在最前面的那架直升机里,坐着一队全副武装的士兵,他们个个脸上都涂着迷彩,机内昏暗的灯光照在他们的脸上,给人一种阴森恐怖的感觉。为首的是一位中校,他叫布兰特,三十七八岁的年纪,是特种部队的一位中队长。此刻,他的心情非同一般,因为他知道,这次任务的成败,关系到海湾战争的进程,也关系到多国部队几十万将士的生命安全。

▲海湾战争战场

据不完全统计,多国部队在海湾地区的人数,最多时达 70 余万人,仅美军部队就达 45 万多人。这样多的人员和装备,面对着伊拉克总统萨达姆,多国部队的总司令施瓦茨科普夫将军的心仍忐忑不安。因为他知道萨达姆的手中有一个"杀手锏"——"飞毛腿"导弹。

"飞毛腿"导弹的弹体长 11.16 米,弹径 0.88 米,起飞重量 6.3 吨,射程为 50~300 千米,命中精度为 300 米。从瞄准到发射大约要 7 分钟。"飞毛腿"导弹的动力装置采用液体火箭发动机，推进剂为硝酸和煤油。它是苏联研制的地对地战术弹道导弹，分 A 型和 B 型两种，A 型于 1957 年开始服役，B 型是 A 型的改进型，提高了命中精度、增大了射程，增强了越野机动能力，缩短了作战反应时间。最让施瓦茨科普夫担心的是"飞毛腿"导弹能够安装核弹头和化学弹头。萨达姆曾扬言，要用装上特殊弹头的"飞毛腿"教训一下"入侵者"。

伊拉克的"飞毛腿"与苏联的"飞毛腿"又有所不同。伊拉克从苏联进口了大量的"飞毛腿"之后，萨达姆指示进行改装，主要是增大"飞毛腿"的射程。改装后的"飞毛腿"射程增加了一倍，由原来的 300 千米增加到 640 千米。

假如一枚装着化学弹头或者核弹头的"飞毛腿"，在多国部队驻地爆炸，那将会使战争变得十分复杂。施瓦茨科普夫不愿看到这样的事情发生。可是怎样才能知道伊拉克的"飞毛腿"是否安装了化学弹头或核弹头呢？派特种部队深入伊拉克去探个虚实，是一个好办法。当布兰特中校听说施瓦茨科普夫要召见他的时候，他早有思想准备，而且对召见他的目的已猜中了几分。可是，当施瓦茨科普夫命令他，深入伊拉克的"飞毛腿"导弹阵地，弄清"飞毛腿"导弹弹头的情况，并抓回一个导弹技术专家的时候，他还是感到有些突然。施瓦茨科普夫似乎看出了他的心事，说："这次任务难度是很大，可是如果我们不能抓回一个了解情况的导弹技术专家，我们就无法弄清伊军'飞毛腿'导弹的整个情况。我相信你们有办法完成任务。"

布兰特中校了解司令施瓦茨科普夫的脾气，知道他决定的事情，一定要办到底，而且绝不允许别人讲价钱。在五角大楼里，他是以爱发火而闻名的，人们送给他一个"暴躁的诺曼"的绰号。

布兰特中校信赖和佩服施瓦茨科普夫。在战争中，下级对上级的信赖和佩服，常常是取得胜利的一个重要因素。布兰特中校曾在施瓦茨科普夫的指挥下，多次出色地完成过重要任务。这一次，他又充满信心地踏上了征途。

夜，伸手不见五指，美军特种部队的几架直升机，在布兰特中校的率领下，疾速地向伊拉克境内飞去。

这个直升机机群的飞行高度很低，几乎是在擦着地面飞行，转动的旋翼将黄沙掀起了几米高。每架直升机的机舱内都坐着十几个头戴绿色贝雷帽的特种部队的队员。

布兰特中校坐在直升机最前的座位上，他眼睛不时地看着前面的速度表，直升机的速度在不断地加快，250 千米、300 千米、360 千米……布兰特中校知道，对于这种直升机来说，这是它最快的速度了，可布兰特

▲ "飞毛腿"导弹

还是希望它飞得快些，再快些。

布兰特中校和他率领的特种部队，是在布什总统宣布向海湾地区派兵之后的第4天到达沙特阿拉伯的。随后，美空军的5个特种作战中队，美海军特种部队海豹小队等，也陆续到达沙特阿拉伯。这是美军的特种部队有史以来在一个地区实施的最大规模的兵力部署和特种行动。

1990年8月初，美军在沙特阿拉伯的利雅得市设立了"中央总部特种作战司令部"，负责指挥并协调特种部队的作战和多国部队的协同行动。"中央总部特种作战司令部"是一个联合司令部，它下辖陆军特种作战特遣部队、海军特种作战特混大队、中央总部空军特种作战司令部和一个独立特种作战大队。一般情况下，特种作战任务都由"中央总部特种作战司令部"下达，而这一次，布兰特领受了施瓦茨科普夫下达的作战命令，他知道这意味着什么，他明白这次行动的举足轻重的分量。

▲老布什在海湾战争爆发前视察驻沙特阿拉伯美军

直升机按照卫星提供的精确航线，来到了预定地点。直升机刚一着陆，一个个黑影就跳出机门，直向一个"飞毛腿"导弹阵地扑去。

此刻，伊军的"飞毛腿"导弹阵地上静悄悄的。尽管伊军的士兵们心中都清楚，战争就要爆发了，但这个阵地毕竟远离伊、科前线，又是设在沙漠中一个极不易被发现的地方，所以伊军的官兵们都认为这是一个十分安全的阵地。

现代战争中前线与后方的界线已经不十分明显了，有时候，战争正是先从后方开始，敌方首先攻击的是后方的补给线或其他重要目标。多国部队正是利用了伊军一些官兵对现代战争缺乏深刻认识，派出特种部队深入伊军的后方阵地。

从直升机上跳下的黑影轻而易举地消灭了在阵地外围警戒线上站岗的哨兵。布兰特轻轻一挥手，一群黑影立即包围了一顶大帐篷，另一群黑影扑向导弹发射架。那顶大帐篷是"飞毛腿"导弹的指挥和控制中心。此刻，帐篷内一名参谋人员正在值班，其他人已经进入了梦乡。值班参谋警惕性很高，他听到外面的声音有点特别，急忙起身来察看，刚走到帐篷门口，一支微型冲锋枪的枪口顶在了他的腰间。一句声音低沉但十分威严的阿拉伯语传入他的耳朵："不要出声，把手举起来！"值班参谋还没弄明白发生了什么，他的嘴就被一块大胶布牢牢地贴上了，双手也被反绑起来。紧接着十几个脸上涂着迷彩的特种部队的队员，出现在帐篷里。

"我们是'绿色贝雷帽'，你们被包围了！不要反抗，我们不想伤害你们！"正在睡梦中的伊军官兵，一个个从行军床上爬了起来。"双手抱头，排成一列！"伊军官兵按照美军的命令乖乖地用双手抱住头站成一列。突然，一个伊军军官乘人不备，伸手抓起枕头下的手枪，正要射击，一个"绿色贝雷帽"队员手中的无声冲锋枪，喷出一串火舌，伊军军官一头栽在床边上。

被捆住手脚的伊军值班参谋，这时刚刚定下神来，他仔细地观察着这群特种部队的队员，只见他们每个人身上都带着两三件轻武器，每个人都穿着一身迷彩服，脸上也是一块黑、一块绿、一块黄，他们一个个身材魁梧，在昏暗的灯光下，给人一种凶狠的感觉。

就在这一群"绿色贝雷帽"队员冲进大帐篷的同时，另一群"绿色贝雷帽"队员来到了导弹发射架旁，他们迅速将一枚"飞毛腿"导弹大卸八块，对导弹的一些情况进行了核实，特别是弄清了"飞毛腿"导弹有没有安装化学弹头，命中率提高了没有，选中了哪些目标。

随后，两群队员携带着重要的资料、部分重要零件和一名指挥官、一名伊拉克导弹技术专家登上了直升机。直升机又神不知鬼不觉地飞走了。

一个特种兵的惊人发现

特种部队漂亮地完成此次任务后不久，施瓦茨科普夫决定再次使用"绿色贝雷帽"侦察"飞毛腿"导弹和地下工事的情况。这一次，美军从"绿色贝雷帽"部队中精心挑选了长相与伊拉克人相似，能说一口流利的阿拉伯语的美籍阿拉伯后裔。他们除了每人佩带轻武器、激光目标指示器、望远镜等装备外，每人还配发了一架照相机和一架摄像机，这是一种数控静止图像摄像机，它可以把图像及图片利用卫星直接传回多国部队的总部。

入夜，载着"绿色贝雷帽"队员的直升机又悄悄地出发了。直升机把他们放在不同的预定地点，然后返回，几天之后直升机再到预定地点接他们。

进入伊拉克之后，"绿色贝雷帽"化整为零，3人至6人一个小组，白天他们将全身隐埋在沙子里，待到夜间再出来寻找目标，行动十分诡秘。

就在"绿色贝雷帽"潜入伊拉克几个小时之后，多国部队设在利雅得的指挥部，就收到了他们报来的第一批目标的图像和精确的坐标。

施瓦茨科普夫将军心中大喜，他立即命令轰炸机起飞，向这些目标飞去。新的一轮

▲海湾战争中的特种兵

轰炸开始了。

在海湾战争中，最让人称奇的是，美军特种部队的一名士兵独具慧眼，一次就发现了29枚"飞毛腿"导弹，使多国部队和以色列避免了一场毁灭性的打击。

事情是这样的：

1991年2月26日夜，美军特种部队正在伊拉克南部执行寻找"飞毛腿"导弹阵地的任务。

尽管有许多"飞毛腿"导弹阵地，被多国部队摧毁，但是，不知为什么伊拉克仍旧有"飞毛腿"不时地起来。就在25日又有一枚"踢"向了沙特阿拉伯的一座美军兵营，炸死28人，炸伤100余人。美军士兵们咒骂这些打不断的"飞毛腿"。

担任寻找"飞毛腿"导弹任务的美军特种部队的士兵们，深入伊拉克腹地之后，分散开来，各自行动。

▲ "爱国者"导弹发射瞬间

"飞毛腿"导弹是萨达姆的撒手锏，伊拉克军队把保护"飞毛腿"导弹看作是一件决定战争成败的大事，因此，伊军千方百计地隐藏好"飞毛腿"。

从开战以来，伊军发射了70余枚"飞毛腿"，虽然给多国部队造成了一些伤亡，但总体来看，收效甚微。伊拉克总统萨达姆认为，这是火力分散造成的，要集中火力，先消灭多国部队的一个或两个重要目标。

"如果我们集中20枚甚至30枚'飞毛腿'，同时射向一个或两个目标，那会是一种什么结果呢？"萨达姆问他的助手。

"肯定会摧毁目标，这就叫集中火力，各个消灭敌人。"萨达姆的助手喜形于色地说，"美国的'爱国者'导弹，不可能同时对付这么多'飞毛腿'。"

于是，一个大胆的作战计划形成了：集中"飞毛腿"导弹，向以色列发起"爱国者"难以防卫的密集攻击，把以色列拖进战争。

就在这个时候，作战参谋给施瓦茨科普夫送来了一张伊拉克发射"飞毛腿"情况的统计表。表中显示，在"沙漠风暴"行动的头10天里，伊拉克平均每天发射5枚"飞毛腿"，在后来的33天里，平均每天发射1枚。从这份图表上看，伊拉克的"飞毛腿"用得差不多了。

美军特种部队的士兵们，在伊拉克的腹地寻找了20多小时，无一收获。一个士兵感到精疲力竭，他躲在一个沙堆的后面休息了一会儿，他打开无线电报话机，打算将直升机叫来，把他从这个地区撤出，再到下一个地区去搜寻。

突然，他发现远远的沙漠地带，有一个"飞毛腿"导弹的机动发射架正缓缓地移动。他立即用望远镜仔细观察，只见在这个发射架不远的地方还停着两个机动发射架。再向远处看，他大吃一惊，只见隐隐约约有几十个导弹发射架正在这个地区集结。他立即向指挥部报告了这一情况。

多国部队总司令施瓦茨科普夫接到报告后，立即命令空军直升机部队，以最快的速度撤出在"飞毛腿"导弹发射架的集结地区执行任务的特种部队的所有士兵。

▲A—10 攻击机

特种部队的士兵刚刚撤离这个地区，美军的 A−10 攻击机便对"飞毛腿"导弹的集结地发起了猛烈的攻击。空对地导弹喷着火焰，飞向"飞毛腿"。一个攻击波过去，紧接着又发起了第二攻击波、第三攻击波……历时 6 个多小时的攻击，29 枚"飞毛腿"导弹化为灰烬。

据统计，美国特种部队地面分队一共找到 40 多枚美国侦察卫星、侦察机和其他侦察手段都没有发现的机动式"飞毛腿"导弹。

在表彰"沙漠风暴"行动中的有功人员的早餐会上，美国前国防部长切尼专门接见了特种部队的这名士兵，切尼握着他的手说："哦，你从'飞毛腿'导弹集结地那儿来，你使以色列没有参战，真了不起!"

大显神威的海豹

海军特种部队海豹小队从 1990 年 8 月 23 日至 9 月 12 日在科威特沿海执行安全警戒任务。海军陆战队海上预置船在朱拜勒港卸载时，海军海豹小队和特种舟艇分队在港外执行夜间巡逻任务。从 10 月份开始，海豹突击排一直在海夫吉以北活动，以便提供实时情报和协调近距离空中支援。1991 年 1 月底，海豹小队趁伊拉克 T−43 布雷艇在科威特领海进行布雷活动时对其进行拍照。

1 月 17 日联军发动空袭 4 小时之后，海豹小队引导近距离空中支援飞机一举摧毁沙科边境以北 400 米外的伊军边防站。

地面进攻开始后，海军特种部队在科威特海滩和海夫吉以北进行过 11 次特种侦察活动。海夫吉以北的一个海豹突击排直接参加了海夫吉战斗。当伊军准备向南运动时，该排引导近距离空中支援飞机压制伊军。它坚守边境阵地，提供关于伊拉克部队和车辆运动的实时情报，直到遭受敌人火力攻击时才被迫撤退。

海军特种作战分队在多国部队发起进攻之后继续在沿海地区进行巡逻，既为美军提供有关敌人岸防情况的重要情报，也增加了伊拉克对两栖登陆的担心。

1991 年 1 月 24 日，中央总部海军特种部队对驻加鲁岛的伊军进行了一次昼间袭击，收复了该地。这是联军收复的第一块科威特领土。他们还成功地俘获了伊军士兵，缴获了大批武器弹药，而自己没有受到任何伤亡。该岛收复后，被用作海军特种部队实施其他侦察和直接作战行动的中间基地。在"沙漠风暴"行动地面作战阶段，海军特种部队任务繁重，但主要是在科威特海岸附近执行扫雷任务。

▲海豹突击队员深水训练

海豹队员搭乘海军直升机参加了空中扫雷行动。直升机在空中巡逻搜索飘浮的水雷，发现目标，海豹队员就从盘旋的直升机的悬梯上下来，游向水雷将定时爆破炸药安放在水雷上。有 25 枚漂雷是用这种方法摧毁的。还有 145 枚以上的漂雷由美国海军爆炸物处理部队的潜水员以及联军扫雷潜水员排除。

"沙漠风暴"行动开始时，直接作战行动的目标是夺取敌人占据的海上石油平台。侦察巡逻机发现，平台上部署有防空武器并设有观测站，可以监视向科威特市运动的联军舰船和飞机的活动。海上平台还配有针对联军部队的导弹发射装置。摧毁这些平台是在科威特市附近实施两栖登陆的重要准备工作。1991 年 1 月 19 日，海军海豹小队在美"尼古拉斯号"驱逐舰和科威特"独立号"巡逻艇的支援下登上并收复了道拉油田的石油平台。

显而易见，伊军认为两栖进攻是联军作战计划的重要组成部分。所以，它在科威特市部署了几个师，以阻止联军的入侵。为支援中央总部迷惑敌人的计划，一项重要任务是佯装实施两栖登陆，使伊军相信联军的登陆行动迫在眉睫。地面作战开始之前，海豹队员们纷纷跳入水中，向岸上游去，以牵制和欺骗敌军，使其相信联军将要登陆。

1991 年 2 月 26 日和 27 日，中央总部特种作战司令部协同各部队，部分解放科威特市。第 3 特种作战大队与海豹小队采取联合行动，占领了美国使馆。特种作战小队乘直升机进入美国使馆院内，收复了该使馆，并封锁了使馆周围地区。次日，将其交还国务院。特种部队还与科威特抵抗力量并肩作战，协助收复了科威特警察总部和其他重要政府部门。

▲海豹突击队员的魔鬼训练

营救飞行员

1991 年 1 月 22 日，美国海军的 2 架 F－

14"雄猫"战斗机,从航空母舰上起飞,执行空袭任务。当这2架飞机接近巴格达上空时,伊拉克的防空导弹部队向他们发射了数枚地对空导弹。

飞在前面的长机是海军上尉,他感到自己的飞机左侧剧烈地抖动了一下,他意识到飞机被击中了。他立即向僚机飞行员通报了情况并向地面指挥中心报告:"我被导弹击中!"紧接着,他拉下了座舱上方的防护面罩,这个防护面罩是与弹射座椅的按钮连在一起的。只听"砰"的一声,一股巨大的力量把上尉弹出了机舱。就在上尉弹出座舱几秒钟之后,被击中的飞机"轰"地一声炸成了无数碎片。降落伞带着飞行员缓缓下降,向一片广袤的沙漠地带落去。跟随上尉的僚机飞行员见此情景,立刻在自己的航图上标出了出事的地点,然后在上尉跳伞的沙漠地带盘旋了一圈,以便更精确地确定他落地的位置。

长机飞行员从容不迫操纵着降落伞在沙漠上安全着陆,他解开降落伞的背带,然后把那顶巨大的降落伞收好,以备晚上防寒之用。他从自己的伞包里拿出一台手掌般大小的仪器——全球定位系统,找出自己所在的位置。这个小小的全球定位系统简称"GPS",人们只要有了它,无论走到哪里,随时都可以知道自己的精确位置,它是通过接收卫星上发射的信号来判明方位的。上尉在确定自己的位置后,向空中发出了求救信号。

美国空军的特种部队立即派出一架搜索救援直升机前来营救。

与此同时,伊拉克的地空导弹部队向指挥部报告:击落美军一架战斗机,飞行员跳伞,位置大约在纬度××,经度××。

"立即搜索,全力以赴抓住飞行员!"指挥部命令伊拉克的一支部队。3辆卡车载着一个连的伊军士兵,向沙漠深处、飞行员降落的地点出发,一场争夺飞行员的战斗开始了。

美军的特种作战直升机在空中整整搜索了8个小时,进行了4次空中加油,终于在一个小沙丘上发现了飞行员。

这时,伊拉克的一辆满载士兵的卡车也发现了这名美军飞行员!这辆卡车在沙漠上也搜寻了六七个小时,士兵们一个个疲惫不堪,发现了美军的飞行员,伊军的士兵犹如吃下了兴奋剂,一个个摩拳擦掌,准备冲上去抓住飞行员,回去请功。

特种作战飞机在发现自己飞行员的同时,也发现了敌人的存在和随之而来的危情。特种作战飞机抢占先机,对准卡车的头部发射了一串炮弹,卡车的发动机被打坏了,顿时

▲萨姆对空导弹

▲ "尼古拉斯号" 驱逐舰

停了下来。紧接着直升机朝着卡车发射了一串火箭弹，卡车被熊熊的火焰吞没了，伊军士兵死的死，伤的伤，幸存的士兵四散逃走，也顾不得去捉拿美军的飞行员了。美军的直升机，不但救回了飞行员，还抓住了几名伊军俘虏。

这是第一次成功救回自己海军飞行员的救援行动。第二次成功的救援行动发生在 1991 年 1 月 23 日。美国 "尼古拉斯号" 驱逐舰在科威特海岸附近待命，舰上海豹小队搭乘 SH－60 直升机。在距科威特海岸 3.2 千米水域，营救了一名跳伞的飞行员。整个救援行动只用了 35 分钟。

第三次救援行动发生在 2 月 17 日。这是一次夜间救援行动，从敌后 100 千米处救回一名美国空军飞行员。陆军特种部队出动了 2 架 MH－60 直升机。在营救过程中，执行任务的飞行员使用夜视仪，有效地躲避了伊拉克地对空导弹的袭击。

"重现希望"行动
——美国在索马里的遭遇

　　1992 年 10 月 2 日，为使美国在索马里的救援行动更好地实施，参谋长联席会议主席鲍威尔将军指示要改善、加强在摩加迪沙的运输设施。这个行动被命名为"重现希望"。参加行动的部队有："硅藻土"、"朱诺"和"罗斯摩尔"号军舰、两栖作战中队、海军陆战队"远征队"和特别巡逻艇队（SUB）。它们的行动使"联合国索马里行动"得以进行，有效地缓解了索马里的饥饿问题和种族屠杀问题。但是，美国特种部队在索马里的成功，因为发生在 1993 年 10 月 3 日、4 日的事件而永远笼罩着伤痛的阴影……

"提供救济"行动

　　20 世纪 80 年代和 90 年代初，东非的索马里持续发生暴力冲突，国际社会对索马里进行多方援助，但救济物资没有送到真正急需救济的索马里人手里，而是落入了武装分子的手中。摩加迪沙港所发生的情况骇人听闻，大约有 5 个团伙约 1000 名武装分子在那里把守着，他们向发放援助的部门收取"保护费"，拿到钱后，又把他们的救援物资抢走。

　　在索马里，美国特种部队最早参加的是"提供救济"行动。1992 年 8 月，第 5 特别航空大队 2 中队的一些士兵调到了与索马里相邻的肯尼亚，负责保护由肯尼亚运往索马里的救援物资，他们组成了一个空降行动队，包括两辆沙漠上使用的军用车辆，C - 130 运输机把这些士兵和车辆一同运到了索马里。C - 130 运输机当时担负着向索马里运送救济物资的任务，此外，SOF 的医生和地面观察员多次到达索马里南部，提供医疗援助、进行局势评估。美军在索马里开始"重现希望"行动之前，他们是最早在索马里行动的美军士兵。

"重现希望"行动

　　1992 年 10 月 2 日，为使美国在索马里的救援行动更好地实施，参谋长联席会议主席鲍威尔将军指示要改善、加强在摩加迪沙的运输设施。这个行动被命名为"重现希望"。参加行动的部队有："硅藻土"、"朱诺"和"罗斯摩尔"号军舰、两栖作战中队、海军陆战队"远征队"和特别巡逻艇队（SUB），他们很快到达了索马里的海岸。要到达摩加迪沙机场并对其进行修复，海军陆战队需要一张最新的海岸地形图，但当时还没有一版最新地图，因此，海豹部队和 SUB 担负起了进行水文侦察的任务，这是典型的始于第二次世界大战的"蛙人行动"。

12 月 6 日，第一次测量行动开始了。12 名海豹队员使用传统的水文侦察方法，他

▲海豹突击队学员在进行训练

们排成一排向海岸游去，一边游一边进行深水测量，当游到齐腰深的水域时，他们向右转，重复刚才的测量。与此同时，另外 5 名海豹队员游上沙滩，对岸上的情况进行侦察，两名海豹制画师测量、标出了海岸的倾斜度以及现有的障碍物。海豹队员返回"朱诺号"后，对他们测量到的数据进行了汇总，将要点提交给海军陆战队，准备第二天夜里的任务。

12 月 7 日晚上，海豹队员游进了摩加迪沙港，以寻找合适的登陆点，侦察哪个水域有危险，确定军舰能够停靠在港口的何处。这是一个艰难的任务，因为海浪太大，许多海豹队员都发高烧、精疲力竭，他们不得不从令人作呕的污水中咬牙游过去。

第二天夜里，首批海豹队员登上港口时，他们意外地遇上了当地的新闻记者，幸运的是，海军陆战队员正在登上港岸，他们吸引了新闻记者的注意，因此海豹队员能够不受干扰地执行任务。4 名海豹队员对地面进行了侦察，确定了海军陆战队登陆艇的停靠地点。

12 月 17 日，从法国的护卫舰"德力克斯号"上出发，海豹队员侦察了卡马因港口。在这次行动中，队员遭到了索马里狙击手的袭击，但没有人受伤。此后，海豹队员参加了布什总统访问索马里的安全保卫工作。1993 年 2 月，在他们离开索马里之前，海豹队员还对参加联合行动的印度海军进行了训练。

▲海军陆战队员

海豹部队离开后，他们的任务由海豹二队的一个排和"黄蜂两栖行动队"接替。他们执行的第一个任务，是侦察幼巴河流域，搜集有关武器走私的情报。根据这些情报，海军陆战队在沿海的两个城镇里进行了两次搜捕行动。在 4 月和 5 月，这些海豹部队队员进行了许多极有挑战性的行动，如赶在天亮前完成对凯斯迈海岸的侦察、在摩加迪沙西部寻找登陆点、侦察卡马因等三条河汇集的区域及卡耶迈岛和德南海岸等。

与此同时，1992 年 12 月 28 日，驻扎在肯尼亚的特别行动部队移师索马里，参加"重现希望"行动。1993 年 1 月 12 日，特别行动司令部在摩加迪沙成立，其名为"索马里特别行动司令部（JSOFOR，简称 SOF）"，负责指挥、控制索马里境内的"重现希望"行动。SOF 的首要任务是与当地的武装派别打交道，为将来的救援和维和行动提供信息。SOF 下属的部队参加了 9 个地区的人道主义援助，到 4 月份，它的部队共行进 26000 英里，缴获了 277 个武器，摧毁了超过 45320 磅的军火。特种部队的行动获得了巨大的成功，因此联合国在索马里的行动官员认为美国特种部队在索马里必不可少。

第 96 民间事务营派出了民间事务战术队和 6 个民间事务行动队，他们的任务是在陆军、海军陆战队和当地的索马里委员会以及 40 多个非政府组织之间形成联系。民间事务部队队员同样是在索马里的人道援助中心的工作人员，为索马里人提供医药、工程项目等援助。

联合心理战特遣队的任务是统一控制各类心理战计划和行动，他们雇了 30 多个索马里人，定期编辑发行《真实》报，进行电台广播，他们共散发 37 种、700 多万张传单，并张贴了数以万计的宣传画。心理战部队的队员，包括来自第 9 心理战营的 8 个喇叭广播小队，在录音机和当地语言工作者的帮助下，很好地配合了海军陆战队和陆军别动队在索马里的行动。

作为对《真实》报的一个补充，心理战部队在美国大使馆设立了广播站，每天用索马里语进行 45 分钟的广播，内容包括宗教、新闻、娱乐和音乐节目，此后，在索马里的每个城市，联合国部队所到之处，都能收听到他们的广播。

1993 年 5 月，"重现希望"行动使"联合国索马里行动"得以进行，有效地缓解了索马里的饥饿问题和种族屠杀问题。但是，美国特种部队在索马里的成功，因为发生在 1993 年 10 月 3 日、4 日的事件而永远笼罩着伤痛的阴影，那次行动是自越战以来，SOF 遇到的最惨烈的市区战斗。

抓捕艾迪

1993 年 6 月 5 日，穆哈姆·法赫·艾迪将军领导的"索马里国家联军"设下埋伏，杀死了 24 名参加联合国索马里行动的巴基斯坦士兵。次日，美国中央司令部司令约瑟夫·哈尔将军要求派出 4 架 AC–130 直升机前往索马里以加强攻击力量。6 月 7 日，4 架直升机到达索马里，在那里停留 7 天，共执行了 32 次制止冲突和侦察以及心理战任务，有力地支持了联合国索马里行动，其中，6 月 11 日—17 日，他们 8 次在摩加迪沙进行巷战。

为了打击艾迪，6 月 11 日，3 架直升机飞往摩加迪沙，摧毁了两个武器库、一个坦克营地和他设在摩加迪沙的广播站。次日，两架 AC–130 直升机炸毁了他的另一个广播站和武器制造工厂。7月13日、14日，一架AC－130直升机再次对艾迪及其支持者进行了打击：对他的另一处武器库和机械营地进行了轰炸。在这些行动中，由空军特别战术队来进行目标定位。在AC－130直升机的空中打击以及地面部队的攻击下，艾迪不得不转入地下活动。7月中旬，AC－130直升机返回美国，其他的特别行动部队继续搜捕艾迪。

▲海豹突击队在索马里执行任务

1993年8月22日，因为艾迪的支持者袭击美军和联合国维和部队，美国国防部长里斯·阿斯宾命令向索马里派遣联合行动特遣队。特遣队被命名为"游骑兵特遣队"，他们的任务是抓获艾迪和他的亲信并把他们移交给联合国维和部队。这是一个艰巨的任务，6月份，AH－130直升机对他的部队进行了空中攻击，同时联合国地面部队也进行了搜捕他的行动，因此艾迪躲了起来。

游骑兵特遣队的司令是威廉·格瑞森少将，他直接由哈尔将军领导，这样，游骑兵特遣队不归联合国维和部队司令指挥，在索马里行动期间，它一直由特种部队司令部直接领导和控制。而且，格瑞森少将与驻索马里美军司令托马斯·蒙哥马利是平级的，他们在索马里共同负责特别行动。

8月28日，游骑兵特遣队到达了索马里，他们首先进行一系列的训练，搭建了行动所必需的联络通信网。游骑兵特遣队的组成包括地面作战人员、特别行动直升机、空军战术队和海豹部队。1993年8月至9月间，特遣队在摩加迪沙进行了6次行动，每次行动都取得了成功。他们有时在白天行动，有时在夜间，乘直升机或军用车辆到达行动地点。尽管还没有抓到艾迪，但这些行动使他的活动范围越来越小。

▲游骑兵特遣队

惨烈的巷战

10月3日，游骑兵特遣队第7次出击，这次行动的目的是抓获艾迪的两个主要助手，15点32分，在摩加迪沙国际机场，直升机载着攻击和警戒人员出发了，3分钟后，一支地面部队也出发了。15点42分，地面部队首先到达了行动地点，他们立即设立警戒，在军营里搜索艾迪的助手。

军营里有人向他们开火，而且火力越来越猛，他们遇到了顽强的抵抗，地面攻击部队抓获了24名索马里人，正当他们准备把这些索马里人带进军车里时，一枚 RPG 手榴弹击中了一架"黑鹰"MH－60，直升机坠落在地。几乎是同一时刻，一支担任警戒的 6 人分队、一架负责攻击的 MH－6"小鸟"直升机和一架载有 12 名作战侦察人员的 MH－60 直升机立即冲向出事地点，MH－6"小鸟"直升机第一个到达，将其中两名受伤的士兵送往军队医院。随后到达的是警戒分队，最后是侦察队员。正当最后两名侦察队员沿着绳梯爬向地面时，他们的直升机被 RPG 手榴弹击中，但飞行员控制住了飞机，使两名队员顺利到达了地面，之后他竭尽全力把飞机开回了机场。

行动现场的情况变得更糟，地面的进攻又击中了两架 MH－60 直升机，其中一架坠落在地，距离第一架坠落的飞机约 1 英里，一群索马里武装分子一拥而上，机组人员英勇反击，但寡不敌众，除驾驶员以外，其余机组人员均被杀，驾驶员被俘虏。两名牺牲的机组成员此后都被授予荣誉勋章。另一架被击中的飞机情况要好一些，机组人员控制住了飞机，迫降在一个安全区域。

与此同时，美军把俘虏的索马里人押上军车，担任进攻和警戒的地面部队冒着猛烈的火力，跑向第一架坠地的飞机，占领了它的南部和西南部的建筑，快速形成防御阵形，把索马里人阻挡在海湾一带，以赢得时间抢救伤员，并把飞行员的尸体从已经变形的飞机里取出。

这时，载着索马里战俘的军车和看押他们的地面部队朝第一架坠落飞机的北面开去，在狭窄崎岖的小巷里拐来绕去，他们没能找到第一架坠地的飞机，不断地有子弹和 RPG 手榴弹向他们进攻，因为人员伤势严重，两辆载重 5 吨的卡车又被炸毁，他们不得不决定返回基地。在路上，他们遇到了另一支试图找到第二架坠地飞机的车队。

另一支地面部队把伤员抬进卡车后也返回了基地。大约就在这时，救援部队（第 10 高山师的一个连）尝试接近第二架坠地的飞机。这个连同样遇到了索马里人的猛烈进攻，他们紧急呼叫两架 AH－6 特战直升机要求空中支援，在 AH－6 的帮助下，他们才得以返回基地。

当天傍晚，在第一架坠地飞机上的游骑兵特遣队，接到了直升机投下的补给。由游骑兵组成的增援队、第 10 高山师的士兵、海豹部队队员和马来西亚的装甲车，最终在 10 月 4 日 1 点 55 分到达了出事地点。冒着枪林弹雨，他们想尽一切办法，直到凌晨才把飞行员的尸体取了出来。

增援士兵把所有伤员抬进了装甲车，他们只能徒步前进。紧随装满伤员的装甲车，这些增援士兵必须走回基地。5 点 42 分，索

▲MH－6"小鸟"直升机

马里武装分子的进攻一直没有停止，但游骑兵的伤亡不大，AH-6特战直升机始终在路面上盘旋，以护送地面部队的行进。6点30分，主要部队到达了巴基斯坦运动场，在这里，救护人员对伤情严重的士兵进行了紧急救治。

至此为止，自越战以来美军遇到的最惨烈的巷战结束了。10月3—4日，共有16名游骑兵阵亡，83名受伤，索马里武装分子的伤亡数字估计在1000左右。而在索马里行动期间，游骑兵的全部伤亡数为：死17名、伤106名。在这次惨烈的行动中，SOF遇到的情况极其困难，它需要特种兵有更强的创造性、灵活性和判断能力，对当地的环境，他们的对手比他们熟悉得多，而且在多年的内战冲突中，他们对巷战已经很得心应手了。即使伤亡惨重，他们抓捕艾迪的任务仍没有完成。

撤出索马里

10月3日、4日战斗结束后，更多的美军调往索马里。两架AC-130重型攻击机调到肯尼亚，担任侦察摩加迪沙的任务。同时，更多的特种部队来到索马里，包括两个海豹突击小队。

海豹突击小队的任务，是占据狙击的位置，以保护美军和联合国维和部队的安全、担任露营的联合部队的警戒以及保护一些要人的安全。还有一些海豹部队队员乘充气的橡皮艇在港口一带巡逻，以保护海军陆战队停泊港口的军舰以及在港口扎营的海军陆战队。到1994年3月25日，大部分美军撤出了索马里。

▲摩加迪沙

1995年2月5日，为了帮助联合国维和部队撤出索马里，两栖作战队开进了索马里。1995年2月到3月，海豹部队队员最先对摩加迪沙海岸的水文情况进行了勘测，此后又担负了保护陆战队登陆艇的任务。海豹部队队员完成了他们的任务，在海岸港口一带进行反狙击巡逻。1995年3月3日，撤出索马里的"联合盾牌"行动结束。

尽管没有抓住艾迪，1992年到1995年，SOF在索马里做了大量的工作，如侦察、人道主义援助、参加作战、保护美军等。此外，是他们确保了海军陆战队安全登陆，担任警戒，确保运送食品的船只安全抵港。

奔袭图巴卡尔岛
——老牌杀手显神威

1992 年 3 月，一宗令美国军方难堪了多年的军火案得以破获。已退役的前美国海军陆战队特勤支队突击队员基特受命万里奔袭非洲之角，一举捣毁了前美军某部军需处上校约翰·福特苦心经营的图巴卡尔军火中转站。基特作为著名的老牌突击队杀手，曾受到美国前总统里根的嘉奖。而图巴卡尔一役，作为小型突击战的新经典，使基特再次引人注目。

武器中转站

图巴卡尔岛位于科特迪瓦，南濒几内亚湾，离科森角不远的海面上，是一座被绿荫覆盖的美丽而宁静的小岛。

过去，图巴卡尔岛是来自世界各地的象牙商人们转运象牙的一个集散地，随着近年来全球的环保呼声日益高涨，象牙贸易已被限制在了很小的范围内，图巴尔卡岛因此也就失去了昔日的商业重要性，然而，这个小岛却并未因象牙贸易而冷清下来，对此，外界并不清楚。

1990 年，一位名叫约翰·富卡的人买下了这块隶属科特迪瓦的小岛。

据富卡本人称：他之所以买下这个小岛，是因为他醉心于此岛的美丽风光和它的宁静安谧，是他和他那些富豪朋友们常常乐于一聚的世外桃源。殊不知富卡先生原来是一位有名的军火走私商，他的真名叫约翰·福特，美国人，印度支那战争时，他是美军军需处的一名上校。

1973 年，他利用职务之便，与部下瞒着军方干起了军火走私的勾当，从那时到现在，约翰·福特已经在这门交易中聚敛了大约 5 亿美元的巨额财富。

在整个非洲大陆上，从南非到埃塞俄比亚，从索马里到乌干达，到处都充斥着约翰·福特卖出的武器弹药和其他装备。1990 年，他买下图巴卡尔岛后，那里成了他往非洲输送枪支弹药和其他武器的转运站，数不清的各类武器装备，通过科特迪瓦这块非洲

▲科特迪瓦

大陆上的明珠般的宁静之地被秘密运往非洲各地。最为可恶的是，约翰·福特不仅走私军火，他还为了在这门交易中击败他的那些老对手而不惜在非洲挑起各种冲突，以此来增加这个大陆上的武器需求量。因此，完全可以说，非洲一些地区的动荡不安有很多因素是他造成的。

除掉约翰·福特并摧毁他的犯罪集团已是势在必行的事了。为此，美国军方花了一年多的时间搜集调查他的一切情况及行踪。

开始调查没多长时间，他们通过卫星拍回的照片发现了图巴卡尔岛就是约翰·福特的枪械转运站。

最后，五角大楼将摧毁图巴卡尔岛的特殊使命下达给了海军陆战队特勤处。

"美国英雄"基特

美国海军陆战队特警处约瑟·邓恩上校处长，通过电话联系了基特·伊恩斯特·穆瓦塞里克尔。当邓恩接到了这项任务时，他想起的第一人选就是具有"美国英雄"之称的基特。这家伙神通广大，无所不能，而且他在科特迪瓦已待了5年，熟悉那里的一切。

没有基特，这次任务恐怕难以完成。因此，他许诺给已退伍5年的基特5万美元作为酬劳。但基特说他不要钱，他只让邓恩上校找来他的老搭档伊恩·弗莱明少校，最多再加上一位精明干练的年轻队员就够了。

邓恩上校不无疑虑地问他，那可是去干掉一支军队，三个人怎么能行？他只记得基特在电话里说："如果不行，你干吗不让F-117来炸了这小岛就完事？"然后就挂断了电话。

基特·伊恩斯特·穆瓦塞里克尔有着父系的凯尔特人、日耳曼人和天性尚武的贝都因人的血液成分，有受之于母亲的非洲赫赫族人与盎格鲁·撒克逊人的遗传基因，使得穆瓦塞里克尔无论在智力，还是在体力上都是具有得天独厚的过人之处。

对此，伊恩·弗莱明少校知道得太清楚了。

"您说的是真的吗，少校先生？"年轻的贝特西中尉一边检查自己的行装，一边问旁边的弗莱明少校。

"我可不敢相信一个人居然能在撒哈拉沙漠里步行4个昼夜而没去见他的贝都因人祖先；我也不敢相信他能在越南的丛林中，与毒蛇猛兽相伴一个月之久还能安然无恙地独自返回西贡。哦，他吃什么？蚂蚁，甲虫还是什么别的？"贝特西中尉不停地唠叨着，他心里充满疑惑。

弗莱明少校看了看他说："可别忘了基特有着赫赫族人的血统，那可是一个在西非声名显赫的族类。基特，我们过去常这样称呼他，他的本事可大着呢，还远不止这些，你这一辈子也许再也见不到像他那样勇猛过人的人，简直可以说是神勇无敌的斗士了。

有一次，我们在戈兰高地执行一项特殊使命时，基特一人就干掉了整整 48 个巴勒斯坦人，要知道，这其中包括徒手干掉 6 人。这家伙不仅是杀敌能手，他也是真正能自我保护的专家。至今，他在大小近 40 次战斗中还未挂过一次彩。因此，他也是真正天不怕地不怕的家伙，要是他愿意的话，他甚至敢独闯巴格达。"

▲ 贝雷塔 M92F 手枪

"伊恩，你又在翻什么老账了？"突然，一个声音从少校与中尉两人隐身的树丛后面传了出来。两人本能地从地上一滚而起，两支贝雷塔 M92F 手枪飞快地拔出，握在了手中，同时指着一位正朝他们走来的人。这人虽然长得身高马大、体格健壮，却让人一看就知道是属于那种身手敏捷的人。他 40 岁上下，一头桀骜不驯的棕红色头发不加梳理地披在肩膀上，他就是基特，前美国海军陆战队特勤支队突击队员。

"啊哈，我还想除了基特之外，还有谁能在我们身后不到 5 米远的地方走过来，而不被我们察觉。"

基特哼了一声表示作答，他看了一眼中尉，问弗莱明："这是谁，伊恩？"

弗莱明少校说："这位是贝特西中尉，我们年轻的陆战队员，是百里挑一来参加这次行动的。"

基特上前握了一下中尉的手说道："我叫基特，以前是弗莱明的部下，老相识了。"

贝特西中尉谦逊地说："关于你的故事我早已听说了，很高兴认识你。"

弗莱明少校指着基特放在地上的橡皮艇问基特："拿这个做什么？"基特说："用这个过河，不仅可以省些力气，而且还没有声音，我还要再去弄一条小艇，带点东西过河，我现在就去。"说完，基特走开了。

确定行动步骤

大约 1 个小时过后，基特回来了。肩上又多了一条小艇，他从小艇底部一块活动页板里取出一支精致的小弩来，另外，还有 20 支不到 3 寸长的短箭，接着，他又从上衣口袋里掏出一根玻璃小管，那小管的口用蜡封死了。基特将玻璃管放在地上，用一根一头带针的塑料管插进了管里，他用嘴吸出了里面黑色的液体，含在嘴里漱了几下。接着将这些漱过的液体吐了出来，盛在一只小碟里。他拿起那些箭，一边往箭头上抹这些液体，一边说："这是麻醉液，它是一种叫普拉目古的树液与一种硬壳甲虫排泄物的混合物，没有异味，吃了也无害处，但它与唾液混合会产生很强的麻醉力，这种麻醉药性通过胃部不会有什么影响，它只有通过血液才会显示出强烈的作用。那么小小的一支短箭头上所涂的药液，就能在不到 10 秒的时间里，轻易地麻翻一头大象。要是换了人，你们想想会是什么情形。"

弗莱明少校明白了基特的用意，他看了看贝特西中尉，神秘地笑了一笑，问基特："难道你就是带了这二十几支短箭作武器吗？"

基特说："是的，难道我就在这鬼地方还能找到比你们所携带的更加精良可靠的武器吗？我只需你给我一副夜视镜以及一部对讲机就行了。"

基特的话使贝特西中尉大为佩服，他们背来的这两副各重 30 千克的器械，除了液体定时遥控炸弹、夜视镜和对讲机外，最多再带上贝雷塔 M92F 手枪就够了。

弗莱明少校也意识到基特所言不差，他说："那么就听你的，基特，我们就丢掉这一大堆家伙，轻装上阵吧。"他一面说一面递给基特一副夜视镜和一支可以别在衣领上的微型对讲机，然后自己又拿出两把匕首插在皮靴里。

一切准备就绪后，他问基特："可以开始了吗？"

基特看了一下表，那上面的指针及日历表正好是 1992 年 12 月 31 日 21 时正。

基特点了点头作答。

他走过去提起那包装有 30 颗定时炸弹的挎包，拖着一条小艇往海滩走去，弗莱明少校与贝特西中尉抬着另一条小艇跟了上去。

15 分钟后，三人划着两条橡皮艇，消失在海面上。

21 时 30 分，基特、弗莱明少校和贝特西中尉三人隐藏好橡皮艇，悄无声息地往图巴卡尔岛上走去。

在一块巨石后面，弗莱明少校从挎包里拿出定时炸弹，每人分得 10 颗，然后，他取出卫星描绘的图巴卡尔岛全图，借着一轮皓月的银光指给基特和贝特西二人看。

基特根据他三天前在岛上摸到的情况，结合卫星地图上标出来的一幢幢建筑物坐标做了详细介绍。

三人经过一番商量，决定了以下行动步骤：首先潜进武器库安放定时炸弹，并各自寻找最称心的进攻武器；然后，由贝特西中尉和弗莱明少校负责警戒，基特溜进守卫营中去安放炸弹；最后他们摸到小岛左侧的别墅前隐藏起来。等到 22 时正，炸弹爆炸后，小岛陷于混乱时，他们从别墅的三个入口同时冲进去并伺机捉拿约翰·福特。完成任务后，他们将乘停在别墅后的一架直升机离开图巴卡尔岛。

抓捕约翰·福特

贝特西中尉和少校两人跟在基特身后往武器库摸去，来到一片棕榈树林时，他们停了下来。基特从背上取下他带来的那把金属弓弩，又从胸前的箭袋里取出一支涂上了麻醉药的短箭搭在弩架上。他指给弗莱明和贝特西二人看武器库前正在巡逻的二名守卫，以及两侧塔楼上的瞭望哨，然后，他瞄准了左侧塔楼上的那家伙，射出短箭，那家伙连哼都没哼一声就倒下了。

紧接着，他又干掉了右侧塔楼上的家伙。

贝特西看着基特的一举一动，就在相距不到十来米远的地方，他听不到基特发出的任何响声，他看着那上下4名守卫不到3分钟就被全部解决掉了，十分佩服。

三人来到武器库的大门旁，门上了锁。中尉和少校手握贝雷塔 M92F 手枪背靠背站着，基特用一根钢丝打开锁，招呼两人进了武器库。

进得门来一看，只见5条长达40米的铁架上一字摆放着各种枪械，四周的墙上也挂着无数的枪支与火箭筒什么的。中尉与少校二人各自挑选了一件武器在手，回转身一看，基特不见了，两人正在纳闷，却看见基特从转角处走过来，手中端着一挺机枪、肩上交叉着挂了长长两串子弹。他走过来示意两人，炸弹已经安置妥当。三人退出了武器库。出来时，基特又锁上了门。

守卫营由呈丁字形的三排建筑物组成，除了两边的营房还亮着几点灯光外，整个营区里已经熄灯就寝了。

基特蹲在营房前的一株大树后面，手拿弩弓准备应付随时会有的突发事件。

少校与中尉二人攀上房顶，分头朝两侧营房下的守卫头上摸过去。

基特看着表上的秒针转了两周，估计二人已经干掉了两名守卫，他举起弓，"嗖"的一声轻响，站在营房门前的一名守卫被干掉了。他起身猫腰，飞快地朝营房奔去。不到5分钟，基特神不知鬼不觉地将全部剩下的20颗定时炸弹贴在了营房的板壁上。正当基特准备退出守卫营时，两名守卫出来小解看见了他，几乎是处于本能的反应，两名守卫根本还没看清基特的动作，就被他掷出的两把匕首插进喉咙一命呜呼了。

凯旋

22时正，弗莱明少校、贝特西中尉与基特三人分别占据了别墅前的有利地形，做好了冲进去的准备。

随着"轰隆隆"的巨响，整个小岛就如同被平地端起来似的剧烈震荡了起来，别墅大门上的玻璃被炸弹所产生的声浪给震碎了。过了三四秒钟，整座小岛陷入了一片火的汪洋之中。这时别墅的全部灯光也亮开了。七八个手持冲锋枪、惊呼狂号的武装守卫从建筑物里冲了出来，贝特西中尉站起身，手中的乌兹冲锋枪喷出了一串串火舌。他边打边冲，瞬息就干掉了四五个人，剩下的抱头往里面退进去。贝特西扔出一颗手榴弹，随着

▲乌兹冲锋枪

门前的一声爆炸，钻进了别墅。

弗莱明少校在爆炸声响起的同时，冲到了一扇窗户前，他快捷地跳上窗台，往里打了一梭子子弹，然后蹿了进去。

炸弹还未爆炸，基特就溜到别墅前墙角处的一根下水管前，一手提着那挺机关枪，一手攀着管子爬上了二楼的一个阳台。刚站稳脚，他就看见火光从小道右方的丛林后冲天而起，伴随着巨大的爆炸声，他一脚踢开阳台的门，手握机枪冲进了房间。

这是一间卧室，里面空无一人，基特迅速用双眼扫了一下卧室，发现通往洗手间的门里亮着灯，他飞快地冲了过去。与此同时，门被打开了，外面牵进来 3 个手持

▲M16A2 步枪

M16A2 步枪的敌人，基特一扣扳机，打得这三个人从门里掼出去，躺在了外面冰凉的大理石地板上。接着，他朝洗手间里打了一梭子弹，冲了进去。

突然，基特从旁边的一张镜子里看见了一个人手执一根铁棍从身后往他头上击来。他往前一滚，然后一个翻身站起，那人抢起铁棍朝基特扑过去。基特把机枪往身后一挂，拉过那家伙的手臂，将其搭在自己的肩上，然后用劲一扳，"咔嚓"一声，那家伙一阵嚎叫，肘部被扳断了，这时一个和自己身材差不多的大汉冲他扑了过来。

原来，那个人正是约翰·福特。正当在他被扳断手腕的同时，他看见自己的贴身保镖卡尔朝基特扑去。

就在这时，弗莱明少校及时出现解决了卡尔。少校告诉基特说：楼里的守卫已被他和中尉两人干掉了，中尉现在已经朝直升机停放点去了。弗莱明少校将福特扛起来，和基特一同走了出去。

10 分钟后，直升机轰鸣着消失在夜色中。三人凯旋。

决战马赛机场
——法国"黑衣人"的反劫机行动

1994 年 12 月 24 日，法航一客机在阿尔及利亚首都阿尔及尔国际机场停驻时被 4 名恐怖分子劫持，机上共有 239 名人质，包括 40 余名法国人。劫机分子飞往法国马赛机场降落加油，法国反恐怖突击部队——"黑衣人"随即对劫机分子发起攻击。最后，4 名劫机分子被击毙，人质全部获救，只有 17 名人质受轻伤，9 名突击队员负伤。法国"黑衣人"取得了这次反恐行动的完全胜利。

遭遇劫持

1994 年 12 月 24 日上午 11 时左右，在阿尔及利亚首都阿尔及尔的布迈丁国际机场候机大厅旁，法航一架预定 11 时 15 分飞返巴黎的 8969 航班已登机完毕。这是一架空中客车 A300 宽体喷气客机。机上旅客中有 40 余名准备回国过圣诞的法国人，其余大多是前往法国观光、度假的阿尔及利亚人。此时，旅客大都安顿下来，飞机起飞在即。

这时，4 名身穿机场地勤人员制服的佩枪男子走上舷梯，要求对飞机进行安全检查。这在国际航班上是司空见惯的，也是尊重对方国家主权所必须执行的程序。因此，法航机组人员允许他们进入了机舱。4 人开始检查旅客的护照，就在他们即将结束检查之际，突然关上了机舱门，并亮出携带的手枪、冲锋枪，其中 3 人冲进了驾驶舱，1 个人留在客舱，用 AK–47 冲锋枪对着乘客。4 名劫匪控制机组后，逼迫机长通知塔台：航班遭到劫持，机上 227 名旅客和 12 名机组人员被扣为人质。武装恐怖分子要求法国政府停止支持阿尔及利亚军政权。

机场方面立即关闭了机场，大批阿军警包围了机场。阿当局立即组成一个特别小组开始与劫机者谈判。与此同时，法国政府也立即组成了应急小组，商讨对策。法国反恐突击队即国家宪兵干预队队员迅速进入临战状态，随时准备行动。在法方与阿方交涉的同时，40 余名突击队员乘法航一架飞机先期抵达西班牙距离阿尔及尔较近的帕尔玛机场

▲ 布迈丁机场

待命，以便为下一步行动作准备。

在飞机上，年纪均在 20 岁上下的 4 名狂暴的劫机分子向旅客挥舞着突击步枪、自动手枪、自制手榴弹和两包炸药，声称要显示一下他们的厉害，给法国政府一个教训。他们先在驾驶舱里安放了一包炸药，又在客舱中部的座椅下安放了另一包炸药，接好引爆雷管。为了威吓乘客和阿当局，劫机分子还枪杀了从护照上查出的一名阿尔及利亚便衣警察和越南驻阿尔及尔大使馆的商务参赞，并从高高的客舱上扔到地面。

劫机分子训练有素，相互间以代号相称，所有要吃的食物均要旅客先尝尝是否被做了手脚。

谈判攻心

阿警方包围机场后，阿内务部长赶到机场塔台与恐怖分子谈判。恐怖分子要求当局立刻释放 1992 年被查禁的"伊斯兰拯救阵线"的 2 名被俘头目。阿内务部长要求在谈判之前先释放机上的老人、妇女和儿童。4 小时后恐怖分子同意放人，他们先后放还了 63 名老弱乘客。谈判开始后，阿警方利用夜视仪暗中观察，辨认出其头目叫亚海尔，25 岁，绰号"埃米尔"。确定劫匪真实身份后，阿警方首先采取攻心方式，把亚海尔的母亲接到机场塔台，让其通过无线电话与亚海尔通话，恳求其释放人质。但此举并未奏效，亚海尔暴怒地向塔台打了几枪。

与此同时，法方的行动也在紧锣密鼓地进行。一方面，中止休假的法国总理巴拉迪尔召集应急小组的全部核心成员研究对策，并全面负责解决此次危机。另一方面，积极与阿方接触，要求阿方接受法反恐部队的援助。不久，阿方与劫匪的谈判取得了成效，劫匪放弃了原来对阿政府的要求，转而要求阿方让飞机飞往巴黎。劫匪还发出最后通牒，如果阿政府不能立刻把登机舷梯撤掉，让飞机起飞，他们将每隔半小时杀掉一人。为确保人质安全，法方要求阿方同意劫匪要求，法外长笔佩要求阿方把登机舷梯撤掉。阿政府一开始不同意，但很快一名人质遭劫匪杀害，被扔出机舱。在法国总理巴拉迪尔的直接要求下，阿总统才最后同意放行。第二天凌晨，法航班机离开阿境，飞向法国。

拖延时间

一个多小时后，飞机降落在法国地中海港口城市马赛。马赛警察总督基荷随即与劫匪展开谈判。与此同时，此前部署在西班牙帕尔玛机场待命的法反恐怖部队已在邻近的一个机场悄然着陆，迅速进入出击位置。

劫匪要求为飞机加 27 吨油，然后飞往巴黎。由于从马赛到巴黎段航程一般只

需 10 吨油，法国人分析劫匪可能另有所
图。一种可能是劫匪打算前往某个伊斯兰
国家，如伊朗、苏丹或也门避难；第二种
可能是他们打算在巴黎上空引爆这架装满
燃油的大型客机。几个小时后，第二种可
能性得到证实。阿尔及利亚港口城市奥兰
的法国领事馆收到一封匿名信，称那架飞
往巴黎的飞机是一个飞行炸弹，将在巴黎
上空爆炸。在阿尔及尔机场获释的人质也
证实，机上确有炸弹。法国的防爆专家分

▲法国国家宪兵干预队

析认为，炸弹可能被安在能彻底炸毁飞机的关键部位上。因此，决不能再让它从
马赛起飞了。

在突击队员们准备发起袭击的同时，负责谈判的马赛警察总督基荷想方设法拖延
时间、最大程度地消磨劫匪意志，并尽量争取让更多的人质获释。他成功地说服劫匪
同意向机上补充食品、饮料、抽空机上卫生间污水箱和清洁客舱。这些工作当然是由
假扮成职工的法国突击队员上机完成的。这些行动确认了劫匪的准确情况，并乘机把
微型窃听器丢在客舱里。这样，在外面的红外成像监视系统便能精确地掌握劫匪在机
舱内的活动了。经过几轮谈判，法方确信再争取释放人质的可能性已经不大，已到了
必须发动进攻的时刻了。

闪电出击

当天下午临近 5 点时，劫匪对飞机不能起
飞失去了耐心。正当突击队员们准备发起攻击
之际，飞机突然启动，并向候机厅的方向滑
去，停在距离主楼 20 米的地方。劫匪发出最
后通牒，要求法方在十分钟后让飞机起飞，否
则，将炸毁飞机。法内务部队立刻发出了绿色
信号，命令突击部队开始进攻。

17 时 15 分，20 名突击队员从劫机者当时
不能发现的机身后部和侧面分成 3 组向飞机抵
近。他们分乘 3 辆舷梯车，趁着夜色迅速向飞
机的前门和后门靠近，第一组攻击右一号门，
另外两个组分别突破左右后客舱门，指导旅客
向候机厅方向逃生。后来大部分人质都是从这

法国国家宪兵干预队（GIGN）

20 世纪 70 年代的国际恐怖主义
浪潮频频高涨，1972 年的慕尼黑奥运
会的恐怖屠杀，使西欧各国感到震
惊。1973 年，沙特阿拉伯驻法国大使
遭到恐怖分子的袭击，使法国大失颜
面。为了对付日益猖獗的恐怖活动，
法国在 1974 年正式成立了一支专门
从事反恐怖的部队：法国国家宪兵干
预队（GIGN）。作为宪兵部队的一部
分，直接受法国国防部领导。由于突
击队在执行反恐怖作战任务时，总是
身着一身黑衣黑腰带，故称"黑衣
人"。法国国家宪兵干预队在法国总
统的大力支持下，在短短的几年内迅
速崛起，成为一支不可忽视的反恐新
生力量。

两个舱门逃生的。第一组打开舱门后，向前舱投进了爆震弹，其巨大声响和闪光造成恐怖分子瞬间休克，突击队员乘机破门而入，迅速射杀恐怖分子。不到 20 分钟，战斗结束，4 名劫机者被当场击毙，另有 16 名人质和 9 名突击队员受伤。8969 航班长达 54 个小时的噩梦结束。

深入虎穴
——格罗兹尼战役中的侦察和狙击作战

格罗兹尼城建于 1918 年，是按照作战要塞来设计的，城内堡垒密如蛛网，易守难攻。"格罗兹尼"在当地方言里就是"可怕和残酷"的意思，这个车臣的首府早已注定将成为嗜血之城。1995 年，这里爆发的战争，堪称越战后最血腥的战役。在战役中，俄军与车臣狙击手之间上演了精彩的巅峰对决……

炮火掩护滞后

前俄军总参谋部军官曾奉命率领俄军总参情报局侦察分队参加了 1994 年第一次车臣战争。在短短一个月内，这支以一当十的精英部队先后为 3 个俄军主力师提供支援，多次帮助他们化险为夷。

然而，在这场残酷的战争中，严重轻敌、精神松懈、士气低落乃至协同不利，让俄军损失惨重。俄军总参情报局侦察兵的使用颇具有弹性，由于其特种兵的性质，俄军高层喜欢一有危急情况就使用他们，因而容易导致其战斗力的过早消耗，而在关键时刻却往往缺乏后劲。

1994 年 12 月 20 日，也就是第一次车臣战争爆发第 10 天后，特里耶夫斯基奉命率领俄军总参情报总局侦察分队进入近卫第 8 步兵师驻地——托尔斯特尤尔特，接受列夫·罗赫林将军的直接领导。

其实，该师兵力只相当于一个团。师下辖的团相当于营。罗赫林师长交给他们的第一个任务是对第 8 师驻地周围地域进行侦察，确保没有安全威胁。同时，他还要求侦察分队至少找到三条进军车臣首府格罗兹尼的道路，为第 8 师顺利攻城奠定基础。

罗赫林参加过阿富汗战争，经验丰富，思维敏捷，行事果断，非常重视侦察兵的作用。他告诉侦察兵应该做什么，然后建议侦察兵如何去做，而不是强制性地将自己的思想灌输给他们。在他的鼓舞下，特里耶夫斯基的分队高质量地完成了第一次侦察任务，在其最后一个侦察小组返回一小时后，第 8 师的作战行动就开始了，然而战斗并不像他们预想的那样顺利。

按原计划，侦察分队本来伴随第 8 师大部队行动，但他们的作战任务突然被上级改为潜入汉卡拉地区，摸清那里敌人的兵力部署。有情报显示，车臣匪首杜达耶夫在那里埋藏了大量武器弹药和坦克火炮等重型武器，并派了一个加强营进行保卫。担任该地区主攻任务的是俄军第 270 摩步团（摩托化步兵团）和一个空降兵营，指挥官是一名空降兵师长。俄军刚刚抵达汉卡拉，就遭到敌人雨点般的炮弹袭击，顿时锐气大减。

等到第8师侦察分队赶到汉卡拉后，却不知道该配合谁作战，因为这些所谓的主攻部队竟然对自己的任务一问三不知：他们不知道部队驻地周围是否安全？不知道接下来的作战任务是什么？不知道自己的敌人在哪里？在确定协同作战时，特里耶夫斯基希望主攻部队为侦察兵提供火力支持。因为当侦察兵接近敌方目标时，很可能被敌人发现，这时需要主攻部队对敌人阵地进行炮火支援。这样，一方面可以掩护他们的行动；另一方面可以用照明弹帮他们辨别敌人的阵地、工事和弹药库等重要目标。另外，火炮还可以帮助他们拦截追兵，毕竟侦察兵"好虎架不住群狼"，必须尽量避免与敌人正面交火。

总算与友军谈妥后，特里耶夫斯基派出了由2名少校、1名上尉和3名合同兵组成的侦察小组。接近目标之后，侦察小组果然发现了一些工事和弹药，但没有找到敌人的加强营驻地。他们通过无线电暗语向特里耶夫斯基报告情况并要求给予火炮照明。

令人气愤的事情出现了，当特里耶夫斯基找到炮兵营时，营参谋人员却说营长在睡觉，没有命令不能开炮。万分危急时刻，特里耶夫斯基拔出手枪，强迫参谋人员去叫醒营长，但他们说，营长吩咐在天亮前不许打扰他。无奈之下，特里耶夫斯基只好冲过卫兵的阻拦亲自去把营长喊醒。特里耶夫斯基质问他，为何谈好的事情不去执行，营长却说："我没有接到师长的命令，师长就在旁边的车里睡觉。"此刻，特里耶夫斯基派出的侦察兵们可能随时都有生命危险。40分钟后，主攻部队的火炮终于吼叫了。万幸的是，侦察小组早已经完成任务，转移到其他地区了。

侦察营长违命

事实上，在参与车臣平叛的俄军中，指挥混乱的部队屡见不鲜。12月25日圣诞节，特里耶夫斯基侦察分队被上级加强给第104空降师的BMD-1伞兵战车部队寻找行动路线。作为空降兵，该师也算是一支"精锐部队"，然而他们的作战能力实在让人不敢恭维。

▲T-62坦克

侦察分队主要在战车部队即将通过的道路上进行检查，寻找是否有敌人的伏兵或地雷。检查结果让他们大吃一惊，就在距第104师指挥所不到300米的地方就有一个敌人的大型防御阵地。该阵地伪装得相当高明，以至于近在咫尺的第104师一点都没有发现它，起初他们还以为是自己人呢。当特里耶夫斯基向师长问起这个阵地时，师长也非常吃惊，对自己的侦察兵痛恨不已。

这个阵地设在公路旁200米处，车臣武装将一辆T－62坦克埋伏在地面以下，只有压低的115毫米炮管露出地面，没被杂草所淹没。俄军马上商议如何拔掉这颗"钉子"，特里耶夫斯基建议在黎明前趁敌人熟睡时发动进攻，而第104师师长则坚持在晚上进攻，并强行将第104师侦察营的4名军官（其中包括一名侦察营长）塞给特里耶夫斯基，要求侦察分队立即采取夜袭行动。"官大一级压死人"，特里耶夫斯基只能遵照执行。行动前，侦察分队在师部进行了模拟演练，分配了作战任务，并确定了进攻战术：首先向阵地掩体里投掷手榴弹，同时炸毁他们发现的坦克，再用自动步枪向掩体各角落扫射，最后再派突击小组进入敌人阵地，行动中有另一个作战小组和自行火炮进行火力掩护。

行动开始后，最初很顺利，直到侦察分队靠近敌人阵地前都没有发生交火。特里耶夫斯基首先带领爆破小组靠近敌人坦克，试图炸毁它。第104师侦察营长带领的小组从正面靠近敌人阵地上的掩体。让特里耶夫斯基没有想到的是，他竟然违背他们制定的战术计划，没有投掷手榴弹，直接就冲向了敌人掩体，突然一梭子弹击中了营长的头部和颈部。掩护小组立即用强大的炮火压制了敌人的火力，其他队员将侦察营长的尸体抢了下来。

黎明前，侦察分队决定再次发动进攻。首先他们用无线电呼叫第104师的坦克和迫击炮对敌人阵地进行火力覆盖，然后派出突击小组占领了阵地。当他们最终冲进敌人的阵地后，眼前的情景让他们后怕：除了一辆坦克外，敌方居然还埋伏了一门122毫米平射炮和几门迫击炮，所有武器都进入了作战状态，它们的射击扇区正对着第104师的行军路线，旁边掩藏着充足的弹药。如果这些武器真的投入使用的话，足以消灭第104师所有的坦克和装甲车辆！

冒险突围

进入车臣前，俄军总参情报局命令特里耶夫斯基侦察分队不要进入车臣首府格罗兹尼市区，避免因巷战而造成重大伤亡。他们的任务只是对敌侦察，同时要求他们在12月31日前退出车臣战场，返回到斯塔夫罗波尔边疆区的莫兹多克市。没想到在1995年元旦前一天，他们接到上级的命令，要求将撤退日期推迟到1月10日，并命令特里耶夫斯基率领第一批突击小组配合俄军第22师进入格罗兹尼。

12月31日夜，特里耶夫斯基率领侦察分队进入格罗兹尼。他们的任务是占领城区的一个罐头厂和第二医院。因为罐头厂没有车臣武装守卫，他们很快就完成任务。但攻占第二医院就没那么容易了。伤亡人数逐渐在上升，最终特里耶夫斯基不得不命令部队分头行动，从不同方向进攻，并确定新年钟声敲响时会师。经过一阵激战，侦察分队终于攻占了医院，当特里耶夫斯基向自己的部下祝贺新年快乐时，部下们莫名其妙地看着特里耶夫斯基，原来在战斗中，他们手表被震坏了，此时已经是第二天早上 5 点了。

但车臣武装并没有完全放弃格罗兹尼，在郊区仍保持着强大的力量，威胁着俄军陆路交通线的畅通。1995 年 1 月 3 日夜里，特里耶夫斯基一行在格罗兹尼郊外的老动力厂区执行侦察任务时，突然被车臣游击队发现并遭到猛烈射击，被迫退守到一个小树林。

显然，车臣武装也受到过良好的军事训练，没有贸然进入树林，也没有利用机枪疯狂地扫射，而是利用迫击炮将一发发炮弹从高空泻下，杀伤力要比机枪大得多。幸好，在车臣武装的包围圈尚未形成之际，俄军侦察兵逃离了这片小树林。

深夜，他们在没膝的大雪里艰难地逃亡。为了防止敌人通过跟踪他们，直接找到部队驻地，他们不得不向相反的方向迂回撤退，于是走的路就更远了。同时，他们还要在路上设下埋伏，等待敌人，以便斩掉"尾巴"。车臣武装在遭受他们的一次伏击后，也明智地撤退了。直到天亮后，他们才返回驻地。

难熬的对峙

这年隆冬，还是在格罗兹尼。和煦的阳光驱散了地上的寒气，但薄雾仍弥漫在格罗兹尼市区。晨光熹微中，士兵普希金和他的战友马卡罗夫迅速从米鲁特卡广场附近的掩体中爬出来，冲到了 200 米外的路口处，企图抢回一具俄国军官的尸体。突然，从远处的楼群中传来"砰"的一声枪响，一颗 7.62 毫米的弹头洞穿了普希金的心脏。枪声再次响起，第二颗弹头又准确地射进了马卡罗夫的前额，然后从后脑穿出，在继续飞行了十几米后，它在半空里画了个弧线，然后精疲力竭地落向地面，滚了几圈，不动了。

俄军战地指挥所内，尼古拉斯中校无奈地注视着一份报告，上面清楚地记载了近一个星期来俄军的伤亡情况。根据统计，有 75% 的牺牲者是在巷战中被车臣狙击手一枪命中要害，当场丧命的。虽然俄国士兵作战都很勇敢，但在那些"看不见的魔鬼"面前，谁也不敢贸然行动。尼古拉斯知道，以"一枪一命"为口号，神出鬼没、杀人于弹指之间的敌狙击手能制造一种莫名的恐惧感和压力，而对付狙击手最有效的武器就是更高明的另一名狙击手。

▲格罗兹尼的残酷战争

士兵普希金和马卡罗夫的死，使尼古拉斯下决心祭出自己的撒手锏。几天后，一个俄军狙击小组秘密潜入了米鲁特卡广场地区。被称为"冷血杀手"的桑卡少尉担任第一射手，奥洛夫上士担任观察手兼第二射手。同其他专业狙击手一样，桑卡体魄强健，不苟言笑，一双蓝眼睛明亮而略带一丝残忍，此外还有一颗能默默承受孤寂和误解的心。

就在桑卡一行抵达的当天，又有一名俄

军士兵被车臣狙击手杀害。

决定生死的较量开始了。在夜幕掩护下，桑卡带领奥洛夫钻进了一处废墟。这是个半地下室，临街的墙壁约有 1.5 米高，正对着车臣匪徒藏匿的楼区。而与地面平行的窗户早已不知去向，只有一些革制墙纸垂头丧气地耷拉在原来窗户的位置。"这可真是个绝妙的掩蔽所。"桑卡想。

第二天上午，伪装后的桑卡小组开始对敌狙击手出没的地区进行观察。奥洛夫先把变倍望远镜的倍数调小，因为这样可以获得较大的视界。镜头里呈现出一幅悲惨的战地场景：到处都散落着弹壳、空罐头盒、武器零件、浸渍了血污的俄式迷彩服，一辆被焚毁的汽车四脚朝天地躺在地上，空无一人，只有几只野狗为抢食而大打出手。

奥洛夫知道，楼房的残垣断壁提供了无数的掩蔽地点，那些幽灵般的对手很可能就藏匿在某个角落。突然，他发现瓦砾堆中有个人影一闪而过。那是什么，是车臣平民吗？奥洛夫将望远镜的倍率调大，希望能发现更多的线索。这时，桑卡忽然产生一种不祥的预感，随即将同伴猛地搋向地面。就在奥洛夫倒地的瞬间，只听"当"的一声脆响，墙角的花瓶变成了碎片。

"无耻！"险遭暗算的奥洛夫狠狠地啐了一口，低声咒骂着。桑卡察看了敌人的弹着点。垂直射入角几乎为零度，水平射入角约为 45 度。这说明，敌人刚才就隐蔽在 10 点钟方向，与地面平行的瓦砾堆中。

早在 6 个月前，桑卡就听说了关于车臣狙击手的种种传闻，如他们都是装备 MSC - 90 狙击步枪、奥地利斯泰尔 SSG - 86 式狙击步枪等精良武器的雇佣兵，且经常活动在建筑物之间的战壕中，或从地下排污管道渗透到俄军阵地。根据对方使用的战术，桑卡判定对手不止一人，很可能是一个 2 人的狙击小组，而那些精心挖掘的战壕则为他们提供了若干个绝佳的掩蔽所。深谙反狙击战术的桑卡知道，真正的狙击手决不会轻易暴露自己的射击位置，他必须诱敌主动出击，然后才能将其歼灭。

由于原先的掩蔽所过于狭窄，桑卡小组决定寻找一个更好的狙击位置。当天夜里，桑卡和奥洛夫悄悄地爬出了掩体。尽管夜空中只有一丝微弱的星光，但桑卡在移动身体时仍异常谨慎。30 分钟后，他和奥洛夫终于爬到了几十米外一个被车臣人遗弃的战壕中，他借助夜幕的掩护对新掩体进行了构筑伪装。远处不时传来一阵阵激烈的枪炮声，偶尔有夜光弹拖着长长的尾巴划过夜空。

翌日清晨，诱杀计划开始实施。"诱饵"的角色由第二射手奥洛夫扮演，"猎人"则由"冷血杀手"桑卡担任。行动之前，桑卡耐心地将 7.62 毫米口径"德拉古谱夫"式狙击步枪及 PSO - 1 光学瞄准具伪装成一根枯树枝，然后用精制的细锉将 10 发子弹的弹头逐一磨尖，以便更准确地击中目标。最后，桑卡匍匐至距奥洛夫 6 米远的预定狙击点，将狙击枪悄悄地伸出掩体。

由于这个狙击点经过精心伪装，所以不用担心被人发现。看到"可以行动"的手势后，奥洛夫小心翼翼地将防寒帽顶在木棍上，稍微向上举起，并轻轻晃动。这边，桑卡正通过瞄准具紧张地观察着远处的楼群，他期待着车臣狙击手有所行动，但40秒后奥洛夫手中的帽子仍安然无恙。

像狐狸一样狡猾的对手好像猜透了他们的心思，与两位同行玩起了捉迷藏。迫于无奈，狙击小组暂停了诱杀行动。但桑卡是个优秀的猎手，不会放弃任何机会。他认为，从第一天的战斗情况看，这些车臣狙击手绝不会容忍俄军在他们的眼皮底下活动。只要继续尝试，"猎物"早晚会落入圈套。

夕阳西下，整个战场沐浴在一片色彩诡异的晚霞之中。桑卡决定再试一次。他和奥洛夫将白天的把戏重演了一遍，等待对手再次出现。黄昏时分暗淡的光线并不妨碍桑卡的行动，因为他使用的PSO-1型瞄准具设有一个内置光源，可在微光环境下照射于刻度线上。

突然，桑卡在2点钟方向发现了可疑物体，看上去就像一大堆没修剪的杂草。根据两天的观察，桑卡知道那个地方只有几块碎砖头，怎么会突然长出杂草呢？只有一种可能——车臣狙击手！桑卡屏住呼吸，将十字线稳稳地压在目标上。就在敌人对假目标开枪的瞬间，桑卡也扣动了扳机。

经过2天紧张的对峙，俄军狙击小组终于干掉了一个车臣狙击手。但桑卡和奥洛夫知道，还有一只狡猾的狐狸没有落网，而受了惊吓的野兽将变得更加残忍狡诈。

天色完全暗了下来。2人靠在战壕中商量着下一步的对策。桑卡分析，在目睹同伴丧命后，另一名狙击手肯定就隐匿在附近的掩蔽所中，时刻准备着复仇。那么，他能藏在哪儿呢？废弃的大楼中？不太可能，有经验的狙击手不会在巷战中选择这种狙击位置。如果狙击手这样做，就等于给对方发出信号——"向我开炮！"站在对手的角度考虑，只有瓦砾成堆的废墟才是最佳的狙击位置。晚上，桑卡和奥洛夫再次转移了狙击位置。

第4天，这是一个灰蒙蒙的早晨，战场上弥漫着薄薄的、铅灰色的雾气，使人感

▲车臣战争中令人揪心的一幕

到异常的沉闷。远处，俄军与车臣武装的激战仍在继续。在晨雾完全消散之前，炮弹尖锐的啸叫声及AK系列步枪欢快的射击声就已混成了一片。桑卡和奥洛夫静静地守候在掩蔽所中，等待着猎物的出现。

桑卡非常清楚，有过一次教训的对手绝不会再犯同样的错误。因此，他和奥洛夫决定换一种方式诱敌上钩。2人先用粗铁丝弯了一个人形架子，接着把奥洛夫的迷彩上衣和防寒帽套在上面，最后将望远镜放在铁架

的"两手"之间，如果从远处看去，这个乔装改扮后"拿"着望远镜的"衣服架子"俨然就是一个正在察看敌情的俄军观察手。奥洛夫小心翼翼地将替身架在一个明显的位置，并调整了一下"手"和"头"的位置，以确保对手只能看到望远镜反光的镜头及略微露出掩体的防寒帽。

最后的对决

最后的对决开始了。2支"枯树枝"从伪装后的掩体中缓缓伸出，桑卡和奥洛夫同时瞄准了车臣狙击手可能出现的区域。时间一秒一秒地过去了，"猎物"还没有出现，但桑卡和奥洛夫仍目不转睛地监视着前方，准备随时采取行动。虽然格罗兹尼的冬天异常寒冷，可是两支狙击步枪的软皮贴腮板仍被汗水浸湿。

这时，桑卡发现了可疑情况：几只在废墟中觅食的小鸟"呼啦"一下飞到空中，好像受到了惊吓。受过情报训练的桑卡立刻排除了动物的因素。看来，"猎物"开始上钩了。

"卡基米尔，注意你的 11 点方向，目标出现。"桑卡低声告诉奥洛夫。奥洛夫立刻将瞄准具的十字线对准了桑卡所说的方向。很快，他就发现在一处瓦砾堆中有个物体在慢慢移动。此时，桑卡枪上瞄准具的十字线已将目标牢牢套住，并随着目标的活动而移动。当他刚要射击时，目标一下子消失在残垣断壁之中。

难道被发现了？桑卡默默地思索着。突然，从远处传来一声枪响，"假奥洛夫"的掩体前立刻泥土四溅。紧接着，又是一声枪响。但这颗子弹的弹道还是偏低，没有击中目标。根据枪声，桑卡和奥洛夫判断出目标大概在 10 点钟方向，并立刻将十字线瞄向这一方向。按照狙击战术，狙击手在发射第二颗子弹后必须立刻撤离，否则就有被歼灭的

▲苏制 SVD 狙击步枪

危险。可是不知什么原因，车臣狙击手没有撤离，仍滞留在原地。

"小乖乖，可逮到你了。"桑卡再次将十字线对准了目标。倒霉的车臣狙击手刚要撤退，"砰！"枪声响了，7.62 毫米的弹头从防火帽中飞出，随即被几百米外的脑袋挡住了去路，但尖尖的弹头并不在乎太阳穴那里脆弱的障碍，直接钻了进去。几厘米的穿行之后，弹头猛地破墙而出，重见了天日，一些红白相间的液体也随之喷溅出来。

一切都结束了，两名俄军狙击手长长地吁了一口气。望着趴在瓦砾堆中的对手，桑卡忽然产生了一种奇怪的感觉，开始同情起曾经憎恨过的这位同行。无论如何，在战争中能够死于一流对手之手，恐怕是狙击手最好的归宿了。

耗资 60 亿美元的营救

——营救奥格雷迪

为了营救自己的飞行员奥格雷迪，美国海军陆战队派遣了 40 名队员，海、空军动用了 40 架飞机，消耗总值达 60 亿美元。获救后的奥格雷迪指着营救人员说："他们冒着生命危险把我救了出来。如果你想找到英雄，就该看看那边，他们是世界上真正的英雄！"美国以经济为实力，宣扬政府、军界珍惜军人生命的价值，宣扬其军事装备的先进性能，宣扬其军人素质的过硬。

飞机爆炸，借助降落伞逃生

波黑是前南斯拉夫联邦中的一个共和国，位于南斯拉夫中部，东临塞尔维亚，西靠克罗地亚，面积 51139 平方千米，人口 436 万。

波黑境内资源雄厚，地下埋藏丰富，植被覆盖率高，在南斯拉夫 6 个共和国中位居第一。境内还有丰富的水利资源，多为山区和丘陵。

南斯拉夫人民军司令铁托死后，南斯拉夫动荡不安，乱了阵脚。1992 年 2 月 21 日，联合国安理会通过第 743 号决议，决定开始向南斯拉夫派遣近 1.5 万人的维和部队，以后逐步增加兵力。1992 年 10 月 9 日，联合国安理会通过第 781 号决议，决定在波黑地区建立"禁飞区"，规定除联合国及其他参加人道主义援助的飞行外，禁止在波黑上空的一切军事飞行。1993 年 3 月 21 日，联合国安理会授权北约可以击落闯入禁飞区的飞行器。

▲ F - 16 战斗机

1995 年 6 月 2 日，驻扎在意大利阿维亚诺基地的美国空军第 510 战斗机中队像往常一样，于 6 月 2 日派出两架 F - 16 战斗机，前往波黑的"禁飞区"上空执行巡逻任务。当日 15 时，斯科特·奥格雷迪空军上尉和鲍勃·赖特空军上尉分别驾机在波黑西北部巴尼亚卢卡上空 600 米高度飞行。

突然，他们机舱中的雷达警报器响了起来。他们知道，自己的飞机已被塞尔维亚族（塞族）的雷达"锁定"，他们一筹莫展。

本来，美国空军 F - 16 战斗机可以携带高速反热辐射导弹，也可以派雷达干扰机一起出航巡逻。但北约司令部情报部门认定，这一地区没有塞族军队的地对空导弹。

此刻，为了活命，他们还是想了很多逃生的办法，包括向空中抛撒铝箔，试图干扰地面雷达波。

这时，在地面上，波黑塞族军队的"萨姆－6"地对空导弹系统早已咬住了他们的战机。这个系统在1973年中东战争中使用时，头几天就击落了20多架以色列飞机。几天前，塞族军队将这些俄制导弹系统悄悄地南移，给北约造成了错觉。现在，塞族军队将这个系统装在两辆履带车上，一辆安放发射器和3枚导弹，一辆安放雷达。

赖特上尉抛撒的铝箔片根本没有影响塞族的雷达的搜索。根据雷达提供的飞机精确方位，塞族导弹操作员一按电钮，导弹"嗖"地飞出发射架，直冲目标而去。奥格雷迪飞机上的雷达告诉他，导弹正向飞机袭来！但他在云层中飞翔，无法看见导弹。第一枚导弹在奥格雷迪和赖特的两架飞机中间爆炸；第二枚导弹击中了奥格雷迪的飞机中部，将飞机劈为两段。

赖特上尉看见火光一闪，随后又是一声巨响。他呼叫奥格雷迪，没有回答。由于云层太厚，他没有看清奥格雷迪是否跳伞，只好返航。

奥格雷迪的飞机被导弹击中的一刹那，他的座舱与机身分离。脖子受了一点伤，他惊喜地发现了两腿间弹射座椅上的黄色手柄，那里安放着降落伞。他下意识地抓住了它，按了一下，降落伞打开了！他开始慢慢飘向地面，看见自己的脚下有一条盘山公路，像一条银灰色的长蛇在山林间缠绕着，还看见公路上有一辆卡车和一群塞族士兵，他们没有发现他。

3时10分，奥格雷迪上尉安全着陆。他赶快从降落伞上取下急救包、无线电通信器、信号灯等装备，将它们放入特制背心，然后钻进了灌木林。这时，有十多个塞族士兵在四处搜索。他藏进一个弹坑里，一个十几岁的男孩和一个成年男人在他周围转悠，他们也没有发现他。

他一个地方一个地方地挪着。好不容易熬到了天黑，他按照夜视指北针，向西南方向的茂密丛林跑去。

吃蚂蚁，喝雨水

奥格雷迪1965年出生于纽约，但在斯波凯恩附近的山中长大，因此对山并不陌生。他在亚利桑那州的埃姆布里·里得尔航天大学学会了飞行，后来被选送进北约设在得克萨斯州的谢帕尔德空军基地的航校学习。

到被击落为止，奥格雷迪已在韩国、德国和波斯尼亚飞行过781个小时，并曾在华盛顿州斯波凯恩附近的空军基地接受过17天野外生存训练，这使他有足够的勇气战胜恐惧和饥饿。在那个类似波黑山地的地方，他学会了如何寻找野生动植物充饥。他知道什么样的植物可以吃，什么样的东西不能吃，有些长毛的虫子可以吃，蚂蚁是上等营养品。他在以后的几天中经常吃大个儿蚂蚁。最令他痛苦的是没有水喝，他渴得厉害，有时只好吃树叶，有时则喝雨水。他按照随身带的120页厚的《救生指南》，用一块海绵将雨水吸进一个小容器，放上净水片以后就喝。晚上有点冷，他从口袋里掏出一张长150厘米、宽90厘米的"救生图"披在身上。这是用防水纸做的，可以用来挡风御寒。

他身上本来带有全球定位系统和手持电台，但不敢轻易使用，因为附近就有塞族士兵在搜捕他。

▲全球定位系统示意图

他要等待机会。白天，他躲在弹坑里，盖上伪装物，晚上出来找吃的。有一次，一头牛居然用嘴啃他的脚。

头两天在苦熬中世纪般过去了。奥格雷迪必须与部队取得联系。有时在白天，他看见头顶上有北约飞机飞过，但他不敢联系。

《救生指南》告诉他，被击落的飞行员不可在刚击落后就用无线电联系。因为这往往会将飞行员的位置暴露给搜索者，因此他必须等待时机。

通话联系成功

奥格雷迪驾驶的F-16战斗机被击落后，北约飞机及美国中央情报局的间谍卫星不停地在他飞机被击中的上空穿梭，试图接收他的无线电信号。

中央情报局侦察局奉命用"旋风"和价值5亿美元的"大酒瓶"间谍卫星侦听奥格雷迪的电子信号，同时用该局"锁眼－11"照相卫星和"长曲棍球"雷达成像间谍卫星搜索他的飞机被击落的地区。"锁眼－11"卫星可以穿透云层拍下照片，而"长曲棍球"卫星则可以透过云层、雨和尘埃发现物体，在夜间也可以工作。

美国最绝密的国家安全局也奉命侦听奥格雷迪的电子信号，但中央情报局和国家安全局没有听到他发出的信号。

其实，奥格雷迪曾经用手持电台呼叫过，只是间谍卫星和国家安全局的侦听网没有捕捉到。有一天，国家安全局从波黑塞族军方的电话中侦听获悉：塞军发现了奥格雷迪的降落伞，但没有捉到奥格雷迪，这说明奥格雷迪还有可能活着。

又有一天，北约飞机听到有人在呼叫，但信号太弱，听不太清。飞行员怀疑那就是奥格雷迪。

这些情报上报后，美国国防部曾经考虑派特种部队前去营救，但因有人担心这是塞族设的陷阱，理由是塞族可能已经抓到了奥格雷迪，故意引诱美军去营救，以便对美军进行伏击。

奥格雷迪在丛林中过了 6 天之后，他觉得再也不能等了。他感到自己越来越虚弱，体温下降到危险程度。他的手持电台的电池最多只能再用 7 个小时。

6 月 7 日午夜时分，奥格雷迪上尉突然被手持电台的三下"卡卡卡"声惊醒。他连忙将耳朵贴在 5 英寸长、2 英寸宽、通讯距离可达 65 千米的手持无线电台上。这时，电台的扬声器中传来了他盼望已久的呼叫声："狂欢者 52 号，狂欢者 11 号呼叫。"

奥格雷迪的心差点儿从胸口里跳了出来。"狂欢者 52 号"正是他自己的呼号，而"狂欢者 11 号"则是 510 飞行中队汉福德上尉的呼号。汉福德上尉已经寻找奥格雷迪上尉 1 个多小时，他的油料只容许他在此再待 3 分钟。

奥格雷迪激动不已，他心里明白，只有联络上"狂欢者 11 号"，自己才有生还的希望，于是他用力回答："狂欢者 52 号已经听到你的声音，你的声音非常清楚！"

可能是电池电力不足的原因，汉福德上尉却没有听清奥格雷迪上尉的回答。于是，汉福德上尉呼叫道："请你再呼叫狂欢者 11 号。你的信号已中断。请你再呼叫。"

奥格雷迪又回答了一遍。

"狂欢者 52 号！我是狂欢者 11 号。你的信号非常清楚。"

"我活着！我活着！"奥格雷迪兴奋地叫道。

汉福德马上问道："你在韩国的哪一个中队？"

奥格雷迪马上回答道："杰瓦特，杰瓦特。"杰瓦特是美军驻韩国第 80 战斗机中队的代号。

"明白。你还活着。听到你的声音非常高兴。"汉福德上尉的声音有点发颤，因为他太激动了。"你在此等着，我赶快回去报告。带人来救你！通话完毕。"

"狂欢者 52 号明白！通话完毕。"

下达营救命令

1995 年 6 月 8 日，1 时许，伦敦。美国驻欧洲部队司令兼北约驻南欧盟军司令史密斯上将被电话铃声震醒，电话是北约驻南欧盟军司令部值班参谋打来的："将军阁下，狂欢者 52 号已经找到！"

史密斯将军马上来了精神。听完报告后，他立即给第 24 海军陆战远征队司令马丁·伯恩特上校打了电话，征求他对营救被击中的 F－16 战斗机飞行员奥格雷迪上尉的建议。此时，伯恩特上校的远征队正停泊在亚德里亚海上的美国海军船坞运输舰"奇尔沙治号"上待命。

他们两人在保密电话中权衡了营救行动可能遇到的风险。他们可以立刻派人去营救，问题是营救小组的安全得不到保障。

派一两架坐满海军陆战队员的直升机前去波黑，可能会被塞族军队的"萨姆－6"

导弹轻而易举地击中；也可以稍待一段时间，等到黎明时分召集足够强大的力量去营救，这样，无论遇到塞族军队多么强大的打击，他们都可以将塞族军队压住。但这也有问题，他们不知道奥格雷迪能活多久。

所以，最佳方案还是在拂晓时实施突击营救。意大利那不勒斯时间4时40分，史密斯上将从伦敦再次给伯恩特上校打了电话，命令道："立即实施营救行动！"

伯恩特上校放下电话，便命令值班员吹起哨子，由他挑选的"人机战术救援小组"队员在甲板上集合。

熟睡中的海军陆战队员闻声而起。这些参加过无数次演习的小伙子们在面临一场真枪实弹的营救行动时，仍显得有点激动。

他们拿起各自的武器迅速奔向舰后的集合地点——800英尺长的停机甲板，伯恩特上校本人已经全副武装，他给40名部下简要分配了任务和注意事项，下令说："出发！"他看了看表：5时5分。

营救成功

5时45分，一支强大的营救力量集结在克罗地亚海岸上空。其中从"奇尔沙治号"运输舰上起飞了8架飞机：两架CH－53E"超级种马"直升机载着41名海军陆战队员

（29名射手和12名侦察兵）、2架AH－1W"超级眼镜蛇"直升机、4架AV－8B"海鹞"垂直起落战斗机；从"罗斯福号"航母派出了F/A－18战斗轰炸机；驻意大利阿维亚诺基地的美国空军动用了F－16战斗机、F－15E战斗轰炸机和EF－111电子战飞机，用于护航和攻击敌地面部队；1架E－3B空中早期预警机担负空中指挥和引导任务。

▲AV—8B"海鹞"垂直起降战斗机

为了减少地面火力的威胁，第一梯队以每小时125英里的速度向波黑内陆前进。飞机擦着树尖飞行，当对方看见飞机时，飞机早已一掠而过了。

此时，奥格雷迪正在一片松林边焦急地等待着。山谷中弥漫着浓浓的晨雾。这样的天气有利于掩护营救飞机躲开塞族人的搜查与攻击。但是，飞机也可能因此而找不到奥格雷迪选择的着地点，那后果就将不堪设想！

6时12分，奥格雷迪上尉用手持电台与前来营救的一架飞机取得了联系："狂欢者52号呼叫！"

"请讲。"参与营救的飞机上的人说。

"一切正常，我已做好准备。"奥格雷迪果断地报告。

奥格雷迪深知这里很危险，因为塞族人听到直升机的引擎声会很快冲到这里来。实际上，塞族人已经发现了美国海军陆战队的行动。

6时21分，1架美国EA－6B电子战飞机发现塞族雷达正在跟踪美国的突击机群，于是便施放电子干扰。F－16战斗机连忙升空掩护。

6时35分左右，飞在前面的"超级眼镜蛇"直升机发现了奥格雷迪点燃的黄烟信号。6时44分，被编为"突击1号"的"超级种马"直升机成功着陆，陆战队员从机中一跃而出，迅速在四周布起一个环形防御圈。随后，载着伯恩特上校的"突击2号"着陆，但因降落在一块巨石旁，加之又贴着铁丝网，飞机的后舱无法打开，因此只好重新着陆。

就在这时，伯恩特上校看见浑身湿透的奥格雷迪上尉紧握着9毫米口径手枪从树林边飞快地跑向直升机。伯恩特与同伴一起，迅速将奥格雷迪上尉从边门拉上飞机。从飞机着陆到起飞，整个行动总共才花了3分钟。

陆战队员们迅速脱掉奥格雷迪上尉的湿衣服，将毛毯裹在他的身上。眼中滚动着泪水的奥格雷迪看着伯恩特上校，动情地说："谢谢你们。"

▲ "超级眼镜蛇"直升机

伯恩特上校激动地拍了拍奥格雷迪的肩膀。这时，一位陆战队员递给奥格雷迪上尉一盒军用猪肉米食快餐。这是用特制塑料包装的快餐。营养固然丰富，但味道不怎么样，美国军人不喜欢吃。可现在奥格雷迪接过快餐，狼吞虎咽地狂吃起来。

但是，此刻奥格雷迪上尉一行的安全仍有问题。直升机冲出晨雾后，直冲明亮的天空，灿烂的阳光照着笨重的直升机，显得分外耀眼，因此塞族极易发现目标。果然，在6时46分左右，一枚塞族地对空导弹从直升机的左侧擦边而过。正是这种"萨姆－6"导弹击落了奥格雷迪上尉的飞机。

聪明的飞行员立即降低高度，在离地面100米处成曲线飞行，速度是每小时175英里。这虽然可以躲过导弹的袭击，但却逃不脱地面轻武器的攻击。

这时，塞族军人举枪朝直升机射击。一颗子弹穿过油箱，击中了一名陆战队员的水壶。另一名陆战队员急了，朝下边就是一阵扫射。久经战火考验的伯恩特上校安慰大家说："小伙子们，别紧张，没有问题。"

▲EA－6B"徘徊者"电子战飞机

这时，EA-6B"徘徊者"电子战飞机的飞行员请求干掉那个正在跟踪美国飞机的塞尔维亚雷达站。美国人给它起的代号是"长颈鹿"。这一请求未获批准，因为指挥部担心这可能使冲突升级，导致塞族人扣留更多的美国人质和击落更多的北约飞机。

营救小组只能靠自己的努力摆脱危险了。7 时 30 分，载着伯恩特上校和奥格雷迪上尉的"超级种马"直升机降落在"奇尔沙治号"运输舰的甲板上。

面容憔悴的奥格雷迪微笑着走下飞机，立即被送进舰上的病房进行输液和烧伤治疗。随后，随军牧师走进病房，来到他身前为他感谢上帝。

在这次营救行动中，奥格雷迪之所以最终成功获救，除了政府、军界不惜耗费巨资等一切代价外，奥格雷迪本人强壮的体魄、丰富的知识、过硬的本领，是其生还的最重要因素。

60 亿美元的代价

6 月 8 日晚上，克林顿总统在华盛顿的一个仪式上，向人们讲述了奥格雷迪上尉死里逃生的经过："他刚落地，塞族武装人员就朝他的降落伞走来。他只花了几分钟就躲了起来，并开始了让人难以置信的史诗般的冒险。我相信有一天会有部巨片表现这件事，我们都会认为这是值得一看的电影。"他把话题一转，说："奥格雷迪上尉是敢于为国牺牲的英雄。他面对巨大危险和不测命运时的勇敢，对我们所有人都是一个激励。这将是一个真正神奇的故事。"

1995 年 6 月 9 日，美军驻意大利阿维亚诺空军基地。

这天对奥格雷迪上尉来说，是他一生中又一个难忘的日子。美军为他举行了一个欢迎会。他的母亲从遥远的美国赶来了。500 多人参加了欢迎会，参加者有美军军官、家属和记者。伯恩特上校和他的营救小组也参加了，伯恩特上校还向记者们介绍了营救经过。

奥格雷迪走上讲台时，满面笑容，热泪盈眶。他说：

"我在那边的时候，我知道你们都在我的身后。我可以听见你们的声音。我心里明白，我知道你们会做一切能做的事，我感谢你们所做的一切，使我回到阿维亚诺，使我站在这里。"

人们为他热烈鼓掌。这是从每一个人的心底里发出的掌声。

奥格雷迪指着营救人员说："他们冒着生命危险把我救了出来。如果你想找到英雄，就该看看那边，他们是世界上真正的英雄！感谢上帝！"说完，他动情地拥抱起自己的战友。

为了营救一名飞行员，美国海军陆战队派遣了 40 名队员，海、空军动用了 40 架飞机，消耗总值达 60 亿美元。

外电报道称，美国政府和军界营救飞行员奥格雷迪意在向世界展示，美国以经济为实力，宣扬政府、军界珍惜军人生命的价值；宣扬其军事装备的先进性能；宣扬其军人素质的过硬。

秒杀劫匪

——莫斯科红场人质大营救

随着一道强烈的闪光和沉闷的爆炸，恐怖分子被炸倒。隐身于车后和四周的阿尔法小组突击队员迅速冲进了车内。同时，一辆早就作好准备的无篷卡车从黑暗中高速驶来，在旅游车左侧的最近位置上戛然而止。车上几名身着迷彩服、脸上蒙着黑面罩、手持铁锤的阿尔法小组成员在同车战友的掩护下，三两下便把旅游车左侧的车窗玻璃砸碎……突击队员及时作出反应，将恐怖分子击毙。从临时指挥中心发出攻击命令到行动结束，总共只用了45秒钟。

韩国游客被劫持

1995年10月14日，莫斯科红场。这里美丽的景致吸引着众多的游人穿梭来往。这天下午5点多，一队来自韩国的游客参观完红场后，拖着疲惫的脚步走进了红场西侧瓦西里耶夫斯基教堂后面的停车场。他们三三两两地回到旅游车上，寻找着自己的座位，并兴致勃勃地谈论在红场游览的所见所闻：负责这个韩国旅游团的俄罗斯女导游在车上走来走去，忙着清点人数。旅游车司机懒懒地倚在方向盘上，眼睛无神地看着广场上的行人。

只是，谁也没有注意到此时的停车场上出现了一位不速之客。这名不速之客戴上面罩后便尾随最后一名韩国游客登上了这辆旅游车。蒙面人的出现并没有引起司机和女导游的注意。几个韩国游客看到这名不属于这个集体的蒙面人后也没多想，在陌生的国度里，这点小小的不正常也算不了什么。

汽车载着游客往宾馆方向驶去。就在这个时候，蒙面人右手突然拔出一支手枪，左手举起手榴弹，然后大声威胁道："你们被劫持了，所有人都不许乱动！"

一开始，大多数游客并没有把这当回事，他们以为这只不过是个玩笑，或是莫斯科人别出心裁有意安排的什么观光项目，甚至还有人认为，此人不过是想搭车去什么地方而已。有几个年轻的韩国人竟指着这个蒙面人哈哈大笑起来。此时，蒙面人举枪朝车顶扣

▲莫斯科红场

动了扳机，"砰"的一声，客车的车顶盖被子弹射穿，车上的韩国人这才恍然大悟，他们被劫持了。

在劫匪的威胁下，司机不得不把旅游车停在瓦西里耶夫斯基教堂以西几百米处的桥畔。趁着车尚未停稳，司机打开了车门，两位机灵的韩国年轻人趁机跳下了客车，快速消失在了莫斯科的黄昏之中。气急败坏的劫匪马上命令司机关闭车门，并威胁说，谁再试图逃跑，他就杀死谁。随后，劫匪大声宣布了释放人质的条件：第一，要莫斯科市政府立即拿出赎金3000万美元；第二，用这辆旅游客车送他到莫斯科一号国际机场，并保证他安全飞往国外，否则，他将炸毁汽车，杀死所有人质。为向俄政府通报以上要求，劫匪释放了一名上了年纪的韩国人。

用钱赎回人质

接到报警后，莫斯科市政府和俄联邦安全局迅速作出反应。莫斯科市警察局派出大批武装警察，封锁了这辆旅游车周围的道路，并在附近建筑物上部署了狙击手。俄联邦国家安全局迅速派出了反恐专家和阿尔法小组。在莫斯科市政府官员、市警察局和联邦安全局三方参与下，成立了解救人质临时指挥中心，并明确了当前任务：一是指挥协调在场的所有警力，对被劫客车实施严密封锁、监视和控制；二是选派训练有素、富有实战经验的阿尔法小组军官与蒙面人谈判，对其展开心理攻势，制止可能出现的极端举动，同时稳住车上人质的情绪，进一步观察和了解事态的发展情况。

得知韩国游客被劫的消息后，韩国使馆官员也马上赶到了出事现场。为了让车上的同胞知道韩国政府的存在，韩国大使命令政务参赞留在现场协助处理危机，并保持与使馆的联系。

为了稳住劫匪，不使其滥杀无辜，临时指挥中心开始筹集蒙面人索要的巨额赎金。同时，派谈判小组登车与劫持者交涉，要求其保证所有韩国游客的安全，并释放其中的妇女和老年人。此外，临时指挥中心还以时间有限为由，要求劫匪降低赎金，允许分次付款，以借此拖延时间，创造制伏恐怖分子的机会。

经过艰难交涉，劫匪答应将赎金降到100万美元，并同意在第一笔赎金送来后，释放车上的所有妇女和老人。

天色渐渐暗了下来，"银行"工作人员送来了第一批赎金47万美元现款。当伪装成银行职员的联邦安全局特工上车交付这笔赎金后，蒙面人履行了他的承诺，释放了车上所有妇女和老人。

入夜，莫斯科下起了蒙蒙细雨。夜幕中，特工们又送来了第二笔赎金。接到这笔钱后，车上的恐怖分子基本相信了联邦安全局谈判的许诺，以为剩余的钱很快就可以拿到手，因此，又释放了其他大部分的人质，车里只剩下最后5名韩国旅游者。

为突袭作最后的准备

此时，临时指挥中心制伏恐怖分子的行动计划已酝酿成熟，他们在旅游车四周架起多盏高瓦强光照明灯。强烈的灯光使汽车四周如同白昼，车里的活动被清楚地展现在阿尔法小组特工的视野里。这时，几名身穿黑色迷彩服的阿尔法小组队员携带武器和特种作战装备，利用高低起伏的建筑物阴影和强光造成的视觉盲点，神不知鬼不觉地接近离旅游车最近的隐蔽地点，开始为突袭作最后的准备。

▲阿尔法小组队员

午夜过后，旅游车上的劫匪再也沉不住气了。10月15日凌晨一点多，恐怖分子再次向警方发出威胁，要求当局马上满足他的条件，最后一笔赎金必须在一小时内送来，然后护送他去机场，否则，他就要杀死人质，炸毁汽车。

临时指挥中心借口旅游车的汽油已不多，难以开到机场，提出更换另一辆汽车的建议。然而，对这个用意十分明显的建议，劫匪断然拒绝。

一个小时过去了。临时指挥中心认为时机尚未最后成熟，遂再次通过谈判小组向劫匪转达，由于银行都已下班，一下筹齐大额现款困难，要求劫匪再宽限一些时间。与此同时，临时指挥中心则向埋伏在汽车周围的突击队员发出准备实施攻击的指令。

45 秒定乾坤

当克里姆林宫塔楼的大钟指向午夜2点45分时，攻击命令下达。两名化装成银行员工的阿尔法小组特工，携带最后一笔赎金来到旅游车门前。当两名特工与站在车门里的恐怖分子交涉赎金交付的方式时，几名全副武装的阿尔法小组的突击队员迅速而隐蔽地跃到了旅游车尾部。

劫匪坚持要送款的阿尔法小组特工将钱送到车上，并命令司机打开车门。就在车门刚刚开启的一刹那，一名"银行职工"迅速向站在车门口准备接钱的恐怖分子投掷了一枚特制

阿尔法别动队

阿尔法别动队隶属于俄罗斯联邦安全总局，其前身是成立于1974年7月的著名的"A"小组。20世纪70年代初，国际恐怖主义活动猖獗，并已向苏联蔓延。1974年7月11日，安德罗波夫下达秘密指令，在克格勃内组建"A"小组。自成立伊始至20世纪80年代初，"阿尔法"一直战斗在打击恐怖暴力活动的战场，但从1978年至1993年，它的"使命范围"大大超出反恐。在这一阶段，"阿尔法"经常被派往国内，甚至是国外的"热点"地区和"民族冲突"地区，执行"非直接使命"任务。如今它已是俄罗斯的"反恐利器"。

的强光强震手榴弹。这是一种非杀伤性武器,爆炸的瞬间会产生定向冲击波和强烈的闪光,使目标在短时间内失去反抗能力,同时却不会对人体造成致命的伤害。

▲克里姆林宫塔楼

手榴弹准确地落在了劫匪的面前。随着一道强烈的闪光和沉闷的爆炸,恐怖分子被炸倒。隐身于车后和四周的阿尔法小组突击队员迅速冲进了车内。同时,一辆早就作好准备的无篷卡车从黑暗中高速驶来,在旅游车左侧的最近位置上戛然而止。车上几名身着迷彩服、脸上蒙着黑面罩、手持铁锤的阿尔法小组成员在同车战友的掩护下,三两下便把旅游车左侧的车窗玻璃砸碎。

被手榴弹震倒时恐怖分子并没有完全失去知觉,在阿尔法小组队员准备接近他时,他本能地开了数枪,但都未击中人。突击队员及时作出反应,将恐怖分子击毙。与此同时,卡车上的突击队员已通过车窗把韩国人质全部救出。从临时指挥中心发出攻击命令到行动结束,总共只用了45秒钟。

反分裂战争中的利剑
——俄罗斯打击车臣武装分子

俄罗斯联邦为维护民族统一，消灭车臣民族分裂主义分子和恐怖分子，分别于1994—1996 年和 1999—2000 年两次在北高加索地区进行了大规模反分裂和反恐怖战争，随后开展了一系列小规模的搜剿行动。在这些作战行动中，俄军与内务部、联邦安全局等强力部门联合作战，痛击车臣非法武装分子。俄罗斯特种部队在战争中神勇出击，屡建奇功，令车臣非法武装分子闻风丧胆，塑造了俄罗斯特种部队的荣光，被誉为反分裂战争中的"利剑"。

"孤狼"劫持人质

如果说俄罗斯特种部队在第一次车臣战争中，是一支神勇无双的神兵奇旅，那么在第二次车臣战争中，俄罗斯特种部队则是专擒匪首的高超"猎手"。格罗兹尼市的巷战中，车臣非法武装的身后，山区密林里，处处可以见到俄军特种部队的身影。其快速反应能力、精良装备水平和赫赫战功令车臣叛军头领谈之色变。

抓捕车臣匪首拉杜耶夫是其中最漂亮的一仗。

拉杜耶夫号称"高加索孤狼"，素以阴险狡诈、心狠手辣著称。俄军在其通缉令上这样描述：一脸浓密的黑胡子，身着全套迷彩服，戴黑色墨镜，性格阴险狡诈，具有强烈的反俄罗斯情结，是掌握车臣匪徒指挥实权的指挥官。

20 世纪 90 年代初，拉杜耶夫因极力为时任车臣总统杜达耶夫效力而得宠，成为杜达耶夫身边大红大紫的人物。1992 年，年仅 24 岁的拉杜耶夫就成为车臣武装力量第 6 旅的旅长。之后不久，杜达耶夫又将爱女许配给他。拉杜耶夫自成为杜达耶夫的乘龙快婿伊始就挤进了车臣的上层社会。拉杜耶夫在鼎盛时期曾先后指挥过万余兵力与俄军对阵。

▲车臣匪首拉杜耶夫

拉杜耶夫虽然年纪轻轻，但因制造了多起轰动世界的恐怖事件而早已恶名昭著。其名气也远在其他匪首巴萨耶夫、马斯哈多夫、哈塔卜之上。

1996 年 1 月 8 日深夜，拉杜耶夫率领 400 余名车臣非法武装分子趁着夜暗，悄悄地越过了车臣边境，窜入达吉斯坦共和国基兹利亚尔市，并在凌晨 6 时许占领了市医院和妇产医院。这伙非法武装分子把医院 1000 多名医务人员和病人扣为人质。随后，他们继续扩大战果，将附近的几栋居民楼也占领，人质增至 3000 多人。

这伙非法武装分子自称是"孤狼战斗队"。他们要求俄军立即撤出车臣，承认车臣政府是合法政府，否则，他们将打死所有人质。当地俄军和急速赶来增援的部队迅速与非法武装分子展开激烈的战斗，并封锁了非法武装分子的退路。但恐怖分子扬言，如果俄军打死一个车臣人，他们就要打死 15 名人质来回报。

9 日上午，车臣非法武装分子企图占领机场和控制火车站和桥梁等重要目标，遭到俄军的猛烈打击。为与俄军进行对抗，这伙武装分子集中退缩到了市医院。下午，俄军层层包围了由车臣非法武装分子占领的医院，并向医院发起进攻。车臣非法武装分子用人质做"人体盾牌"抵挡俄军的进攻。

▲俄罗斯总统叶利钦

恐怖事件爆发的当天，俄联邦总统叶利钦组织召开联邦安全会议，商讨解决人质问题。此次，叶利钦的态度十分强硬。他指出：

"要坚决打击恐怖分子，绝不能让匪徒逍遥法外。"

同时，叶利钦还尖锐地批评了有关部门措施不力，屡屡让车臣非法武装分子得逞，并命令刚刚走马上任的联邦局局长巴尔苏科夫将军负责指挥解救人质的行动。

9 日晚，达吉斯坦共和国领导人奉命与匪首拉杜耶夫进行谈判。匪首拉杜耶夫要求俄罗斯最高领导人亲自与他会谈，并要求俄军立即撤出车臣。这一无理要求遭到俄罗斯当局的断然拒绝。

达吉斯坦领导人向拉杜耶夫转达了俄政府的意见：

"只有释放全部人质，他们才能安全回到车臣并接受当地政府的处置，否则只有死路一条，必将遭到无情的打击。"

面对俄政府的强硬态度，拉杜耶夫开始胆怯，于是改变了策略。他要求政府给他们提供交通工具，保证他们安全撤离。

10 日清晨，拉杜耶夫释放了 2000 余名人质，分乘 11 辆大轿车，挟持 165 名人质向车臣方向撤退。165 名人质中有 30 名妇女和 15 名儿童。俄罗斯内务部队紧随这伙非法武装分子在后面跟进。

人质获救

当拉杜耶夫一伙匪徒行进到车臣边界附近的"五一"村时，发现通往车臣的公路已被炸毁，四周布满了俄军士兵和坦克及装甲输送车。拉杜耶夫凶相毕露，在"五一"村大打出手，将部分警察和村民扣为人质。同时扬言要与俄政府谈判，并要求俄政府给他们提供安全通道。

俄政府迅速向"五一"村增兵。"信号旗"、"阿尔法"等特种部队火速赶到了"五一"村。俄政府要求拉杜耶夫立即释放人质。而拉杜耶夫却要求首先撤走包围"五一"村的俄军，同时宣称，如果俄军采取进攻行动，他们就打死全部人质。

僵持的局面持续了4天。为了缓解紧张局势，俄军开始后撤，但车臣非法武装分子却向撤退的俄军发起攻击。叶利钦极度气愤，声称绝不向恐怖分子妥协，并命令将这伙非法武装分子消灭在达吉斯坦境内，绝不放他们回车臣。巴尔苏科夫将军向拉杜耶夫发出最后通牒：如不释放人质，将全军覆没。

几天来，为与俄军对抗，车臣非法武装分子在"五一"村挖掘工事，构筑阵地，把"五一"村变成了坚固的防御阵地。除步兵武器外，他们的手中还有反坦克兵器、火箭筒、大口径机枪和迫击炮。俄军也调来了大量的坦克和火炮。

▲特种部队与车臣武装分子激战

1月15日上午9时10分，俄军武装直升机和炮兵对车臣非法武装分子进行火力打击。"信号旗"特种部队及其他部队在装甲坦克车辆的掩护下，向车臣非法武装分子发起了冲击。

"信号旗"特种部队及其他几支快速反应部队担任第一梯队。"阿尔法"特种部队担任第二梯队，负责解救被关押在"五一"村中心清真寺和学校里的人质。

13时，"信号旗"特种部队突破了非法武装分子的第一道阵地，并攻到了"五一"村东南地区。由于其他部队进攻受挫，"信号旗"特种部队的进攻行动也受到挫折，伤亡了十几名队员。在这一天的战斗中，"信号旗"等部队救出11名人质，消灭100多名匪徒。夜间，150余名非法武装分子增援拉杜耶夫，但没等他们进入"五一"村，就被俄军消灭了。

在第二天的战斗中，"信号旗"特种部队突破了非法武装分子的第二道防线，进入"五一"村中心。这里是匪徒防御最强的地方。但他们因担心挡不住俄军的进攻，把人质绑在了工事的前面。"信号旗"特种部队的进攻再次受挫。

▲ "信号旗"特种部队行动中

在第三天的战斗中，"信号旗"特种部队遭到了车臣非法武装分子狙击手的疯狂打击。"信号旗"特种部队的进攻十分艰苦，前进的速度也很慢。傍晚时，为了支援"信号旗"等部队的进攻行动，俄军对车臣非法武装分子再次实施炮火打击。车臣非法武装分子招架不住，又把人质作为"盾牌"。

17日深夜，拉杜耶夫一伙利用夜暗，在车臣派来接应的人员策应下逃出"五一"村，但跟随其逃跑的100余名非法武装分子大部分被消灭。

18日凌晨，"信号旗"特种部队及其他部队发起了最后的攻击。"信号旗"和"阿尔法"特种部队解救出82名人质，俘虏了负隅顽抗的30多名车臣非法武装分子。拉杜耶夫制造的这起恐怖事件以俄军的胜利而告结束。

战后，"信号旗"和"阿尔法"特种部队受到了俄罗斯总统的高度赞扬。叶利钦指示他们继续努力，打击所有恐怖分子。特种部队备受鼓舞，他们决心再接再厉，决不放过这只凶残的"高加索孤狼"。

生擒"孤狼"

1996年1月，拉杜耶夫制造基兹利亚尔人质事件后，俄政府就对拉杜耶夫下了全国通缉令。但拉杜耶夫仍神气十足地活跃在车臣地区。

1996年3月，拉杜耶夫因车臣武装内讧而遭不明身份枪手暗算，子弹击中他的头部。后来有谣传说拉杜耶夫被打死了，而实际上此间他秘密前往德国治疗，同年7月又生龙活虎地出现在车臣。从此之后，拉杜耶夫与车臣上层领导人的关系不断恶化，

▲ 特种部队伏击车臣武装分子

他开始与车臣新任总统马斯哈多夫公开作对，宣布与其决裂，而马斯哈多夫也称拉杜耶夫为精神病患者。

1997年4、7、10月，拉杜耶夫又几次遭到暗杀，但都大难不死。尤为惊险的是最后一次，当时拉杜耶夫乘坐自己的专车到格罗兹尼郊区，途中遭到不明身份的武装人员的炸弹轰击，两名保镖命丧黄泉，拉杜耶夫本人身负重伤，颅骨被打碎，眼珠也被打了出来。人们原本以为这次拉杜耶夫该命归西

天了，于是有关他被炸死的消息又不胫而走。然而拉杜耶夫在几个月之后又神奇般地出现在人们的视线中。原来拉杜耶夫受伤后，其忠贞不二的手下喽啰将其秘密送到德国治疗，在一家私人诊所里做了头部整形手术。不过，此次的拉杜耶夫变成了独眼龙。

拉杜耶夫仰仗自己近万人的武装力量，与巴萨耶夫沆瀣一气，俄国军方的侦察员们，已经在前期的侦察行动中，通过缴获的车臣匪徒的行动手册，了解了他们的行动规律。

2000年4月10日，晨曦微露。谢瓦洛夫率领的侦察分队和一支伞兵巡逻队，几乎同时发现了一支不同寻常的车臣匪帮。他们行动迅速、踪迹诡秘、装备精良、组织严密。谢瓦洛夫立即断定，这是一条诱人的"大鱼"。特种部队的小伙子们因发现了"大鱼"而激动不已，但他们为稳妥起见，没有马上下手。谢瓦洛夫决定一方面利用各种方式稳住"大鱼"，一方面火速上报。

当日傍晚，联邦安全局派出的一个特别行动小组迅速而神秘地赶到了谢瓦洛夫的侦察小组所在地。随后，特别行动小组在伞兵巡逻队的掩护下，对这股武装分子进行了长时间的电子侦察，力图搞清"大鱼"是什么货色后再下手。他们从匪徒的加密电话和忘记了加密的国际海事电话中，听到和破译了"高加索孤狼"、"杜达耶夫"等词句。特别行动小组据此判定，这就是拉杜耶夫的直属卫队，"大鱼"极有可能就是拉杜耶夫。随后，特别行动小组立即将侦察结果火速上报联邦安全局，请求特别行动命令和特别增援。

联邦安全局接到绝密情报后，立即抽调最精干的人员组成特种分队，命令其以最快的速度赶到前线。11日凌晨，受到俄军特种部队监控的那股武装分子使出浑身解数，企图逃避俄军跟踪。他们采用惯用手法，化整为零，企图从各个方向渗出俄军特种部队的封锁线，然后到预先指定地点会合。然而拉杜耶夫这一次可是打错了如意算盘，联邦安全局的特种分队紧紧盯住"大鱼"不放，相机行动。

机会终于来了。据特种部队侦察小组的消息，拉杜耶夫将率贴身保镖在一小镇的亲戚家过夜。连日来，特别是俄军开始搜捕车臣匪首以来，拉杜耶夫如惊弓之鸟，每天要更换十几个落脚点，辗转各地，时时不得安宁。尽管多次使出"诈死"的伎俩，以逃避俄军追捕，但都没有奏效。这几日来，拉杜耶夫更是心力交瘁，很想找个可靠的地方好好睡上一觉。俄军特种部队决定抓住拉杜耶夫身边人员较少和熟睡之机，以迅雷不及掩耳之势将其擒拿。

4月12日凌晨4时，四周一片漆黑，伸手不见五指，几条黑影悄悄地靠近拉杜耶夫的住处。拉杜耶夫及其保镖正在酣睡之中。特种部队小伙子们轻轻摸到他的房间。当队员们神兵天降般地突然出现在拉杜耶夫面前的时候，这位曾指挥过万名匪徒的车臣武装匪首不禁目瞪口呆，大惊失色，顿时昏厥过去。他的卫队长及三名贴身警卫还未反应过来，就被特种部队的小伙子们三下五除二捆了个结结实实。

等拉杜耶夫清醒过来的时候，他根本不相信眼前的事实，好像自己在做噩梦，然而手腕上的疼痛告诉他，自己确实被抓住了，于是一向高昂的头垂了下去。当拉杜耶夫的余部一觉醒来发现首领不在时，拉杜耶夫早已被俄军特种部队用飞机"请"到莫斯科了。

车臣战地司令拉杜耶夫被捕的消息在俄罗斯迅速传播。新闻媒体纷纷报道，称这是第二次车臣战争以来取得的重大胜利，因为在车臣，拉杜耶夫是仅次于马斯哈多夫的一个重要人物，因此生擒拉杜耶夫，而不费一枪一炮，正中了那句老话"兵不血刃"，这在极大程度上鼓舞了前线官兵的战斗士气。

击毙格拉耶夫

俄军特种作战部队在整个车臣反分裂作战行动中，消灭了几十个车臣恐怖分子所谓的"战地指挥官"及其武装团伙。但不是每次都能像生擒拉杜耶夫这样顺利，更多的是经过浴血奋战，最终歼灭敌人。

俄罗斯武装力量总参谋部军事情报总局"格鲁乌"所属陆军特种部队，在车臣反恐战争中，多次包围了车臣著名战地指挥官、号称"黑色天使"的匪首格拉耶夫。但格拉耶夫总能在紧要关头侥幸脱逃，化险为夷。格鲁乌侦察兵证实，格拉耶夫在山区作战方面确实是个非常厉害的对手，近10年来一直在牵着俄特工机关的鼻子转。为拔除这颗钉子，打掉车臣非法武装的嚣张气焰，格鲁乌特种部队组织多次追剿行动。这些努力终于在2004年冬天开始收到成效。

2004年2月4日，格鲁乌特种部队与格拉耶夫武装分子发生了一次惨烈的遭遇战。特种部队指挥官安纳托利少校讲述道：

"我们帮助边防巡逻兵仔细搜索格拉耶夫匪帮逃出车臣前往格鲁吉亚可能经过的地区。我们两个行动小组约30人与他们正面遭遇了。他们立即使用所有武器开火射击，武装分子的战术就是这样，几乎只朝一个点密集射击。我方几名士兵被当场打死。但是，我们也不是吃白饭的，来自阿斯特拉罕州的哥萨克机枪手穆沙托夫开火反击，把他们全部'钉'在了地上。20来个武装分子团团包围了穆沙托夫，作战小组指挥官冲过去接应时，当胸挨了一枪，穆沙托夫还在猛烈扫射，每次外出执行作战任务时，他都要多带许多子弹。后来，一颗手榴弹碎片划伤了他的肚子，他痛苦地躺到地上，一边使劲按着肚子，一边开火反击。临死前痛得紧咬牙关，向我们发出了'打死我吧，别让我如此痛苦地死去'的哀求，最后支撑不住光荣牺牲了。中士奥列格臀部中弹，伤势不轻，但庆幸的是，他最终坚持住活了下来。

"对我们来说，这次战斗几乎成为最后一次。交火持续了1个多小时，我们的卡拉什尼科夫自动步枪喷射出愤怒的火焰；枪管烫红，甚至可以点烟抽。后来，子弹快打完了，我们已准备与车臣人拼刺刀了，突然，格拉耶夫匪帮开始对我们发起了心理战，我立即想起了电影《恰巴耶夫》。他们站直身子，一边奔跑，一边用挎在腰上的自动步枪射击，嘴里同时还在大声喊叫着，要我们投降，其中一人嗓门特别大，我们开始与他们用俄语对骂起来。这时，增援上来的第42师步兵解救了我们，他们悄悄接近了武装分子，高喊着'冲啊'，开始从背后攻打他们。我们立即用猛烈的扫射和咒骂声支援步兵，这就是我们的心理战。车臣人立刻慌了神，一些人扔下武器，掉头就跑。

"我们把死伤的战友拖扶到高地上。我们必须背上死去的战友，无论如何，这是战斗结果之一，应向上级汇报。我们用无线电台呼叫了直升机，由于高大茂密的树冠交织在一起，直升机无法在森林中降落，完蛋了。我们开始砍树，一些树干有两人合抱那么粗。天黑了，被迫在伤员们的呻吟声和队员们饥肠辘辘的咕噜声中，焦急地等待天亮，等待直升机的再次到来。直到第3天早上，直升机才赶到，给我们投下食品，用绞盘把死伤的战友拖上去，然后飞走了。我们又停留了5天，试图寻找武装分子，但他们消失了，像幽灵一样，人间蒸发了。"

逃脱之后的格拉耶夫匪帮打算逃往格鲁吉亚，但是他们在印古什和车臣四处流窜了两个星期。最后，"黑色天使"终于找到了俄格边界上的"门户"，这一狭窄的秘密山间通道是一位当地居民为了100美元的报酬出卖给他们的，详细画明了不受阻碍地通过边境的行进路线图。不巧的是，他们被边防巡逻兵发现了，武装分子打死了9名边防兵，陆军特种部队两个作战小组随即封锁了边界。

在武装分子选择的突破地段上，有一个临时边防哨所把守，共有4名联邦边防局准尉，6名达吉斯坦警察。武装分子事先掌握了这一情况，格拉耶夫决定在边防兵眼皮底下武装突围，向洪扎克斯克边防队把守的第2和第3哨所间的"门户"地段行进。这条道路非常难走，是冬季通往格鲁吉亚的唯一道路。当地居民向导早已在那里等候他们，武装分子背负的各种物资重达1.5吨，其武器装备让任何一名特种部队官兵羡慕不已。他们共有36人，装备了8挺轻机枪、26支自动步枪、6具"熊蜂"火焰喷射器，每人数千发备用子弹，每人一具发火箭筒，一部移动通信设备，另外还有确定地形和方位的便携式导航仪。

2月28日，格拉耶夫带着保镖在当地牧羊人的引路下来到了位于车臣别兹梯村和潘基希峡谷交界处的查伊克哈峡谷。也许是出于自信，到了峡谷底部格拉耶夫便坚决不再要保镖

信号旗特种部队

20世纪七八十年代，"阿尔法"特种部队在国内反恐怖战场上屡立奇功，令猖獗一时的恐怖分子闻风丧胆，这也令苏联领导人很受鼓舞。尤其是"阿尔法"特种部队勇夺阿富汗首府阿明宫的成功，使苏联领导人更加觉得，建立一支专门执行境外特种作战任务的部队是十分必要的。1981年8月19日，苏联部长会议和前苏共中央政治局举行秘密会议，商讨在克格勃系统内秘密组建一支"绝密支队"，专门用于在境外从事秘密特工活动。新的特种部队取名为"信号旗"，由攻打阿明宫的英雄，海军少将埃瓦尔德·科兹洛夫负责指挥。

▲格拉耶夫

护送，独自一人朝格鲁吉亚方向顺着山坡向上爬。

这时两名普通的边防巡逻兵苏雷马诺夫和库巴诺夫喝住格拉耶夫，要求出示身份证。格拉耶夫假装顺从地从破旧的皮大衣里掏证件，可是却拔出枪来近距离怒射。苏雷马诺夫被子弹击中头部，没多久就倒地而亡。库巴诺夫虽然胸膛中弹，但尚有余力开枪还击，多发子弹将格拉耶夫的左肘击得粉碎，以至于整只左手掌几乎都被打断，只剩些皮肉连接在一起。凶残的格拉耶夫此时抬起右手朝着库巴诺夫的头部连开两枪，一条年轻的生命终于应声倒下了。

由于失血过多，格拉耶夫同样奄奄一息。他奋力向峡谷上方爬去，可是每挣扎一下断手伤口处的鲜血就汩汩而出。爬出大约50米过后，他索性掏出一把匕首，将断手割断后扔到了雪地上，然后掏出绷带将伤口扎紧止血。就这样，他继续挣扎了50米，终于体力不支。这时他从口袋里掏出一罐咖啡，并用仅有的右手抓起一把咖啡粉末放进嘴里咀嚼，希望此举能够提提精神。接着，在掏出一块巧克力棒咬了几口之后，他又朝着格鲁吉亚方向匍匐前进了几米。这一次，他终于气数已尽，死的时候右手还死死抓着没有啃完的巧克力棒！

"查宾·德万塔尔行动"计划
——秘鲁特种部队大营救

　　1997 年 4 月 22 日 15 时左右，秘鲁首都利马，约 140 名秘鲁军警特种部队队员，在阿尔贝托·藤森总统的亲自指挥下，对日本驻秘鲁大使官邸实施了闪电般的突袭，一举全歼了 14 名恐怖分子，成功地营救了被秘鲁反政府组织"图帕克·阿马鲁革命运动"扣押长达 126 天的 72 名人质，使这场震惊秘鲁全国、牵动国际社会的扣押外交官和政府高级官员事件得以顺利平息。

宴会枪声，"打破沉寂"

　　在秘鲁首都利马的圣伊西德罗区，坐落着一座幽雅的大院，院内有一幢典雅的两层砖木结构小楼，楼后有近 400 平方米的庭院，四周围墙高达 3 米，外加通电铁丝网。这就是日本驻秘鲁大使官邸。

　　1996 年 12 月 17 日晚，通常紧闭的官邸大门洞开，日本驻秘鲁大使夫妇在官邸举行庆祝日本天皇 63 岁生日的招待会。大使官邸门前车水马龙，华盖云集。秘鲁的军政要员、社会名流、驻秘外交使节及夫人、旅秘日侨和藤森总统的亲属等 28 个国家的 490 名宾客应邀赴宴。来宾们抿着鸡尾酒，享受着丰盛的自助餐，沉浸在一片欢乐之中。

　　20 时 20 分左右，官邸周围突然枪声四起。随着一声巨响，官邸后院北墙被炸开一个大洞，约 20 名"图帕克·阿马鲁革命运动"（MRTA）的男女队员蒙面持枪，乘一辆救护车冲进院内，迅速制服了庭院内的安全保卫人员。枪声和爆炸声吓得宾客们惊恐万状，现场一片混乱。武装分子朝天鸣枪示警，大声喝令宾客们趴在地上。乌拉圭大使博卡兰德罗奋起反抗，立即遭到鞭打。一小时后，武装分子把政府高级官员和外交使节集中在官邸二楼，把其他秘鲁来宾和日侨赶到底楼。为了便于控制，劫持者于数日内很快释放了扣押的老人和妇女，其中也包括秘鲁总统藤森的母亲和妹妹。劫持者将扣留下来的 72 名人质作为与政府谈判的筹码。领导这次劫持行动的是"图帕克·阿马鲁革

▲秘鲁首都利马

命运动"（简称"图帕克·阿马鲁"）的一名重要首脑——奈斯特·卡托利尼。他在精心组织了 8 个月的军事和心理训练及周密筹划后，发动了这次代号为"打破沉寂"的恐怖袭击事件。

闻讯赶来的秘鲁警察战术特种作战队 500 多人把日本大使官邸团团围住，狙击枪手控制了制高点，各路口被严密封锁。秘鲁内政部长、警察局长亲临现场，坐镇指挥。劫持者扬言，秘鲁当局必须释放他们被囚禁的 442 名同伙，否则就处死人质。一场劫持与营救较量就此拉开了帷幕。

旷日持久，意志较量

▲日本前首相桥本龙太郎

日本首相桥本龙太郎对人质事件异常焦急，他于 12 月 18 日同秘鲁总统藤森取得联系后，要求总统首先确保人质安全。日本外务省还就该事件设置了对策本部，首相官邸也设置了对策室，首相亲自挂帅，全力以赴地搜集情报研究对策。当晚，日本政府决定紧急派遣外相池田行彦前往秘鲁解决人质事件。12 月 19 日，日本宫内厅长官说，天皇和皇后陛下对这起事件非常担忧。他宣布，预定于天皇生日举行的进宫朝贺、祝贺、宴会和茶会等庆祝活动全部取消。

人质事件爆发后，秘鲁政府和劫持者之间展开了意志的较量。双方各持己见，僵持不下。政府坚持决不释放 422 名"图帕克·阿马鲁革命运动"组织成员，坚持在对话中不谈释放人质的条件，只给劫持者一条出路，那就是放下武器，释放人质，出国流亡。而劫持者则坚持要求释放他们的同伙，并要求政府在对话中提出释放被监禁同伙的方案，否则不释放人质，不与政府对话。

在这场旷日持久的意志较量中，"图帕克·阿马鲁革命运动"突击队把日本驻秘鲁大使官邸当成了他们的宣传阵地。他们在官邸楼上挂出宣传口号和标语，还用扩音喇叭和步话机向外界发表声明，发布公报，呼喊口号，播放音乐。人质事件发生之初，曾有许多记者根据劫持者的安排分批进入日本大使官邸采访了劫持者和重要人质。秘鲁各报纸大量刊登了记者同劫持者和部分人质谈话的文章和照片，使劫持者占据了宣传优势，秘鲁当局十分恼火和尴尬。

面对劫持者的宣传战，把日本大使官邸层层包围的秘鲁特种作战警察也不示弱。他们针锋相对地在官邸周围安装了十几个高音喇叭，不断播送国歌、爱国歌曲和军乐，以压过劫持者的高音喇叭。他们还采取果断措施，禁止记者不经警察允许擅自进入大使官邸采访，并驱散到官邸附近采访的记者。擅自闯入大使官邸的一位日本记者被逮捕，并驱逐出境。

秘鲁当局还不断向劫持者施加强大的军事压力。上百名警察、反地雷军车等车辆在官邸周围示威。直升机不断在官邸地区上空盘旋和俯冲，震得大地颤抖。

但劫持者对政府施加的军事压力不屑一顾。据被恐怖分子释放的澳大利亚大使说，恐怖分子对武力解决也是做了准备的。他们在屋顶和墙壁上都埋设了炸药，每人身上还裹着15千克炸药，手中握着导火索。他们的头目通过电台向外界表示，他们绝对不会投降。如果政府试图用武力强行解救人质，人质的生命将处于危险之中。劫持者不时对空鸣枪警告，甚至向示威的警察开枪射击。

与此同时，突袭作战的训练也在紧锣密鼓地进行。由三军和特种警察部队精心挑选的140名突击队员早就开始了极具针对性的训练。在人质事件发生不久，特种警察部队便着手制定了武装干预人质事件的代号为"查宾·德万塔尔行动"计划（以使馆附近一处古代印加文化的遗迹为名）。该计划从拟定至具体实施，都严格保密，只有总统、陆军司令和总统顾问3人知道，连主管国内社会治安的内政部长和警察总局长事前都一无所知。根据计划，在利马附近的海岛上，

▲秘鲁特种警察

一个按照同样尺寸、同样结构建立的模拟建筑物中，进行了一次又一次的突袭模拟训练。在最后一次训练中，突击队员使用了实物炸弹，并以牛和狗为模拟恐怖分子进行突击，直到训练到可以在28秒内控制大使馆为止。此后又转移到大使馆西北约1千米处的陆军医院开展临战演习。据秘鲁军方人士透露，在4月上旬已完成了突击前的所有准备工作。同时，他们租用了紧邻大使馆的几户居民住房，作为突击的前线基地。基地中始终有40名突击队员处于待命状态。

突袭战打响前夕，美军特种部队"三角洲"部队的4名军官也在秘鲁政府的求助下飞抵现场，以大使馆附近一家医院的3楼为情报中心，部署了一大批最先进的扩音、监视和夜视设备，通过分析大使馆内的话音来掌握所有劫持犯的动向和所在部位，从而为最后的突袭作战拟定可靠的方案。而在人质危机刚发生时，美军的这支部队一度曾从北卡罗来纳州的陆军基地开拔到巴拿马，随时准备介入此事。后因劫持犯释放了美国的人质而又撤回。但是，美国此后仍派了反恐怖专家前往美国驻利马大使馆，与秘鲁政府加强密切合作。此外，英国的反恐怖特种部队和以色列也提供了人员和设备支援。6名专家在利马配合秘鲁政府做了大量工作，英国警方还派专家帮助搜集有关

情报，为人质危机的解决提供协助。

万事俱备，只欠东风

既然突袭营救的决心已定，准备工作亦已万事俱备，那接下来就是选择突击时机了。一般来说，这样的突袭行动大多会在夜幕的掩护下进行，这样可以减少进攻一方的损失。而劫持犯也在防备夜间的袭击，所以入夜后尤为加强警戒。首犯塞尔帕在和秘鲁政府谈判时，一到暮色降临便予以中断，以免给对方造成机会。

而在白天他们却相当大意，甚至每天下午都在大使馆的一片空地上踢上一阵足球，有时连上午都会踢几脚，因为实在百无聊赖。而在踢球时，劫持犯的自动步枪和手榴弹等全部解下堆放在一起。

对突击队来说没有比这更合适的机会了。随着时间的推移，劫持犯们也都懈怠了，有些劫持犯甚至跟日本人质学起了日语。如此规律性的作息"安排"显然是犯了兵家大忌。对此，突击队早已从安放在大使馆内的窃听装置中了解得一清二楚。

说起来劫持犯也真够粗疏的。大使馆外送进来的吉他和保温瓶中分别安有窃听器，他们居然都漏了过去。人质和家属通信，他们虽也予以检查，但对人质送洗的衣物和书本，在交接过程中却检查不严，以至于外面将只有火柴头大小的微型通信器也送入使馆中。此外，官邸院外也配有最先进的窃听仪，对着玻璃便可时刻监测到恐怖分子的活动。同时，他们还使用间谍照相机将官邸内的情景拍得一清二楚。这也难怪，在14名劫持犯中，真正的职业恐怖分子只有塞尔帕等几人，其他均是花钱从丛林骗来的毛孩子，经过洗脑后才入伙的。其中还有2个不到20岁的女孩子，她们本来只做了2个星期的思想准备，因为塞尔帕对她们说很快便会达到目的。然而随着人质危机的旷日持久，2个女孩子都想起了家，不时掩面而泣，于是塞尔帕便不再让他们监视人质。这一情况曾一度使人质产生自救的念头。因为人质们期望在复活节后会有机会解决这一危机；眼看这一希望又将化为泡影，于是人质中曾酝酿过自己来解救自己。但由于他们手无寸铁，风险太大，最后又放弃了这一打算。

大使馆是一幢2层楼的建筑，既然劫持犯每天下午都要训练，那最好的办法便是在突击时将人质集中到二楼去，这样可以避免人质的伤亡。但与此同时又要对劫持犯具有足够的杀伤力。于是突击队便专门准备了4千克当量的炸弹，因为这样的炸弹不会对二楼造成杀伤。另外突击队还准备了强光弹。这种炸弹所造成的声响和强光足以将对方炸蒙，一时半会儿脑子清醒不了。利用由此形成的良机，突击队将有足够的时间突入大使馆，然后在近距离内对劫持犯予以致命的打击。而即便人质受到炸弹爆炸影响也不至于造成生命危害。

从4月1日起，劫持犯将医生入馆为人质诊治的次数减少到每周一次，人质的健康和生命安全受到了直接威胁。事不宜迟，必须马上将作战方案付诸实施。4月17

日，最后确定作战计划。19 日，藤森总统和秘鲁陆军参谋长前往训练基地做最后动员。20 日，突击队开拔到大使馆邻近的突击基地。21 日上午，突击队潜入事先挖好的地下通道进入待命突击状态。

雷霆万钧，神兵天降

4 月 22 日 15 时左右，秘鲁总统藤森接到报告：占据日本使馆的 14 名武装分子只有 3 人在二楼负责看守人质，另 11 人聚在一楼大厅，塞尔帕正与 6 名同伙在室内踢足球，其他人则在看电视。这是一份常规的情报报告，但藤森心头一动，一个果敢的行动计划立刻浮上心头。当地时间 15 时 13 分左右，大使馆中的人质相继悄悄地接到通知，让他们全部集中到二楼去，等到爆炸声起，都按要求蹲墙根，不许乱跑，保持镇静，等待救援，其他什么也别问。如果不是采取这一措施，人质的伤亡情况肯定会大为加重，至于人质何以会得到这一通知，藤森总统在事后仍表示"无可奉告"。

15 时 17 分，藤森总统最后下达了突袭命令。15 时 20 分，秘鲁警察将大使馆门前的各国记者全部赶走。3 分钟后，突袭战正式打响。突击队员将事先装好的炸药同时引爆，大厅地面及其他各处立刻炸出一个个大洞，足球踢得兴味正浓的劫持人员中，有 5 名武装分子当即应声倒地，另 6 名也惊慌失措，逃散在大厅各处。突击队跃出地洞，在浓烟尘土中与劫持者展开了枪战。这时，另两组突击队员已分别从前门、后门和屋顶强行攻入使馆。屋上的突击队员将屋顶炸开一个缺口，居高临下进行扫射。这时，劫持者事先在使馆区埋设的地雷也被引爆了，枪声、手榴弹声、地雷爆炸声响成一片，烈焰腾腾，浓烟滚滚。几乎在一瞬间，从大使馆楼上的通风口和地下通道出口同时神兵天降。头戴钢盔、身着防弹背心的突击队员们手持自动步枪，猫着腰鱼贯冲入大使馆内。还没等劫持犯们弄清是怎么回事，闪光弹已经发出了震耳欲聋的声响，接着便是一阵短暂的交火。有的劫持犯尚未来得及反抗，便已被击毙。塞尔帕刚想冲上二楼以人质为盾牌进行抵抗，在楼梯上便遭到恭候在此的突击队员的近距离扫射，随即便仰面朝天死于非命。

也许是良心发现，一名劫持犯在突击开始后曾将枪口对着秘鲁政府的农业部长，但他却在犹豫之下没有开枪，从而使得这一突击作战又减少了一名人质的伤亡。负责人质安全的一组突击队员，行动敏捷，只用数分钟，就把事先聚集在使馆二楼的人质，让他们一个个从窗口由长梯爬到邻近的一座阳台，然后退入地下安全区。由于枪声四起，流弹穿飞，十分小心的人质仍有 25 名受伤。秘鲁最高法院法官朱斯迪由于大腿动脉被手榴弹碎片划破引起大量出血，最后导致心律不齐而不治身亡。38 岁的巴雷尔中校在营救秘鲁外交部长图德拉时，与劫持犯不期而遇。这位忠诚的军人以自己的血肉之躯掩护外长，血洒疆场。而 27 岁的希梅内斯中尉则在准备冲上二楼时遭枪击而身亡。这便是这次突击作战的代价。其他人质最多是有点轻伤，根本没有生命之虞。

秘鲁前总统藤森

藤森，生于利马，秘鲁日裔政治人物，1990年7月28日至2000年11月17日期间任秘鲁总统，拥有秘鲁、日本双重国籍。

藤森是继圭亚那1970年3月17日至1980年10月6日出现首位华裔总统钟亚恩以来，第二位亚裔人士担任拉美国家的元首。他就任期间的主要功绩是稳定秘鲁前任总统阿兰·加西亚领导下动荡的秘鲁经济和平息内乱，但也有很多人批评他的领导过于专横，他的所作所为受到不少人的争议。

人质们在突击开始前集中到二楼就地卧倒后，很快就听到了枪声和爆炸声，还听到了"你们的末日到了"的叫喊声。开始人质们还错以为劫持犯要拿人质开刀了。虽然枪战只持续了短短的几分钟，但在人质们看来很漫长。当突击队员出现在他们面前并将他们护送下楼后，他们这才意识到获救了。于是一个个欣喜若狂，欢呼雀跃。

欢呼声持续10来分钟，在一声爆炸巨响后沉寂下来，一名突击队员从楼顶上降下了游击队的旗帜，宣布历时18周的人质事件正式结束。突击队员们走出现场，一个个兴奋地打着胜利的手势，14名劫持者已全部被击毙，包括他们的首领。16时20分，身穿防弹衣、手持对讲机的藤森总统抵达现场，与军警们一起高唱国歌，欢庆胜利，并陪同受伤人员去军方医院救治，沿途接受群众的欢呼。这是他执政7年来最兴奋的日子之一。

一场长达126天的"酒会"到此才宣告结束。这场漂亮的突袭战使得藤森总统在秘鲁和国际社会上声名鹊起。它向全世界昭示：秘鲁永远不会在恐怖活动面前低头，恐怖活动永远不得人心！

"雷雨" 行动

——解救剧院被扣人质

"雷雨"行动历时 40 分钟，俄军参战官兵无一阵亡。据事后俄罗斯总检察院公布的调查结果，共有 41 名恐怖分子被当场击毙（其中包括 19 名女性），3 人被生擒。普京总统高度评价了这次解救行动，称赞特种队员"完成了一件几乎不可能完成的事——解救出几百名人质"，并坚定地表示，"我们以行动证明，任何人都无法使俄罗斯屈服"，"恐怖分子只有死路一条，而我们前途无量!"

剧院被恐怖分子控制

莫斯科时间 2002 年 10 月 23 日晚 21 时许，车臣恐怖分子携带机枪、自动步枪、手枪和多种爆炸物，分乘 4 辆汽车来到位于莫斯科市东南区梅利尼科夫大街 7 号的轴承厂文化宫剧院。当时剧场内正在上演一部表现飞行员生活的音乐剧《东北风》，第三幕刚刚开始，几名身着迷彩服、手持武器的蒙面人突然冲上舞台，他们先将台上的演员赶到旁边并向空中鸣枪，然后大声宣称：我们每人都绑着炸药，楼内也早已布满了炸弹，俄罗斯军队必须在一周内撤出车臣，并释放所有被俘的车臣战斗队员，否则就要炸毁剧院，跟人质同归于尽。当时剧场内的观众和演职人员共有近千人，其中还有 60 多名外国人。绑匪出现后，有些人乘乱跑出剧院。24 日凌晨，恐怖分子在牢牢控制剧场内局势后，为了向公众表现善意，首先释放了大约 20 名儿童。后来又有 150 余人获释。但扣在剧院中的人质仍有 800 多人。

附近的治安警察和特警分队在接到观众的手机报警后迅速赶来，与恐怖分子发生交火，数名恐怖分子受伤。恐怖分子警告说，如果警方敢采取强硬手段，那么他们每"牺牲"1 人，就要杀死 10 名人质作为抵偿。现场警察感到事态严重，于是停止进攻，向上级报告情况并请求支援。事件发生后，车臣非法武装立即通过国际互联网发布消息，声称此次行动的唯一目的就是要求俄政府军撤出车臣，结束车臣战争。设在卡塔尔的"半岛"电视台也很快播放了恐怖分子事先准备好的录像带，他们威胁如果自己的政治要求在 7 日内得不到满足，就将炸毁剧院，与人质同归于尽。后来，7 天的期限又被缩减为 3 天。

快速应对

劫持事件发生时，俄罗斯总统普京正在距轴承厂剧院仅 4.5 千米的克里姆林宫办公。

得到紧急通报后，普京立刻召集总理、各相关部门领导人以及莫斯科市市长到克宫开会。经过短暂交换意见，普京制定了"决不妥协、谈判和动武两手准备、立足武力营救"的方针，责令相关部门以此为依据迅速制订行动计划，在最大限度保证人质安全的前提下，坚决消灭恐怖分子。根据普京的指令，在靠近现场的地方成立了以联邦安全总局局长帕特鲁舍夫为首，包括内务部、国防部、紧急情况部和莫斯科市内务总局等部门领导人在内的应急联合指挥中心，具体领导危机处置工作，并直接对总统负责。这次营救行动的代号为"雷雨"，联邦安全总局第一副局长担任现场总指挥，负责指挥协调各相关部门参战部队，莫斯科市长卢日科夫和总统助理亚斯特任布斯基指挥谈判工作。

▲普京

此前最早得到警报的莫斯科市内务总局，在第一时间就向现场派出了莫斯科内卫军区第59内卫师和第1特种大队各一部共450人。该部于当晚22时抵达现场后，迅速包围剧院、控制附近制高点，并在距剧院100米和300米范围内设置了两道封锁线，着手疏散附近居民。差不多在同时，联邦安全总局所属的"阿尔法"特种作战小组也全副武装赶到现场。为防止恐怖分子声东击西，在莫斯科制造更大规模的恐怖活动，内务部和国防部于当晚迅速调集大批军警，加强市内巡逻检查和重要设施的警卫。

人质事件发生后，莫斯科市政府、紧急情况部等部门迅速组成了隶属于营救指挥中心的紧急救助指挥部。在其统一部署下，营救、消防、疏散、医疗等各项工作均有条不紊地开展起来。电话局迅速设立了寻亲热线电话，向人质家属提供信息。紧急情况部启动了储备物资调配机制，从各仓库紧急调运食品、水、药品及消防等物资。为稳定人心，防止人质家属干扰整个营救工作，卫生部会同内务部及联邦安全总局专家在距现场不远处成立了"心理救助中心"，接待人质家属，安置脱险人员。莫斯科市交通局则调集数十辆大巴，在现场集结待命。遵照指挥中心的命令，莫斯科市各大医院也做出部署，要求所有医生及护士不得擅离岗位，各病房腾出床位，做好收治伤员的准备，100多辆救护车也随时待命。

10月24日，普京亲临现场视察。当天晚上，他出现在各大电视台的新闻节目中，神情镇定地向全体国民通报了莫斯科所发生的事情，他呼吁人民团结起来，勇敢应对恐怖势力的进攻。

谈判战术

事件发生后，俄国内各界人士纷纷要求政府确保人质生命安全，国际社会也希望俄罗斯能够妥善解决这次危机。10 月 25 日，70 多名人质亲属聚集在红场请愿，要求政府满足恐怖分子的条件，争取人质早日获释。电视台当晚播发的民意测验结果显示，大多数民众对事态发展的前景表示出悲观。还有人对普京的车臣政策提出批评，要求停止对车臣战争。

面对国内外舆论的巨大压力，普京的态度非常坚决，他明确指示不能向恐怖分子低头，绝对不与恐怖分子谈判车臣的地位问题，而只同他们谈投降的方式问题。由于意识到强硬立场会更加激怒绑匪，普京采取了拖延战术，他下令允许恐怖分子见他们想见的人，发表他们想发表的言论。为了稳住恐怖分子，为武力营救赢得准备时间，俄政府开始按照恐怖分子自己提出来的要求进行谈判。

24 日凌晨，有关方面根据统一部署开始同绑匪接触，首先争取政治解决危机，至少暂时稳住绑匪为营救行动赢得时间。当时至少有 5 条接触渠道：一是由联邦安全总局牵头的应急联合指挥中心与恐怖分子保持联系；二是有车臣背景的人士，包括车臣驻杜马的代表以及一些在莫斯科的知名车臣政治、文化和工商界代表，这些人最早开始与绑匪谈判；三是由红十字会、"无国界医生"组织的工作人员以探视、救助人质为名进入剧院，与绑匪接触，争取软化他们的立场；四是美、德、奥等外国人质所属国家的驻俄大使也前往剧院，试图与绑匪进行接触；五是杜马中的右翼党团领导人出面与恐怖分子进行谈判，如涅姆佐夫等人。一些政治家在电视节目中表示愿意把自己交给绑匪充当人质，把其他人质换出来。

24、25 日白天，谈判在向人质提供食物、药品和争取释放妇、幼、弱人质等方面取得一些进展。绑匪同意医生为伤病者提供治疗，甚至允许个别记者携带摄影设备进入剧院拍摄人质的状况。24 日 13 时 15 分，恐怖分子允许 1 名俄议员、2 名国际红十字会代表和英国《星期日泰晤士报》的 1 名记者进入剧院，之后恐怖分子又陆续释放了 1 名英国人、1 名俄罗斯妇女和 3 名儿童。此后不久，恐怖分子开始与俄右翼联盟领导人伊琳娜·库田和国家杜马议员科布宗谈判，经

▲特种队员在轴承厂文化宫剧院人质事件行动中

过 1 个多小时谈判，绑匪答应晚些时候再放 40 名外国人质。

25 号凌晨，1 名俄罗斯独立电视台记者被获准进入大楼。这名记者在现场拍摄的画面让外界更加清楚地认识到绑匪都是哪些人，他们中有男性，但以女性居多，他们持有枪支，身上都绑着炸药。可以看出这些人并没有受过严格的军事训练，一旦和俄精锐部队交手，很可能一触即溃。一些医务人员获准进入剧院，为人质提供治疗和护

理。俄罗斯当局主动派人向剧院内送去食物和水。被绑的外国人所在国的外交官也试图同绑匪接触，说服他们释放本国公民，并许诺将劝说俄罗斯"公正"处理车臣问题。在外交官们的不懈努力下，大部分外国人都被释放。

10 月 25 日，恐怖分子威胁，如果俄罗斯当局到 26 日凌晨还未能答应他们的要求就开始杀害人质。车臣绑匪还突然向俄罗斯当局提出，要求俄罗斯著名的车臣战地女记者安娜·波利特科夫卡娅充当绑匪和当局之间的调解人。苦于没有适合的调停人选，俄当局随即同意了绑匪的这一要求。25 日，匆忙赶到现场的波利特科夫卡娅独自一人进入了剧院。在与绑匪交谈近 2 个小时后，波利特科夫卡娅出来向外界透露，绑匪们要求普京本人提供打算撤军的证据，否则就将采取最为严厉的措施。但是此时，普京已经对他们的要求不再感兴趣，通过近 40 个小时的艰苦工作，俄特种部队已经逐步掌握了剧院内的情况，并确定了多数恐怖分子的身份。特种部队已开始制订具体作战计划，武力解决危机的条件已经成熟。

26 日，恐怖分子态度趋于强硬，声称除非把俄罗斯政府承认的车臣最高行政长官卡德罗夫交出来，否则再也不会释放人质。俄政府谈判代表报告说，绑匪发出威胁，如果当晚 10 时不满足俄军撤离车臣的要求，就开始对人质下手。鉴于武力营救的准备工作尚未最后就绪，指挥中心遂决定想办法拖延时间，尽力稳住绑匪。下午 4 时 45 分，联邦安全总局局长帕特鲁舍夫宣布只要释放人质，俄政府保证提供一切必要交通工具和其他条件，让所有恐怖分子前往第三国避难，免于刑事起诉，保障其生命安全。当晚 8 时，在绑匪规定的最后期限前 2 小时，普京总统再次发表电视讲话，表示愿意与恐怖分子进行谈判，但必须释放人质。同时，普京还指示指挥中心，无论恐怖分子要求与何人谈判，指挥中心都要满足其要求。

当晚，普京总统在克宫内亲自约见前总理普里马科夫，希望这位德高望重的重量级人物能亲自出面斡旋，尽量稳住绑匪。普里马科夫同意试一试，随即来到现场与绑匪谈判。谈判只进行了 30 分钟后即告结束。据普里马科夫后来讲，巴拉耶夫彬彬有礼、思路清晰，但态度非常强硬，除了一再要求俄从车臣撤军外，其他什么问题也不愿意谈。此后绑匪宣布不再与任何人谈判。

加紧准备

在与恐怖分子接触谈判的同时，俄方武力营救的准备工作也在紧锣密鼓地进行着。早在 23 日晚普京制定营救方针后，应急联合指挥中心便开始根据各种可能出现的情况拟定了多种作战预案，筹划武力营救的准备工作。

为了查明剧院内的情况，侦察部门采取了多种手段：一是技术侦察，包括侦听绑匪电话、技术测向定位等；二是潜伏侦察，"阿尔法"小组的队员通过地下通道潜入剧院下面，在一些部位安装了摄像头；三是询问脱险人员及与人质电话交谈，为了利用人质家属向政府施压，绑匪允许人质与亲属通过手机通话，在通话时，侦察人员就在亲属身边，亲属首先问人质身边有无绑匪，如果没有，侦察人员就接过电话，询问剧院内的情况。此外，进入医院谈判、治病、送食物的人员也向安全部门提供了一些信息。通过以上手段，指挥中心基本判明恐怖分子的具体位置、所携带武器的种类、爆炸物的性能。俄罗斯当局还找到剧院的建筑设计部门，搞清楚剧院的所有出入口的位置和所有地下管道的布局，并根据剧院的建筑结构绘制了作战详图。

在制订营救计划时，最让指挥和参谋人员头痛的就是如何防止恐怖分子狗急跳墙引爆炸药。事后查明，绑匪们携带了130千克爆炸物，包括2枚152毫米口径榴弹炮炮弹，18枚手雷，80余件其他炸弹。19名女敢死队员携带着这些爆炸物，均匀地分布在人质中间，随时准备与人质同归于尽。

据专家说，即使只有1枚152毫米榴弹炮弹爆炸，也足以将大厅内的所有人炸死。在这种情况下，传统的作战方法都无法保证在绑匪引爆炸弹之前就将其全部消灭。指挥中心遂决定打破常规，采用特殊战法制敌。同时，考虑到匪首巴拉耶夫凶残狡诈，具有丰富的作战经验，指挥中心作出了专门布置，力争在战斗一打响就将其击毙。在确定了具体战法之后，各参战部队分成狙击、潜伏、突击、排爆、支援等若干小组，根据受领的

▲ "阿尔法"小组队员在行动

任务，反复进行针对性演练。各小组既独立行动，又相互协同。其中"阿尔法"特种部队担负潜伏和主要突击任务。

在和平解决危机的道路堵死后，俄罗斯当局却没有马上动手，显然他们是在寻找最佳时机。在政治上，普京还想给车臣绑匪最后一个机会：如果在绑匪威胁要杀人的时刻没有杀人，那就意味着事件有和平解决的可能；在战术上，即使下手也要选择一个恐怖分子最疲惫的时刻，凌晨显然是理想的。于是整个事件在26日凌晨陷入一种凝固状态。经过50多个小时的煎熬，人质的身体状况堪忧，很多人精神疲惫，已经做好了赴死准备。绑匪也不像先前那样敏锐而坚定，他们陷入一种烦躁的气氛之中，在剧院外，突击队员已经做好了突袭的准备，最后的作战方案已经确定，现场指挥官焦急地等待着克里姆林宫的指示。

果断行动

25日晚上，俄情报部门切断了绑匪与外部恐怖组织的通讯联络，恐怖分子得不到上面的指令，变得焦急不安。26日凌晨2点，一年轻男子因为嘟囔了几句话而被打

死。随后，绑匪又向 1 名妇女开了枪，之后又打伤 2 名人质，这引发了人质的恐慌和不安。当时几个特种小组已通过地下管道潜入剧院，他们观察到了绑匪枪杀人质的情况，但由于未得到行动命令，所以没有采取行动。

5 时 30 分，应急指挥中心发出了强攻命令。预先埋伏在地下通道、楼顶、墙外的"阿尔法"小组的特种兵用爆破打开通道，从地下、楼顶、两侧和正面 5 个方向同时冲进剧院。其中，地下和楼顶突击是主攻方向，剧院正面的突击是佯攻。有一个突击小组预先通过地下通道潜入剧场下方，战斗打响后从出口跃出，发挥了出其不意的重要作用。

俄军在其指挥部墙外埋伏了一个突击组，当战斗打响时，正在饮酒的巴拉耶夫及其同伙还未意识到发生了什么事情即被破窗、破墙突入的特战队员以迅猛、准确的火力击毙，巴拉耶夫甚至没来得及放下手中的酒瓶子。在这次行动中，"阿尔法"小组预先施放了大量失能性化学气体，战斗打响时剧院大厅内的匪徒已经丧失了行动能力。特种兵们冲进大厅后，直接抵近射击那些昏迷的绑匪，然后卸下其身上绑着的炸药。几个守在走廊里放哨的匪徒向从正面进攻的俄军投掷手榴弹，并向从里面跑出来的人质开火，但被特战队员迅猛准确的火力消灭。

俄军控制剧院后，70 多名救援人员迅速跟进疏散和救助人质，由于吸入毒气，多数人质都处于昏迷状态。这些人质都被抬上等候在剧院外的上百辆救护车，送往莫斯科市十几家大医院进行治疗。此前成立的"心理救助中心"也迅速派人到各医院对人质进行心理安慰。

▲ "阿尔法"小组队员伏击中

整个行动历时 40 分钟，俄军参战官兵无一阵亡。据事后俄罗斯总检察院公布的调查结果，共有 41 名恐怖分子被当场击毙（其中包括 19 名女性），3 人被生擒。因吸入过量失能性化学气体，人质陆续死亡 129 人，其中包括 8 名外国人。

营救行动结束后，莫斯科警方也在全市展开大搜捕，逮捕了 30 多名向绑匪提供情报的内奸。俄内务部还加强了对居民区、学校、医院及机场、车站等交通枢纽、重要设施的警戒和保安。据称，俄警方对遍布全国各地的武器弹药和爆炸物存放点加强了警卫。与此同时，俄军抓住有利时机在北高加索地区发起了代号为"高加索"的反恐行动，以期进一步扩大反恐战果。俄军驻北高加索联合集群司令部宣布，26 日起在北高加索特别是车臣地区开始大规模清剿行动，对匪患较重的几个地区实施了重点清剿。

普京总统 10 月 26 日前往医院慰问伤员并于当晚发表了简短的电视讲话，他高度评价了相关部门在解救行动中的工作，称赞他们"完成了一件几乎不可能完成的事——解救出几百名人质"。同时，对未能救出所有的人质表示歉意，"希望死难者的家人和朋友原谅我们"。普京总统坚定地表示，"我们以行动证明，任何人都无法使俄罗斯屈服"，"恐怖分子只有死路一条，而我们前途无量！"

在莫斯科人质事件中，预先潜入剧院的"阿尔法"小组在行动之前通过通风系统释放特殊气体，使操控爆炸物的绑匪丧失知觉，是此次营救行动成功的关键。但这种做法使绑匪失去抵抗能力的同时，也导致 129 名人质死亡。营救部队使用的是以"芬太尼"为基础的混合气体，它是一种化学类神经中枢麻醉品，主要用于外科手术麻醉，效力很强，在过量吸入，特别是在体质虚弱的情况下则会导致严重后果，可使人停止呼吸而死亡。"阿尔法"潜伏组在 26 日凌晨 5 点以前就开始释放麻醉气体，潜伏小组共施放了两次。第一次施放后，潜伏小组发现未起作用，遂补充施放，结果施放的剂量超过正常值的 5 倍。在人质 3 天未进食、精神高度紧张、身体极度虚弱和室内封闭的情况下，化学气体对人质的威胁非常大，而且人质疏散又用了一个半小时，使人质在化学气体中滞留长达 2 小时以上，这些是造成上百名人质死亡的主要原因。

"阿尔法"小组

"阿尔法"小组是在苏联时期，根据克格勃主席尤里·安德罗波夫的指示建立的特种部队，它的最初名称是 A 小组，1991 年以后又被称为"阿尔法"小组。

组建该小组的直接起因是在慕尼黑奥运会期间发生了针对以色列运动员的恐怖主义行动。"阿尔法"小组的任务是在国内外打击恐怖主义，它组织严密、行动极为敏捷，曾一度是苏联的骄傲。

"阿尔法"小组的队员不像普通的俄罗斯士兵，他们一般都身怀绝技，是狙击手、爆破手和通讯专家，擅长秘密作战和执行侦察任务，在强大的压力下能够保持冷静和清晰的思路。他们的训练极其艰苦。阿尔法部队每天 24 小时处于战斗值班状态。

今天的"阿尔法"小组大大年轻化了。来自其他强力机构的新人成为老战士们的接班人。同时，引进新队员的工作也在军校毕业生中展开。

"联合行动"的一次精彩典范
——营救女兵林奇

2003 年 4 月 1 日深夜，驻伊美军第 20 特遣队中的"三角洲"部队、海军特种作战发展大队（前身为"海豹突击队"6 队），与美军海军陆战队、第 75 游骑兵团、空军第 24 特别战术中队展开联合行动，突击了伊拉克南部城市纳西里耶的萨达姆医院，成功营救出被俘的美军女兵杰西卡·林奇，成为当今世界上各军种联合行动的一次精彩典范。

林奇被俘，士气不振

2003 年 3 月 21 日，在攻击直升机的空中支援下，美国陆军第 3 机步师主战坦克和步战车，从科伊边境快速北进。3 月 23 日，挺进至幼发拉底河畔的战略重镇纳西里耶，但遇到了自开战后最为激烈的抵抗：依据美军的作战计划，攻打纳西里耶的任务交给美国海军陆战队第一远征队，而第 3 机步师则是绕道纳西里耶，向巴格达快速突进。

由于部队的快速突进，负责为第 3 步兵师提供车辆维护的第 507 机修连的 18 辆车落到了部队的最后。而且，由于其车辆多为重型卡车，速度较慢，沿途还需不断停下来修理抛锚汽车，所以没过多久，该连就被先头部队落下了一大段距离。女兵杰西卡·林奇，就在第 507 机修连。该连最初还能与先头部队保持无线电联系。但后来，无线电联络的信号越来越弱，加上电池用完了，跟先头部队的联络彻底中断，只能凭着方位感前进。在一处交叉路口—美军确立的一处 GPS 分段点，领头的"悍马"带错了方向，车队拐入了纳西里耶城。

在城中，车队遭遇了伊军的伏击。第 507 机修连车队立刻陷入了慌乱。率领这支车队的军士长罗伯特·道迪和林奇同在一辆"悍马"车上，司机是同一连队的女兵洛里·安·皮斯特瓦，车上还有另外 2 名男兵。道迪试图重整队伍以便迅速撤退，于是示意皮斯特瓦停车。不料车来不及停下，就被敌方的 2 枚炮弹击中，罗伯特·道迪当场丧生。炮火使皮斯特瓦失

▲女兵杰西卡·林奇

去了对车辆的控制，"悍马"以每小时 72 千米的速度撞到了一辆已经无法动弹的牵引拖车上，后座的 2 个男兵当场死亡，林奇和皮斯特瓦也身受重伤。

双方交火持续了一个多小时。由于缺少实战经验，再加上疲劳和恶劣的自然环境，第 507 机修连寡不敌众，33 人中有 10 人当场死亡，包括林奇在内的 7 人被俘，只有16 名士兵突出包围。后来，皮斯特瓦因受重伤死在纳西里耶一家医院内，使这次伏击中死亡的美军士兵达到 11 人。

当晚，阿拉伯半岛电视台播放了这次行动中被俘、除林奇之外的另外 5 名美国战俘的图像，严重打击了美军的士气，在美国国内也引发了更大规模的反战游行。继 3 月 20日、21 日全美反战大游行之后，3 月 23 日，纽约街头又出现反战示威传单，强烈抨击布什政府的帝国主义行径。3 月 28 日，纽约的

▲悍马车

反战人士阻挡了第五大道，其中 200 人甚至躺在洛克菲勒中心外面的地上，被当地政府冠以阻碍交通的罪名逮捕。据不完全统计，开战 8 天中，被捕的美国反战示威人士就超过 2000 名。美国政府面临着巨大的政治压力。

周密准备，制定方案

为了缓解国内的政治压力，同时提振驻伊美军士气，美军中央司令部把寻找、营救林奇等失踪士兵列为美军特种部队的首要任务。

3 月 28 日，纳西里耶的战斗仍处于僵持之中。但在这一天，负责攻城的美国海军陆战队攻下了伊军占领的一家医院，美国广播公司的记者凯利·桑德斯跟随海军陆战队进入医院。在一间上了锁的房间的浴室中，士兵们发现了血迹斑斑的美军军装被塞在一个口袋中，上面的美国国旗图案、士兵姓名牌都已被撕毁。可以断定，伊军曾经在这家医院关押过美军战俘。中央司令部得到这一消息后，立即派出特工，联络事先潜伏在纳西里耶市的线人，许以重金，让他们帮助寻找这些战俘的下落。不久，线人就提供了一份情报：有数名美国战俘被关在当地的萨达姆医院里。

几乎与此同时，一位名叫穆罕默德·里海夫的伊拉克律师，在萨达姆医院探望当护士的妻子时，发现医院正关押着一名美军女兵，被一名正在审讯她的伊军上校扇打耳光。出于人道主义的同情，他冒险出城，将消息报告给了正在城外执行任务的美军。这支部队是美军特种作战西部特遣队中的第 553A 小队。他还主动说同意再回到医院取得更多情报，以帮助美军实施营救。第二天，里海夫借口心脏病发作住进医院，掌握了林奇的具体位置，随后为美军画出了林奇病房的地图。这一情报立即通过特种部队

联络官向上级汇报，并迅速通报给美国在伊拉克的其他相关单位和第 20 特遣队。

为确定这名伊拉克人提供情况的真伪，同时进一步摸清情况，为营救做准备。第 20 特遣队派出侦察人员，潜入萨达姆医院，使用隐藏式摄像机，拍下医院图像，包括林奇所在病房的位置和突击队员的必经通道。录像情报证实了其他来源情报的可靠性，也促使中央司令部定下决心实施营救。通过综合多方的情报，中央司令部迅速制定了周密的营救计划。

营救行动的力量编成：第 20 特遣队中的"三角洲"部队和海军特种作战发展大队大约 60 名特战队员编为营救突击队，配属来自空军第 24 特别战术中队的营救小组和战斗控制人员；第 75 游骑兵团第 2 营和第 1 营 B 连大约 290 突击队员编为营救掩护队；在特拉瓦城完成任务后的海军陆战队编为营救佯攻队；同时，陆军、海军陆战队和空军的各型战机和直升机为行动提供牵制、掩护和机动保障。

营救方案：首先，由海军陆战队实施战场欺骗行动，通过占领穿过幼发拉底河上的桥梁，吸引医院的敌人；海军陆战队航空兵的 AV–8 "海鹞"式飞机从空中打击周边数座桥梁，进一步迷惑对手；2 架 AH–1W "眼镜蛇"直升机在空中盘旋，掩护营救直升机的声音。更上空的掩护由 AC–130 "鬼怪式"战斗机和美国海军陆战队的

▲AV–8 "海鹞"式飞机

EA–6 "徘徊者"提供，以打击敌"萨姆"防空导弹系统。当欺骗行动开始的同时，第 20 特遣队的 60 名特战队员从最近占领的塔利市的机场出发，搭乘 4 架 MH–60K "黑鹰"直升机和 4 架 MH–6 "小鸟"直升机，另外 4 架 AH–6 武装直升机和 2 架提供照明的 MH–60L "直接行动渗透者"伴随行动。而第 75 游骑兵团的 290 名突击队员们搭乘海军陆战队的 CH–46 和 CH–53 直升机，在医院附近建立警戒阵地，并阻断周围的道路。

联合行动，声东击西

2003 年 4 月 1 日，当地时间凌晨 1 点，海军陆战队开始实施欺骗行动。强大的火力吸引了纳西里耶城的大部分守军。守卫医院的伊军更是倾巢而出，奋勇抗击美军的进攻。但他们这次却上了当，中了美军的声东击西、调虎离山之计。

欺骗行动一开始，营救分队也同时行动。第 20 特遣队的 60 名特战队员搭乘"黑鹰"直升机和"小鸟"直升机，从塔利机场出发。AH–6 武装直升机在前面开路，以用其轻型火力压制抵抗者。当直升机到达医院时，美军切断了城市的电力，确保飞行员能够清晰地辨认飞机着陆点，并迷惑附近的敌人。在武装直升机和 MH–60L "直接

行动渗透者"的掩护下，"黑鹰"直升机迅速将第20特遣队狙击小组投放到医院周围的战略要点，以掩护突击小组的行动。紧随其后，一组营救队员从"黑鹰"直升机上索降到医院屋顶，另一组机降到医院前门。两个小组同时向关押林奇的第二层楼迅速突击。最后一架MH－60K搭乘160特种作战航空团的医疗小组，降落在医院的前门附近以安全转运林奇。

在营救行动展开的同时，担任安全警戒任务的第75游骑兵团突击队员，搭乘第一批3架CH－46飞机在医院外围降落。数分钟后，第二批搭乘CH－46和CH－53飞机也按时抵达。他们切断医院附近的主要道路，以阻止任何可能的增援，抓捕医院向外的逃窜者。与此同时，第75游骑兵团的一个小组和第20特遣队的预备队占据医院门口的有利位置，随时应对突发情况，并接应营救小组。

营救过程中，担任外围警戒的第75游骑兵团遭遇了来自医院周边的一些零星火力，但均被第75游骑兵团的火力给予压制。担任突击营救的第20特遣队，在医院并没有遭遇武装分子。在医院二楼的一间房间里，两个小组顺利地找到了林奇。从第20特遣队部署狙击小组，到医疗小组用可折叠担架将林奇抬出医院大门，整个行动仅用时13分钟。随后，林奇被运送到接应的MH－60K飞机上。MH－60K飞机迅速起飞，赶到塔利机场与转运的医疗飞机会合。转运飞机迅速将林奇运送到科威特，再转送回美国治疗。

然而，第20特遣队和第75游骑兵团的任务并没有结束。他们仔细搜查了整个医院，找到了另外8名美军士兵的遗体，并将其装上第20特遣队的车辆返回机场，AH－6武装直升机在他们的上空进行护卫。最后，第75游骑兵团搭乘海军陆战队的直升机撤离。

美国总统布什在第一时间接到国防部长拉姆斯菲尔德的报告后，一扫连日愁云，连连称赞："真是太棒了！"

完美营救，备受质疑

由于整个营救过程"导演"得太完美，从而导致了众多媒体的质疑。质疑的焦点主要集中在几方面：林奇真的"奋勇杀敌"了吗？伊军真的虐待她了吗？美军特种部队的营救行动有无必要？全程录像是否精心策划的作秀？对这些问题，应该辩证地加以分析。

关于"林奇是否真的奋勇杀敌？"的问题，2003年7月，美国陆军训练和教务指挥部公布了一份15页的调查报告。报告中披露，杰西卡·林奇在整个过程中并未发一枪一弹，实际上是因车祸受伤，这表明她在被俘前并未"奋勇杀敌"。关于"她是否真的受到虐待？"，为营救行动提供关键线索的伊拉克律师穆罕默德·里海夫在2003年10月出版的《因为每一条生命都是珍贵的》一书中，详细披露了事实真相，正是因为他亲眼目睹了一名伊军上校在审讯林奇时扇打她耳光动了恻隐之心而决定向美军透露情报的。关于"美军特种部队的营救行动有无必要？"，可以从当时纳西里耶的战事发展加以分析。当时由于需要向巴格达快速突进，美军主力第3机步师绕道纳西里耶，而由美国海军陆战队第一远征队攻打该城，在营救行动实施时，纳西里耶的攻防正处于胶着状态，而且美军先前得到情报，该医院已成为伊拉克费达因民兵的一个基地，

▲《拯救杰西卡·林奇》电影海报

要安全救出林奇，必须实施周密的军事行动。至于"全程录像是否精心策划的作秀？"，从美国总统布什、美国政府和中央司令部所受到的政治压力来看，确实需要一次确保万无一失的营救行动，通过全程录像，可以更加有力地达成"美国关爱每一名士兵"的政治目的，从这一层面说，这次营救行动确实是一次"精心策划的作秀"。正如美国一家地方媒体《官方信使报》的分析一样："当伊拉克战争陷入僵局时，拯救林奇势在必行。美国人渴望福音，营救林奇脱险将鼓舞这个国家的士气"。

尽管对这次行动存在众多质疑，但并不能否定这次营救行动的真实存在。时任中央司令部司令的汤米·弗兰克斯在其所著的《美国一兵》一书中，对这次行动有所涉及。中央司令部副司令迈克·德龙在其所著的《我在指挥中央司令部——阿富汗和伊拉克战争真相》一书中，更是对这一行动加以详细披露，并这样评价说，"这次战争中最著名的事件——营救杰西卡·林奇——是'联合行动'的一次精彩典范"。

"红色黎明" 行动

——抓捕萨达姆

2003年12月13日晚上6时，美军第121特遣队和第4步兵师600多人实施"红色黎明"行动，在提克里克东南部16千米处的达瓦尔镇将躲藏在地洞里的伊拉克前总统萨达姆成功抓获。至此，美军一次规模空前的大搜捕终于画上了句号，标志着驻伊美军在伊拉克战场上获得了一次重大胜利。

踪迹难寻

美伊战争爆发后，萨达姆为了避免美军切断其通信系统，导致指挥失控的现象出现，采用了有别于海湾战争期间由总统统一指挥全国各地军队进行抵抗的作战方式，将指挥权下放到各个战区指挥官的手中。而各级官员也纷纷效仿，逐级下放权力直到基层指挥官，致使战争打响之后，由于各种力量之间不能有效协调进行抵抗，伊拉克由中央到地方基本没有出现大规模反击，而包括萨达姆在内的众多伊拉克高级官员及对美军有价值的许多伊拉克重要人物，均趁乱而散，隐藏起来，使美军的搜捕行动十分困难。

▲ 萨达姆蜡像

为此，五角大楼印制了"扑克牌通缉令"，并于2003年4月11日起发放到驻伊拉克官兵手中，希望可以通过对照扑克牌上的有关信息，找到这些伊拉克前政权的52名高级官员；并专门组建121特遣队，主要在伊拉克北部担负追捕任务。在2003年5月伊拉克战争主要战事结束之前，联军部队就已经抓捕到伊拉克前总理穆罕默德·祖贝迪、副总理塔雷奇·阿齐兹，但伊拉克前总统萨达姆的行踪一直是个谜。为了抓住萨达姆，美军悬赏2500万美元，想方设法寻找他的踪迹。

周密部署

12月12日，联军在巴格达的一次行动中抓捕了4名伊拉克人，其中包括萨达姆的保镖穆罕默德·阿尔穆斯里特。据阿尔穆斯里特交代，萨达姆可能藏在提克里克东南部达瓦尔镇的两处地点。一处是萨达姆厨师的家，另一处是附近的一个农场。根据这一线索，特种部队将这两处地点分别命名为"狼獾一号"和"狼獾二号"，并迅速派

出大批便衣和特种兵对达瓦尔镇的这两处目标及附近地域进行照相和红外线侦察。通过空中监测照片发现，有一幢农场的羊圈外停放着一辆橙白相间的出租汽车非常可疑，于是判断萨达姆很可能就藏在附近。

根据这一情报，第121特遣部队和第4步兵师共同制订了名为"红色黎明"行动的作战计划，对作战力量进行了周密部署：第121特遣部队的"三角洲"特种部队C中队和所属的AC－130攻击机担负突击抓捕任务，第4步兵师第1旅600多名士兵担负支援任务。突击抓捕行动由特种部队指挥官负责，直接负责目标区域。第4步兵师第1战斗旅由詹姆斯·希基上校指挥，主要担负支援警戒任务。同时，无人驾驶飞

▲ "三角洲"特种部队在行动中

机和直升机跟踪拍摄整个行动过程，行动指挥部在荧光屏前密切监视行动的进展。为了避免出现"拯救林奇录像"一样的争议，美军没有派出自己的军队摄像师，而是请来美国有线新闻网（CNN）的摄像记者阿尔福索·马什，由他进行全程拍摄。

逮住萨达姆

2003年12月13日傍晚，参与行动的部队完成针对此次行动的警戒和搜索演练后，迅速朝目标区域开进。当地时间晚上8时，美军到达达瓦尔镇北郊。

首先对目标区域实施封控，建立三层立体封锁线。在达瓦尔镇外围，第1旅4营42炮兵分队占领该镇周边有利地形，建立了外围警戒阵地和检查点，切断了该镇周边4、5英里的所有通路。在内线，第2营99工程分队在出入该镇的所有道路出口建立观察哨，并沿底格里斯河设置封锁线；在空中，第1旅第4航空队A中队的AH－64直升机群沿河和1号高速公路盘旋飞行，随时打击这两个方向增援的敌军。同时，第1旅派出一个营担负预备队，应付可能出现的突发情况。在两处目标附近，第1旅第10骑兵分队G队担负2处目标的警戒，在特种部队的战术控制下一起行动。

随后对两处目标展开搜索。美军兵分两路，一路由特种作战队员和第10骑兵分队G队第2排组成，搜索"狼獾一号"；另一路由特种作战队员和G队第1排组成，搜索"狼獾二号"。突击分队直接攻击了"狼獾一号"，冲进房屋并抓获4名伊拉克人；他们分别是萨达姆的厨师夫妇及其2个孩子，但没有发现萨达姆。美军对4人进行了突击审讯，也没有得到任何有价值的线索。搜索"狼獾二号"的突击分队也没有发现

萨达姆。

这时，随同特种部队行动的阿尔穆斯里特主动交代，在农场附近还有一个农舍，那里有一处地下藏身所。在他的引导下，突击分队穿过一片小树林，来到一处由6英尺高围墙包围的平房。队员们迅速突入建筑物内，抓获了一名当地的守门人。随后，一组队员搜查房间，另一组队员搜索院子和果园，没有发现萨达姆。阿尔穆斯里特走到院子花坪边，找到隐藏的一个绳柄。特战队员们迅速围拢上来，其中2名队员抓起绳子，正准备往上拉时，守门人开始大叫："萨达姆在里面！萨达姆在里面！"

队员们很容易就搬开了与绳子相连的一块非常厚的泡沫塑料，露出了一个仅能容一个人出入的洞口。特战队员将枪口和手电筒指向地洞，其中一名美军士兵试着向洞边开了一枪，从洞中传出恐惧的尖叫声："不要开枪，不要杀我"，随后一个人举着双手出现在洞口，"我是萨达姆·侯赛因，伊拉克共和国的总统，我要求谈判"。美军士兵抓住这人的衣服、头发、胡子，将他拖了出来。他头发凌乱，胡子拉碴，一脸茫然，爬出了掩体。当第一眼看到他时，队员们甚至开始怀疑眼前的落魄老人是否就是他们费尽九牛二虎之力追捕的"头号敌人"萨达姆。

萨达姆被捕后非常合作，而且还很健谈。随后，美军又搜查了地洞。地洞的上面很窄，只能容一个人上下，下面比较宽，可以容一个人躺下。睡觉的地方有一根连接着外面的通风管，通风管旁边是一台简易换气扇。搜查中，美军还缴获了75万美元、两支AK47步枪和一把手枪。

大约20：30分，突击搜捕分队向特种部队指挥官通报，抓获了萨达姆。指挥官命令队员将萨达姆、守门人和阿尔穆斯里特押往

▲ AK47 步枪

提克里克。随即，队员们迅速控制了附近一块平地作为直升机着陆点，一架直升机随即降落，将萨达姆带走。晚上9时15分左右，直升机到达巴格达国际机场的美军基地，美军将其关押在一处被严密防护的地点。14日，伊拉克前外交部长阿齐兹和3名伊拉克临时管理委员会成员对其加以辨认。同时，美军对其进行了DNA鉴定，确认他就是萨达姆。